シリーズ・織豊大名の研究 5

真田信之

黒田基樹 編著

戎光祥出版

序にかえて

真田信之は、戦国時代末期から江戸時代前期にかけて、およそ六十五年もの長きにわたって大名権力として存在し続けた、希有な人物である。その意味でこの信之は、戦国時代から江戸時代前期にかけての大名権力の展開過程を把握するうえで、恰好の素材であるといえる。信之は、信濃国真田領の国衆から信濃国上田領・上野国沼田領を領国とする豊臣大名へと成長した真田昌幸の嫡子であり、大坂の陣での活躍により後世まで有名を馳せている真田信繁の兄にあたる。これまで信之の存在は、なぜか父と弟の陰に隠れがちであり、戦国時代から羽柴（豊臣）政権期にかけての真田家について、いわゆる「真田三代」「真田四代」と言った場合にも、大抵は昌幸の次代としては弟の信繁が取り上げられ、昌幸の家督を継いで真田家当主の立場にあったにもかかわらず、信之については補足的に取り上げられることがほとんどであったように思われる。

しかしながら信之の存在は、戦国時代から江戸時代にかけての真田家をとらえるうえで、何よりも重要な位置を占めているといえ、それだけでなく先にも述べたように、その時期における大名権力を考察するうえにおいても、絶好の存在であるといってよい。それにもかかわらず、信之があまり注目されてこなかったのは、信之に関する研究や著作が、昌幸や信繁に比べると、極めて低調であったためと考えられる。しかしそうした状況も、昨年から変わりつつあるように思われる。信之に関する概説書の刊行がみられはじめたからである。むしろこれから、信之に関する研究が本格化し、それにともない信之の人物像の追究もすすめられていくように感じられる。

本書は、真田信之に関する研究のうち、主要な論考一〇編を集成したものである。信之に関する研究は、必ずしも多いとはいえず、中心的であるのは自治体史での通史編となる。それ以外で信之を主題にした論考となると、その数量は極めて少ないのが現状である。そのため本書では、まずは自治体史通史編の収録を優先させることとした。信之に関する通時的な研究がみられない現状に鑑みて、それによって基本的な信之の生涯を把握することができるからである。それ以外では、関係史料に関わる研究が蓄積されている。この部分に関しては今後においてもさらに増加していくことが予想されるが、ここでは信之の生涯をみていくうえで、とくに重要とみなされるものを中心に収録することにした。なお分量の都合から、本書に収録できなかった関係論考も複数存在している。それらについては、別の機会（黒田・丸島和洋編『真田信之・信繁〈論集戦国大名と国衆〉』）にまとめることを予定している。

また本書の付録として、第三部「真田信之発給文書目録」を収録した。今後における信之研究の進展のためには、何よりもその発給文書の集成とその分析が不可欠と考えることによる。そのため現時点で把握している信之発給文書の一覧化を図った。それにともなって総論には、信之発給文書の概要についてまとめたものを配した。本来であればこれまでの信之研究の総括を示すべきであるが、それについては別の機会に行うこととし、本書では、今後の信之研究進展のための基礎構築を優先することにした。その意味でも本書が、これからの信之に関する本格的研究が進展していくうえでの出発点となることを期待したい。最後に、論考の再録について快く御承諾いただいた執筆者各位に、深く感謝する。

二〇一七年二月

黒田基樹

目次

真田信之

総論　真田信之発給文書の概要

黒田基樹

はじめに

真田信之に関する研究は、これまでは関係する自治体史での記述が中心になってきていたといってよい。そのため信之の生涯を通じて、その政治動向や領国支配の在り方を追究するという取り組みは、いまだ充分にはすすめられていない状況にあるとみなされる。近年、大名権力を通時的に追究する際に、最も基本的な作業になっているのは、その発給文書をはじめとした、関連文書の集成である。しかしながら信之の場合、これまでその作業は行われていなかった。そのため信之に関するこれまでの研究は、自治体史の枠内ですすめられるにとどまっていた、ととらえられる。したがって信之について、大名権力として通時的検討を行うためには、何よりも関連文書の集成を果たす必要がある。そのなかでもまず最初に取り組むべきは、発給文書の集成となる。

今回、私は本書を編むにあたって、また今後すすめていく『戦国遺文　真田氏編』編集のために、信之の発給文書の集成作業を行った。その結果が、本書に付録として収録した「真田信之発給文書目録」である[1]。もっとも蒐集作業は現在進行形ですすんでおり、これはあくまでも現時点（二〇一六年十一月中旬段階）におけるものにすぎない。今後引き続いての作業により、さらなる追加が見込める見通しであるが、さしあたって現時点での成果をまとめておくことにより、文書の検索を簡便とし、これからの蒐集作業を容易にする効果があると考える。また発給文書として対象にしたものは、日付や署判がみられ、何らかの文面をともなった書面類とし、帳面類などの巻末に署名のみがみられるものなどについては除外した。

　現時点において蒐集しえた真田信之の発給文書の総点数は、九三一点である。以下においてそれらの文書を示す場合には、前掲の文書目録における文書番号によって示すものとする。ただし、そのうち他大名との連署状が一点あり（一八六号）、信之単独の発給文書は九三〇点となる。また、そのうちには信之の署判はみられないものの、署判部分に「奉」とあって、宿老出浦昌相が署名・黒印押捺をしているものが五点ある（三七〇・三七一・三八〇・三八八・三九二号）。「奉」と記されているので、出浦昌相の直書ではなく、信之の意をうけた奉書であることが明確なので、ここでは信之の発給文書に含めている。しかしながら信之自身の発給文書ではないので、これを除くと、信之自身の単独の発給文書は九二五点となる。

　これまでに私は、信之発給文書における署名と花押の変遷（ただし元和元年〈一六一五〉まで）と、使用印判の変遷について、別に検討を行っている[2]。そこで本稿においては、信之の生涯を通じて発給文書がどのような状況にあるのか、時期ごとに区分しながら、その概要について整理することにしたい[3]。

　なおその際、信之発給文書の様式については、以下のような分類をとることにする。大名家当主の発給文書の様式としては、証文系の判物・印判状と書状系の書状・消息とに大きく区分することができるであろう。そして、それに外れるようなものについては、その他、としておきたい。

証文系についてはさらに、署判形式の違いから大きく次の三つに区分される。①証文系のうち花押を据えているものを判物、②証文系のうち花押の代わりに朱印を据えているものを朱印判物、証文系のうち署判が印判のみのものを印判状とし、印判状のうちで、③使用した印判が朱印のものを朱印状、④黒印のものを黒印状とする。それらのなかでは内容や冒頭の事書きをもとに、知行充行状、禁制・制札、請取状、覚書・定書などの分類が可能になる。

書状系についてもさらに、同様に署判形式の違いから大きく次の四つに区分される。⑤月日・署判をともなうもので花押を据えているものを書状、⑥書状のうち花押の代わりに朱印を据えているものを朱印書状、⑦書状のうち花押の代わりに黒印を据えているものを黒印書状、⑧月日をともなわず本文が仮名書きのものを消息、である。信之の発給文書については、基本的には以上の八つの様式に区分することができる。以下では、この区分に基づいて叙述していくものとする。

信之の生涯については、その政治的位置の変遷をもとにしてみると、およそ、①初見文書がみられた天正十三年（一五八五）から同十八年三月までの真田昌幸の嫡子段階で小田原合戦以前の時期、②天正十八年八月から慶長五年（一六〇〇）四月までの沼田城主の時期、③慶長五年十二月から元和二年（一六一六）四月までの真田家当主で沼田城主の時期、④元和二年六月から同八年十月までの上田城主の時期、⑤元和八年十一月から明暦二年（一六五六）八月までの松代城主の時期、⑥明暦二年十一月から最終文書がみられた万治元年（一六五八）十月までの隠居の時期、に区分できるであろう[4]。

そして九二五点の発給文書のうち、年次が明確ないし推定できるものは、現在のところ八一一点となっている。以下では主にそれらを対象に、それぞれの時期における発給文書の概要を述べることにしたい。

一、天正十三年（一五八五）閏八月～同十八年（一五九〇）三月

真田信之は、永禄九年（一五六六）に、真田昌幸の嫡子として生まれた。天正七年（一五七九）、十四歳の時に、主家である甲斐武田家の嫡子信勝とともに元服したとされる。仮名は源三郎、実名は武田家の通字を与えられ、父昌幸の一字に冠して「信幸」を名乗った（ただし、以下では「信之」で表記する）。同十年三月に主家の武田家が滅亡すると、真田家は国衆として存続を図っていくことになり、同年六月からは旧武田領国をめぐる「天正壬午の乱」が展開され、そして同年七月、十七歳の時に、越後上杉家が信濃川中島に侵攻してきた際に初陣したとされる。

初見の発給文書は、天正十三年に比定される閏八月十三日付で、真田家家臣で上野沼田在城衆の「下豊・恩伊（恩田伊賀守）・木甚（木暮甚之丞）・恩越（恩田越前守）・発三（発知三河守）」に宛てた書状であり（一号）、二十歳の時のことになる。これは、第一次上田合戦の結果を伝えるとともに、小田原北条家への備えについて指示したものである。ただし、どのような理由から出したのかはわからない。信之は昌幸嫡子の立場でしかなく、沼田領支配についても宿老矢沢頼綱が城代として管轄していたからである。これと同時に昌幸も同様の書状を出していたとすれば、嫡子として補助的に出したものとみることができるが、現状では対応する昌幸の書状は残されていない。かりにこれが信之単独の発給とすれば、この時期、沼田領支配に関して何らかの役割を担っていた、もしくは近くその予定になっていた、といった状況が推定されるであろう。ただし、城代矢沢頼綱の存在を踏まえると、それとの関係が問題になってくる。現時点では、今後の研究進展に期待するほかはない。

それはともかく、この文書を初見として、信之の発給文書が確認されるようになっている。そして、天正十八年三月から七月にかけての小田原合戦まで、すなわち昌幸の嫡子として信濃上田城に在城していた時期における発給文書は、本文書をはじめとして七点が存在している。二点目になるのは、同十六年四月二十六日付で、沼田領八幡山在播衆を規定した朱印状写である（二号）。これ以後において、昌幸による沼田領支配はみられなくなり、同年五月には城代矢沢頼綱もその地位を解任されて、同領支配については信之の発給文書のみがみられるようになっている。このことから信之は、遅くてもこの時から沼田領支配を管轄し、これはそれにともなって出されたものと位置付けられる。

また同文書は、信之の朱印状として初見文書になる。使用されている朱印は、三重郭方形「精福万」朱印（目録では朱印1と表記）であり、この朱印は、その死去まで基本朱印として使用し続けられるものとなる。そして、奉者として「北能登守」がみえている。ここで信之は、朱印状発給にあたって、奉書式の様式を採用していることが確認される。この様式は、かつての主家の武田家において基本様式の一つであるとともに、沼田領のかつての支配者である小田原北条家においても同様であった。対して父昌幸においては、そうした事例は極めて少ない。このことからすると、ここで信之が奉書式朱印状の様式を採用したのは、武田家・北条家という東国大名の伝統に則ったものといえるかもしれない。

三点目は、天正十六年に推定される十二月二十八日付で、岩櫃城代と推定される宿老の河原綱家（「川左」）に宛てた書状（三号）、四点目から六点目にあたる三点は、同十七年七月の沼田領三分二を北条家に割譲したことにともない、同年十一月三日付で、家臣に信濃伊那郡箕輪領で替え地を与えた知行充行状である（四号～六号）。三点のうち署判形式が確認できるのは二点で、原弥一郎宛が花押を据えた判物、折田軍兵衛宛が朱印を据えた朱印判物となっていて、両様の様式がみられている。署名下に据えたものが花押か朱印かは、相手の家格に対応したものと推測されるが、ここで信之は、判物のうち朱印を据えた朱印判物という様式を使用するようになっていることが確認できる。最後の七点目は、上野箕輪領榛名山に対して軍勢の濫妨狼藉禁止を保障した定書で、判物の様式である（七号）。年代は確定できないが、花押形が同年までの使用となっている花押1であること、内容が軍事関係であることから、小田原合戦時の可能性が高いとみられる。またこれは、戦争にともなうものとはいえ、信之が領国外に出した文書としては最初のものになる。

この天正十三年から同十八年三月までの時期は、信之は昌幸嫡子の立場にあり、そのなかで同十六年四月から沼田領支配をほぼ自律的に管轄していた時期にあたる。二点目から六点目までが同領支配を示すものといえる。そしてこの段階から、証文系文書において、判物のほかに朱印状および奉書式朱印状、朱印判物の様式を採用していることが確認される。

二、天正十八年（一五九〇）八月～慶長五年（一六〇〇）四月

天正十八年八月、小田原合戦後の「関東仕置」により、信之は羽柴（豊臣）秀吉から沼田領一円、二万七千石の領知を与えられ、沼田城を本拠として、羽柴政権における「小名」の地位を成立させる。昌幸嫡子の立場は変わらなかったが、沼田領の支配者、沼田城主として、昌幸とは事実上は別個の「小名」として存在するようになった。その際、昌幸との間では、領国と家臣は截然と区分され、信之付の家臣となったものは、上田領で与えられていた所領は昌幸

に返上し、代わりに信之から沼田領で与えられる、という形がとられている。そして信之付の家臣としては、宿老の出浦昌相（上総介・対馬守）、矢沢頼綱（薩摩守）・頼幸（忠右衛門尉・忠兵衛・但馬守）父子、大熊靭負尉・同五郎左衛門尉父子、木村渡右衛門尉・同綱茂（五兵衛・土佐守）などがみられ、さらに沼田領在所の家臣があった。

それから、慶長五年（一六〇〇）九月の関ヶ原合戦までの時期における信之の発給文書は、四〇点が確認される。[5] 文書様式でみてみると、判物が五点、朱印判物が二点、朱印状が三〇点（うち奉書式朱印状が二三点）、黒印状が一点、書状が二点、という状況であり、朱印状、しかも奉書式朱印状が圧倒的な割合を占めるものとなっている。こうした状況は、この時期のみにみられるものである。また、四〇点のうちほぼ半数にあたる一九点は、天正十八年に出されており、しかも、そのうち二点が八月に出されている他は、すべて十二月に出されたものとなっている。これは同年八月に、新たな領国となった沼田領に入部し、そこから領国検地を実施して、その結果を踏まえて十二月に、家臣・寺社に対して所領を配分する知行割が行われたことにともなっている。

八月に出されたのは岩櫃領の寺社に所領を安堵したもので（八・九号）、いずれも写であるが、署判部分には「信幸公判・北能州」とあるから、信之の判物で、奉者として北能登守が記されていたと推定される。この様式は、十二月三日付の一点で、宿老矢沢頼幸宛の知行充行状において（一〇号）、信之の署名・花押に加えて奉者として木村徳右衛門（渡右衛門）が記されているものと同様ととらえられる。ここで信之は、判物に奉者を記載しているのであるが、このような様式のものは、この三点しかみることができない。しかも十二月三日付では、他にも家臣宛の知行充行状が三点あるが、他のものは朱印判物と推定されるのが一点（一一号）、奉書式朱印状が二点（一二～三号）となっていて、様式が異なっている。なぜ矢沢宛のものにだけ、そのような特異な様式になっているのかはわからないが、少なくとも朱印判物・朱印状との違いは家格の違いによるのであろう。なお十二月三日付のうち、藤井甚左衛門宛のみ奉者記載がみられていない（一一号）。あるいは書写の際に脱落された可能性もあろう。

その後も、十二月十日付から十九日・二十日・二十一日・二十六日付と、いずれにおいても同日付で複数の文書がみられ、内容は家臣への知行充行、寺社への所領充行である。このうち、十二月二十一日付で湯本三郎右衛門尉に宛てたものだけが判物であり（二二号）、その他はすべて奉書式朱印状となっている。続く同十九年の二七号、文禄元年（一五九二）の二八・二九号も、沼田領在住の家臣に知行等を与えたものであるが、いずれも様式は奉書式朱印状となっている。沼田領において新たな知行割を行った天正十八年十二月から、この時期までにおける発給文書の様式は、基本的にこれら奉書式朱印状がとられていたことがわかる。これに対して、その後の文禄二年以降に出された一八点では、奉書式朱印状はわずか五点にすぎないものとなっている。

それ以外の様式をみてみると、判物が一点で、宿老矢沢頼幸に知行を充行ったものである（三三号）。ただし、同日付で同人宛に出された所領支配に対する定書は、奉書式朱印状になっている（三五号）。このことから判物か朱印状かの使い分けには、内容の違いもあったことがわかる。朱印判物は一点で、沼田領の在住家臣田中忠右衛門に知行を充行ったものである（三一号）。知行充行状には判物様式がとられていたとみることができる。

朱印状は一三点で、宿老矢沢頼綱に寄進地を追認したもの（三二号）、先に触れた矢沢頼幸宛のもの（三五号）、宿老大熊五郎左衛門尉に知行替による所領を充行ったもの（三六号）、宿老矢沢頼幸に北能登守同心衆を配属させたもの（三七号）、沼田領の在地支配に関わるものである（三八～四三・四五～四七号）。この段階になって、ようやく在地支配に関わる発給文書がみられるようになっている。黒印状は一点で、家臣田中久左衛門に知行を充行ったものである（四四号）。ただし、この時期に信之が黒印を使用した事例は確認されず、宿老が黒印状を発給している事例がみられることからすると、あるいはこれは家臣の発給文書かもしれない。書状は二点で、大熊五郎左衛門尉らに武者揃の準備を指示したもの（三〇号）、昌幸の宿老であった河原綱家に、昌幸への身上の取り成しを約したものである（三四号）。

この時期においては、家臣への知行充行状では、有力家臣とみられるものには判物が使用されたが、沼田領在住の家臣については基本的には朱印状が使用される状況にあったこと、四〇点のうち大半の三〇点が朱印状であり、しかもその大半の二三点が奉書式朱印状であり、この様式が基本になっていたことに大きな特徴が認められる。

三、慶長五年（一六〇〇）十二月～元和二年（一六一六）四月

慶長五年十二月、関ヶ原合戦の戦後仕置により、父昌幸の上田領は改易され、代わって信之に与えられることになった。信之はここに真田家の家督を相続し、それまでの沼田領に加えて上田領をも領国とし、沼田領三万石・上田領六万五千石の合計九万五千石を領知する「小名」となった。その後、元和二年四月から六月の間頃に、本拠を沼田城から上田城に移すことになる。

この時期における信之の発給文書は、二二四点が確認される。文書様式でみてみると、判物が二六点、朱印判物が二一点、朱印状が一三一点、黒印状が五点、書状が三四点、朱印書状が五点、黒印書状が一点、署名なしの一字書出が一点、となっている。全体の六割近くが朱印状となっており、この様式による発給が圧倒的多数を占めていること

がわかる。朱印状が多くの割合を占める状況は、以前からみられていたことであった。しかし、前の時期で多くみられた奉書式朱印状は、ここでは二三点にとどまり、朱印状全体の割合のなかでは二割にも達しないものとなっている。ここから、この時期になって奉書式朱印状の様式がとられることが減少していることがわかるが、その理由については今後の検討課題であろう。

判物二一点のうち、半数以上の一三点が、慶長六年八月に、家臣らへの知行充行状として出されている。具体的には真田（小山田）茂誠・原半兵衛・飯島市丞・金井民部・矢島次郎右衛門尉・保科五郎吉・矢沢頼幸・大熊五郎左衛門・清水弁介・田口勘八・祢津甚五郎（信直）・大沢源太兵衛・広田備後守宛である（五三～五八・六二～六六・八一～八三号）。同時に出された知行充行状として、朱印判物になっているのが一四点、朱印状になっているのが一一点あり、使い分けされていたことがうかがわれる。充行の知行高によるようではないことから、相手の家格による可能性が高いとみられる。また同時に、家臣に対して同心の配属（七四～七九号）、百姓役の免除などを認めているが（九四・九六・一〇〇号）、それらは知行充行状において判物・朱印判物が用いられていても、すべて朱印状になっている。これは内容による使い分けを示しているととらえられる。なお、これらの知行充行状や同心配属は、信之の上田領併合にともなって行った検地をうけて、知行と同心配分を再編したものにあたる。これにより信之の上田領支配が確立をみることになる。

判物のその他については、矢沢頼幸への知行充行（一〇四号）、海野藤八（内匠）への知行充行（一〇七・二六一号）、大熊靱八（五郎左衛門尉の子）への遺跡安堵（一一一号）、日置五右衛門尉への遺跡安堵（一二〇号）、小幡内膳正への知行充行（一二三・一六一号）、真田（小山田）之知への知行充行（一四〇号）、日置一郎兵衛への遺跡安堵（一五三号）、坂巻夕庵への知行充行（一五五号）、原出羽守への知行充行（二〇五号）、鈴木久次郎への知行充行（二二二号）、出浦昌相への新鉄炮衆に対する知行充行命令（二三八号）、となっている。いずれも有力家臣への知行充行状とまとめられるであろう。

朱印判物についても、慶長六年八月の知行充行におけるものが一四点（六一・六二・六七・八六～九三・九五・九七・九八号）、同年九月の同性格のものが一点あり（一〇二号）、その他のものは、寺社への所領安堵（一二一・一九三号）、上田領実相院への諸役免除の安堵（一三六号）、寺社への所領寄進（一六四～五号）、宿老に宛てて軍事について指令した覚書（二五五号）、となっている。所領の充行・安堵において、判物ではなく朱印判物が使用されているのは、それとの家格などの違いによるものとみていいであろう。

また、この時期に特徴的であるのは、黒印状がみられていることである。しかもその時期は限定されていて、慶長九年二月から十一月までの間のみにみられるものとなっている（一二四・一二七～九・一三一号）。この間に朱印状が出されているのは、三月一日付の二点しかなく（一二五～六号）、しかも辰の干支のみであるから、あるいは元和二年に比定される可能性も想定される。いずれにしてもこの時期のみ、黒印状が発給文書の中心を占めるものとなっているとみてよい。また、使用されている印判も、印判3と印判4の二種がある。これらの状況をどのように理解すべきかは、今後の検討課題となる。さらに、五点のうち三点が奉書式黒印状となっているうえ、（慶長九年）十一月十九日付の沼田領後閑村宛のものでは、奉者祢津志摩守（幸直）・伊藤備中守がともに花押を据えている様式になっている。

ちなみに奉者が署判を据えているというこの様式は、朱印状にも類似のものがみられている。すなわち（慶長十八年）九月の二〇七号と（同十九年）十月の二三七号の二点があり、いずれも奉者は出浦昌相で、ここでは黒印が据えられている。それらの同日ないし日付が近いもので、通常の朱印状が出されているうえで出浦昌相が奉じたものもみられているので、この様式がなぜそれだけにみられているのか、これについても不明である。ただし、両文書とも原本ではあるものの、朱印部分については「御朱印之写」と記されているのみで、実際に信之の朱印は押捺されていない。このことからすると、それらは朱印状の写であり、それに保証を加えるために奉者の出浦昌相が黒印を据えたことが考えられる。しかしそうであったとしても、なぜそもそも朱印状写が出されたのか、今後の検討課題である。

さらにこの時期から、書状において花押の代わりに印判を据えた、朱印書状と黒印書状の様式がみられるようになっている。朱印書状については、慶長七年と推定される九月十四日付木村五兵衛（綱茂）・出浦上総守（昌相）宛のものを初見として（一〇六号）、（同八年）二月三日付大熊勘右衛門・同伝兵衛宛（一一〇号）、（同十九年）二月二十五日付羽田筑後守他二名宛（二二一号）、（同年）五月十三日・十月二日付出浦対馬守（昌相）宛（二二五・二三二号）、となっている。それらの宛名人への書状は、他では花押が据えられているから、これらがなぜ朱印が押捺されているのか、理由は不明である。なお、このうち羽田筑後守他二名宛のもののみ署名がなく、単に朱印が押捺されたものとなっている。黒印書状については、（慶長十八年）五月二十八日付春原六左衛門宛（一九九号）がみられている。しかしこれについても、その直前の五月十日付で同人宛の書状には花押が据えられていたらしいことからすると（一九八号）、それだけがなぜ黒印が押捺されたのか、理由は不明である。

こうした書状に印判を押捺したものは、この後においては極めて少数しかみられていない。そのことからすると、この時期に五点の朱印書状がみられるということは、それそのものがこの時期の特徴とみることができるかもしれない。しかしそうはいっても、なぜそのような使い分けが行われていたのか、あるいは単なる誤用であったのか、いずれにしても今後の検討課題であろう。

四、元和二年（一六一六）六月～同八年（一六二二）十月

元和二年四月から六月の間頃に、信之は本拠をそれまでの沼田城から、かつて父昌幸が本拠としていた上田城に移した。これにともなって、嫡子信吉を沼田城主に据えて沼田領支配については基本的には信吉に管轄させた。そして同八年十月に、上田領から北接する信濃松代領へと転封となる。そのためこの時期は、信之の発給文書は上田領支配を中心にしたものとなる。この時期における信之の発給文書は、一一七点が確認される。文書様式でみてみると、判物が七点、朱印判物が七点、朱印状が八七点、書状が一三点、朱印書状が三点、となっている。この時期も朱印状が圧倒的な割合を占めるものとなっている。なおこの時期には、黒印状および黒印書状は現段階では確認されていない。

判物は、出浦半平（昌相の子）への知行充行（二七六号）、飯島正九郎（市丞の子）への遺跡安堵（三〇三号）、小幡内膳への知行充行（三二六号）、海野喜兵衛への遺跡安堵（三三五号）、池田長門守への知行充行（三三六号）、安中作左衛門への知行充行（三六九号）、日置豊後への知行充行（三八九号）となっており、いずれも有力家臣に対する知行充行・安堵に用いられている。朱印判物は、大沢源太兵衛への知行充行（二七五号）、市場太郎左衛門への同心配属（三〇五号）、師岡源兵衛への知行充行（三一七・三六七号）、寺院への寺領寄進（三一八～九号）、安中作左衛門への知行充行（三九一号）となっていて、これも家臣・寺社への所領充行・寄進に用いられている。しかし、例えば安中作左衛門宛については両様が用いられているように、その使い分けについては判然としない。

またそれらの知行充行は、それまでにおけるものの安堵および追加にあたるものといえ、それまでの知行関係を改編したものではない。沼田領支配を嫡子信吉に委ねたとはいえ、それまでに沼田領で与えていた家臣の所領は、基本的にはそのまま据え置かれていたと考えられる。また、信之も沼田領における所領の安堵や充行を行っていることが確認される（出浦半平宛の二七六号、安中作左衛門宛の三六九・三九一号など）。したがって、ここでの信之と信吉との領国支配の分割は、かつて信之が昌幸の嫡子として沼田領支配を管轄していた、小田原合戦までの状況に類似するものといえるであろう。

朱印状については、ほとんどが朱印のみ押捺したものであり、奉書式のものは一〇点がみられるにすぎない。この奉書式の著しい減少は、この時期の特徴といえるであろう。また奉者については、一〇点中九点が出浦昌相によるものとなっており（二八七・二八九・三二五・三二七〜三〇・三六一・三六八号）、元和五年十二月までみられている。それ以外のものは、その後の元和七年四月における師岡源兵衛の事例だけである。それまでの時期には、多くの奉者がみられていたことと比べると、この時期には出浦昌相一人に特化している状況がみうけられる。さらにここで興味深いのは、出浦昌相の奉書黒印状五点は、昌相が奉書式朱印状の奉者としてみられなくなった直後にあたる、元和六年から同七年十二月までに集中していることである。この状況からすると、昌相の奉書は、奉書式朱印状から奉書黒印状に切り替えられているようにうかがえる。その理由の追究も今後の検討課題であろう。

朱印書状については、出浦対馬守（昌相）・海野内匠宛（三〇七号）、出浦対馬守宛（三一三号）、出浦半平・矢野半左衛門・矢沢但馬守（頼幸）宛（三八三号）、となっており、いずれも宿老宛に限られている。これ以前の時期についても同様であるが、彼らには他では基本的には花押を据えた書状が出されているから、これらだけなぜ朱印が押捺されているのか、ここでも理由は判然としない。ちなみに書状一四点のうち、宛名欠落の一点（三〇六号）を除き、そのうちの九点が出浦昌相・半平父子に宛てられて同家に伝来されたものであり、その他では、矢沢頼幸宛が一点（三四〇号）、坂巻夕庵宛が二点（三四一・三五六号）がみられるにすぎない。この時期においては、出浦父子宛に特化しているような状況になっているといえるであろう。

五、元和八年（一六二二）十一月〜明暦二年（一六五六）八月

信之は元和八年十月、沼田領三万石は据え置かれたうえで、上田領六万五千石から松代領一〇万石に加増転封された。沼田領と合わせて知行高は一三万石となり、一〇万石を超える有力大名とされた。この後、信之は基本的には松代領支配にあたっており、沼田領については前の時期と同様、嫡子信吉に領国支配が委ねられた。信吉が寛永十一年（一六三四）に死去すると、沼田領支配はその嫡子熊之助に引き継がれたが、その熊之助も同十五年に死去してしまった。そのため、沼田領支配は信之の次男信政に委ねられた。そして明暦二年十月に、信之は九一歳にしてようやくに隠居することになる。

この時期における信之の発給文書は、四一一点が確認される。松代領支配の治世は三十五年に及んでいるから、それに対応して残存する発給文書数も多くなっている。しかし残存の割合からすると、一年あたり一二点弱にすぎず、徳川政権期の沼田城主期が一三点強、上田城主期が一七点弱であることと比べると、やや低いものとなっている。ただしこれは年代を比定できない年未詳文書を除外してのものになるから、それら年未詳文書の年代比定がすすめば、

その割合は高くなっていくことが推測される。とはいえ、時期が下れば文書残存が多くなると思いやすいが、大名家当主の発給文書については必ずしもそのようなことはなく、むしろ慶長・元和期のほうが多く残存していることは注意される。このことはおそらく、寛永期以降になると、領国支配の機構すなわち藩政機構の整備がすすみ、家臣発給文書の比重が高まることを意味しているのではないかと想定される。信之についても、それらいわゆる藩政機構の整備状況の具体的解明が課題であろう。

四一一点について、文書様式でみてみると、判物が四三点、朱印判物が一一二点、朱印状が二一〇点、黒印状が一点、書状が四〇点、消息が二点、発給文書と呼ぶには難しい奉献和歌が一点、朱印による裏書が二点、となっている。この時期には、それまでの時期にみられていた朱印書状の様式はみられなくなっている。また、朱印状が半数以上を占めるものとなっており、この時期においても、朱印状が圧倒的な割合にある。しかしながら朱印状の在り方には、少なからぬ変化もみうけられる。

すなわち、それまでの時期にみられていた奉書式朱印状が、この時期にはわずか三点しかみられず、それも寛永三年（一六二六）を終見にしているのである。また、そこにみられる奉者についても、前の時期では出浦昌相が圧倒的な割合を占めていたが、その三点には、出浦半平が一点（四〇六号）、山井大蔵が一点（四五八号）、池田長門守・出浦半平連名が一点（四八〇号）、と全く分散しているのである。そもそも信之の朱印状において、どのような場合に奉書式になるのかも明確になっていない。そのため、それが何を意味しているのかをただちに指摘することはできないものの、少なくとも奉書式朱印状の消滅は、信之の朱印状発給の在り方において大きな変化とみることができるであろう。

またそのことと関連しているとみられるのが、朱印の押捺下部、すなわち従来は奉者記載がみられていた部分に、担当の家臣名が記載されたものがみられるようになっていることである。その初見は、ちょうど奉書式朱印状がみられなくなった直後にあたる、寛永六年十二月一日付で郡奉行の原主米・萱沼九兵衛が、信之への納金を書き立てたものに、朱印1が押捺されているものになる（五〇一号）。続いて、（同十二年ヵ）十二月晦日付では上原権左衛門尉ほか五名による納金上納状に、朱印1が押捺されているものがみられている（五七二号）。それらの作成手順がどのようなものであったのかを解明する必要があるが、今は今後の課題としておきたい。それら上納されたものについては、信之からあらためて請取状が出されるべきものとみられ、これまでにもその存在は確認され、この時期にも少数ながら存在している（六五二号）。

さらに寛永十九年になると、同様の性格の文書には、担当家臣の署判がみられるようになっている（六七一号など）。そうすると、これら上納状とでも呼ぶべき性格の文書は、担当家臣が作成した書面が基本的な性格にあると理解され、朱印1の押捺は、いわばその内容についての承認のための加判の性格にあるととらえられるものとなる。そうすると文書様式としても、朱印状としてではなく、加判文書として分類したほうがよいかもしれない。また、同様の上納状とみられるもののなかでも、担当家臣の署判がみられるものとそうではないものとの両様が存在しており、その違いの理由も解明する必要がある。いずれにしろ、このような様式のものがこの時期から登場するようになっていることは、信之の領国支配機構の変化を反映しているものと推測され、今後の重要な検討課題といえる。

判物は四三点があるが、そのうち一四点は寛永元年十月三日付の松代領における家臣に対する一斉的な知行充行状であり（四一〇～二三号）、二点が同二十年十二月二十八日付（六七三～四号）、六点が慶安二年（一六四九）十一月一日付（七一八〜二二号）の同様の知行充行状である。なお、後二者における知行充行は、加増分充行もしくは新規召し出し家臣への知行充行となっている。対象になっている家臣は、矢沢頼幸・小山田之知・大熊靭負・丸子（海野）喜兵衛・小幡内膳・岩崎主馬・河原綱家・祢津伝八（直次）・海野宮内・池田長門守・日置豊後守・師岡源兵衛・坂巻夕庵・春原六左衛門・金井善兵衛・矢野半左衛門といった、これまでにも判物で与えられていた有力家臣である。また、領国内寺社宛の禁制が四点あり（三九九・四六二〜三・六九一号）、領国内外寺社への安堵状が四点ある（四〇〇・四六一・六二七・七七八号）。

その他のものは一点ずつの存在で、出浦半平への知行充行（四〇九号）、娘西台殿（見樹院殿）への知行充行（四七九号）、小幡将監への知行充行（六二三号）、河原八十郎への知行充行（六二九号）、出浦市丞への知行充行（六五四・七六八号）、海野源左衛門への知行充行（六六四号）、鈴木右近への知行充行（六八七号）、祢津八郎右衛門（直次）への知行充行（七三八号）、出浦新四郎への知行充行（七四七号）、横田九郎左衛門への知行充行（七六九号）、祢津甚五兵衛（直常、直次の子）への知行充行（七七四号）、長井四郎右衛門への知行充行（七九〇号）となっている。出浦・小幡・河原・海野・鈴木・祢津など、これまでも判物を与えられていた有力家臣が対象になっている。

朱印判物については、これまでの時期においては、判物とほぼ同等の残存であったが、この時期については判物に対して倍以上の残存となっている。その理由に関しては宛名人についての詳細な検討を必要とするが、中小家臣宛の文書の残存数の増加によるところが大きいとみうけられる。しかしそれだけでなく、知行充行の際にこの朱印判物の様式が多くみられるようになっていることも関係している。例えば、松代領転封後における家臣への一斉的な知行配分にあたる寛永元年十月三日付で行われた知行割では、先に取り上げた判物以外の事例は、すべて朱印状によって出されたものとなっている。

その前後における朱印判物の発給状況をみてみると、寛永元年正月の成沢勘左衛門宛（四〇五号）、同二年八月の海野宮内宛・小幡将監宛（四六八〜九号）、同年十二月の坂巻夕庵宛（四七三号）、同年の御師広田筑後守宛（四七五号）、同四年五月の河原久右衛門宛（四八五号）、同年七月の池田藤松宛（四八六号）、同七年十二月の小日向五郎兵衛宛・大日方善大夫宛（五一五・五一七号）、同八年十二月の宮下孫兵衛宛（五二三号）、同十年十月の佐藤十郎右衛門宛（五三六号）の知行充行、寛永八年十二月の坂巻夕庵宛（五二二号）、同十年十月の出浦市丞宛（五三四号）の同心配分、同十三年四月の坂巻虎松宛の遺跡安堵（五七四号）、同十四年七月の安中作左衛門宛の沼田領支配に関する定書（五八三号）、という状況になっていて、出されている数量は限られた状況にあるといえる。

ところが寛永十六年以降は、家臣への知行充行において、朱印判物の様式が増加している。それまでの十六年の間には一五点しかみられなかったのに対し、それから明暦二年八月までの十八年の間には九七点がみられるようになっている。しかも、寛永十六年正月三日付の岩崎勝蔵宛の知行充行状は朱印状で出されているが（六一八号）、同年八月十五日付の前島金三郎宛の知行充行状からは（六二五号）朱印判物が用いられるようになっている。そしてその後においては、朱印状については四八点がみられるにすぎない状況であり、朱印判物の残存数の半数以下になっている。これまでの時期では、発給文書のなかの割合は、この朱印状が圧倒的なものであったが、この寛永十六年からは、朱印判物が中心になっていることがわかる。そして、朱印状の内容についてみてみると、先に触れた上納状のような性格のものが大半を占めるようになっていることがみうけられる。

今後の史料蒐集の進展や年代比定の再考などにより、個々の文書内容の検討がすすめば、さらにその状況は明確になると考えられる。しかしそれをまたなくても、この寛永十六年を画期として、信之の発給文書の在り方に大きな変化があったことは確実ととらえられる。それは、朱印状の発給の在り方における変化として理解することができるであろう。それまで多くの内容について朱印状の様式が用いられてきたが、ここからはその対象が限定されるようになったことがうかがわれる。先に述べた、寛永六年からの上納状のような性格のものにおける加判としての性格の登場とともに、この時期における領国支配機構の展開と密接な関連にあることが予想される。ただし、その具体像の解明は、すべて今後の課題となる。

黒印状は、卯（寛永四年カ）八月五日付で坂巻夕庵宛の知行充行状である（四八八号）。ただし原本が確認できていないため、どの黒印が使用されたものかは不明である。また年代比定も干支によるにすぎず、使用黒印が判明すれば、異なる年代に比定し直される可能性もある。とはいえ、これまで坂巻夕庵宛の知行充行状は、基本的には判物が使用されてきたこと、宿老クラスへの知行充行状で黒印状の事例はみられていなかったことからすると、これがどのような理由から黒印状とされたのかは、極めて興味深いものとなる。今後の原本確認のうえで検討すべきものといえる。

書状については、四〇点のうちのほとんどは家臣宛だが、家臣以外に宛てたものがみられるようになっており、三点ある（三九五・五五一・六八五号）。それ以外についてみてみると、出浦半平・同織部の出浦氏に単独で宛てたものが一四点ある（宛名欠損の六一六号は伝来から出浦半平宛と推定される）。その他、単独で宛てられているのは矢沢外記宛が一点（四七六号）、池田長門守宛が一点（四八七号）、安中作左衛門宛が二点（四九七・五〇〇号）、海野内匠宛が二点（四九八〜九号）、坂巻夕庵宛が二点（五七五〜六号）、小野（小山田）主膳（之知）宛が一点（五七七号）、小幡将監宛が二点（六三二〜三号）となり、それ以外の一二点は複数の宿老に宛てたものとなっている。そのうち、出浦氏が含まれているものは九点を占めている。これは、出浦氏の家伝文書の残存が良好という理由もあるが、引き続き出浦氏の存在の大きさが示されているとみられるであろう。それら書状を出されているのは、すべて宿老とみてよく、今後はそれら個々の役割について解明することが課題である。

六、明暦二年（一六五六）十月〜万治元年（一六五八）十月

信之は明暦二年十月、ようやく江戸幕府から隠居が認められたことをうけて、隠居した。家督は沼田城主であった次男信政に譲られ、沼田城主については信吉の次男信直に譲られた。それにともなって松代領真田家と沼田領真田家は、完全に別家とされ、領国も家臣も分離されることになった。この領国支配の状況は、かつて羽柴政権期に、上田領の昌幸と沼田領の信之とに分かれた状況に類似している。ただしその時は、信之はあくまでも昌幸の嫡子の立場にあったが、ここでは両家は別家とされたところに違いがある。

信之は、それから二年後の万治元年十月に死去することになる。したがって隠居生活は、まる二年という短さであった。この時期における信之の発給文書は、わずか一二点が確認されるにすぎない。文書様式でみてみると、判物が二点、朱印判物が六点、朱印状が一点、書状が二点、黒印書状が一点となっている。短い期間ながらも、半数が朱印判物となっており、その割合が突出している。この状況は、前の時期の寛永十六年からの状況と同じといえ、それがこの時期にも継続されていたといえるであろう。

ただし、信之が実際に致仕したのは翌明暦三年七月二十三日のことで、松代城の北東にあたる柴村に隠居したとい

い、新たな当主となった信政が松代城入部のために江戸を発したのが八月五日、松代城に入城したのは同月十日のことであったとされる（「滋野世紀」「真武内伝」『新編信濃史料叢書十八巻』三一二頁）。隠居した信之の発給文書の最初になるのは、その間の（明暦二年）十一月十五日付の「未（明暦元年）納御勘定目録」であり（八〇六号）、前年明暦元年分の信之への納入・支出をまとめた勘定目録で、岡川佐大夫以下六名が作成したものに朱印を加判したものとなる。これはいまだ信之が、実質的に当主としての役割を果たしていたことにともなうものと理解される。

次いでみられるのが、やはり信政入部前にあたる、明暦三年四月十九日付で家臣に知行充行した五点であり、このうち小幡内膳とその子同長右衛門宛のものが判物（八〇七～八号）、小幡長右衛門への同心配属、落合理左衛門・関山治兵衛への遺跡安堵のものが朱印判物で出されている（八〇九～一一号）。このなかで小幡内膳は、信之の隠居にともない隠居し、信之に供した存在であり（「大鋒院殿御事蹟稿巻二」『新編信濃史料叢書十六巻』八二頁）、ここでの内膳宛の判物はその隠居領を充行ったもので、嫡子長右衛門に宛てたものは遺跡相続と同心配属を認めているものになる。また、落合・関山宛のものは、その家督相続を認めるものであり、いずれも信政への継承を控えての措置ととらえられる。

そして、完全に隠居後に出された最初のものが、（万治元年）二月と三月に出された書状となるが、これらは江戸幕府老中に対し、同年二月五日に死去した信政の家督を、その嫡子右衛門佐（幸道）への継承を申請したものになる。したがってこの時期は、当主不在の時期になる。そして、幸道への家督相続が認められたのは、六月十四日のことであった。ただしこの時、幸道は二歳にすぎなかったから、当然ながら領国支配を行えるわけではなかった。六月十九日付の境野外記宛の黒印書状は、幸道の相続をうけて老中酒井忠清家臣にその礼を述べたものである（八一四号）。

ただし、これが黒印書状で出されている理由は明らかではないが、他家家臣宛であるため、花押を据えることが憚られる身分の違いがあったためであろうか。そして最終の発給文書になっているのが、十月三日付の家臣への知行充行状三点で、いずれも朱印判物で出されている（八一五～七号）。しかし、その内容はすべて遺跡相続を認めたものになる。幸道はこのような知行充行状を出すことができなかったため、信之が出したものと理解される。

そうするとこの時期における信之の発給文書は、当主信政による領国支配が開始されるまでの繋ぎの時期、およびその死後、次代幸道による支配の代行という性格にあったものといえる。しかも家臣への知行充行状は、すべて遺跡相続についてであり、これについても、家臣に対して新たな知行充行を行うことはなかったことがわかる。したがってこの時期に出されたものは、独自の支配を示すようなものではなかったととらえられる。

おわりに

本稿では、真田信之の発給文書の概要について述べてきた。具体的には、信之の生涯を、その政治的立場の変化をもとに大きく六つの期間に区分し、それぞれの時期において、主として判物・朱印判物・朱印状・黒印状・書状・朱印書状・黒印書状の七つの文書様式の発給状況について概観したものであった。もっとも、その内容は文字通り概要というべき、表面的な検討にとどまったものにすぎない。

しかしそれでも、時期によって用いられた文書様式の違い、同じ文書様式においても時期によって用いられ方の違いなどについて、うかがうことができた。そのなかのいくつかの特徴点を確認しておくと、

①判物は、基本的には有力家臣宛の知行充行状に用いられたこと、
②それより家格の低い家臣に対しては朱印判物、さらに家格の低い家臣には朱印状で出されていたが、寛永十六年（一六三九）以降は、それまで朱印状で出されていた家臣にも、朱印判物で出されるようになっていること、
③朱印状のうち奉書式朱印状は、元和二年（一六一六）以降は著しく減少し、寛永三年（一六二六）を終見にしていること、
④朱印状では、寛永六年から、家臣作成の勘定系の書立に加判したものが多くみられるようになること、
⑤黒印状は、ほぼ慶長九年（一六〇四）のみに使用されていたこと、
⑥朱印書状は、慶長七年からみられるようになり、本来は花押を据えられる有力家臣宛に出されており、元和七年を最後にしていること、
⑦元和五年まで宿老出浦昌相は奉書式朱印状における奉者としてみられていたが、同六年・七年については出浦昌相が署名下に自身の黒印を押捺した奉書が出されていること、

などが挙げられるであろう。

もちろん、それらの理由の解明こそが重要になることはいうまでもなく、今後その作業をすすめていく必要がある。また本稿で対象にしたのは、年代が判明しているもの八一一点をもとにしたものであり、その他にも年代未詳文書が一一四点が存在している。そのなかには朱印書状や黒印書状、さらには黒印伝馬手形などもみられており、今後それらの年代比定をすすめていくことも大きな課題である。いずれにしろ信之の発給文書については、多くの課題が残されているといえ、今後における検討の進展に期待したい。

註

（1）本目録作成にあたっては、とくに丸島和洋・山中さゆり・米澤愛各氏からご教示を得た。なお同目録には、本稿入稿後に把握した情報を加えている。そのため、本稿における記述と若干齟齬が生じている部分もあるが、了解されたい。

（2）拙稿「真田信之発給文書における署名と花押―元和元年まで―」（佐藤博信編『中世東国の政治と経済〈中世東国論6〉』所収、岩田書院、二〇一六年）・同「真田信之発給文書における印判の変遷」（山田邦明編書、岩田書院、二〇一七年刊行予定）。

（3）なおこれ以前に、信之の発給文書について概要を述べているものに、原田和彦「真田信之文書の基礎的考察」（『市誌研究ながの』一八号、二〇一一年。本書第1部のI）がある。

（4）信之の生涯について叙述した最新の成果として、拙著『真田信之　真田家を継いだ男の半生〈角川選書569〉』（KADOKAWA、二〇一六年）・平山優『真田信之　父の知略に勝った決断力〈PHP新書1064〉』（PHP研究所、二〇一六年）がある。以下、信之に関する基礎的事項についてはこれらの成果をもとにする。

（5）なお、この時期における信之の沼田領支配の状況については、拙著『「豊臣大名」真田一族　真説関ヶ原合戦への道』（洋泉社、二〇一六年）において詳述しているので、あわせて参照されたい。

第1部

真田信之の生涯

Ⅰ　真田信之文書の基礎的考察

原田和彦

はじめに

松代藩・真田家の祖である真田信之（信幸とも、以下信之と表記する）[1]については、その知名度に反して研究の蓄積は少ない。ことに、真田信之の上田領支配については、河内八郎氏の著した「信州真田氏の領国形成過程─昌幸時代を中心として─」[2]が唯一の研究と言っても過言ではあるまい。河内氏の分析が、その後に編纂される『真田町史』や『上田市誌』へとつながるのである。上田領真田家に関する基本文献と言い換えることもできる。河内氏の所論は、『小県郡御図帳』という後世の史料に依拠しているのが大きな特徴である。わたしはこの『小県郡御図帳』については史料的な評価を厳密に行うべきと考えている。

河内氏の分析法に対して、米山一政氏は「上田時代における真田氏の政策の一断片」[3]と題した論考において、同時代の古文書の分析を行っている。米山氏の研究は上田領時代の真田信之についての概略的な研究と位置づけることができる。

このように、真田信之をめぐる研究は、上田領支配にのみ限っても、限定的な研究に依拠してすすめられてきたのである。こうした状況に鑑み、本報告では真田信之の発給した文書の基礎的な考察を通じ、上田領時代の真田家についての概要把握をしようとするものである。そのため、次の二点について述べることとする。

第一に、発給文書から見た真田信之の花押の変遷について述べる。第二に真田信之発給文書の歴史的変遷について、真田信之の朱印状の性格、出浦氏発給の「手判」について述べることとする。

以上の二つの視点から触れることとしたい。

一、真田信之の花押、印判の変遷

（一）『真田家御事蹟稿』掲載の「御花押」「御印判」

真田信之の花押、印判については、早くも江戸時代の終わり頃に編纂された『真田家御事蹟稿』に真田信之の花押と印判の類型化がなされている。『真田家御事蹟稿』は河原綱徳が中心となって、古文書や歴史資料を収集して編年した史料群である。真田幸綱から歴代の事績をまとめている。真田信之の項の巻頭には、真田信之の花押や印判の変遷を載せる。その内容は【図1】である。

江戸時代に編纂されたものではあるが、信之の花押について、その類型を知る上ではとても参考となる。また、現存しない古文書をも収集している点でも貴重である。一方、印章についても、現在確認できない印影をも収録しており参考になる。

『真田家御事蹟稿』の編纂については、その当時どのような文献を参考にしたのかが記載されている。これを見る

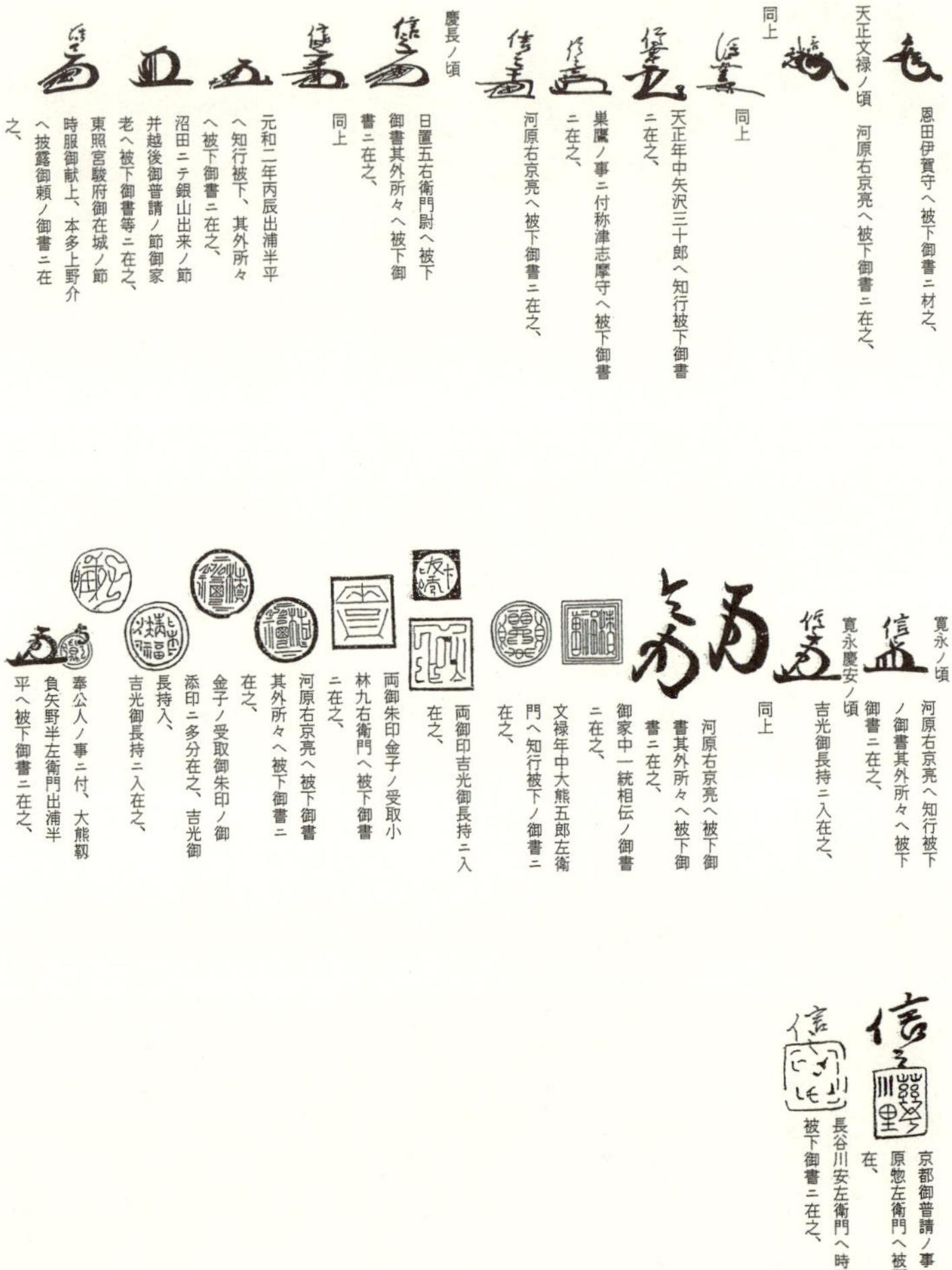

図１　『真田家御事蹟稿』中の信之花押印章の印影（『新編　信濃史料叢書』同刊行会より転載）

と、一次資料といわれる古文書を中心として編纂していることがわかる。ただ、この編纂体制がどのようなものであったのかを解明した研究を見ない。真田信之の花押や印章の編年にあたって、だれがどのような役割をもって実施したかの検討もこれからであろう。

まずは、真田信之が発給した文書の理解のために、『真田家御事蹟稿』はその花押や印章の編年を試みているという事実を確認しておきたい。

(二) 真田宝物館に現存の印章について

真田宝物館には、歴代藩主が所持した印章が残されている。これらの印章は伝来の古文書と共に「吉光御腰物箱」に収納されて御殿の中奥、藩主の近くで管理されていたのである。(4) 伝来した真田信之の印章については、すでに論じているので詳細は略すが、(5) ここでは概略を述べておきたい。

真田家にあっては、江戸時代の中ごろに文書の整理がなされるが、この際に、印章は同時に整理された。このうち、「御朱印、御印判」としてあげられているものを掲げると【図2】となる。(6) このうち、信之の印章だけは「羅紗巾着」に入っていることがわかる。この中には、「御印判」が一つ、「唐銅御朱印」が一つ、「御朱印」が一つ、そして「御居判」が二つである。

また、黒印に限ってみると、使用の実例として明暦四年（一六五八）六月十九日付　真田信之黒印状があげられる。(7) この文書は、二代藩主・真田信政の死後、その家督を幼少であった右衛門（幸道）が三代藩主に就任できたことへの礼状である。この文書を含めて、三代藩主擁立に関わる私見はすでに述べたが、(8) こうした私信に対して用いられてい

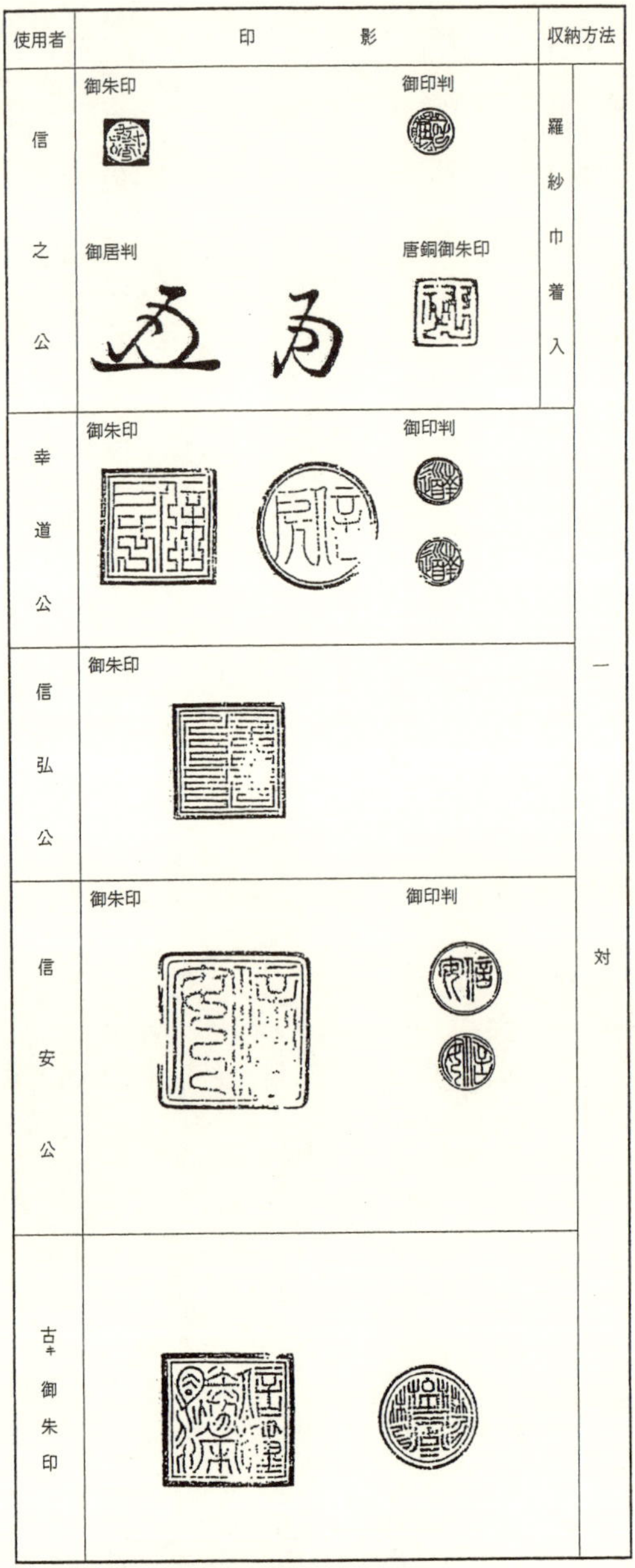

使用者	印影		収納方法
信之公	御朱印　　　　御印判　　　御居判　　　唐銅御朱印		羅紗巾着入
幸道公	御朱印　　　　御印判		
信弘公	御朱印		一対
信安公	御朱印　　　　御印判		
古キ御朱印			

図２　真田家伝来の印章（拙稿「真田家の印章について」より転載）

ることは注目すべきである。

(三)　真田信之花押変遷試論

真田信之の花押の変遷については、すでに江戸時代に試みられてきたのであるが、ここで真田信之の花押についての変遷を試みておこう。わたしはすでに、小稿[9]においてそれを試みたが、再度分析した表を掲出しておこう。これが【図3】である。

	花　　押	根拠とする史料名・年号	類似花押と史料名
A		（天正13年）閏８月13日 真田宝物館蔵　恩田文書（吉234） 『信』⑯　354頁	
B		天正18年12月３日 真田宝物館蔵　矢沢頼文書（12号） 『信』⑰　218頁	
C	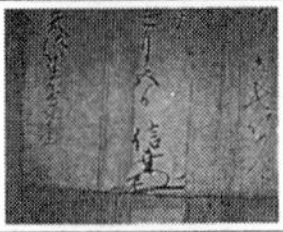	甲午（文禄３年）12月５日 真田宝物館蔵　矢沢頼文書（13号） 『信』⑱　92頁	
D		辛丑（慶長６年）８月５日 真田宝物館蔵　矢沢誠文書（３号） 『信』⑲　89頁	
E		（元和元年）卯月16日 真田宝物館蔵　矢沢頼文書（19号） 『信』㉒　74頁	
F		丙辰（元和２年）６月12日 真田宝物館蔵　出浦文書（吉129－３） 『信』㉒　330頁	
G		寅之（寛永３年）２月19日 真田宝物館蔵　矢沢頼文書（27号） 『信』㉔　335頁	
H		（寛永頃か）７月15日 真田宝物館蔵　真田家文書（吉32） 『真』上　258号	 真田宝物館所蔵 真田家文書（吉34） 『真』上　257号
I	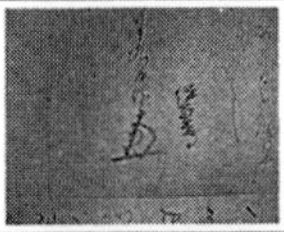	（寛永18年か）２月９日 真田宝物館蔵　出浦文書（吉127－24） 『真』上　161号	
J		明暦元年霜月５日 真田宝物館蔵　矢沢頼文書（37号） 『信』未収	慶安３年９月23日 真田宝物館蔵 出浦文書（吉129－11） 『真』上　194号

図３　真田信之花押の変遷（『真』は『真田家文書』を、『信』は『信濃史料』を表す）

前掲【図2】のうち、御居判については、1とJのものが現存している。このことから、現存する花押判は信之の晩年のものであることが想定されるのである。

一方、花押の変遷に目を転じると、CとFの花押については、その形がよく似ている。花押は時系列的に変化していないことを示すのである。

信之の花押については、私見による変遷を追うだけにとりあえずはとどめておきたい。

二、真田信之の朱印状について

（一）「信之（印）」の存在

真田信之の朱印状の現存最古のものは、天正十三年（一五八五）六月二十一日付の矢沢三拾郎宛のもの[10]である。同年閏八月二日には、下豊ほか宛の信之の花押を伴う文書[11]も現存している。このことから、真田信之の発給文書は天正十三年が上限であるということができる。

この天正十三年という年は、真田家が徳川家康との交流を断絶し、上杉景勝に属するという真田家にとっては大きな転換の時期である。この後、天正十三年八月には真田家は徳川家康と一戦を交えることとなる。いわゆる第一次上田合戦である。こうした危機的状況において、真田家内に新たな文書の発給者としての真田信之が現れるのである。おそらくは、何らかの権限を昌幸は信之に譲ったのであろう。

余談ではあるが、この頃の史料として興味深いものがある。『八幡山番帳』というものである。天正十六年五月三十日の年記のあるこの文書についての性格付けはなされていないが、弓、鉄砲など負担すべき人物について書き記したものである。この文書は能登守が信之の意を奉じて、富沢豊前守、狩野志摩守、狩野右馬之助、折田軍兵衛に宛てたものである。このように、軍制についても変革を迎える時期ということができる。ちなみに、この北能登守は天正十八年段階では、真田信之朱印状に奉行人として多く現れるが、文禄四年には、北能登守同心を矢沢忠右衛門に預けることとなり[12]、何らかの理由により真田家から離れている。

ここで真田信之の朱印状について一つの新たな視点を提示しておきたい。信之が発給した朱印状のなかには、「信之」の署名を付して朱印のつかれたものと信之の署名のないものとがある。例えば、同一の年月日に出されたものにあっても二つの系統が存在するのである。また、同じ内容を命じた文書においても、信之の署名のあるものとないものとが併存する。たとえば、小幡家文書[13]を例にとると、足軽を預け置くことを命じる朱印状には、寛永十四年[14]（一六三七）のものについては信之の署名はない。一方、寛永十六年[15]のものについてみると信之の署名がある。署名の有無については内容によるものではないことが分かるのである。ひとつ違うのは、年号の有無であるが、これが理由ではないと思っている。

それではどのような理由によって信之の署名が現れるのであろうか。この点についての答えを持ちあわせておらず、後に譲ることとしたい。

（二）出浦氏の「手判」と信之の「御朱印」

信之の朱印状については、その発給にいたる経緯が次の史料からはっきりとわかる。まずはその史料を次に記載する。

其方御代官所のうちとあるよしを、助右衛門見立申を、山を存候てほり、といて候はは、と山之ほり大将に助右衛門尉可申候、ほんのとにて候はは、大殿様へ申上、御朱印をとり、勘右衛門ニ可出候、為其如此一筆出置候者也、仍如レ件、

辛酉
二月十六日　　出浦対馬守（黒印）

桜井市左衛門尉殿
すけえもん殿⑮

これは元和七年（一六二一）二月十六日に出浦対馬守が桜井市左衛門尉とすけえもんにあてた書状である。代官所のうちにある砥石山の掘削についての許可を出したものである。桜井市左衛門の代官所内に砥石山のあることを助右衛門が見立て、砥石山の堀大将として助右衛門を命じた。もし本ものの砥石山であったならば、信之に申し上げて、御朱印をとり助右衛門宛てに出すというものである。

ここで注目されるのは、信之からの朱印状が発給されるまでには、出浦対馬守が仮の許可を与えていたことである。言い換えるならば、出浦対馬守が発給する文書には効力があったということがわかるのである。

これに対して、信之の朱印状と出浦の印判（手判）との関係について別の一面のあることが、次の史料からわかる。この文書は元和三年正月九日付のものである。

定

一、祢津御料所明所之事
一、成沢勘左衛門ニ申付候御料所明所之事
一、保屋本郷・小嶋・福田・吉田・築地之事
一、当郷・別所・前田之事
一、中丸子・武石・開善寺・深井之事
一、岩門・染屋・野竹・篠井・林・青木上下事
一、下塩尻・房山之事
右之郷村前ヨリ百姓無之候間、丁巳年ヨリ年年極月迄、諸役半役申付、田地打開、少も無不作様ニ可申付者也、仍如件、
付而右之朱印之旨、出浦手判を以、在々役儀指引可申由被仰出者也、
丁巳正月九日　　朱印
出浦対馬守殿
小宮山二郎殿
清水神右衛門殿(16)

真田家の御料所などについて、百姓不在の村であるため諸役を半減することなどを命じている。そして、これらの御朱印の旨については、「出浦手判」をもって伝えるとする。

それではこの出浦とはどのような人物なのか。まずはその来歴をならべておきたい。この時期の出浦とは、出浦対

馬守と出浦半兵衛父子の二人のうちいずれかにあたる。

元和二年六月　　出浦半兵衛に父・出浦対馬守の隠居後の知行を渡す[17]

元和二年十二月　出浦対馬守の知行地を、同半兵衛に渡させる[18]

元和四年七月　　出浦対馬守が煩ったため、吾妻郡の「郡中職方ならびに人返し万仕置方」を矢澤但馬守・日置五右衛門が当たるように命じる[19]。

元和六年二月　　霊泉寺が末寺について出浦対馬守に訴える[20]。

このように、出浦対馬守と出浦半兵衛との関係が整理されるのであるが、上田領の支配においては、出浦対馬守は大きな力を持っていたことがわかる。

朱印状と「出浦手判」との関係では、信之朱印状では大まかな内容を伝え、詳細については「出浦手判」によるように命じている点が注目される。地域支配における具体的な命令、逆に、在地からの要望が、出浦を仲介にして、そこから「手判」によって取り次がれていたことを確認しておきたい。

(三)　黒印状と朱印状

最後に、真田信之朱印状と黒印状について長野市立博物館が寄託を受けている柳島文書を取り上げることとしたい。

以上

領分之内ヲ以、高百石之地出置候、全不可有知行相違也、

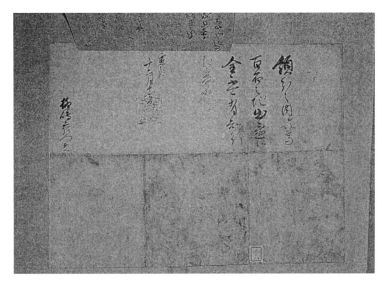

写真１

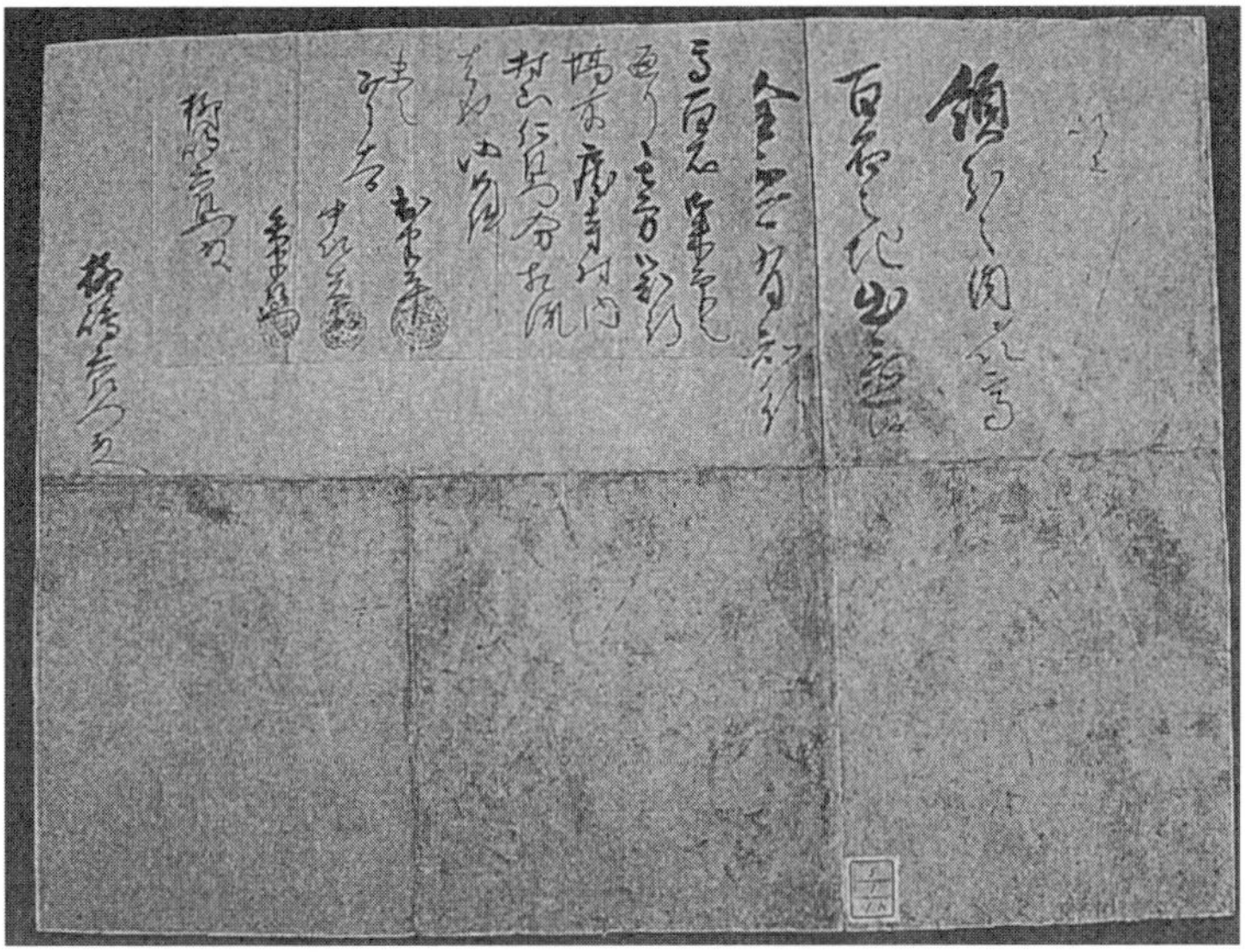

写真２

寛永七
十二月十四日　　信之　朱印
柳島六左衛門殿[21]【写真1】

これは折紙である。信之の署名に朱印がおされている。この折紙に次の切紙が貼られている。つぎにその文書を載せる。

高百石、御朱印之通り、其方御知行場所窪寺村内村山仁左衛門分相渡候者也、仍如レ件、

未之
正月十一日　出半平（黒印）
中次兵衛（黒印）
矢半左衛門（黒印）
柳島六左衛門殿[22]【写真2】

寛永十二年十二月に、信之は多くの知行宛行状を発給している。そのうちの一点である。柳島六左衛門に対して百石の知行を宛行ったが、この具体的な場所を示さなかったのであろう。このために、翌月に出浦半平、中次兵衛、矢野左衛門の連名で黒印がおされた文書が発給された。

この二点の文書は、現在、折紙の上に切紙が貼りつけられている形態となっているが、これが当初からのものであるとすると興味深い。

まず考えられるのは、信之朱印状は「出浦手判」のようなものと対の形で効力を発揮したのではないかという推測

である。信之の朱印状が出される背景には、出浦の仲介のあったことを指摘した。とすると、こうした知行の宛行についても、実質的な指定は出浦らが掌握していたと考えられないであろうか。

次に考えられるのは、もしこの形態が当初のものであるとするならば、朱印状は直接当事者には渡されず、出浦などを介して、出浦の「手判」を添付して渡された段階で手渡され、効力が発効したと考えることはできないであろうか。

この文書は、信之か松代に移封されてからのものであるが、上田支配の頃の手法を踏襲しているとも考えられるのである。

まとめ

真田信之に関してはこれまであまり注目されてこなかった。それは、真田家研究がその父・真田昌幸に集中していたためである。真田信之の発給文書は膨大に現存している。このため、信之に関わる研究の深化が今後の課題である。本稿は、そうした意味ではごく初歩的な、導入の部分でしかない。しかし、いくつかの結論を得たのでまとめておこう。

信之の花押については、大まかに言うならば、信之は多くの花押を用いたが、時代的な変遷を確認することができる。ただ、時代をまたいで複数の花押を用いている事例があり、単純には言えない部分もある。

信之朱印状は、出浦が発給する「手判」と関係していた。信之が朱印状を発給する要因としては、出浦からの要望の集約があった。また、信之が発給する朱印状には、出浦らの「手判」によって具体的な効力が発効するという形態をも持っていたのである。

註

（1）信幸の表記が信之に変わったのは、関ヶ原の戦いの起こった一六〇〇年とされている（笹本正治『真田氏三代』ミネルヴァ書房、二〇〇九年）。
（2）寶月圭吾先生還暦記念会編『日本社会経済史研究』近世編、吉川弘文館、一九六七年。
（3）『信濃』第十一巻第六号、一九五九年。
（4）拙稿「真田家文書について」『信濃』第五〇巻第四号、一九九八年。
（5）拙稿「真田家の印章について」『松代』第一一号、一九九八年。
（6）拙稿前掲論文より。
（7）『長野市誌』資料編、近世、史料番号三。
（8）拙稿「『真田騒動』再考」『信濃』第五三巻九号、二〇〇一年。
（9）拙稿『六連銭』第二四号、二〇〇八年。
（10）『信濃史料』一六巻　三二八頁、真田宝物館所蔵、矢沢家文書。
（11）『信濃史料』一六巻　三五四頁、真田宝物館蔵、恩田文書。
（12）『信濃史料』一八巻　一〇五頁、真田宝物館所蔵、矢沢家文書。
（13）専論として、山中さゆり「小幡氏伝来文書について―その由諸と家譜編纂を中心に」『松代』二二号、二〇〇九年がある。
（14）以上
　　足軽拾五人願置候役儀等

相改可被申付者也
丑ノ
十月十一日　朱印
小幡内膳殿へ

(15) 以上
足軽拾人願置候役儀等
相改可被申付者也
寛永十六巳夘
八月十五日信之　朱印
小幡将監殿へ

(16) 『信濃史料』二三巻　三二九頁。
(17) 『信濃史料』二二巻　四三二頁。
(18) 『信濃史料』二二巻　三三三頁。
(19) 『信濃史料』二二巻　四二頁。
(20) 『信濃史料』二三巻　一頁。
(21) 『信濃史料』二三巻　一八六頁。
(22) 『信濃史料』二五巻　四三九―四四〇頁。
(23) 『信濃史料』二五巻　四五五頁。

【付記1】このごろ長野市七二会大安寺所蔵の真田信之書状を知った。また、慶安二年（一六四九）の朱印状（写）も所蔵されている。二通を掲げておく。

〔真田信之書状〕

信州水内郡春日之大安寺、領高貳拾石并山林竹木共、従二先規一至二于今一、収納仕来候儀、紛無二御座一候、拙者知行所ニ御座候得共、拝領高之外ニ御座候間、今度　御朱印頂戴仕候様、奉レ願候、恐惶謹言、

　　卯月七日　　信之（花押）

安藤右京進（重長）様

松平出雲守（勝隆）様

〔朱印状写〕

信濃国水内郡大安寺村大安寺領、同所之内

貳拾石事、任二先規一寄附之訖、全可二収納一、并寺中山林竹木諸役等、免除如二有来一永不レ可レ有二相違一者也、

　慶安二年八月廿四日　御朱印

一つ目の信之書状は、信之が寺社奉行にあてて、大安寺領の御朱印を願い出たものである。そしてこの結果として、慶安二年に朱印状が出された。

二つ目の文書から、信之書状によって幕府から朱印状が出されたことがわかる。大安寺は朱印状を得るために、信之の書状を必要としたのである。また、信之の書状が大安寺に残るのは、この文書を大安寺が携えて幕府に訴え出たと考えることができる。信之書状が証文のような役割をしていたと考えることはできないであろうか。

【付記2】真田信之の花押については、近年、柴辻俊六氏（『真田幸綱・昌幸・信幸・信繁』岩田書院、二〇一五年）や黒田基樹氏（「真田信之発給文書における署名と花押」佐藤博信編『中世東国の政治と経済』岩田書院、二〇一六年）などが発表されている。再録のため触れられなかったが、ここで紹介しておきたい。

Ⅱ　真田氏の沼田領支配

渋谷　浩

第一節　真田氏の進出

一、戦国から近世へ

沼田城をめぐる攻防

上野国《こうずけのくに》の最北部に位置する利根・沼田地方は、北に上越《じょうえつ》の連山、南に雄大な赤城山《あかぎやま》、東は武尊山《ほたかやま》・尾瀬《おぜ》・日光の山々と接し、四囲を高い山々が連なっている。

この利根・沼田地方は鎌倉時代以降、沼田氏が支配を続けていた。しかし、応仁《おうにん》の乱を発火点として全国に広がった戦国の動乱の波はこの地方にまで及び、沼田氏は一族の内紛もあって小田原北条《おだわらほうじょう》氏によって支配権が奪われた。しかし、北条氏の沼田支配もわずかで、永禄《えいろく》三年（一五六〇）には越後の上杉謙信《けんしん》が関東に出陣し（越山《えつざん》）、沼田に在城していた北条氏の城代・北条孫二郎を追放して関東への足場とした。

謙信は城代を置いたが、永禄三・五・七・九・十二年・元亀《げんき》元年（一五七〇）と関東に出陣した。

戦国も末近くなった天正《てんしょう》年間（一五七三～九一）は激動の時期でもあった。天正元年には武田信玄《しんげん》が五十三歳で没し、翌二年には真田《さなだ》氏発展の基礎を築いた昌幸《まさゆき》の父・幸隆《ゆきたか》が六十二歳で没している。同三年五月には、信玄亡き後の武田方が大きな痛手を受けた長篠《ながしの》の戦いがあった。同六年三月には、上杉謙信が四十九歳で没して、上杉氏の勢力は上野から越後に大きく後退していった。このため、沼田は再び北条氏の勢力下に置かれた。

天正八年、武田勝頼《かつより》の命を受けた真田昌幸は、信州から岩櫃城《いわびつじょう》（吾妻町）・名胡桃《なぐるみ》城（月夜野町）・明徳寺《みょうとくじ》城（同）を攻略して北条氏の守る沼田城を手中にした。

天正十年の三月には、天目山《てんもくざん》に武田氏が滅亡し、勝頼（三十七歳）は自刃した。また、同じ年の六月二日に織田信長が本能寺に倒れると戦国の様相は一変した。主家である武田家の滅亡により独立したとはいえ、弱小大名であった真田昌幸は、真田氏の領有となった沼田領の安泰を図るために上杉景勝《かげかつ》に属し、徳川家康《いえやす》と和議を結んだ。

武田・織田という二大勢力が滅亡した年の十月、北条氏と徳川家康の間で大きな約定《やくじょう》が成立した。それは、信濃《しなの》の佐久郡と甲斐《かい》の都留《つる》郡は徳川に、上野一国（利根・吾妻郡）は北条氏が領有するという内容であった（『信濃史料』一五）。したがって北条氏は、徳川家康との約定によって真田氏の持城である沼田城を奪取するために、執拗《しつよう》に天正十一年・十二年と沼田城に攻撃をかけてきた。

天正十三年九月八日の北条氏直が原豊前守に宛《あ》てた書状と同じく、氏邦《うじくに》の九月二十八日の矢野兵部右衛門に宛てた書状によれば「沼田城を攻め、さらに越後境・奥州境までも攻めた」と述べている（『戦国遺文』四）。

同十六年五月七日、北条方の猪俣邦憲《いのまたくにのり》が吉田新左衛門に宛てた書状によれば、「権現山在城を申し付ける、本意の上は、名胡桃三〇〇貫の所を出す」（『同』）とあり、油断なく走り回ることが肝要であるとしている。

同十七年には、沼田領の分割裁定が秀吉によって行われ、北条氏領と真田氏領となるが、その直後、猪俣邦憲によって名胡桃城の不法攻略という事態が発生するのである。

秀吉の沼田領の裁定

豊臣秀吉の全国統一が着々と進められていくなかで、小田原の北条氏と仙台の伊達《だて》政宗《まさむね》は、秀吉の上洛《じょうらく》の要請に応じようとしなかった。

天正十六年七月、北条氏は上洛の条件として、沼田領（利根・吾妻郡）の領有を認めて欲しい、それは天正十年の徳川家康との約定によるものであるとして訴えた。秀吉は昌幸にこれを告げたが、昌幸は秀吉の命ではあるが名胡桃は真田のものとして渡すことはできないと訴えた（「長国寺殿御事蹟稿」）。

このことについて、江戸時代の末、頼山陽《らいさんよう》によって書かれた「日本外史」にも沼田領の分割の問題が出ており、昌幸は北条氏に名胡桃城を渡したくない理由として、「…沼田に那（名）胡桃城があり、臣の墳墓の地である」と書かれている。しかし、実際には名胡桃は真田氏の墳墓の地ではない。そこで秀吉は、天正十七年七月十日、関八州《かんはっしゅう》・出羽《でわ》・陸奥《むつ》の分領堺目をたてるために富田左近将監《さこんのしょうげん》知信《とものぶ》と津田隼人正《はやとのしょう》政勝《まさかつ》の二人を派遣した。秀吉は二人の検分《けんぶん》使《し》を派遣させるために同年七月十日に信幸に対して「伝馬《てんま》六〇疋《ぴき》・人足二〇〇人」を出すことを命じている（『信濃史料』一六）。

しかし、これより先の天正十七年正月には、北条氏直《うじなお》が富田知信と津田政勝の二人に、改年のお祝いとして「太刀一腰・馬一疋並びに五種・五荷」を贈っている（『戦国遺文』四）。このことは北条氏にとって、検分使として来るであろうこの二人に、有利に事を運んでもらいたいという願望があったためと思われる。

「長国寺殿御事蹟稿」によれば天正十七年七月、富田知信と津田政勝によって、「沼田城を含む利根川を堺として東部一帯、小川城付近を北条氏に、利根川を堺として名胡桃城を含む西部一帯、ただし、赤谷《あかや》川左岸を限って真田氏に」安堵《あんど》するという裁定があった。

秀吉の裁定ではあったが、北条氏にとってこの裁定は大きな不満であったと思われる。その結果、上野から越後に通ずる三国越えの要衝、猿ヶ京・名胡桃の城は依然として真田氏の持城であった。

名胡桃城と北条氏の滅亡

天正十年の徳川家康と北条氏の約定には真田氏の大きな反発があり、これ以後北条氏は何度も沼田城の攻略を企てて来攻するが、同十七年の秀吉の沼田領の裁定により、北条氏は不満を残したままそれに従わざるを得なかった。

北条氏は、沼田の城代として武蔵七党《むさししちとう》の流れをくむ猪俣能登守《のとのかみ》邦憲を置いた。そして、利根川を挟んだ対岸の名胡桃城には、真田氏の城代として鈴木主水《もんど》重則が入った。北条方の持城となった沼田城と真田方の名胡桃城は、川を隔てて約四キロ余の地点にあって、一応の勢力分野が定まったかに見えた。

天正十七年十一月、沼田城の北条氏の城代猪俣邦憲が、突如として真田氏の持城である名胡桃城を奪った。この顛《てん》末《まつ》は、真田昌幸より秀吉に訴えられた。

秀吉は同月二十一日、昌幸に対して「…このうえ北条が出仕したとしても、かの名胡桃へ攻めかかって討ち果した者どもは、成敗しないのであれば、北条赦免の儀はありえない…」と強硬策を採った（『信濃史料』一七）。さらに同月二十四日、氏直に対して五か条の宣言を出している。そしてその最後に、「来歳必ず節旄《せっぽう》（使者に賜った旗）を携えて進発させ、氏直の首を刎《は》ねるべきのこと、踵《きびす》を廻らすべからざるものなり（やりとげよ）」と言っている（『同』）。これに対して氏直は、富田知信と津田政勝に「…名来見（名胡桃）の事、一切存せず候…」と弁明している（『戦国遺文』四）。小田原攻めを準備していた秀吉は、翌天正十八年二月、ついに小田原に対して攻撃を開始した。それは、天正十五年秀吉によって出された各大名間の私戦を禁じる、「関東奥惣無事令《かんとうおうそうぶじれい》」への明らかな違反であり、秀吉にとって小田原北条氏討伐の絶対の口実ができたことであった。その結果、同年七月五日北条氏の投降により秀吉の勝利に終わった。氏《うじ》政《まさ》・氏照《うじてる》の北条方の強硬派の二人は切腹、氏直の高野山への追放により五代一〇〇年間小田原を中心に関東に覇《は》を唱えた北条氏は滅亡した。

上野国の北部真田領の分割と、北条氏の城代・猪俣邦憲の名胡桃城不法攻略に端を発して北条氏は滅亡し、日本の歴史の流れを大きく変える結果となった。

二、沼田藩の成立

真田氏の系譜

真田氏には幾つかの系譜が残されているが、弘化《こうか》二年（一八四五）十二月に松代藩八代藩主真田幸貫《ゆきつら》自身が書いたものが最も信頼のおけるものとされている（米山一政氏編『真田家文書・中巻』所収）。これを主にして真田氏の系譜をたどると、真田氏は清《せい》和《わ》天皇の第三皇子貞元《さだもと》親王が滋野《しげの》姓の海野《うんの》氏となり、その後代々海野氏を名乗り、三十代目が真田氏発展の基礎を築いた真田弾正忠《だんじょうのちゅう》幸隆であり、この幸隆の代になり真田氏を名乗ったとされている。

この幸隆は、武田信玄に属して信玄の信頼も厚かったといわれるが、天正元年に信玄が没すると、翌二年には幸隆

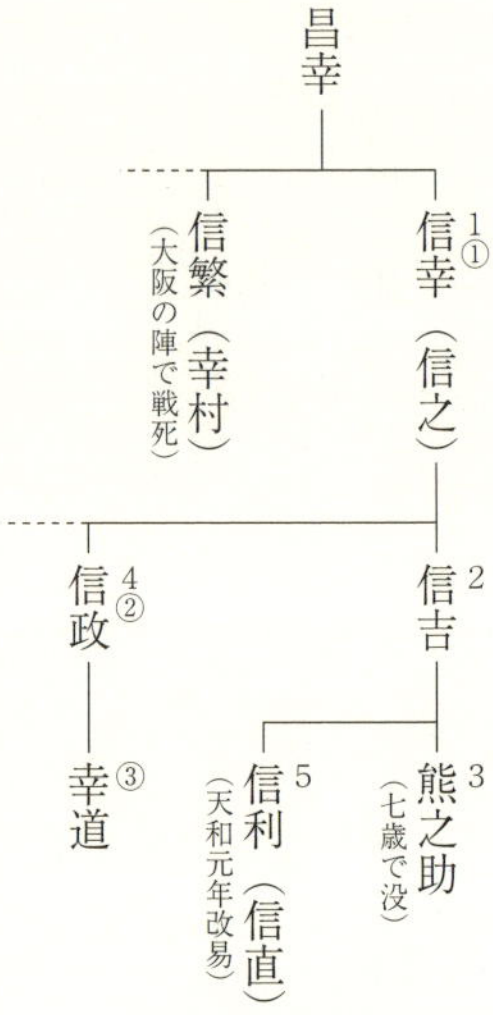

１～５　沼田藩主
①～③　松代藩主

も六十二歳で没している。幸隆の法名は一徳斎《いっとくさい》といい、小県《ちいさがた》郡真田町の長谷寺《ちょうこくじ》に墓所がある。幸隆の跡を継いだのは、嫡子《ちゃくし》の源太左衛門信綱《のぶつな》であったが、天正三年の長篠《ながしの》の戦いで戦死（三十九歳）した。信綱には昌輝《まさてる》・昌幸《まさゆき》・信尹《のぶただ》・高勝の四人の弟がいたが、昌輝も長篠の戦いで戦死した。三男の喜兵衛昌幸は、甲州の武藤家に養子となっていたが、兄二人の戦死により真田家に戻り真田昌幸と名乗った。

真田幸隆の子、信綱・昌輝・昌幸について「武田家分限録《ぶんげんろく》」によると、「信州先方外様《とざま》の衆として信州上田城主・真田源太左衛門信綱、附二百騎、同真田領主・真田兵部尉《ひょうぶのじょう》昌輝、附五十騎」とあり、昌幸については、足軽《あしがる》大将の中に「武藤喜兵衛・十五騎、足軽三十人」とあるのが昌幸のことである。この「武田家分限録」には、隠退した後なので幸隆の名は見えないが、長篠の戦い以前の武田氏全盛期の陣容を知ることができ、真田一族が武田方において重要な位置にあったことが分かる。やがてこの昌幸が、信州から上州に進出して吾妻・利根郡を手中にし、沼田城を攻略した。やがては小田原北条氏の滅亡により利根・吾妻の旧領を秀吉より安堵され、真田氏五代九一年間の礎を築いた。

真田昌幸は、天正十年の主家武田家の滅亡により独立した一人の大名として着々とその地歩を固めてきたが、徳川・北条・上杉等の巨大勢力の中で、身の安泰を図るために徳川に、上杉に、また秀吉に頼み、戦国の動乱を切り抜けてきた。それは真田昌幸に限らず、戦国期の弱小大名が生き延びるための一つの手段でもあった。

信幸の入封と沼田領の検地

天正十八年七月、小田原北条氏が滅びて秀吉は名実ともに天下に君臨した。北条氏の滅亡に最も功労のあったのは徳川家康であった。家康は秀吉より北条氏の旧領関東を与えられ、徳川政権の第一歩を踏み出した。

真田昌幸は秀吉より信濃二郡と上野二郡（利根・吾妻）の旧領を安堵された。しかし、上野は家康の領有下にあったため、昌幸は嫡子の信幸《のぶゆき》を沼田に置き、昌幸自身は上田へと去った。信幸は、家康の被官として組み入れられた。

家康が関東に入国したのは天正十八年八月一日であり、家康は同じ八月十五日には関東各地に家臣の諸大名の配置を命じている。初めて入国する大名は、命じられた領国（封地《ほうち》）に赴くことはなかなか容易ではなかったと思われる。おそらく、真田氏を除く新たに配置の命を受けた諸大名は、任地に行ったのは翌月の九月になってからだと思われる。

真田氏の場合は天正八年、昌幸が沼田城を手中にしてから約十年間、北条氏との攻防はあったにせよ、利根・吾妻の二郡はほぼ真田氏の領有下にあった。

戦国の動乱が治まって各領国に大名が配置され入部《にゅうぶ》すると、第一の関心事はその領有する土地がどれだけの生産力を持つ土地であるか、そこからどれほどの税が徴収できるかということである。

沼田領、下河田村の検地帳（生方満太郎氏家文書）が残されているので検討してみる。この検地帳は、横帳型式で縦四三センチ・横一六センチのものである。天正十八年八月二十五日付けのもので、「下河田御検地之帳」と書かれ、表に唐沢市郎右衛門尉《じょう》・伊藤外記・小林文右衛門尉・井上小兵衛・山口与三左衛門尉・戸部左馬允の六名の名が記されている。

この検地帳の記載様式は、次のようである。

田は
七百五十文　　小保方雅楽助《うたのすけ》
　此内九十文　不作引
六百六十文　当
　　已上

田はた共
壱貫五百五十文　　桑原兵庫
　此内三百六十二文　不作引
壱貫百八十八文　当
　　已上　　筆

後年、真田信利《のぶとし》による寛文《かんぶん》検地や幕府による貞享《じょうきょう》検地にみられるように、田畑一筆ごとに上・中・下・下々等の等級は付けられていない。個人ごとの貫高が集計されて、そこから不作引きがなされ、その年の減免が記されている。その年に納めるべき年貢が各人ごとに記されている。また、この検地帳に記されている名請人の中には、「加沢記」の中に登場する人物（地衆《じしゅう》または地侍《じざむらい》）がいることも興味のあることである。

天正の検地帳で見られる「姓」で現在、川田地区に見られる姓もある。例えば、吹須（深津）・塩野・伊与久《いよく》・小保方（生方?）・小林・見常（見城）・田中等が挙げられる。

真田信幸による検地がどのように行われたかについて、天正十八年十二月二十日に家臣の北能登守が伊与久左京亮に宛てた書状（『信濃史料』）をみると、「知行を改めたところ、本五貫三百九十文のところ検地の結果十六貫八百七十五文になったが、年来奉公しているので前の通りでよい、益々戦功をぬきんでて欲しい」という内容のものがあり、天正十八年の検地により伊与久左京亮の土地は約三倍に増加していることが分かる。

この伊与久左京亮に宛てた同じような内容のものが幾つかみられる。同年十二月十九日、大宮之大夫に宛てたものは、「…本五貫のところ、七貫八百文に検使せしめ候と雖《いえど》も、前々の如く…」とあり、十二月二十日、田村雅楽尉《うたのじょう》に宛てた文書に「…本五貫二百五十文のところ、九貫八百九十文に検使せしめと雖も、年来奉公のあいだ…」といくつか見ることができ増加が認められる（『同』）。

「加沢記」の巻五の最後の項に、「金子美濃《みの》滅亡之事」と題したものがある。その中に「天正十八年の秋より、関東静謐《せいひつ》しければ上下安堵の思いをなしけり、…其年の暮、矢沢・浦野を以て領地検地したまいて、追貝《おっかい》の郷にて荒《あれ》を高《たか》に結びたまえり（荒田《こうでん》であった地を年貢の取れる地にした）…」とあって、具体的な検地の内容については不明であるが、利根・吾妻の真田領全域にわたって検地を実施したものと思われる。ちなみに天正十八年の下河田の検地帳は、県内に残る最も早い時期のものであり、真田氏が天正十八年の末には領内の検地を完了したということは特筆すべきことであろう。

逃散農民と還住政策

室町幕府の重臣、山名・細川両氏の武力衝突によって始まった応仁《おうにん》の乱（応仁元年・一四六七）は、京都を舞台として十年間という長い間続いた。この乱によって、京の街は焼かれ廃墟《はいきょ》となり、やがて戦乱の火は全国へと広まり弱肉強食の戦国時代となった。

戦国の動乱は、百年以上にもわたって続いたが、天正十八年、秀吉による北条氏滅亡を境に、近世の夜明けが到来した。しかし、その後も天下を二分する関ヶ原の戦があり、大坂冬・夏の両陣があった。長い戦乱で最も大きな犠牲を払わせられたのは戦いの当事者ではなく、戦いとはまったく無縁の存在である農民たちであった。

戦国時代の末期近くになると沼田地方は、小田原北条氏、越後の上杉氏、武田氏の命を受けて沼田に侵攻した真田氏との三《み》つ巴《どもえ》の戦いの場となり、その渦中に巻き込まれた。また、天正十年の武田氏滅亡後は、沼田攻略を一大目標にして、北条氏が沼田城攻略に何度となく攻撃を繰り返し真田氏と戦っている。

現在に伝えられている戦記物には、激しい戦いの様子や、寄手《よせて》は何人で、守る側は何人などと表立ったことは記されているが、その陰には、戦禍の中に家を焼かれ、食料等を強奪され、または無残に殺されていった農民たちが多くいたことであろう。

特に関ヶ原の戦と大坂の陣では、武士・足軽等のほかに大勢の農民が強制的に動員されたと思われる。大坂夏の陣では、真田氏の家臣も多く戦死し、負傷者も出ている。残されている戦記物の中に、戦死した武士や負傷した武士、戦功のあった武士の名は記録されているが、強制的に遠く大坂まで動員された名もない農民の名は記されていない。

戦国大名の中でも特に兵力の増強に汲々《きゅうきゅう》としていた小田原北条氏は、天正十六年七月二十三日、厳しく各村々（郷村）掟書《おきてがき》を布達している。「郷内の者は二〇日間の軍役の義務を命ずる。好みの武器を持って命令次第出陣すること」とあり、郷内において一人でも隠しておいた場合は、小代官・百姓頭は死罪とすると厳しく命じている（「北条氏政掟書」『戦国遺文』四）。また、郷内（村）で男として兵役の義務を定められた者は、十五歳以上七十歳までとし、郷内に残る男子はそれ以外の老人か童子であるとしている。これは小田原北条氏の末期の状況を示すもので、自己の軍備拡張のためには手段を選ばず、戦いにはまったく無縁であるべき農民に対して農兵として否応なしに動員させていたのである。

これは北条氏の極端な例であるが、大なり小なりどの大名（為政者）も自己の領地拡張のために、あるいは自己の権益を守るために戦い、それが農民にとっていかに重圧であったかということである。予期せぬ戦いに家を焼かれ、田畑を蹂躙《じゅうりん》され、家族と離散した農民にとって、残された一つの手段は「逃散《ちょうさん》」であった。これは、消極的な反抗手段ではあるが、集団をなして他の土地に逃げることもあった。

この真田領では、逃散の事例はまだ見られないが、生きていくために個人で、あるいは幾つかの家族で逃亡するいわゆる「欠落《かけおち》」はかなりあったものと思われる。

大名にとって領内経営で最も大事なことは、農民から税を取り立てることであった。しかし、農民が生活に耐えられず欠落して不在となり、田畑が荒廃することは為政にとって大変なことであった。このため、支配者である大名は、農民を呼び返すためにさまざまな手段を講じた。慶長から寛永にかけての信之・信吉治世の時代にも、そのような状況が見て取れる。慶長十九年（一六一四）七月、真田信之が家臣の出浦対馬守と大熊助右衛門に対して、「政所《まんどころ》村（月夜野町）の百姓が欠落し、あるいは身売りしたため、田地がことごとく荒れてしまったので、借金を返済して身売り百姓を召し返すように」と強く指示している。同十三年十二月には、布施《ふせ》宿（新治村）を開くために、「諸役を三年間免除する。三年以前に欠落した百姓が帰ってきたときは、今までの未納の税等は許す」とある。元和三年（一六一七）三月には、「欠落して立ち帰った者は、以前の年貢未進の分は帳消しにし、新たに開墾した土地については、三年間は年貢を取らない」と指示している。また、信吉のときの寛永二年（一六二五）二月、「横塚《よこづか》新田・戸神《とかみ》新田には、諸役は三年間免除する」としている（『信濃史料補遺下』・『新治村史料集』四「新巻布施河原新田立之事」・資2―九）。

戦国の争乱から豊臣政権、そして徳川の政権に移って、各大名は自己の領内の経営に当たるが、逃散あるいは欠落した農民を呼び戻す「還住《げんじゅう》」のためにさまざまな手段を講じた。利根・吾妻の真田領でも、慶長・元和・寛永という初期にあっては、欠落百姓を呼び戻すために妥協を図る文書が散見できるのは、いかに農民を呼び戻してその土地に緊縛することが急務であったかということが分かる。

軍役ではないが、幕府は諸大名にさまざまな課役《かえき》を命じ、大名は幕府の命には絶対に服さなければならなかった。慶長十九年一月十一日、家康の六男・松平忠輝の居城を越後の高田に移すにあたり、幕府は真田信之・前田利光らの幾人かの大名に、新たに高田城の城普請を命じた。このとき信之は、沼田領から人足二百人を出すことを命じている。農民は田畑を耕し、わずかな収穫の中から税を負担し、戦時にあっては軍役に、平時にあっては大名からのさまざまな課役に服さねばならなかった。

沼田築城と五層の天守

真田信幸を藩祖として五代・九一年の真田氏の居城となった沼田城は、現在城址《じょうし》公園として市民の憩いの場となっている。

北に薄根《うすね》川、西に利根川、東に片品《かたしな》川と区切られ、西に流れている利根川と城址との標高差は約八十メートルに達している。この城祉公園の中で、現在下《した》公園と呼ばれている所が、「沼田氏」が最後に築いた沼田城址と推定される。

正保《しょうほう》の城絵図（真田信政《のぶまさ》時代・一六三〇年代）によれば、「古城」としてあり、ここが沼田氏の居城であったと思われる。したがって、永禄三年に上杉謙信が関東に出陣して攻略した沼田城、また、真田昌幸が天正八年に上野に進出して攻略した沼田城も、いずれも現在の下公園にあった沼田氏の築いた沼田城を指すものと思われる。

沼田築城についての直接資料がきわめて乏しいため矛盾点もあるが、「平姓沼田氏年譜略」（籾山英一家文書）および、「沼田記」（内閣文庫）、「沼田記事」（同）等によって築城の経過をたどってみる。真田氏が沼田に進出して三年目の天正十一年二月、沼田城の構築が始まった。

本城を東南に開き、最初に堀・土手（土塁）を築き、広間・書院・居間・大門《おおもん》・裏門の普請が始まった。このときの普請奉行は根津志摩守《しまのかみ》・出浦対馬守《つしまのかみ》・小山田壱岐守《いきのかみ》・池田長門守《ながとのかみ》と記され、いずれも真田氏の戦国期からの重臣である。さらに足軽五百人、利根・吾妻の百姓が人足として駆り出されている。城の用材は、川田山・師《もろ》（月夜野町）・

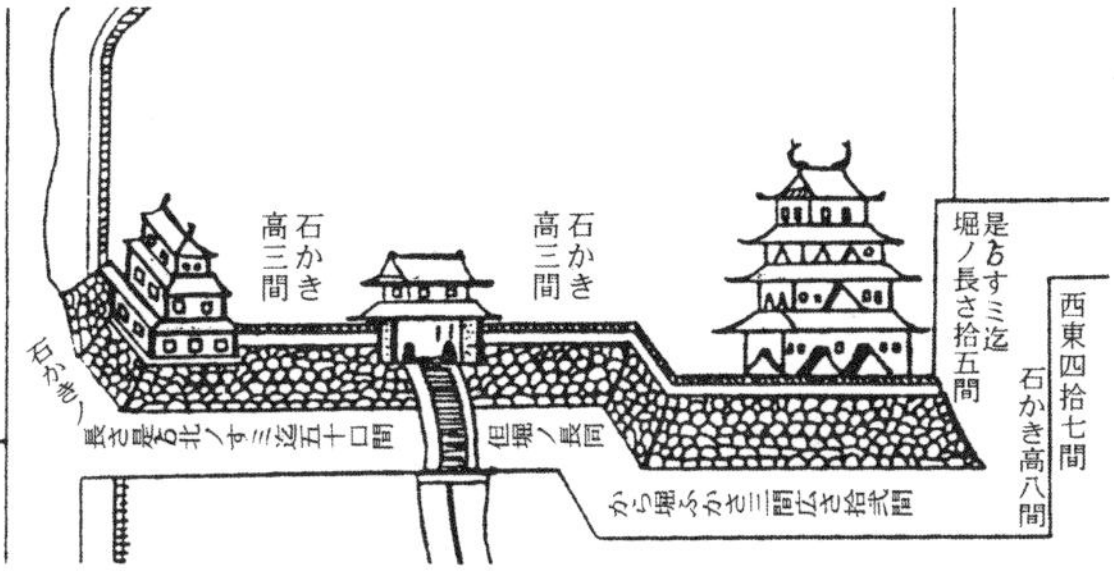

「正保城絵図」天守閣部分模写図

後閑山（ごかん）（同）より伐り出し、基礎となる石は不動坂（下久屋町）・奈良坂（奈良町）より運んだとされている。

また、同じ年の八月、台所棟上げ、同十八日広間棟上げ、九月十三日に大門の棟上げと記されている。天正十四年の二月には二の丸・三の丸を構え、土手升形《ますがた》を築き、九月には二の門・三の門を建てて十一月に完成している。天正十七年正月より七月までにすべての普請（天守を除いて）ができたとある。

天守については、四層か五層かと長年論議されてきたが、内閣文庫蔵の「上野国沼田城絵図」（正保の城絵図）によって五層の天守であったことが証明された。この城絵図は、徳川家光の正保年間（一六四四～四七）に幕府の命によって各国々の諸大名から城絵図を提出させたもので、正確に描かれている。このときの沼田城主は、四代の真田信政である。沼田城の城絵図は、このほかに新治村猿ヶ京に区有文書として所蔵されている。

天守の普請についても、その年代にさまざまな意見があるが、慶長《けいちょう》元年に普請が始まり、同二年二月棟上げ、同十一月に天守が完成しお祝いがあったと記されている。普請奉行として木村土佐守・原郷左衛門・小山田壱岐守・矢沢但馬守《たじまのかみ》・羽田雅楽の重臣の名が挙げられ、「足軽六百人・郷人足・信州百姓諸方普請場に充満す…」とある。天守の用材は、後閑山・小日向山《おびなた》（水上町）より伐り出したとされ、石垣構築の石は久屋坂・奈良坂より運んだと記されている。

天守の規模については、「九間・十間に定む、五層…」と書かれている。当時真田氏は表高二万七千石であり、関東において五層の天守を備えた城は、江戸城と沼田城の二城のみであった。二万七千石の小大名が五層の天守を持つこと自体驚きを感ずるが、初代城主の信幸の室《しつ》は小松姫であり、小松姫は徳川家康の重臣・本多《ほんだ》忠勝《ただかつ》の娘であり、家康の養女であった。本多の娘、家康の養女という強い背景があったことも考えられる。

沼田城の築城の年代について論議のあるところであるが、「平姓沼田氏年譜略」による慶長元年から二年にかけての説が妥当だと思える。なぜかというと、慶長五年には関ヶ原の戦があり、真田氏の場合、父昌幸と弟信繁《のぶしげ》（幸村《ゆきむら》）は石田方に、兄の信幸は徳川方にという親子・兄弟分かれて戦う結果となった。関ヶ原の戦以後、家康・秀忠《ひでただ》にとって沼田の信幸に対して強く注意を払っていたと思われる。特に、真田氏が五層の天守を築くことなど到底許されるものではなかったと思われる。

城下町の形成

沼田城を核とした城下町の完成は、真田氏五代の間に順次に町割りがなされたものであるが、この沼田台地の一角に城（幕岩城《まくいわ》）を築いた沼田万鬼斎顕泰《ばんきさいあきやす》は永禄三年、東に材木町、南に本町《ほんちょう》、西に鍛冶《かじ》町を割ったのが城下町の始まりであったといわれている。それでは、実際にそれらの町がどのように町割りされたのかを、「刀工吉沢氏の系譜」（矢嶋照久家文書）を基にみてみよう。

戦国の動乱期にあって最も必要とされたのは武具であり、なかでも刀剣は特に重要視されていた。沼田氏にとって重要な存在であった刀工の吉沢靫負《ゆぎえ》・同源左衛門兄弟は川場に居住していたが、「沼田の城から離れているために不便を来すので、倉内《くらうち》の平らに町割りをして住居する」とあって、刀工の吉沢兄弟は川場から沼田の台地に移ったことが分かる。そして、真田氏によって近世的な城下町の形成が始まると、吉沢氏は、現在の鍛冶町に一人の屋敷（表口一二間）、一族六人の屋敷（表口は七二間、裏行八〇間）と永《えい》三〇貫文を真田氏より拝領した。

城下町を形成するためには、特別な技術や特技を持った人を除いて一般の人々の居住が必要不可欠であった。この沼田城下町に初めて居住した人たちは、沼田台地の下に当たる榛名村《はるな》（根岸）に住んでいた人たちで、その人たちが台地上に住居を構え、町を形成し発展させてきたものと思われる。

また、城下町の形成と同時に市《いち》が開かれ、その中心となったのが刀工の吉沢氏一族であった。吉沢氏に対しては「見世頭《みせがしら》」の免状が与えられ、城下町における特権が付与された。沼田氏によって城下町作りが始まり、沼田氏の滅亡後は真田氏によって城下町が完成していった。

真田氏二代信吉《のぶよし》の元和《げんな》二年、新たに坊新田町《ぼうしんでん》が割り立てられるために、吉沢氏に与えられた鍛冶町の屋敷の裏行八〇間のうち三〇間を引き上げ坊新田町を割り立てたといわれている。これより前の慶長十九年三月には、荒町《あらまち》・鷹師《たかし》町・小人町《しょうにん》が作られた。寛永《かんえい》二十年に馬喰町《ばくろう》が設けられ、正保三年には栄《さかえ》町が置かれた。さらに、万治《まんじ》三年（一六六〇）には谷町が割られてほぼ城下町が形成された。

伏見城の構築と真田氏

豊臣秀吉は、現在の京都市桃山町で伏見城の構築に着手した。それは、秀吉晩年の文禄《ぶんろく》三年（一五九四）のことであった。しかし、これより前の文禄元年三月には、諸大名を朝鮮に出兵させている。秀吉は、文禄の役には九州の肥《ひ》前国名護屋《ぜんなごや》（佐賀県鎮西町《ちんぜい》）に本営を置き、自身名護屋において出兵の様子を見守っていた。この朝鮮出兵も、翌文禄二年には和議が成立して、諸大名は多くの軍費を費やして帰国した。

天正十七年から十八年にかけての小田原の陣、一年おいて朝鮮出兵と、諸大名の負担は大きかった。将軍と大名との関係、大名と家臣との関係（この場合は秀吉と諸大名、大名と家臣の関係）、それは家臣が主君に対して負う軍事上の負担であって、御恩に対する奉公という封建制度の最も基本的な考え方である。小田原の陣は、真田氏にとって特に関係のあったことであるが、文禄・慶長の役の場合、渡航して行ったのは西国《さいこく》の大名がほとんどであり、東国の大名は肥前の名護屋に詰めていた。沼田真田氏の場合、それを示す資料がないので確実な動員された兵力と農民の数は不明であるが、信濃国の大名の場合、一万石に対して約百人とされている（『長野県史通史編4』）。沼田の場合もそれを基準に考えると、三百人くらいの武士・農民が動員されたものと考えられる。

天正二十年正月二十八日付けの真田信幸から吾妻郡の戦国以来の地衆・田村雅楽助に宛てた知行状によると、「今度、唐入の御供をしたことに付き、重恩として四貫一〇〇文の所を与える」という宛行状《あておこないじょう》がある。利根・吾妻の真田領について各村々の「唐入」の様相について知ることはできないが、領内の村々から農民を軍役として出す場合に、領内の地衆あるいは給人《きゅうにん》の力に頼ったものと思われる。

そのころ、沼田藩主の座について間もない真田信幸は、戦国の動乱で荒廃した沼田領の経営に力を注いでいた。文禄二年十二月七日、信幸が沼田藩主となって三年後のことであった。秀吉の家臣の五奉行のうち、長束正家《なつかまさいえ》・増田長盛《ましたながもり》・石田三成《いしだみつなり》・前田玄以《まえだげんい》の連署状が届いた。それは、「来年は伏見城を普請するが、貴殿は課役《かやく》（手伝い）を免ずる故に、領国（沼田領）においての開作に専念するように」という内容であった。しかし、同じ年の十日後の十二月十七日には、再び五奉行の連署状が届き、それは「前回は城普請の手伝いを免ずる旨を伝えたが、改めて三月一日より九月まで城回りの普請役を命ずる。なお役高は、沼田領の高の五分の一の人数を差し出すこと」という内容であった。

伏見築城にあたって秀吉は、諸大名に対して石高《こくだか》に応じて課役を命じた。沼田領三万石に対して高掛かり五分の一というのは一一〇人を出さねばならなかった。ところが、翌文禄三年正月四日には三度目の五奉行の連署状が届いた。その内容は「御普請の儀、半役仰せ付けられ　二七〇人を召し連れられ、三月一日までに普請場に着到するように」という内容であった。沼田三万石に対して半役は二七〇人としている。

真田信幸に対する五奉行よりの書状では、最初は課役を免除され、城普請の遅れからか五分の一役の一一〇人が、次に半役として二七〇人が要求され、城の堀・石垣の普請としての割り当てがあった。二七〇人の内訳については不明であるが、その多くが沼田領の農民が駆り出されたものと思われる。沼田領に限らず、権勢を誇った秀吉の命であれば止むを得なかったであろうが、三月より九月までの六か月という長い間、農民にとっては田畑の耕作と取り入れの最も忙しい時期であった。もちろん人足として城普請のため京まで行くのは、一家の働き手の中心となる男子であったと思う。使役に駆り出されれば、多少の税の軽減と手当てはあったと思われるが、真田氏の負担も大きく、それにも増して領民の窮乏と負担は大きかった。

この伏見城の構築は、秀吉の権勢をあまねく天下に示すもので、城下には秀吉の有力大名が競って屋敷を構えたという。しかし、この伏見城も完成して二年後の慶長元年閏《うるう》七月十三日の大地震によってことごとく倒壊してしまった。

このような課役は、豊臣政権から徳川政権に移ってからも、さまざまな名目で諸国の大名に対して軍役と同じ内容を持つ負担が課せられた。

三、関ヶ原の戦い

徳川家康と石田三成

天正十八年、小田原の北条氏の滅亡により天下の統一を果たした秀吉は、文禄・慶長の両役にわたり多くの大名と兵を朝鮮に出兵させたが、再度の出兵中の慶長三年八月十八日、六十三歳の波乱に満ちた生涯を閉じた。

秀吉は死に臨んで、最も心に掛かったのはわずか六歳の秀頼《ひでより》のことだったといわれる。そこで、豊臣家の行く末と秀頼に対して諸大名が忠誠を尽くすことを熱望していた秀吉は、徳川家康・前田利家《まえだとしいえ》・毛利輝元《もうりてるもと》・宇喜多秀家《うきたひでいえ》・上杉景勝《かげかつ》らの最高の実力者いわゆる五大老《ごたいろう》と、石田三成・増田長盛・前田玄以・浅野長政《あさのながまさ》・長束正家らの五奉行は、誓紙血判をして幼年の秀頼の補佐を誓ったが、やがて五大老の一人徳川家康と五奉行の一人石田三成の確執抗争が激しくなってきた。一方五大老の一人上杉景勝は、家康にとって最も邪魔な存在の一人であったといわれる。やがて上杉景勝も大坂より会津《あいづ》に去って、領内の経営に力を注いだ。大坂にいた家康は、会津に去った景勝に対して大きな疑惑を持ち、不安を抱いていたところに越後の堀秀治《ほりひではる》から景勝に謀反《むほん》の疑いありとの報が届いたという。

憶測と風聞のなかで家康は、景勝を討つ意志を固めたという。また、石田三成も秀吉の死後の家康の行動に大きな不安を持ち、秀吉に出した前の誓紙を反故《ほご》にすることもあり、密かに家康を倒すことを考えていたといわれる。

真田父子の犬伏の密議

慶長五年六月十六日、徳川家康は大坂を発ち江戸城に入った。そして七月二十一日、家康に与《くみ》する諸将と徳川旗下の将以外に、福島・池田・黒田・浅野・蜂須賀等の秀吉恩顧の将も、反逆者上杉を討つという家康の口実と家康の権勢になびいて会津征討に出陣した。

真田昌幸は、このとき上田城にいたが、家康より出兵の要請があったので次子信繁（幸村）とともに下野《しもつけ》へと向かったという。沼田城の信幸は、すでに出発して秀忠軍に従っていた。昌幸と信繁は、下野の犬伏《いぬぶし》に兵を進めていた。犬伏は、現在の栃木県佐野市の東に当たる所で、近世になってからは日光例幣使《にっこうれいへいし》街道の宿駅《しゅくえき》の一つであった。

この犬伏の陣に、豊臣家の五奉行の長束正家・増田長盛・前田玄以連署の七月十七日付けの密書が届いた（『信濃史料』一八）。その内容は、「急度申入候…」で始まる文面で、「家康は大閤《たいこう》様の遺訓を破り、秀頼様を見捨てて上杉景勝征伐に出馬した。我々は相談して家康を討つことに決した。家康が遺訓に背いたことは別紙に書いた。大閤様の御恩を忘れないならば秀頼様へ御忠節あるべきである」というものであった。この密書が届けられたため、昌幸は信幸を呼び寄せ、信繁と親子三人で真田氏の去就について長時間にわたり密議を凝らしたといわれる。その結果、昌幸と次子信繁の二人は多年にわたる豊臣家の恩義から石田方に、信幸はその妻・小松姫が徳川家康の重臣本多忠勝の娘であり、家康が養女としてもらい受け信幸の許に嫁がせたという経緯があるため家康に従った。

昌幸・信繁の入城を拒否した小松姫

下野国犬伏の密議の結果、親子兄弟が敵味方に別れるという悲劇が始まった。徳川方・石田方と別れる結果となったのは、次の理由も考えられる。

真田信繁の妻は、石田三成と最も親密な関係にあった大谷吉継《おおたによしつぐ》の娘であったこと。この大谷吉継は、関ヶ原の戦いには重い不治の病に侵され、眼は病のため視力を失っていたものの盟友石田三成のために徳川軍と戦った。戦場では家臣に戸板を運ばせ、その上に乗り戦闘の指揮を執ったと伝えられている。

また、昌幸の娘は、石田三成の弟・宇田頼次の妻となっているから、石田方を敵に回すわけにはゆかない。さらに、後年になっていわれていることに、真田親子は東西に別れても、真田家のどちらか一方は残るということがある。これも、家を大切にした時代には大きな理由であったかも知れない。

密書を手にした昌幸と信繁の二人は、犬伏の陣を後にして赤城山の麓《ふもと》を経て沼田に至った。沼田城は、城主の信幸は会津に向かって出陣中で留守であり、室の小松姫と留守を預かる兵だけであった。昌幸・信繁の二人は開門を迫ったが、留守を守っていた小松姫は城門を固く閉じ、門を開けず昌幸・信繁の入城を最後まで拒んだといわれる。真田父子の沼田入城を拒んだという逸話は、さまざまなかたちで語り伝えられている。『大蓮院殿御事蹟稿《だいれんいんでんごじせきこう》』の中にも、滋野世記・御家事留書・真田家戦功録・真田御武功記・真武内伝・沼田記・古今沼田記その他多数の記事として残されている。その一部を「滋野世記」は、次のように記している。

昌幸は、信繁とともに犬伏の宿を発って、夜中に沼田にお着きになった。夜中の御帰陣《ごきじん》（帰陣）は不審であった。「この城は、豆州《ずしゅう》（伊豆守信幸）の居城で私が預かっておるものなので、御父子の間といっても、卒爾《そつじ》に（すぐに）城中に入ることはできない」といって入城を拒否したと伝えられている…

昌幸・信繁にすれば、沼田城を手中にしたいという思いがあったかも知れない。後年書かれた信幸の室・小松姫の武勇を伝える記事の多くは、昌幸・信繁の沼田入城を固く拒否したため、両者の確執から戦闘にも発展する要素は多分にあったと思われる。昌幸・信繁一行は、その夜のうちに（翌朝ともいう）須川《すかわ》（新治村）、中之条から吾妻街道の信州に近い大笹《おおざさ》（嬬恋村）を通って上田へと向かった。一説には大笹付近では一揆《いっき》が起こって、昌幸・信繁一行の通行を阻止する事態が発生したが、吾妻の有力な地侍であった横谷左近が昌幸一行を助けたという逸話も伝えられている。

真田氏の去就

上田城に入った昌幸のもとには、石田方の諸大名の書状が相次いで届けられた。慶長五年七月二十九日付けの長束正家・増田長盛・前田玄以の五奉行の連署状（『信濃史料』一八）には、「家康は秀吉臨終の折の誓紙を破り、貴殿（昌幸）の御事は、大閤様の特別の御懇意をお忘れなければ、秀頼様への御忠節が肝要である」とある。また、同日には五大老の宇喜多秀家が、さらに毛利輝元も同じような内容の書状（『同』）を送っている。いずれも徳川家康の豊臣秀吉亡きあとの背信の数々を責め、秀吉に対する恩義を忘れないならば、秀頼に忠節を尽くすべく味方に加わってほしいと要請している。

一方、沼田城に戻った真田信幸に対して徳川家康は、同年七月二十四日付けの書状で、昌幸と信繁の二人は大坂方に味方すべく去ったが、信幸が残ったことに対して、その忠節を賞している。家康はさらに、同じ月の二十七日に信幸に宛てて、「…安房守別心のところ（親の昌幸が石田方に付いたのに）、其方忠節を尽くすのは誠に神妙である…昌幸の所領の小県を没収して信幸に与える」という安堵状を出している（『同』）。

このように、下野の犬伏で昌幸・信幸・信繁の三人は、ついに東西に別れてしまう結果となり、昌幸は信繁とともに徳川軍から離れて上田城に戻った。この昌幸に対して石田方に加担した西国の有力大名はそろって、昌幸に大坂方に味方するようにとの要請の書状を出している。限られた史料の中で推量することは難しいが、下野から上田に戻った真田昌幸に対して、石田方の西軍の大名は昌幸の去就について大きな関心を持っていたと思われる。

慶長五年七月晦日《みそか》の昌幸に宛てた石田三成の書状は十一か条に及ぶが、その第一に返答しているのは、徳川家康を討つべく挙兵する前に、昌幸に相談しなかったことに対する申し開きと弁明が挙げられている。三成の挙兵に応じる旨の返書を昌幸から三成に送ったが、その中に事前の相談がなかったことについて異議を申し入れたものと思われる。この間の経緯について知ることはできないが、七月三十日付けの昌幸に宛てた大谷吉継の書状、同じく八月朔日《ついたち》付けの長束正家・増田長盛の連署状、八月二日の長束・増田・石田・毛利・宇喜多の連署状が届き、上方における形勢等を伝えている。この八月の時点では昌幸は上田に在城しており、相次いで石田方の有力大名の連署状・書状が届いたということは、昌幸と三成の関係がややこじれていたことが考えられる。

沼田城にいた信幸に対して、八月二十三日付けで秀忠は書状を送り、「…明二十四日、この地を発って信州の上田を攻めるにあたり参陣を要請する」という内容であった。また、家康は九月一日付けの書状で、「上杉景勝の侵入に備えて越後の坂戸《さかと》を防備するように」と信幸に命じている（『同』）。

慶長五年八月、家康は下野の小山《おやま》を発ち江戸に入った。秀忠は碓氷《うすい》峠を越えて小諸《こもろ》城に入り、上田城の攻撃に掛かった。信幸は秀忠軍に従って上田の砥石《といし》城に入り、ここを守った。昌幸と信繁の守る上田城は容易に落城せず、秀忠軍は真田軍に比べれば何倍という比較にならない多勢であったが、仙石秀久・石川康長らの信州の将を上田城の抑えとしておき、本隊の秀忠軍は諏訪《すわ》（長野県諏訪市）に出て上方へと急いだ。慶長五年九月十五日、関ヶ原で東西両軍が激突し、石田方が敗れ東軍の勝利に終わった。しかし、上田城攻撃で時間を空費した徳川秀忠は、関ヶ原の戦いに間に合わず東軍の勝利を木曾の妻籠《つまご》（長野県木曾郡南木曾《なぎそ》）で聞き面目を失ったという。

東軍の勝利と父子の助命

関ヶ原の戦いは東軍の勝利に終わり、石田方は敗走した。三成も六日後の九月二十一日に捕らえられ、十月一日に石田三成・小西行長・安国寺恵瓊《あんこくじえけい》が処刑され、京都の三条の橋のたもとにさらされたという。時に石田三成は四十一歳であった。

一方、真田昌幸と信繁は、当然死罪となるべきところを、家康に付いた信之（このころより、昌幸と同じ「幸」を使うことをはばかって、初名「信幸」を「信之」と変える）は、父昌幸と弟信繁の助命に奔走したといわれる。信之は、室の小松姫の父・本多忠勝に頼み、また井伊直政《いいなおまさ》・榊原康政《さかきばらやすまさ》に頼んだが許されなかったという。そこで信之は、父昌幸が死罪となるときは、自刃を許されたいと切々と訴え、ついに昌幸・信繁は死罪を免れたと伝えられている。『大鋒院殿御事蹟稿』所収の「落穂集」によれば、本多忠勝は信之の舅《しゅうと》に当たるため、助命願いには遠慮した。忠勝の友人の井伊直政・榊原康正の両名が、助命に奔走したが結局許されなかった。特に秀忠は、たとえ家康が許したとしても、秀忠が関ヶ原の一戦を見届けられなかったことは上田城の昌幸・信繁の故であった。したがって、助命は決して許さないと主張した。もともと徳川家康と真田昌幸は何度か敵対関係にあって、当然昌幸・信繁は死刑は免れないところであった。しかし、死罪を免れた陰には、信之の舅・本多忠勝や室の小松姫の助命の力があったものと思われる。

紀州九度山の蟄居と昌幸の死

死罪を免じられた真田昌幸と信繁の二人は、浅野左京太夫に預けられ、やがて高野山《こうやさん》へ配流《はいる》となった。慶長五年十二月十三日、「房州様（昌幸）高野御入御供之衆」として、「池田長門守・原出羽守・高梨内記・小山田治左衛門・田口久左衛門…以上十六人」とある（『信濃史料』一八）。高野山には蓮華《れんげ》定院《じょういん》という別院があって、上田の真田氏との関係が深かったため、この寺に預けられ、やがて山麓の九度山《くどやま》村（和歌山県伊都《いと》郡九度山町）に居を移した。九度山村の配流の生活は余り制約はなかったものの、生活面・経済面ではかなり苦しかったと伝えられている。しかし、経済面では毎年父子を預かっている浅野家より合力米《ごうりょくまい》として五〇石宛てが真田父子に支給されていた。また、国元の信之からも金子《きんす》等が送られていたと思われるが、家臣を抱えての生活は容易ではなかった。

関ヶ原の戦いで親子が敵味方となったとはいえ、それは義に生きねばならなかった武士道の一面であった。九度山村に蟄居《ちっきょ》した昌幸の様子を、その書状等から探ってみよう。昌幸から信之の家臣・木村五兵衛に宛てた書状によると、信之の室・小松姫が蟄居中の昌幸に書状を送り、鮭《さけ》の子を送ってもらい賞翫《しょうがん》いたしたのでよくよく礼を申してくれるように、という内容であった。これは関ヶ原の戦いの翌年の閏十一月十二日の書状である（『信濃史料』一九）。九度山村に蟄居している昌幸・信繁父子にすれば、やがては赦免の沙汰がある日を待っていたと思われる。

また、信州小県郡真田の信綱寺《しんこうじ》の住職の来簡に対して出した慶長八年三月十五日付けの礼状がある。その内容は、「内府《ないふ》様（家康）がこの夏関東に下るという風聞があるが、私（昌幸）のことを本多佐渡守が披露してくれると思う。下山したならば拝顔したい」というものである。赦免の時を一日千秋の思いで待っていたと思われる昌幸の心中が察せられる。蟄居中の昌幸の次の二つの信之に宛てた書状は、年は不明であるが最も晩年のものと思われる。一通は三月二十五日付けで、その内容は、「左衛門佐《さえもんのすけ》（信繁）も長い間の山居住まいで不自由しており、私は猶以《なおもっ》て大草臥《くたび》れ者になり、お察し下され。其許《そこもと》の様子は久しく聞いていないが、息災であるか承りたい。この一両年は年を取ったためか気根草臥れ候（気力も失われた）」としたためている。他の一通は、これも年は分からないが、卯《う》月二十七日付けとなっている。その内容は、「信之が病気であったことを聞き案じていたが、病が癒《い》えたので満足これに過ぎずめでたいことである。油断なく、養生専一に心掛けてくだされ。私も去年も今年も煩っているが十年来一度も会っていないので、病が癒えたら是非一度会いたいものである」。この二つの書状は、ともに昌幸の没年の年か、あるいは前年か、いずれにしても昌幸の最後に近い書状である。大きく動く時の流れの中で、心ならずも東西に別れたが所詮《しょせん》は親子である。真田家の安泰と当主である信之の健康を切々と願う父昌幸の心情が察せられる。

昌幸は、配流となって十年後の慶長十五年六月四日、波乱多かった生涯を閉じた。武田家の家臣として次第に力を蓄え、天正八年には吾妻から利根に進出し、名胡桃城・明徳寺城、そして沼田城を手中にした。武田家の滅亡により、一人の独立した大名となったものの、自力で獲得した所領を守るためには北条・徳川・上杉・豊臣と庇護《ひご》を頼み、「表裏卑怯《ひきょう》の者」と秀吉に評されながらもその所領を全うした昌幸であった。

関ヶ原の戦いでは、豊臣系の大名の中で徳川家康に従って東下した大名の中でただ一人反旗を翻して西軍の石田三成に応じた。結果は敗者となり、九度山村に配流の身となり六十余年の生涯を閉じた。昌幸は、誰の力も借りず独力で沼田城を手中にした。利根川をはじめ三方を川に囲まれた天然の要害の地である沼田台地に魅せられたという。

大坂の陣、真田に二心あり

慶長五年の関ヶ原の戦いで大勝した徳川家康は、二年後の慶長八年には右大臣・征夷《せいい》大将軍に任ぜられ江戸に幕府を開いた。一方秀吉の遺児秀頼は、摂津《せっつ》（大阪府西部・兵庫県南東部）・河内《かわち》（大阪府東部）・和泉《いずみ》（同南部）の三国のうち六五万石を領する一大名になってしまった。豊臣と徳川という勢力は、ここに逆転してしまった。家康にとってさらに豊臣秀頼を征するのに好都合となったのは、秀吉恩顧の外様《とざま》大名がこの世を去っていったことである。慶長十五年には浅野長政（六十五歳）、翌十六年には加藤清正（五十三歳）、同十八年には池田輝政《てるまさ》（五十歳）等がこの世を去った。また真田昌幸も、高野山麓の九度山村で赦免の日を待ちつつも慶長十六年、この世を去った。

慶長十九年八月に起こった京都の方広寺《ほうこうじ》大仏殿の鐘銘事件を契機に、徳川家康は豊臣秀頼を討つべく大坂に出陣し、慶長十九年十一月十九日、ついに大坂冬の陣が始まった。しかし、この冬の陣も翌十二月二十二日に和睦《わぼく》の誓書が取り交わされ一応の終結をみた。

当時、真田信之は病気のため江戸にとどまり、名代として嫡子の信吉《のぶよし》、次子の信政《のぶまさ》の兄弟が出陣した。この冬の陣を前に大坂方では、秀吉恩顧の武士や関ヶ原の戦いで石田方に属して敗れ、没落し浪人となっている者を大坂城に招いた。信之の弟の信繁も、関ヶ原の戦いの後一五年にも及ぶ九度山の蟄居生活を離れて、招かれて大坂城に入った。ここで再び、真田兄弟は敵味方に別れて戦った。

この冬の陣の和睦《わぼく》もつかの間に終わり、翌慶長二十年（元和元年）五月、家康は再び大坂に出陣し夏の陣が始まった。冬の陣の和議の条件によって大坂城の外堀は完全に埋められた。内堀さえも埋められて、さしもの大坂城も裸同然の姿になってしまったという。

夏の陣も、真田信之は病気と称して参陣せず、嫡子の信吉と次子の信政を参陣させた。再び真田兄弟は別れて戦うこととなった。大坂方の真田信繁は、自己の運命を悟りつつも真田丸なる出城を築き、現在に至るも「真田日本一の兵」と戦記物に語られ、元和元年五月七日の戦いで戦死した。『信濃史料』に、「…主従三人休みおり、下人に薬などあたへ罷りあり候ところに、越前の足軽頭、西尾久作（後号仁左衛門）と申す者、足軽を召し連れ打懸打ち取り申し候…」とある。翌八日には、淀君《よどぎみ》・秀頼の自刃により、豊臣氏は滅亡した。

この大坂の陣が徳川家康の大勝に終わって、家康・秀忠父子をはじめ家臣大名は意気揚々と引き揚げてきた。しかし、父信之の名代として出陣した信吉・信政の兄弟は、この勝ち誇って帰陣する隊伍《たいご》から外された。江戸城では戦勝を祝して数日の間、祝儀加増が行われた。真田兄弟は行列を除かれたのみではなく、逼塞《ひっそく》を命じられたという。真田氏にとってはまったく身に覚えのないことであったが、信之の家臣に宮下藤右衛門という者がいて、この宮下が訴えたのは、真田方は大坂方の左衛門佐信繁の陣に内通し、玉薬《たまぐすり》（弾薬）・矢ノ根《やのね》（やじり）等を密かに送っていたという内容であったが、「…豆州公（信之）が御前にて宮下藤右衛門を討った…大坂へ通じたという由につき、偽って訴えた者である」とあって宮下藤右衛門は処刑された。また、同じように馬場主水という者も信之方が大坂の信繁と通じていたと讒訴《ざんそ》していた事件があった。「…大坂御合戦の節、信之公より左衛門尉幸村の陣所へ玉薬・兵糧等御送り続けたことを訴えたことについて御尋になり…」というもので、馬場主水も讒訴の件が露顕し宮下藤右衛門と同様に処刑された（「真武内伝追加」『信濃史料』）。

以上のような経緯によって、真田信吉・信政は大きな疑惑の眼で見られたが、老臣たちが夏の陣における真田氏の働きの様子を記した軍忠状《ぐんちゅうじょう》を差し出して疑惑が晴れたといわれている（「平姓沼田氏年譜略」）。『信濃史料』所収の「真田大坂陣略記」の中に、「信濃及ビ沼田高名ノ士」として沼田侍では原右近・清水与左衛門・池田甚左衛門・一場茂右衛門・福田久太夫・安中作左衛門等の名が、また「沼田侍討死ノ士」として祢津主水・原郷左衛門らの重臣七人が記されている。この大坂の夏の陣で信吉・信政軍から六二人の戦死者と負傷者二三人が出ており、また、信吉・信政軍があげた相手方の首級は五七と記されている。このような記録から、激しかった戦いの跡がしのばれ、その功績によって真田氏の疑惑が晴れたといわれている。

信之は上田へ

徳川家康は、大坂の陣の終わった翌元和二年四月十七日、七十五歳の高齢で生涯を閉じた。家康は夢であった天下統一の大事業を成し遂げ、二六〇年に及ぶ幕藩体制の基礎を固め、二代秀忠へ政権の座を渡した。一方豊臣と徳川という狭間《はざま》に立たされ、「真田に二心あり」と疑われながらも真田家安泰のため必死となって尽くした信之は、病のため大坂の陣には出陣しなかったが、元和元年八月に帰陣し家臣の軍功を糺《ただ》し恩賞を行った。「大鋒院殿御事蹟稿」によれば、「…天下一統静謐《せいひつ》になった。元和元年八月二十日、真田伊豆守信幸は沼田へ帰城し給い、家中の諸士の軍功をただし、それぞれ忠賞を充行《あておこな》われた。近年打ち続き乱世にて、諸軍役繁く困窮に及びければ、領分の年貢十分の二を減じ、なお諸役銭三年の内免じ給えば、民家うるおい、新田を開発し…」とあって、具体例として、真田信吉が元和三年十月十七日付けで重臣の山室作左衛門に与えた朱印状は、「その方の事、特に奉公したので、河場の内四貫文、東入其原《ひがしいりそのはら》にて壱貫文の所を出置候…」と記されている。河場は現在の川場を指し、其原は現在の利根村園原を指していると思われる。また、相次いだ戦乱と農民に対する課役と税によって欠落《かけおち》したり身売りの百姓が出ている現状に、信之は慶長十九年七月十三日付けで、重臣である出浦対馬守と大熊勘右衛門に対して政所《まんどころ》（月夜野町）の借金のために身売りした百姓（欠落百姓）を召し返して田畑を耕作させることを命じている（『信濃史料補遺下』）。

信之は、慶長五年の関ヶ原の戦い以後、父昌幸の旧領上田と沼田を兼ねていたが元和二年、沼田藩主の座を信吉に譲り上田へ去った。信之の沼田藩主としての期間は、天正十八年の北条氏の滅亡から数えて二六年間、関ヶ原の戦い以後上田と兼ねてから一六年間であった。戦国の動乱は一応終止符を打ったものの、関ヶ原の戦い・大坂の陣と争乱の中にあって、親と弟を敵にし、義に生きねばならない重い宿命と苦悩があった。藩主の座を信吉に譲って上田に去ったとき、信之は五十歳であった。信之の室・小松姫も信之とともに上田に去った。

小松姫の死

しかし、小松姫は上田に移って四年後の元和六年二月二十四日、当時江戸にいたのであるが、草津へ入湯に向かう途中、武州鴻巣《こうのす》（埼玉県鴻巣市）で病のため四十八歳で没した。信之は小松姫の死を悼み、「わが家の灯火消ゆ」（『名将言行録』）と嘆息したといわれている。小松姫の墓所は、現在の沼田市鍛冶町正覚寺《しょうがくじ》・上田市諏訪部《すわべ》の芳泉寺《ほうせんじ》・鴻巣市登戸《のぼりと》の勝願寺《しょうがんじ》の三か寺に分葬されている。

関ヶ原の戦いの前夜、小松姫は主人信幸の出陣中の沼田城の留守を守っていたところに、下野の犬伏の陣から舅の昌幸と信幸の弟の信繁の二人が兵を率いて上田に向かう途中沼田に寄り、開城を迫ったが最後まで開城を拒否したという有名な逸話は、前述のとおりである。信之と小松姫の間には、嫡子の二代藩主となった信吉と、次子の四代藩主となった信政がいた。この兄弟は、大坂の両陣に父の名代として出陣した時は、信吉十九歳、信政十六歳であった。この二人の下で、懸命に補佐した重臣・安中作左衛門に宛てた小松姫の書状がある。

…さてさてにわかの御陣にて支度もなりかね候…河内殿（信吉）こと若く御入り候まゝ、伊豆殿（信之）のようには候まじく候、そのうへ法度かたもきつく申し候てハ、かなはぬ事にて候まゝ、なにをきつくおほせ候とも、伊豆殿へ免じ、御陣中せいをいたし、奉公頼み参らせ候…まことに少しにて恥かしく候へども、金子少し進じ候を、皆手前より受け取り候べく候、かしく（『信濃史料』二二）

これは四月六日付けとなっているので、大坂夏の陣の時だと思われる。兄信吉・弟信政二人ともに元服したとはいえ未だ若年である。子供の出陣を前に、老臣である安中作左衛門に信吉のことを切々と頼んでいる姿は、戦国武将の気丈な妻として、また子供の出陣を思いやる母としての心情がしのばれる文面である。

小松姫の湯治と、病床時の様子が知れる史料が残されている。一つは、元和五年三月二十九日付けの信之から家臣の池田長門守・清水甚右衛門・出浦半平に宛てた書状で、「おく（奥方様）より湯治に付…」として、小松姫が湯治に行くので、四月八日までに人足百人が江戸に着くように、迎え馬七〇疋を熊谷まで出すようせよ、という内容である。一つは、同じ年の九月九日付けの上洛中の信之から、真田氏の藩医である坂巻夕庵に送られた小松姫の看病に対しての礼状である（ともに『信濃史料叢書』）。

その後、翌元和六年二月二十四日に、武州の鴻巣で草津に湯治に向かう途中没したといわれているが、資料がないためその間の動きは判然としない。

徳川の重臣・本多忠勝の娘として生まれ、やがて徳川家康の養女となり、真田家の嫡子信之の許に嫁いだ小松姫である。本来、真田氏と徳川氏の間には大きな溝があり、場合によっては徳川に真田は完全に背を向けることになったかもしれない。それを危惧した家康が、養女小松姫を真田家に嫁がせたのは、真田氏を引き止めておく政策でもあったのであろう。

小松姫は、関ヶ原の戦いの後の舅昌幸と信繁の助命には最も強く働き、家康を動かしたものと思われる。本多の娘そして家康の養女という誇りをもって信之の許に嫁いできた。さらに室は、化粧料《けしょうりょう》として後閑山と上川田山の二か所を持ち、その山麓の村、後閑村と上川田村には特別な保護を与えていた。

第二節　真田氏の発展

一、二代藩主信吉

軌道に乗る藩政

真田《さなだ》氏二代藩主となった信吉《のぶよし》は、文禄《ぶんろく》二年（一五九三）父信之《のぶゆき》と母小松姫の嫡子として生まれた。

関ヶ原の戦いのときは七歳、弟の後に沼田四代藩主となる信政《のぶまさ》は四歳であった。大坂冬・夏の陣には父信之が病気のため名代として信吉・信政の兄弟が出陣した。特に大坂夏の陣では、「真田は大坂方に通じている」、「真田に二心あり」という讒訴《ざんそ》事件があり大きな疑惑を掛けられた。

父信之の名代として出陣した信吉・信政兄弟、特に真田家の嫡子としての信吉には大きな責務があったと思われる。

寛永《かんえい》元年（一六二四）、信吉は従五位下《じゅごいのげ》、河内守《かわちのかみ》信吉となり、寛永四年八月に当時幕府の重鎮として権勢を振るい、後に大老となった前橋城主・酒井雅楽頭忠世《うたのかみただよ》の娘（庶母《しょぼ》）と婚姻した。信吉が酒井雅楽守の娘と結ばれたことに対して父信之は、十二月二十八日家臣の出浦対馬守《つしまのかみ》に、「…昨二七日河内守の縁組が相整い、酒井雅楽頭殿の娘を下されることになり、これ以上の幸せはなく、我等は本当に満足している…」（『信濃史料』二四）と喜びの書状を送っている。

しかし、信吉の室となった酒井忠世の娘は、「…信吉の内室《ないしつ》…雅楽頭忠世の宅へ帰られ、年経て死去也…」（『新編信濃史料叢書』一七）とあって、年月は不明であるが離別し真田家を去ったものと思われる。

信吉には実子は女子一人で、二人の男子は側室《そくしつ》の子である。この女子は、正保《しょうほう》三年（一六一六）美作《みまさか》国において一万八千石余を領していた関但馬守《たじまのかみ》長政に嫁いだが、二十年後の寛文《かんぶん》七年（一六六七）に離別し、後に長姫と号し京都の千種《ちぐさ》中納言有純と再婚している。

男子の一人熊之助《くまのすけ》（三代藩主）は、寛永九年に生まれ、同十一年には信吉が没したが、翌年には兵吉（最後の藩主信利《のぶとし》）が生まれている。

打ち続いた戦国の乱世も、北条氏の滅亡から秀吉の全国統一へと進み、関ヶ原の戦い・大坂の陣を経て徳川の政権の世となり、ようやく平穏な時を迎えた。

信吉が二代藩主の座に就いたのは、大坂の陣の翌年の元和《げんな》二年（一六一六）であった。父信之が信州の上田城に移り、沼田領は信吉にゆだねる形となった。沼田領については、すでに天正《てんしょう》十八年（一五九〇）信之によって検地が実施され、上野国《こうずけのくに》の他の藩より最も早く領内の経営に着手できたと思われる。信吉の藩主としての一八年間は、父信之によって領内経営の基礎が固められ藩政が軌道に乗った時代であった。

信吉の足跡

元和二年、信吉は初代藩主の信之の跡を継いで藩主としての一歩を踏み出した。しかし、信之は上田に移ったとはいえ、沼田領の経営については大きな力を持っていた。このことを裏付けるものとして、次のような史料がある。元和四年八月二十八日に信之は、重臣の矢沢但馬守・日置五右衛門に文書を送り、「出浦対馬守（真田家の重臣）が吾妻で病気になったと聞くが、矢沢但馬守は出浦半平とともに沼田領の仕置《しおき》（統治上の措置）について注意するように」と命じている（『信濃史料叢書』二三）。また信之は、元和五年十二月十九日付けで、藩医である坂巻夕庵に対して、吾妻郡において二〇貫文の土地を給している（「同」）。これらのことは、信吉は沼田真田氏として独立しているものの、真田氏の中核となっている信之の力がいかに大きかったかを物語っている。

元和・寛永期となると、徳川幕府も豊臣政権以上に、諸大名の権勢を弱めるためにさまざまな課役《かえき》を割り当ててきた。その一つとして、寛永五年十一月十八日には幕府は全国の諸大名に対して、江戸城の惣曲輪《そうぐるわ》・石垣の普請を命じた。諸大名は六隊に分けられ、真田氏は第一隊に属した。真田信之・同信吉・同信政・同信重《のぶしげ》等の八人の大名であった。

江戸城総曲輪の石塁の総坪数は、四万四五三三坪二合八勺二才である。第一隊の真田氏らが命じられたのは、その江戸城の大手門・下馬《げば》の石垣の構築であった。それぞれの部署を命じられた諸大名は、領内の多くの農民を駆り出して工事に当たらせた。この石垣の修築は、翌寛永六年の七月に完成した（『徳川実記』二）。

ここで、この時期に、沼田城主と肥後《ひご》国熊本城主加藤家が深いかかわりを持ったことを記しておこう。寛永九年七月、真田信吉は改易《かいえき》となった大名の妻子を預かることを幕府より命じられた。それは、豊臣秀吉の家臣として名をはせた加藤清正の三男で、肥後熊本五四万石の城主加藤忠広《ただひろ》と息子の光広《みつひろ》に謀反《むほん》の嫌疑がかかり、忠広は出羽《でわ》庄内《しょうない》の酒井忠勝に預けられて五四万石は没収された。その子藤松（三歳・清正の孫）とその母、それに藤松の妹の三名が罪人の妻女として沼田に預けられたのである。それから二一年後の承応《じょうおう》二年（一六五三）、すでに信吉は没して信政が藩主となっていたときのことである。「真田内記信政に預けられていた加藤肥後守忠広の子・藤松が病死したので、小姓組《こしょうぐみ》小出甚太郎重勝が上野国沼田へ検使として遣わされた」。そして、「死骸《しがい》を塩に漬けておき、御検使が到着して改めがあって、死骸を本隆寺《ほんりゅうじ》に土葬した。翌月にはその母も死去し、岡寺に土葬した…」。このような経緯が、幾つかの史料に記されている（『寛政重修諸家譜』・「沼田氏年譜略」・『徳川実記』四）。

大名が罪あって改易となると、本人はもちろんのこと、その妻子までそれぞれ離されて各大名家に罪人の一族として預けられたのである。したがって、預かっている者が没したときは、幕府に届け幕府よりの検使を受けねばならなかった。本隆寺は、現在の妙光寺《みょうこうじ》（坊新田町《ぼうしんでんまち》）である。藤松の母も、藤松の死の翌月に没して、ともに本隆寺に葬られたとしている。

この時期に、徳川幕府によって取り潰しとなった大名は、豊臣系の大名を最後の一人まで一掃しようと図った一連の処置の犠牲でもあった。

信吉、城鐘を鋳る

信吉は、城祉《じょうし》に今も残る「城鐘《じょうしょう》」を、寛永十一年閏《うるう》七月に造らせている。「沼田氏略年譜」に、「信吉が時鐘を鍛冶《かじ》町にて鋳立て、三の丸に懸けた。鰐口《わにぐち》を鋳立て、八幡・榛名《はるな》両宮へ懸けた…」とあり、このとき信吉が、沼田城の鐘として鋳造させたことが分かる。この鐘に刻まれている銘文の一節に、「蒲牢《ほろう》（釣り鐘）一声万天轟《とどろき》…」とあり、鐘が大きく響くことを念じ、領主の権威はいよいよ長く、国も領民も安全であるようにとの願いが刻まれている。

この鐘は、沼田城の三の丸に懸けられ、城鐘として四囲に響き渡っていたと思われる。ところが、真田氏の改易に伴い沼田城は破却《はきゃく》ということになり、そのとき城請取りの幕府から派遣された上使によって、この鐘が土中に埋められそうになった。しかし、平等寺《びょうどうじ》の住職覚遵《かくしゅん》の必死の願いによってその難を逃れ、今度は寺の鐘としてよみがえったという。このエピソードは、天和二年の城破却のときの銘に刻まれている。以後この鐘は、三六〇年余の間数奇な運命をたどりながらも、在りし昔を語ってくれるのである。

このほか、信吉の顕著な事跡としては、元和四年に舒林寺《じょりんじ》に岡谷《おかのや》の土地の一部を寺領として寄進し、また、同九年に正覚寺《しょうがくじ》に米百俵を寄進している（『新編信濃史料叢書』二四）。

信吉は寛永十一年十一月二十八日、四十二歳で疱瘡《ほうそう》のために没した。法名は天桂院殿月岫浄珊大居士《てんけいいんでんがっしゅうじょうさくだいこじ》といい、材木町の天桂寺に墓所がある。沼田は真田・本多・黒田・土岐《とき》氏と明治に至るまで支配の変遷があったが、市内の寺の中で藩主の墓があるのは、この天桂寺のみである。

信吉が没したため翌寛永十二年、四代藩主となったのは幼い四歳の熊之助であった。しかしその熊之助は、同十五年十一月六日わずか七歳で夭逝《ようせい》した。

二、切支丹と沼田地方

真田信吉の時代以降、当地方の宗教史として重要な切支丹《キリシタン》に関する事柄が現われてくる。したがって、ここで、日本史的な切支丹問題を背景にして、まとめて概観しておこう。

フェルナンデス神父の沼田来訪

わが国にキリスト教が始めて伝えられたのは、天文《てんぶん》十八年（一五四九）七月二十二日、スペイン人のイエズス会の会士《かいし》フランシスコ・ザビエルが、司祭《しさい》・修士《しゅうし》を従えて九州の鹿児島に上陸したのに始まる。ザビエルは京に上ったが、当時の京都は天皇の権威も室町幕府の力も地に落ちて、足利《あしかが》十三代将軍義輝《よしてる》は名ばかりの将軍となっていた。応《おう》仁《にん》の乱を発火点として各地に広がった戦国の争乱はまさに、弱肉強食の時代であった。ザビエルは京を離れ、当時中国地方第一の力を誇っていた山口（周防国吉敷郡《すおうよしき》）の大内氏の庇護《ひご》を受け、布教活動を続けたが、二年三か月の滞日の後、中国に渡ったが広東港《カントン》外で病のために没した。このザビエルの来日を第一陣として、多くの宣教師が来日した。当時は、豊後《ぶんご》の大友氏、周防山口の大内氏、安芸《あき》の毛利《もうり》氏、尾張《おわり》の織田氏、駿河《するが》の今川氏、東国では甲斐《かい》の武田氏、越後の上杉氏、相模《さがみ》の後北条《ごほうじょう》氏といった戦国大名が互いに覇権《はけん》を争っていた時期であった。

この戦国の乱世の統一を図ったのが織田信長であったが、信長の前に立ちはだかって統一の大きな障害となっていたのは仏教勢力であった。信長は、武力のみではどうにもならない仏教勢力を押さえるために、キリスト教を利用し保護したといわれている。

キリスト教は特に西日本に広まり、やがて関東・東北・北海道にまで及んでいった。信者の数は元亀《げんき》元年（一五七〇）のころにはおよそ三万人といわれ、天正七年（一五七九）には一〇万人、同じく九年には一五万人、徳川政権に移った慶長《けいちょう》十年（一六〇五）には七五万人に達した（吉田小五郎「キリシタン大名」『国史大辞典』）といわれている。

天正十年、信長が本能寺《ほんのうじ》で明智光秀《あけちみつひで》によって倒れると、秀吉は信長の仇《あだ》をとり、やがて太政《だじょう》大臣となり全国の統一を成し遂げた。秀吉は初期にはキリスト教に対して寛大であったが、やがて天正十五年六月「バテレン追放令」を発し、慶長元年の長崎における二十六聖人の殉教を招くに至った。豊臣政権から徳川家康に政権が移った後も、初期は比較的寛容であったがやがて二代将軍秀忠《ひでただ》・三代家光に至っては徹底的にキリスト教の禁圧を強めていった。キリスト教布教の歴史を普通四期に分けているが、第一期・第二期を過ぎるとさらに弾圧傾向が強まり、伝道の方向は江戸を中心とした東日本に向けられていった。

徳川家康が鉱山の採掘にパードレの技術と知識を利用したことにより、下野《しもつけ》国足尾の銅山と佐渡の金山はキリシタンの大きな足場であったといわれる。海老沢有道氏は『切支丹史研究』の中で、越後《えちご》と会津《あいづ》を結ぶ会津街道、越後と江戸を結ぶ中山道《なかせんどう》や三国街道、それらの街道の沿線にパードレの足だまりがあり、その要路の分岐点としての上州の沼田がその中心となったことはいうまでもないと断定している。

多くのなぞを秘めるキリシタン伝道の解明の大きな手掛かりとして、フランス人で日本学者のレオン・パジェス（文化十四年・一八一七～明治十九年・一八八六）が、仏国の公使館付の役人として中国に滞在し、イエズス会の日本年報・宣教師の書簡・報告書等の膨大な資料を基礎として、日本における切支丹史を編年体に叙述したものが『日本切支丹宗門史』である。この書は、キリシタン史研究のためには不可欠であるばかりでなく、江戸時代初期の対外史研究には欠かせない文献とされている。この書の中の慶長十二年の記事に、「なほ外にもう一人の神父は、一人の修士と共に、江戸の北方三日路の所で、嘗《かつ》て誰も訪問した事のない上野の地方を遍歴した」とあり、神父の上野伝道ではこの慶長十二年が最も早い時期だといわれている。さらに宗門史の中の慶長十六年の記述の中に、「…この年行われた伝道中には、関東の上野や公方《くぼう》の城下駿河…」とある。

ところが、この『日本切支丹宗門史』の元和六年の記事の中に、「…これまでに、宣教師たちの一切入ったことのない上野で、フェルナンデス神父は、天使の如き待遇を受け、城下町の沼田に一三日間逗留《とうりゅう》した。信者たちは、雨のために客が滞在してくれればいいと祈っていたが、果たして彼の滞在は延期された」とあって、その後フェルナンデス神父は、山賊のためにはなはだ危険な信濃《しなの》を通り、道中ずっと危険な越後に行った、と記述は続いている。

宗門史の記事より二年後の元和八年の「日本耶蘇《ヤソ》会年報」の中に、「…日本人師父シキミマルチノの訪問により慰《い》藉《しゃ》せられたり、江戸と沼田にては六十六名、北国にては二十七名の大人洗礼を受け、王の前にあるとも死をもって信仰を保持せんと堅き決意を固めたり…」と記されている。

元和六・八年当時は、戦国時代以来続いた長い戦乱も終わり、元和偃武《えんぶ》の時を迎え、徳川の政権も専制的な最高権力を保持するに至った。真田信之は信州の上田に去り、やがて信州の松代に移封《いほう》するころであった。沼田は真田信吉が二代藩主となり、比較的安定した時期に入っていたものと思われる。元和六年の宗門史の記事の中に、異邦人の神父が沼田を訪れたことがないのに、信者たちは神父を天使のように迎え、別れを惜しんだ情景が記述されている。ここで問題となるのは、近世の初期沼田で、おそらく異邦人に接したのは初めてであったろうし、また、「信者たちは」とあって、神父の来訪以前から信者がいたのかという疑問が長く続いていた。

吉利支丹探索令と沼田

徳川幕府がキリシタンの徹底した撲滅を打ち出したなかで、これに生涯をかけた男・井上筑後守《ちくごのかみ》政重は、キリシタンの信者から最も恐れられていた人物であった。この井上政重が全国にキリシタン探索の網を広げて調べ上げた明暦《めいれき》四年（一六五八）の「吉利支丹《キリシタン》出申国所之覚」（『続々群書類従』「宗教部」所収）は、北は北海道の松前藩・青森の津軽藩から南は九州・対馬《つしま》に至るまで、詳細にその結果を記している。

その中で沼田領については、「真田伊賀守領分、沼田より宗門多く出し申し候、東庵と申すイルマン同前の宗門御座候」とあり、上野国では沼田領以外では、「安藤対馬守領分、高崎より宗門二、三人、酒井雅楽頭領分、厩橋《うまやばし》より宗門四、五人、内侍《ないし》一人」が記されている。このほか、代官の伊奈半左衛門の支配に当たる村々では、「三波川《さんばがわ》村・渡瀬《わたらせ》村・鬼名（石）村・中ツカ原村より宗門十四、五人、渡瀬村に対庵と申す宗門御座候」とあり、これが上野におけるキリシタンの概要であった。井上筑後守の探索記事の中に、「沼田より宗門多く出し申し候」とあり、さらに

「東庵」というイルマンと同等の力を持つ人物がいると記されている。なお、修道者で司祭職にある者をパードレ、それを補佐する者をイルマンと言った。

この東庵という人物は日本人としては最も力を持った指導者と解される。利根・沼田地方は上野国では最も北に位置し、周囲を山に囲まれ、いずれの方向からもこの地に入ることは困難であったと思われる。「吉利支丹出申国所之覚」には、全国の各大名や代官の支配地を詳細に調べ上げ、特に重要な人物は氏名を書き上げている。そこには全部で七人の名が挙げられているが、沼田領に潜入した東庵もその中の一人である。また、渡瀬村の対庵も七人の中の一人である。

東庵という人物は井上筑後守の書き上げたものの中に名があるだけで、長い間なぞの人物として扱われてきた。また、「吉利支丹出申国所之覚」の中に鬼石《おにし》村（多野郡鬼石町）ほか四か村の概況があったが、享保《きょうほう》五年（一七二〇）の「鬼石村切支丹類族」の記載の中に、転《ころ》び切支丹・金子茂左衛門という人物が出てくる。この人物は沼田の者で、寛永二年（一六二五）に鬼石村へ来て住んでいた。ところが明暦二年八月に切支丹の詮議《せんぎ》のとき籠舎《ろうしゃ》に入れられたが、十一月には許され出牢《しゅつろう》となっている（県史資9―六三六）。

この金子茂左衛門が鬼石村に来た時は、十五、六歳の若さであった。沼田からどのような関係で鬼石村に行ったのか、そして鬼石村に行ってから入信したのか疑問が残る。

東庵の潜入と「類族帳」

昭和三十三年八月、川場村で村史の編纂《へんさん》中、門前《もんぜん》の区有文書の中に、元禄《げんろく》十六年（一七〇三）五月の「古切支丹類族死失存命帳」が見つかった。

この年は、沼田は真田氏の改易《かいえき》後幕府領であったが、譜代《ふだい》の本多伯耆守正永《ほんだほうきのかみまさなが》が入部《にゅうぶ》した年であった。新しく沼田藩主となった本多氏に対して、門前の名主・八右衛門から提出されたものである。この史料の発見によって、長い間なぞに包まれていた「東庵」という幕府より手配中のキリシタンの指導者が実在したことと、東庵が沼田領に潜入した時期と、また姿を消した時期が判明した。東庵はどこの出身か不明であるが、下野国足尾の銅山の鉱夫であったが、元和四年フェルナンデス神父が沼田を訪れる二年前に、金掘り（鉱夫）という名目で川場村に来たのである。この時期、沼田領の師村《もろ》（月夜野町）と戸神《とかみ》村には金山があり、そこに金掘りとして入ったものと思われる。

「類族帳」によると、東庵を中心に養女のひゃく・次女のおま・三女の満里をはじめ九人の類族が記載されている。類族とは、切支丹信者である本人を含めて男は七代・女子は本人を含めて四代までを指し、その類族の烙印《らくいん》を押された者は生涯厳しい監視下に置かれた場合が多かった。

東庵は川場に潜入し、「内匠《たくみ》」という者の娘と結婚し、二人の実娘おまと満里が生まれている。しかし、東庵の詮《せん》議《ぎ》・探索令が江戸より出た正保《しょうほう》元年には、すでに東庵はそれより一四年前の寛永七年（一六三〇）には川場からいずことなく姿を消している。この「類族帳」では、欠落《かけおち》以後の行方や年齢等は不明としている。

東庵は、元和四年から一二年間にわたって沼田領内でキリシタンの布教活動を続けていたと思われ、探索の眼が厳しくなったのに気付き逐電《ちくでん》したのか、または他の使命を帯びていずこへか去ったのかなぞである。

徳川家康は、初期には足尾の銅山・佐渡の金山には南蛮《なんばん》の採鉱技術を持っている外国人のキリシタンを置いて利用したといわれている。また、鉱山はキリシタンの信者にとって絶好の隠れ場所であって、「渡り」といわれる組織が厳然としてあり、たとえ前科を持っている者であっても鉱山に逃げ込み、親分・子分の盃《さかずき》を交わすと探索の追っ手に絶対に身柄を渡さないという鉄則があった。

東庵が足尾の銅山の金掘りという名目で、戸神山・師山の金山の鉱夫ということで潜入してきた。しかし、一二年間という長い間には多くの信者も増えたであろうし、東庵が潜入して二年後のフェルナンデス神父の来訪の意味、信者たちが神父を天使のように歓迎したことのなぞが解けるのである。東庵の探索令が出た正保元年は、東庵が姿を消してから一四年という歳月が過ぎていた。しかし、東庵の娘のひゃく・次女おま・三女満里は捕縛され、厳しい詮議の末に養女のひゃくは二五年間、おまと満里は二九年間という長い牢獄《ろうごく》生活を送った。ひゃくは出牢後足尾に帰り、その後の消息は不明である。次女のおまは川場村の八右衛門の養子となり、八右衛門の弟半三郎と結婚したが、父東庵が切支丹であるということで詮議があったときに、沼田の牢屋に入れられた。おまと半三郎の間にはくにという娘があり、伝左衛門と結婚している。三女の満里は、十五歳で戸鹿野《とがの》村の四郎右衛門と結婚し、四年後、父東庵の探索令が出たときに入牢した。満里が入牢中に、夫の四郎右衛門は後妻をもらった。満里は出牢後帰る所もなかったのか、戸鹿野村の宇津野に一人住み、七十三歳で没している。

真田氏家臣の信者

沼田領のキリシタンについては、いまだ全容が解明されず、今後の新しい資料の発見が期待される。しかし、現在までに発見された資料から考えられることは、当時真田氏の統治下にあった沼田領にあっては、農民・町人に限らず真田氏の上級武士の中にもキリシタンの信者がいたことが分かる。

真田信利の家臣で三〇七石取り（石高の順では一二、三番目）の高野甚五左衛門は転び切支丹であった。甚五左衛門は、転宗した後も三〇七石取りの上級武士として続いた。この甚五左衛門の親類書は、元禄十六年（一七〇三）五月に本多氏の入部にあたり提出したものであり、東庵の死失存命帳（類族帳）と同じ年月である。差し出し人は沼田原《はら》新町《しんまち》・高野新兵衛となっている。この親類書には二十八人の縁者の名が記されており、その中に真田氏の家臣が七人も記されている。親類書によると、高野甚五左衛門は文禄四年の生まれで、天和元年（一六八一）に八十六歳の高齢で没している。東庵が沼田に入ってきた元和四年には二十三歳、フェルナンデス神父が来訪したときは二十五、六歳の多感な青年武士であり、このころ入信したものと思われる。

この親類書を提出した高野新兵衛は、甚五左衛門の子である。真田信利に仕え、真田氏末期の分限帳《ぶげんちょう》（延宝《えんぽう》期）には二五七石高野新兵衛、五〇石は隠居となっている高野甚五左衛門との名がある。また、同じく真田氏の家臣で一五〇石取りの小幡四郎兵衛の娘つうは、高野新兵衛の妻となっている。さらに甚五左衛門の娘たんちょの夫の大塚次郎兵衛は、二〇〇石の真田氏の家臣であった。

江戸時代中期の幕臣で学者であった大田南畝《おおたなんぽ》（蜀山人《しょくさんじん》）が、幕府の命を受けて「御勘定所諸帳面取調御用」という役職に就き、幕府の膨大な記録類の整理にあたり著したのが、江戸城の北の丸地区にあった「竹橋《たけばし》御門」の名にちなんだ『竹橋余筆《ちっきょうよひつ》』である。この中に、真田信利の家臣であった「日置《へぎ》五右衛門」（一五〇石）は切支丹の類族であったが、貞享《じょうきょう》四年（一六八七）七月、沼須《ぬます》村に浪人して住んでいて病死した。日置五右衛門は切支丹の類族であったため届けられ、死骸《しがい》を改められて沼田町の日蓮宗妙光寺《にちれんしゅうみょうこうじ》に葬られた。日置氏については、類族・縁者はまったく不明である。ただ、日置氏という名字については、信之・信吉の時代にも文書の中に日置五右衛門という名があり、真田氏の古くからの家臣であり、五右衛門は襲名であったと思われる。

明暦三年（一六五七）、松代藩主であった真田信之が隠退したため、沼田藩主であった真田信政が松代藩主となった。信政は松代入部にあたって、多くの沼田侍を同道した。その中に寺内権右衛門・三沢玄蕃という者がおり、ともに三〇〇石取りの上級武士で切支丹の類族であった（『長野県史』資料編7）。また、井上筑後守の探索の結果によれば、「信州松代、真田伊豆守領分松代より宗門の者がおり、内侍の中に切支丹が二、三人もいた」とある。寺内権右衛門については、父の弥次右衛門が転宗以前に生まれたためさらに厳しく監視されたものと思われる。

切支丹探索に生涯をかけた井上政重

井上筑後守政重は天正十三年に生まれ、徳川秀忠《ひでただ》に仕えた微禄の下級の幕臣であった。しかし、切支丹探索に執念を燃やし、次第に加増されていった。井上政重の生涯の仕事は、「切支丹の撲滅」の一語に尽きるといっても過言ではない。特に井上が功績をあげたのは島原の乱であり、その功績が認められて寛永二十年には一万三千石の大名にまで進んだ。切支丹の信者にとって最も恐れられた人物であった。さまざまな手段を講じて探索した国内の各藩・天領等に至るまで切支丹の現状について記した、明暦四年六月の「吉利支丹出申国所之覚」は、井上の切支丹探索の集大成ともいうべきものであろう。井上政重は寛文《かんぶん》元年、七十七歳の生涯を終えた。

延宝八年（一六八〇）五月、徳川四代将軍家綱《いえつな》が没し、八月には将軍の世子《せいし》と定められていた館林藩主・綱吉《つなよし》が五代将軍となった。これ以後綱吉の吉をはばかって、「キリシタン」の表記は、それまでの「吉利支丹」から「切支丹」と書くようになったといわれる。

これまでみてきたように、沼田は江戸と並んで、多くの切支丹信者を出した。このことは、何を意味するのであろうか。その背景を考えるためには、真田氏の切支丹政策がどのようなものであったか、さらに、この利根・沼田地方の風土とのかかわりをも探らなければならない。

切支丹の禁圧政策が最も強まって来るなかで、父親が切支丹の指導者であることはよく分かっていたにもかかわらず、その娘を養女にした門前の八右衛門のこと、そして、やがてその養女を弟半三郎の嫁にしたこと、また、三女の満里は戸鹿野村の四郎右衛門の許に嫁いだこと等、一つ一つの事柄についても、今後の課題として残されている。

三、信政の入封

沼田領の開発と寛永の検地

真田三代藩主となった熊之助が七歳の短命で没した後は、信吉の弟の信政が寛永十六年七月二十五日、四代藩主となった。信政は沼田入部前は信州埴科《はにしな》郡にて一万七千石を領していたが、弟の信重《のぶしげ》にそれを譲り、沼田領二万五千石を領することになった。信政は慶長二年、信幸と小松姫の次子として生まれ、沼田に入部した時は三十二歳の壮年であった。短命で没した熊之助（妾腹《しょうふく》）には弟の兵吉（同）がいたが、松代の信之の命によって兵吉には沼田三万石のうち五〇〇〇石を捨扶持《すてぶち》として与えて小川（月夜野町）に母（信吉の側室）とともに住まわせた。

真田信政は、沼田藩主として一八年間であったが、後年「開発狂」といわれるほど、沼田領の新田開発・用水工事等に力を注いだ。寛永二十年（一六四三）には沼田領の検地を実施し、内高四万二千石余を打ち出している。

寛永の検地帳は皆無に等しいが、わずかに下沼田村に残されている。表紙に「上州勢多郡利根庄下沼田村・未《ひつじ》ノ御検地帳」とあり、六三人の耕作者が挙げられ、石高《こくだか》制ではなく貫文《かんもん》制によっている。下沼田村では高として五四貫四九三文であり、これを籾《もみ》に直して三〇三俵一斗九升三合と記されている。末尾に、真田氏の検地役人である中俣与右衛門・西窪金左衛門・林太郎左衛門の名がある。沼田領に寛永の検地帳が残っていないのは、一九年後の寛文二年、真田氏の五代信利が検地（拡大検地）を実施するにあたり、それ以前の検地帳があると比較して不都合なことが起こるので、それ以前の検地帳等はすべて没収したことによる。

沼田領に限らず、いずれの藩でも戦国の動乱から近世に移行し、安定期に入るころ、すなわち正保（一六四四〜四七）・慶安（一六四八〜五二）のころになると領内の整備・開発が進められてきた。新田畑の開発、用水・溜池《ためいけ》の工事、街道・宿駅《しゅくえき》の整備、城下町の新町の割り立て等が進められた。また一方では、藩財政の収入を図るために検地と年貢の増収が進められた。

四代信政は、寛永十八年より松代に移封となった明暦三年までの一八年間、信之・信吉と進められてきた領内の整備を引き継ぎ、それはほとんど信政の代に完成されたとみられる。

信政は、沼田に入部して二年後の寛永二十年には馬喰町《ばくろう》を、正保三年には栄町を割り立てた。さらに慶安元年には原町を、同二年には戸鹿野新町・高平《たかひら》（白沢村）の宿割りを、四年には沼須《ぬます》宿を割り立てた。

また、承応《じょうおう》二年には小川城祉《じょうし》の付近の人家を月夜野に引き移し、月夜野宿が割り立てられた。同じく真庭《まにわ》・政所《まんどころ》（月夜野町）の宿割りもこのころできた。

信政の実施した多くの土木工事のなかで大規模な用水工事として、上牧《かみもく》・下牧《しももく》・後閑《ごかん》・師《もろ》（以上月夜野町）の四か村を貫流する四か村用水堰《ようすいせき》は、慶安三年に着工して三年目の承応元年に完成している。現在の月夜野町と水上町の境付近の利根川より水を引き入れ、山肌に水路を造り、山に隧道《ずいどう》を掘削して水を通し、延長一五キロの用水の難工事をどのような方法で測量をし工事を進めたか、いまだなぞに包まれた面はあるが素晴らしい技術である。

信之の隠退と信政の松代入部

真田信之は、天正十八年より大坂の陣の翌年、元和二年まで二六年間、真田初代藩主として沼田に在城した（関ヶ原の戦い以後は父昌幸《まさゆき》の居城上田城を兼ねていた）。その後、藩主の座を信吉に譲り信州の上田に移ったが、沼田藩主としての二十六年間、戦国の動乱後の領内の復興に力を注ぎ、関ヶ原の戦い・大坂の陣という真田氏の存亡にかかわる局面に遭遇しながらも真田氏の安泰を図ってきた。信之の藩主としての治世は、二代信吉に、さらに信政に継承され、それによって利根・沼田、吾妻の基盤が形成されたといっても過言ではない。

信之は上田に六年間、さらに松代に移封となり、松代藩真田初代藩主として三五年という長きにわたって松代真田氏繁栄の基礎を築いた。

明暦三年、信之は幕府に対して老齢のため致仕《ちし》（隠退）したいとの願いを出した。そして、ようやく同年七月、致仕が許されて松代の郊外の柴《しば》村に、剃髪《ていはつ》して一当斎と号し隠退した。信之はすでに九十三歳の高齢に達していた。

信之のあと松代藩主の座に就いたのは、沼田藩主の信政である。明暦三年八月、多くの沼田侍を同道して松代に入部した。「円陽院殿《えんよういんでん》御《ご》事《じ》蹟稿《せきこう》」によれば「沼田より御供之侍衆」として、千石・鎌原外記、五百石・小田原平左衛門、四百石・望月金太夫等の高禄武士を筆頭に八四人の士分と四一人の金切米《きりまい》の者が松代に同道した。

第三節　最後の藩主・真田信利

一、沼田藩主となった信利

信利の出自をめぐって

明暦《めいれき》三年（一六五七）七月の真田信之《さなだのぶゆき》の隠退に当たり、同年八月信政《のぶまさ》が松代藩主の座に就いた。信政の松代移封《いほう》に当たり、小川（月夜野町）に堪忍分《かんにんぶん》として五千石の捨扶持《すてぶち》を与えられていた兵吉（後の伊賀守《いがのかみ》信利）が沼田城に入り、真田氏五代藩主となった。信利は、史料によって信澄《のぶすみ》・信直《のぶなお》・信俊《のぶとし》とあるが、徳川幕府の記録である『徳川実紀』では信利としているので、本編では信利として記す。

この真田信利について、従来の刊本には生母は小野お通であるとし、河内《かわち》守信吉《のぶよし》とお通の間に兵吉が生まれたとされていた。この小野お通については、「小野於通由来記」（『新編信濃史料叢書』）によると、豊臣秀次《とよとみひでつぐ》に仕えた塩川志摩《しま》守の妻であり、志摩守の死後家康《いえやす》に仕え、能筆家で才女であった。また、その娘もお通を名乗り、才女であったとされている。母娘ともにお通を名乗り才女であったことは事実だとされているが、母娘の二代にわたるお通については種々説があって定かでない。これについては、「円陽院殿《えんよういんでん》御《ご》事《じ》蹟稿《せきこう》」の中や「真武内伝付録」・「仰応貫録」・「小野於通由来記」・「滋野《しげの》世紀」（系譜）の中にも、お通の事蹟が記されている。寛永《かんえい》年間に信政が将軍に従って上洛《じょうらく》したときに、「…供奉仰せ付けられ、御上京なされ、京都において小野氏の女に通じ、一子を儲《もう》け給う…」とあって、その子は京都で生まれ成人して「勘解由《かげゆ》」といい、旗本《はたもと》となって三百俵とある（「真武内伝付録」）。信政とお通の間生まれたのが真田勘解由信《のぶ》就《なり》である。したがって、四代信政の子・信就の母が小野お通であり、従来伝えられている真田信利の母が小野お通であるという説は間違いである。

では、真田信利の母は一体誰であるかというと、「天桂院殿御事蹟稿」は次のように記している。二代河内守信吉の家臣依田某の娘が、家臣の千代塚十郎左衛門に嫁ぎ、左兵次という男子が生まれた。その後、十郎左衛門は夫婦別

◇伊賀守像とその名前◇

昭和五十年前後から、改易された真田伊賀守《さなだいがのかみ》の沼田藩政を詳しく検証しようという研究が行われ、その結果藩祖信之《のぶゆき》以来沼田真田氏が抱えていた特殊事情、伊賀守が藩主に就任していたころの内情、そして伊賀守の代に断行されたさまざまな改革等が明らかにされた。それらから類推される伊賀守像は、立藩以来誰も手を着けなかった課題に挑戦して力なく敗れた悲運の大名のように思える。改易《かいえき》後は、預かり先の奥平《おくだいら》氏に従い山形から宇都宮へと居を移し、元禄《げんろく》元年正月、五十三年の生涯を終えた。

沼田の歴史に関心を持つ人たちの間で、真田伊賀守と言えば、一身を投げ打った茂左衛門の直訴《じきそ》により取りつぶされた真田氏最後の殿様で、「重い年貢を取り、領民を苦しめた暴君」というイメージを持つ人がいまだに多い。なかには、「奢《おご》りに耽《ふけ》り美女美酒を愛した」とまで公言する郷土史家もかつてはいた。このような見方は、伊賀守改易の理由を説明するための後付けの解釈であり、儒教《じゅきょう》が利根・沼田地方に広まった江戸時代の終わりころから現れた（倉品家文書「真田伊賀守悪事之条」）。その後、明治から昭和にかけての、没我的犠牲精神が讃美された封建的道徳観によって、茂左衛門は清廉な義人として美化され、大正十年には月夜野町に新築された千日堂に地蔵尊として祀《まつ》られた。一方伊賀守は、その対極に位置付けられなければならない悪者としてますますおとしめられた。

この真田伊賀守は、信澄《のぶすみ》→信俊《のぶとし》→信直《のぶなお》と改名した。今回の沼田市史の編纂《へんさん》過程で確認された書状に限って、その署名や朱印・黒印を年代を追って見ていくと、寛文十年までは信澄、十一年から延宝《えんぽう》二年までが信俊、同三年以後が信直になっている。『群馬県史』をはじめ多くの著作物に書かれている「真田信利」という名は、本人は一度も使ったことのない名前のようである。どうしてそんなことになったのかというと、幕府が後に編集した『寛政重修諸家譜《かんせいちょうしゅうしょかふ》』や『徳川実紀《じっき》』に「信利」と記載されたからである（どのような経緯で幕府が「信利」を採用したかはこれからの研究である）。これによって、公的な呼び名として「信利」も定着している。なお本編では、それらの編集物中の記事を多く採り入れているため、「信利」を中心に記述した。

れをし、妻は沼田城に登り信吉に奉公するうちに、信吉の寵愛《ちょうあい》を受けて妊娠し、臨月を迎えて江戸屋敷で産みたいとのことで出府し、途中武蔵《むさし》国の桶川《おけがわ》の宿（鴻巣《こうのす》ともいう）で男子を産んだ。これが後の伊賀守信利であると伝えている。以上の記事のある「真武内伝付録」が、どれだけの事実を伝えているかどうかを確かめるために、真田氏の分《ぶ》限帳《げんちょう》（すべて信利の時代のもの）を当たってみると、その一つに「十五人扶持《ぶち》…千代塚十郎左衛門」とあり、また「沼田実録」の末尾の分限帳には、十人扶持として十郎左衛門の名がある。十五人扶持あるいは十人扶持というのは小禄の家臣であった。

また、最も早い時期のものと思われる分限帳に、「千代塚左平次」なる人物がみられる。石高千石の上級武士であり、真田家臣団の中で上位から六人目に名を連ねている人物である。この左平次は、真田信利と母は同じであり、信利の兄に当たり義理の兄弟という関係にあった。この左平次の名が記載されている分限帳は一種のみで、他の分限帳には左平次の名は記載されていない。左平次の名が記載されている分限帳には、真田信利によって絶家とされた湯本図書や祢津宮内の名があり、湯本図書は寛文《かんぶん》五年（一六六五）に絶家となっているところから、信利が沼田藩主となった明暦三年から寛文五年に至る八年間の間に作成された分限帳だと思われる。

この左平次については、「天桂院殿御事蹟稿」に記事があり、それによると、「真田信利が藩主となって間もないころ、義理の兄に当たる千代塚左平次を千石という高禄を与えておいたが、やがて家臣にうとまれ、さらには信利とも相容れず立ち退いていった。」とある。信利の母は、千代塚十郎左衛門の妻であったが離縁となり信吉に仕えた。寛文九年に没し、「慶寿院殿妙玖日栄大姉」といい坊新田《ぼうしんでん》町妙光寺《みょうこうじ》に葬られている。

真田信政の死

松代に入部《にゅうぶ》した真田信政は、半年後の明暦四年正月二十七日、松代城内で中風のために倒れ、半身不随となり、同じ年の二月五日六十二歳の生涯を終えた。

信政は倒れて不自由な体となったが、死に臨んで遺書を書いている。「今度与風を相煩い、あいはて候、御奉公も申さず上、方々是非なき義に候、しからばせがれ壱人御ざ候、申し上げず、何の御用にもたち申さぬせがれの義に候へども、御情にみやうしたち申す様に仰せ付下され候様に、おのおの様たのみ奉候…御老中様」（「円陽院殿御事蹟稿」）。これは、松代に移封となり、わずか六か月で倒れ、死を目前にした信政自筆の遺書といわれている。このときわずか二歳の幼年であった信政側室《そくしつ》の子・右衛門佐《すけ》に、松代一〇万石の跡式のことを切々と幕府の老中に懇願している。また、中風のため手の自由が利かないので、娘に遺言を筆記させたといわれるものもある。それはすべて二十の項に分けて書かれているが、その中に次のような文面がある。

一、川中じまのさむらいども、なじみもなく候へども、せがれみとどけ、ぞんじよりしだいほうかうたのみ入候、
一、われらぬまたよりめしつれ候ものども、たとへなにやうの事候ともみとどけもっともに候、ひとたびほんもうとげさせべく候とも、あいはて候あいだ、のこりおおく候、かならずあとしきしどけなき事これなきやうに、いづれもたのみ候、
一、…よろづ申したきこと候へども、ふでもかなわず候間、むすめにかかせ候ゆへ、申しのこしわけ見へまじく候…

二月二日

弥平兵へ
藤　八

信政が死に臨み、死後の遺物として将軍家への献上の品々や老中《ろうじゅう》への贈る品等について述べ、松代（川中島）の侍へは、なじみも浅いがせがれ（右衛門佐）に是非奉公を頼むこと等綿々と遺言している。

松代藩主の座を巡って

信政は、松代移封後わずか半年にして病に倒れ、死を目前にして遺書をしたため六十二歳にして没した。信政の没後、藩主を誰が継ぐか大きな問題となった。信政は、父は真田信之、母は小松姫の次子として生まれた。四十二歳で沼田藩主となったが、「円陽院殿御事蹟稿」の寛永《かんえい》六年（一六二九）二月には、「…稲垣平右衛門の娘、信政に嫁す…」とあり、このとき信政は三十二歳であった。前年、信政には又八（妾腹）が生まれている。信政には全部で十一人の子がいたが、そのうち男子は五人であったがすべて側室の子であった。最後の第五子の右衛門佐は、信政が六十二歳で亡くなったときにはわずか二歳の幼年であった。信政が死に直面して残した遺言での願望は、信政の跡は右衛門佐にぜひ継がせたいということであった。

しかし、沼田は信政が松代に移ってからは、小川に部屋住いとなっていた真田信利が藩主となっていた。このとき信利は、二十三歳の血気盛んな青年大名であった。

松代一〇万石の藩主の座を巡って、右衛門佐か伊賀守信利かと評議され、松代の相続問題として今に伝えられている。真田信政が松代に移封になったときに、沼田より連れていった多くの家臣・足軽《あしがる》・中間《ちゅうげん》・小役人も絡んで、ここに松代一〇万石の信政後継者問題が浮上してきた。

松代の沼田侍の結束

前述のように、信政が没したとき右衛門佐はわずか二歳の幼年であった。しかし、信政は遺言の中で、右衛門佐に跡を譲りたいと切々と訴えていた。そこで、信政の松代移封に同道した沼田侍たちが、右衛門佐擁立に大きく動き出すことになった。

父・真田信之が松代に移封になったとき、松代藩領を分知して信政に一万七千石が与えられた。しかし信政は、沼田の真田熊之助が七歳で夭逝《ようせい》すると、沼田に入部して第四代の藩主となった。このとき沼田に同道した武士たちは、一八年後再び信政に従って松代に移った者もあったろうし、沼田出身の者も多くいたものと思われる。松代に同道した沼田侍の数は、家臣一四八人、足軽三〇〇人、中間・小役人一〇〇人、合わせて五四八人と記されている。その沼田侍が、「…衆議を一つにして、意見の相違することがあったなら、一命をもって主恩に報いるようにする…」と、右衛門佐が跡式を継ぐことに結束している（「円陽院殿御事蹟稿」）。一方、沼田藩主となっていた伊賀守信利は、二十三歳の青年大名であったが、小川より沼田に移って間もないためか、沼田においては信政の死を巡って、松代の武士（沼田侍）たちのような結束の様子はまったく伝えられていない。信利の父である二代信吉の室《しつ》（後に離縁となるが）は前橋藩主酒井雅楽頭《うたのかみ》忠世《ただよ》の娘であったこと（信利の生母ではない）等も関係して、酒井氏は真田信利擁立へと働き掛けていたものと思われる。

真田右衛門佐とその母

わずか二歳の右衛門佐を藩主にするために結束した松代の沼田侍たちが、常に尊敬していたのは右衛門佐の生母であった。

この右衛門佐の生母について、「真田家御事蹟稿」（松代藩士・河原綱徳が天保《てんぽう》十四年〈一八四三〉編集）は、「松寿院殿は真常公御幼年の頃、御政務にもあづかり給い、御取り扱いも重く、藩中挙げて尊敬し、御袋様と称せし…」と記している。松寿院殿は右衛門佐の生母の諡号《しごう》、真常公とは右衛門佐幸道《ゆきみち》のことである。また、「…今に至りても御取り扱い格別の事にて、他の御部屋と大いに異なる也」とも記している。

信政は明暦元年三月、本妻を離別している。右衛門佐の生母は信政の側室であり、右衛門佐は明暦三年二月二十二日に江戸の屋敷で生まれている。

松代の沼田侍が、右衛門佐擁立に結束したときに申し合わせたことは、今後沼田とは一切縁を絶つことであったという。しかし、「…此節、沼田へ心を寄せ立退者六人…」（「円陽院殿御事蹟稿」）などということもあり、それらの経過を経て、松代と沼田は一切関係を絶つことになった。

信政は、明暦四年二月に亡くなったのだが、六月になってようやく、松代三代藩主は二歳の右衛門佐に決定したという報が幕府より届いた。右衛門佐は、これより七〇年間という長期にわたって松代藩主の座に就くことになった。

沼田藩主となっていた真田信利は、後年領内の検地を実施するが、それは悪名高い「拡大検地」であった。この拡大検地の背景として、従来伝えられているのは、松代藩主になれなかった信利が、松代一〇万石をしのぐために検地を実施し、税の増収を図ったというものである。確かにその一面はあったと思われるが、この検地の目的は、それに加えて当時の藩財政の窮乏打開のためということもあったであろう。

二、真田氏の家臣団

地方知行と給人

真田昌幸《まさゆき》は、武田勝頼《かつより》の命を受けて上州に進出し、岩櫃城《いわびつじょう》・名胡桃城《なぐるみ》・明徳寺城《みょうとくじ》、そして最後に沼田城を手中に収めた。この経緯のなかで、真田昌幸に限らずいずれの戦国大名もある地域（城・砦《とりで》も含めて）の攻略にあたっては、古くからその土地に住む有力な地衆《じしゅう》・地侍《じざむらい》たちを懐柔し、あるいは妥協を重ねながら目的を達成していった。昌幸の場合は、上州の吾妻・利根に進出するにあたり、沼田城を一人目標にしながら古い勢力を徐々に味方に加えてきた。

天正《てんしょう》十八年（一五九〇）、秀吉の全国統一が成し遂げられ、秀吉は関東を徳川家康に与えたが、その中で旧真田領である利根・吾妻は秀吉によって再び昌幸に安堵《あんど》された。このような背景を持つ故か、上野諸藩の成立のなかで唯一沼田藩のみが戦国以来の家臣（地衆・地侍を含む）を多く抱え、与える石高も多かったものと思われる。

真田氏初期の分限帳は現在のところ未発見であるが、真田信幸が近世大名として第一歩を踏み出した天正十八年十二月・家臣の藤井甚右衛門に「…沼須《ぬます》之内五十四石出置候」とあり、同じ年に塚本肥前《ひぜん》守に「…為重恩岡谷《おかのや》之内拾貫分・並同心如前々十人可申付…」と、いずれも真田氏の上級家臣に地域（村）の中において石高を安堵している。

これは天正の末であるが、関ヶ原の戦いの後、慶長《けいちょう》六年（一六〇一）の信之が家臣の矢沢忠兵衛に与えた知行の宛行状《あてがいじょう》に、「沼須弐百石・信州にて壱百石…」（『信濃史料』一九）とあり、真田氏が信州より吾妻・利根に進出するなかで忠節を尽くした在地の武士、または旧臣に知行地《ちぎょうち》を与えていることが分かる。

このような重臣や在地武士に知行地を与えることは、甲斐《かい》の武田氏以来の古い流れをくむ支配体制であった。一方、この地方知行《じかた》は、給人《きゅうにん》の支配力が大きくなるおそれがあり、また近世大名として家臣団を統括するうえで相反することも考えられた。

真田氏も初期にあっては家臣に給地を与える資料が散見できるが、二代真田信吉の後半になってくると禄を与える場合に給地を示していないのが一般的になってくる。

しかし、明暦以後の真田信利の代になって地方給人の数は少なくなってきたと思われるが、それでも二五人の給人の地方知行が見られる。給人では藩の重臣として二三六七石の鎌原縫殿《かんばらぬい》は吾妻郡の三原《みはら》谷にある一六か村と浅間岳（浅間山）のうちを持っていた。次いで七〇四石の知行地を持つ斉藤源左衛門は、吾妻郡の小泉村（吾妻町）・金井村（吾妻町）・蟻川村（中之条町）の三か村の中で知行地を持っていた。

この二五人の知行地を持つ給人の高の計は九一四八石余となり、沼田三万石に対して給人の高の割合は三〇パーセントに当たる。真田信利の寛文の拡大検地の一四万四千石余に対しては九パーセントである。

また、九一四八石余の知行地の中で、吾妻郡に七三二一石余、利根郡では一八二七石余と分かれ、吾妻郡の知行高は利根郡に対して四倍となっている。

地方知行地の多くが吾妻郡にあることは、真田昌幸が信州から上州に進出し、沼田を手中にする過程で吾妻衆の力が大きく動いたものと思われ、真田氏の沼田進攻から約一世紀を経ても真田家臣団の中で大きな力を持っていたものと思われる。

地方給人と税

地方知行地を与えられている給人は、その地域においてさまざまな特権を行使していたと思われる。その給人も、真田氏末期のものと思われる分限帳によると二四人となっている（「沼田実録」）。

真田信利が寛文の検地（拡大検地）を実施した後の給人に対する税はどうであったか。一人の給人（河合求馬）の高は二一四石であった。知行地として吾妻郡の厚田村《あつだ》（吾妻町）で一一九石二斗余、利根郡の小川村（月夜野町）で九五石、計二一四石の真田氏の上位に近い武士であった。小川村の村高は一一一二石三斗余であり、この村にはこのほかに知行地として真田織衛に一五〇石三斗余が与えられていた。真田織衛は吾妻郡蟻川村で二一五石三斗余、計三六五石の上級武士であった。河合求馬に給されている九五石余に対する税は、籾《もみ》で三八俵三斗余と畑分として三両一分、これをすべて米に換算すると河合求馬の知行地からの税は二六石九斗七升余となり、知行高九五石八斗余に対して二八パーセントという税率になる。

これは、真田信利が寛文二年に実施した拡大検地後の数字であるが、それ以前の分限帳があれば家臣団、特に給人たちの動態が把握できるのであるが残念である。

家臣団の構成

真田氏の家臣がどのような構成であったかをみるためには、分限帳が唯一のものである。分限帳とは、現在でいえば職員録に相当するもので、藩内の役職名・石高と家臣名が記されているのが一般的である。

真田氏の沼田領支配を九〇年として、便宜的に三つの時期に区分すると、前期と中期（信之から信政まで）の分限帳が未発見のため、家臣団の実体をつかむことは困難である。

後期（主に信利の時代）になると、個々の分限帳の年代は断定できないが、幾つかの分限帳が残されている。それらの分限帳で共通してみられる藩の職制についてみると、藩の最も重要な位置にあって家務を総理する役職には、家老《かろう》・城代《じょうだい》・年寄《としより》・奏者番《そうしゃばん》・用人《ようにん》・留主居番《るすいばん》・大小姓《おおごしょう》・組頭《くみがしら》・旗奉行《はたぶぎょう》・槍《やり》奉行・持弓頭《もちゆみがしら》・先手《さきて》弓頭・代官・先手鉄砲頭・町奉行・勘定《かんじょう》奉行・大目付《おおめつけ》・普請《ふしん》奉行・祐筆《ゆうひつ》・金《かね》奉行・蔵《くら》奉行・漆《うるし》奉行など多くのものがあった。

真田信利が改易となる末期の分限帳には、藩の重臣として最も高禄《こうろく》を食《は》む二三六七石の知行地を持つ鎌原縫殿を筆頭に、三百石以上の高禄の家臣は一四人を数えている（表1）。

また、信利が藩主となって間もない時期と思われる分限帳には、三百石以上の家臣は二四人を数える。その分限帳の中には、三千石という高禄の真田淡路、千五百石の足利左京、千石の千代塚左平次、八百石の渡辺九郎右衛門、五百石の長岡三左衛門、後に信利よって欠所《けっしょ》となり知行没収となった千五百石の根津宮内、八百石の湯本図書もいる。この湯本図書が欠所となったのは、寛文五年（一六六五）七月であることから、分限帳はそれ以前のものと思われる。また、二百石以上三百石未満の家臣は四三人を数えている。ところが、信利の末期と思われる時期に作成された分限帳には、真田淡路以下の根津・湯本・足利・千代塚・渡辺などの高禄の武士の名は消えている。

真田信利は、明暦三年から天和《てんな》元年（一六八一）の改易に至る二四年間藩主の座にあったが、このように初期の分限帳には高禄の上級武士の名があり、やがてその後の分限帳には名が記されていない。それはなぜか。藩主信利と上級武士との間に、離反していく何らかの経緯があったものと思われる。

藩内の軋轢

真田信利は天和元年十一月に評定所《ひょうじょうしょ》において改易を宣告された。このとき、評定所において十か条の罪状につい

表１　真田信利家臣（給人）の石高（石以下は四捨五入）

給人名	石高	給郡
鎌原縫殿	2,367 石	吾妻郡
斉藤源左衛門	704	吾妻郡
野村伊織	562	吾妻郡
岩松主殿	541	吾妻郡
富沢外記	410	利根郡 252・吾妻郡 158
大館安太夫	403	吾妻郡
横谷勘十郎	367	吾妻郡
真田織衛	366	利根郡 150・吾妻郡 216
赤沢源右衛門	340	利根郡
桃井文右衛門	317	利根郡 108・吾妻郡 209
高野新兵衛	307	利根郡 78・吾妻郡 229
堀田九兵衛	305	吾妻郡
真田七兵衛	303	利根郡 151・吾妻郡 152
恩田庄兵衛	302	吾妻郡
中村万右衛門	225	利根郡
河合求馬	215	利根郡 96・吾妻郡 119
塚本舎人	212	利根郡 184・吾妻郡 28
中島斉宮	205	利根郡 59・吾妻郡 146
朝日奈治郎右衛門	201	吾妻郡
西窪伊兵衛	191	吾妻郡
大塚与惣兵衛	88	利根郡
宇敷七左衛門	74	吾妻郡
鈴木九郎左衛門	66	利根郡
高橋四郎兵衛	47	吾妻郡
小野猪兵衛	30	利根郡
合計	9,148 石	利根郡 1,827 石・吾妻郡 7,321 石

※延宝３年９月「御代官支配并給所村附高辻」より作成。

て糾弾されたという。この十か条というのは、史料名は何であるか不明であるが、『沼田町史』に記されているので、それを引用する。その五項と九項に、「旧臣の者共暇を差出し、新参の者出頭役儀申付候事」、「…忠臣・譜代の家臣おびただしくいとま遣わし候事」とある。

「真田伊賀守家中附」（月夜野町・後閑縫之介家文書）の分限帳によると、末尾に「知行被召上候衆中」とあって、次の七人の譜代の重臣が知行を没収され欠所となった。

一、千五百石　御家老　根津宮内（利根郡川田・館《やかたばら》原・岩本を領す）
一、八百石　御家老　湯本図書（吾妻郡草津小宿《こやど》を領す）
一、三百五十石　御年寄　鹿野勘助（吾妻郡中之条を領す）
一、三百石　御年寄　春原徳右衛門
一、三百石　御年寄　矢沢八左衛門
一、弐百石　清水三郎兵衛
一、弐百石　木暮加兵衛

この七人のうち二人が家老、三人が年寄といった藩政の中で大きな力を持っていた譜代の重臣であった。なぜ欠所となったか定かでないが、吾妻郡の草津を領し、戦国以来の在地勢力として大きな力を持っていた湯本図書についてみると、吾妻郡六合《くに》村赤岩の湯本家の文書によると、湯本図書が断絶となった経緯が記されている。それによると、図書には男子がなく、娘に養子を迎えようとした。図書の妹は厩橋藩《まやばし》（前橋藩）の筆頭家老の高須織部の妻になっており、織部の次子を養子にと決めていた。この場合、養子縁組等は藩主の許可が必要であったが、藩主信利からの許可がなかなか下りなかった。沼田藩にとって、厩橋藩の高須家は養子としては好ましくないという理由からであった。しかし、湯本図書は病気のため寛文五年六月十八日、四十八歳で没した。しかし、すでにそのときには高須織部の子を養子として迎えていたため、ますます藩主信利との間の溝は深くなり、湯本家は最も重い断絶という処置がとられた。この断絶の宣告の末尾に、「湯本氏の先祖は、幸隆・昌幸に仕え、真田氏の上州進出に大きな役割を果たし、また、大坂の陣では大きな勲功を現している。湯本氏の先祖は、真田家にとって大きな功績があったので、すべて不問にしておいたが、今度の件は家中の見せしめのため跡式を断絶する。」と述べている。

この文書は、一四人の家臣に宛てている。この一四人の家臣の中の長岡三左衛門は五百石、春原徳右衛門は三百石、木暮加兵衛は二百石で、一四人の家臣はすべて藩の上級中堅の武士であった。この寛文五年の時期では、春原徳右衛門・木暮加兵衛は一四人の中にいるが、前記の分限帳「真田伊賀守家中附」の中での「知行被召上候衆中」に欠所となっている。

また、前記の年寄・矢沢八左衛門は、罪を犯し厩橋藩の高須家に囲われていた。このことが、湯本図書が高須家より養子を迎えることの障害となっていたと記されている。

この矢沢氏も譜代の重臣で、真田家に代々仕え忠節を尽くしてきた。また、二百石の清水三郎兵衛も代々真田家に仕え、大坂の陣では「真田家戦功録」によると手負いとなっている（『信濃史料』）。

藩主信利と知行を没収され欠所となった家臣の間の関係については、詳細は不明であるが、次のようなことが考えられる。湯本図書の跡式断絶の経緯を記した中に、「…家中見せしめのため…」と強く断定し、一四人の家臣に対して送っていることは、この一四人が跡式断絶となった湯本図書を中心に藩主信利側に対して反対派と目されていたのではあるまいか。また、あくまでも推量であるが、それを裏付けるように一四人の中の二人が知行没収・欠所となっている。

天和元年に真田氏が改易になると、真田信利によって行われた拡大検地と増税に苦しむ農民たちの中から再検地願いが出された。幕府では、旧真田領の窮状を救うために、厩橋藩主・酒井河内守忠誉《ただたか》に旧真田領の再検地を命じた。このため酒井忠挙は、検地総奉行を厩橋藩の筆頭家老・高須隼人《はやと》に命じた。高須隼人は旧真田領全域にわたって公平な検地を実施し、この検地は後世「貞享《じょうきょう》のお助け検地」として伝えられている。

また、旧真田領のほとんどの村々には、最も重要なものとして「貞享の検地帳」が大切に保存され、高須隼人の名が書かれている。この高須隼人という人物は、湯本図書の娘の婿《むこ》として迎えた五郎兵衛の兄だと思われる。

寛文の拡大検地

真田氏による沼田領の検地の最初は天正十八年で、小田原北条氏の滅亡の年に、すでに初代藩主信之によって実施された。その後は、寛永二十年に四代信政によって実施された。この寛永の検地の結果は、沼田領は内高として四万二千石余が打ち出された。

真田信利が沼田に入部したのは明暦三年九月であり、六年後の寛文四年四月五日には幕府より領地目録の朱印状が下付されている。この目録は、次のようである（資2一五）

目　録

利根郡一円　九十五ヶ村

高　壱万八千弐百弐拾三石九斗三升八合

勢多郡之内　七ヶ村

生越《おごせ》村　多那《たな》村　輪組《わくみ》村　青木村　砂川村　日影南郷《ひかげなんごう》村　下水良《しもみずら》村

高　六百九十八石三斗三升九合

我妻郡之内　　七十三ヶ村
高　壱万千七十七石四斗三升弐合
都　合　　三　万　石

この領地目録は、全国の諸大名に対して下付されたもので、『徳川実紀《じっき》』の寛文四年七月十一日の項には、「真田伊賀守信利封地御朱印を給う」とある。領地目録を下付する役を命ぜられたのは、後に京都所司代《しょしだい》・侍従《じじゅう》となった永井伊賀守尚庸《なおつね》と小笠原山城守長矩《ながのり》であった。

沼田領は、この目録で示されているように、幕府で認めている石高は三万石である。したがって、四代信政が寛永二十年に実施した検地の四万二千石余は内高であり、表高はあくまでも三万石であった。

真田信利が沼田に入部して四年後の寛文元年八月、家臣の青柳六郎兵衛が、検地について主君である信利に進言したという。「平姓沼田氏年譜略」・「沼田記」等によると、「…同八月青柳六郎兵衛注進の趣、当領の田畑反歩なく永銭《えいせん》にて石高を記す儀、無明《むみょう》に御座候、田畑反歩改、分米《ぶんまい》を以て石高を記度由奉願則相叶…」というものであった。この青柳六郎兵衛の進言からすると、沼田領では中世以来の古い貫文《かんもん》制が残り、完全な石高制が実施されていなかった。もちろん天正十八年の真田信之の検地も信政の検地も、石高制を採らず古い貫文制を踏襲していたと思われる。

寛文元年、藩では検地を実施するにあたり、それ以前の検地帳の本書・写までもすべて没収した。「此年先規御水《みず》帳《ちょう》写并本書御割付等迄不残御改として御取被遊候」(増田菊二家文書)とあり、この先規の水帳とは寛永二十年の信政の実施した検地帳を指すものと思われる。新たに検地をするということは従来の田畑の面積・石高を超えることを予測して検地を実施するのであるから、それ以前の検地帳や年貢の割付け等が残っていたのでは藩としては大変都合が悪い。

加えて農民の反対も予想されるので、すべてを没収したのだと思われる。現在の利根・吾妻（旧真田領）で寛文以前の検地帳や年貢割り付け状は、長い歳月を経ていることもあるが、上記のような経緯もあって保管されているものはきわめて少ない。

このような処置の後、寛文二年より検地が実施された。これが、現在まで伝えられている悪名高い「寛文の拡大検地」である。この検地は、寛文二年に始まり四年にはすべて完了したが、寛文十二年・延宝《えんぽう》三・五・六年と微に入り細にわたって行われ、最終的には三万石のところが一四万四二二六石余となった（この数値は、残された資料によって異なるが、およそ一四万四千石余である）。

表3は、沼田市の各町（旧村）の寛文以前の検地・寛文検地・真田氏改易後の貞享の検地の比較である。真田氏時代は三〇か村あったが、改易後幕府領になったころから村の数が増えている。例えば、発知《ほっち》は上・中・下に分かれ（上発知・中発知・下発知）、佐山も上と下に分かれている。

三〇か村の寛文以前の検地の計は七〇一九石であり、寛文検地の集計は三万二四五〇石と寛文以前に対して四・六倍と激増している。

真田氏改易後の幕府による貞享検地の石高の計は一万四三七三石となり、寛文以前の石高に対して二・三倍の数字を示している。

寛文検地は、幕府から下付された領地目録三万石に対して、一四万四千有余は他に例を見ない苛酷《かこく》な検地であったといえる。しかし、沼田三万石という高はあくまでも正式な検地をしたうえでの数字ではない。

表2　真田信利の沼田領検地石高

年　次	石　高
寛文以前	30,000 石 0 斗 0 升 0 合
寛文 4 年	105,586.　7.　9.　7
〃 12 年	8,450.　3.　6.　1
延宝 3 年	73.　1.　9.　3
〃 5 年	102.　8.　7.　3
〃 6 年	13.　1.　9.　3
合　計	144,226 石 4 斗 1 升 7 合

表3　寛永・寛文・貞享検地の村高比較

町村名	万治2年	寛文3年	貞享2年
沼田町	562石3斗8升	1,813石5斗5升	2,480石3斗5升 (内265. 9. 7)
榛名村	296. 4. 9	2,053. 2. 9	
戸鹿野村	244. 5. 2	1,131. 8. 4	561. 1. 9
戸鹿野新田	78. 7. 1	351. 4. 5	170. 6. 5
沼須村	352. 4. 3	1,599. 8. 1	876. 2. 3
下久屋村	156. 3. 2	702. 9. 0	331. 8. 8
上久屋村	311. 9. 0	1,404. 4. 6	560. 3. 3
横塚村	213. 1. 3	959. 9. 6	248. 2. 6
秋塚村	106. 4. 2	524. 0. 1	253. 5. 1
奈良村	217. 6. 8	979. 0. 0	271. 8. 1
岡谷村	331. 1. 5	1491. 9. 8	820. 4. 3
下発知村 上発知村 中発知村	発知村 789. 0. 8	3504. 0. 6	259. 7. 3 262. 9. 0 373. 0. 5
上佐山村 下佐山村	佐山村 249. 2. 1	1,121. 9. 0	107. 8. 0 186. 8. 0
石墨村	——	——	381. 0. 3
石墨新田	270. 8. 1	2,224. 4. 0	95. 9. 3
大釜村	108. 4. 8	486. 9. 3	225. 2. 6
善桂寺村	52. 6. 8	236. 3. 6	70. 7. 8
町田村	287. 3. 1	1,293. 0. 8	936. 4. 6
戸神村	277. 6. 8	804. 5. 9	284. 6. 0
下沼田村	179. 4. 0	870. 1. 9	354. 7. 0
堀廻村	179. 3. 5	358. 4. 3	179. 3. 5
井土上村	79. 5. 9	1,249. 1. 9	492. 0. 8
白岩村	65. 5. 4	296. 6. 9	146. 6. 1
硯田村	92. 7. 3	407. 8. 9	218. 5. 1
恩田村	136. 7. 3	615. 4. 1	321. 4. 8
宇楚井村	60. 2. 6	271. 2. 0	126. 4. 2
上川田村	296. 7. 0	1,329. 7. 2	863. 0. 1
下川田村	597. 4. 8	2410. 9. 9	1,089. 3. 0
今井村	37. 6. 2	169. 4. 9	71. 6. 8
屋形原村	90. 1. 6	1381. 3. 9	571. 4. 3
岩本村	297. 4. 8	405. 8. 7	180. 0. 0
合計	7,019石4斗2升	32,450石0斗3升	14,373石5斗5升

※平形家文書（吾妻郡高山村）より作成。寛文検地は、資料の残っている万治2年の村高で比較した。

沼田領三万石というのは、すでに信之の時代に定められていたもので、もちろん沼田領に限らず、この時期には他の藩でも正確な石高は出ていなかった。

四代信政が沼田に入部したのは寛永十六年の七月であり、四年後の同二十年には検地を実施している。信政の時代は比較的安定した時期であって、沼田に限らず他の諸藩も領内の開発、特に新田畑の開発や用水工事・堤・溜池《ためいけ》等が造られた。真田領（利根・沼田）に今でも残る用水・堤等は、この信政の時代に造られたものである。

信政は、明暦三年八月松代に移るが、翌九月には真田信利が沼田藩主の座に就いた。真田氏が近世初期には沼田領二万七千石、やがて三万石と位置付けられてより五代信利に至るまで約六〇年の年月を経ている。また、初期から中期にかけては、領主によって田畑の開発が強力に進められた。

寛文二年に実施された信利の拡大検地も、表高は三万石ではあるけれど、寛文期に至るまでに、特に信政の代にはかなりの田畑が開発され、面積も広がったものと思われる。

したがって、真田信利の検地が、沼田領三万石を一四万四千石余に打ち出したということは、数字の上では四・八倍という極端な検地を実施したことになるが、内実は沼田領の田畑の面積・石高も開発により大きくなっていたものと思われる。

真田氏改易後に幕府によって実施された真田領の貞享の検地では、一四万四千石余が六万五千石余になった。幕府で認めている三万石に対しては二倍強となった。しかし、それでもこの貞享の検地を後世「貞享のお助け検地」と呼んでいるのはなぜであろうか。

真田信利の実施したこの寛文の検地は、どのような検地であったのだろうか。その実態をみてみると、表4は、下

表4　下久屋村の村高・田畑・税の比較

	寛永10年(1633)	延宝2年(1674)	貞享4年(1687)
村　高	156石3斗2升9合	689石1斗0升2合	331石8斗8升6合
上　田	5反5畝	1町5反4畝	6反4畝
並　田	3. 4	1. 5. 4	
中　田	2. 7	7. 8	1. 2. 2
下　田	1. 8	1. 2	6. 8
下々田	2. 9		5. 4
上　畑	3町0反4畝	12町7反5畝	4町1反3畝
並　畑	4. 2. 0	10. 3. 4	
中　畑	5. 3. 5	7. 9. 3	9. 6. 5
下　畑	5. 0. 2	6. 0. 6	8. 1. 3
下々畑	6. 0. 6	3. 0. 6	8. 6. 6
山下々畑	6. 3. 5	2. 7. 8	22. 2. 2
		山下畑22. 6. 6	
屋　敷	7反8畝		2. 5. 1
税	70石4斗	146石	117石
領　主	真田信吉	真田信利	代官・嶋村惣左衛門

※延宝2年上畑は屋敷も含む。税は米に換算。

久屋村の寛永十年十二月と延宝二年十二月、そして真田氏改易後の貞享の検地を基礎とした初めての割り付けで貞享四年十一月のものである。村高では、寛永十年の一五六石に対して延宝二年は六八九石であり、延宝は寛永に対して四・五倍と村高が増加している。改易後の貞享検地と比較すると、貞享の三三一石に対して延宝は六八九石余であり約二倍となっている。

寛文検地の特徴的なのは、寛永の検地では上田と並田の面積八反《たん》九畝《せ》に対して、寛文は上田・並田の面積三町八畝となっていて三・四倍である。貞享検地では上田はわずか六反四畝となっていて、寛文検地は貞享の四・八倍の数字を示している。

同じように畑についても、寛永の上畑・並畑の計七町二反に対し、寛文は二三町九畝と三・二倍であり、貞享は四町一反三畝で寛文は貞享の五・六倍と高い数字を示している。寛文検地の場合、上田・並田の面積を極端に引き上げていること、また畑でも上畑・並畑の面積が激増していることが大きな特徴だといえる。

田畑の等級の低い下田・下々田をみると、寛永検地では四反七畝、寛文検地では一反二畝と四分の一である。貞享検地では下田・下々田が増加し、一町二反二畝と寛文に対して約十倍の面積が示されている。

寛文検地の検地帳の記載様式を見ると、上田・三反四畝六歩、上田・四反三畝三歩という極端に面積の大きいのが見られ、真田領であった利根・吾妻郡という山間地で、一枚の田でしかも上田で四反歩・三反歩という田は決して存在しなかった。このように記載されているのは、同一人が所有している田が何枚かまとまってある所で、ここを流れている用水も畦道《あぜみち》もすべて含めて検地したものと思われる。

真田氏改易後に沼田領の農民から出された再検地の嘆願書の中にも、「…大小畦大石、大木の下迄竿《さお》に入反歩詰、田畑高下の無差別…」とあり、すべてを含めて検地をしたものと思われる。

真田信利の検地は、最初が寛文二年であり、同十二年にも実施された。この十二年の検地は、「新田御改め」として検地を実施し、その特徴的なのは「下々田・二歩、下々畑・壱歩」とあって、信利の検地が微に入り細にわたったことを証明するものである。

課税の実態はどうであったかというと、下久屋村の延宝二年の場合、村高七〇二石に対して税の対象とならないものを引き、有高六八九石一斗二合、これに税として籾で九六俵三斗六升、金で四九両一分である。これをすべて石に換算すると一四六石となる。この一四六石は、村高六八九石に対しては二一パーセントという低い税率であるが、この一四六石は寛文以前の村高一五六石に対して九三パーセントの税となり驚くべき増税となっている。

貞享検地では村高三三二石に対して税は一一八石であり、三五パーセントに当たる。

第四節　真田氏の没落

一、真田氏の財政

藩財政の窮乏

戦国末期、真田《さなだ》氏は上野《こうずけ》に侵攻し、吾妻・利根を手中にした。小田原北条《ほうじょう》氏の滅亡後、上野諸藩の中で唯一真田氏の沼田藩のみは旧領を秀吉《ひでよし》より安堵《あんど》された。昌幸《まさゆき》は沼田に侵攻するために吾妻・利根の在地勢力と妥協し、懐柔のうえに目的を達成してきた。

真田氏初期の家臣団の構成は判然としないが、前述のとおり五代信利《のぶとし》の初期の家臣団構成は、他の小藩の家臣団と比較して高禄《こうろく》の家臣を多く抱えているのは真田氏家臣団の特徴である。信利の初期のころには、三万石の小藩でありながら三千石の扶持《ふち》を持つ家臣を抱えていたほどであって、家臣に給する高の計は三万石をはるかに超えてしまうという状況であった。

従来伝えられている真田氏の財政窮乏の原因は、五代信利の放漫な政治であって、奢侈《しゃし》に流れまったく政治を省みなかったということであった。そこで財政窮乏を打開するために、拡大検地を実施し増税を図った。確かに、財政窮乏打開のための手段として検地を実施したのは事実だと思われる。

信利が検地を実施したのは、信利が沼田に入部して五年後のことである。明暦《めいれき》三年（一六五七）八月に信政《のぶまさ》が松代に移り、一か月後の九月に信利が藩主の座に就いた。

寛文《かんぶん》二年（一六六二）に始まった検地を基礎とした増税の割り付けの最初は、寛文四年であった。これを一年目として以後、真田氏改易に至るまでの一七年間、苛酷《かこく》な税の取り立てに領民は苦しんだ。この税の取り立てについて伝えられているものに、家を建て窓を造ると窓税が、井戸には井戸税がというように、幾つもの税が挙げられているが、それを裏付ける史料は見当たらない。

「真田伊賀守《いがのかみ》家中役人　諸事奉覚書」（資2—一二）という真田氏の藩内の状況を知るうえで貴重な史料があるが、この中に「当年中に急になく人馬つかれず、造作かからず候様に申し付けるものなり」、「堤普請出人の儀は、足軽《あしがる》ならびに郷人足によること、百姓を人足として出す時は農間《のうかん》を考えて足軽の三分一あて使うこと」というものがある。これは、寛文八年三月に堤奉行に出したものであり、農民を人足として使う場合、耕作の間、また使役の場合も足軽の三分の一を限度とする指示を出しているものである。また、同じく三月には、「博奕《ばくち》諸勝負の儀は堅く禁止…たとえ縦一紙半銭たりとも一切停止《ちょうじ》…」と厳しく命じている。

この「覚書」史料は、寛文元年より延宝《えんぽう》九年（一六八一・真田氏改易の年）までの藩内のこと、作事・普請のこと等が記されているが、特に寛文八年ごろの記事が多い。家臣に対してのさまざまな規制が見られるが、その背景として考えられることは藩財政の問題である。

真田氏の財政については、史料の関係から軽々に述べがたいが、真田氏の財政の一面を見るものとして、延宝八年十二月十九日に真田信利の家臣一柳六郎兵衛と塚本舎人《とねり》の二人が三文字屋徳兵衛から借財している記事がある。額は大きく、「参百弐拾六両壱分は但江戸小判也…」として、伊賀守が入用のためとあり、返済の期日は来年（天和《てんな》元年）六月中と証文に記し、裏書きに「表書の通り相違あるまじきもの也」として、「伊賀・弾正《だんじょう》」として押印している。伊賀は伊賀守信利であり、弾正は息子の弾正少弼《しょうひつ》である。この三文字屋徳兵衛という人物については、定かでないが江戸の商人ではなかろうか。なぜ三百両という大金を借りなければならなかったのか。この延宝八年十二月ということは、すでに真田氏改易の原因ともなった江戸両国橋の用材を請け負ってからのことである。

さらに、真田氏末期の延宝七年、八年、九年と、吾妻郡の師田《もろだ》村（新治村）の五郎右衛門・金右衛門から借財している。延宝七年は十両、八年も十両、そして延宝九年には三十両を借りている。「手形之事　金三拾両　江戸小判也右之金子御急用に付慥《たしかに》請取候所実正也…」として、桑名庄兵衛・恩田権之助・一柳九右衛門の家臣三人が名を連ねている（原沢通夫家文書）。

これは真田氏の借財の一例であるが、領内の村々の分限者から種々名目をつけて借財していたものと思われる。真田氏の財政困窮の状態は、わずかな史料によってきり知ることができないが、無謀きわまる検地をしたことも、苛酷な税を取り立てたことも、そして真田氏の命取りともなった両国橋の用材請け負いの失敗も、しょせんは真田氏の背負っている宿命的なものがあったと思われる。

延宝の飢饉と災害

延宝八・九年の二年間は、関東・東北が大飢饉《だいききん》に見舞われた年であった。小野良太郎家文書によると、「延宝八年五月八日から七月下旬まで雨が降り続いて、諸国は飢饉となった」とあり、「沼田は山方なので、耕作して実ったものがない。近在の田のみ少し実ったが、一反歩に籾《もみ》一石もあれば上作である」と記されている。籾一石は玄米にすると約五斗となり、一反歩でわずか五斗と厳しい不作の様相が分かる。

また、延宝八年閏《うるう》八月六日の『徳川実紀』に、「昨夜大雨風やまず、昼より黄蝶数知らず群がり飛んで、夜に及んで散せず。また南風激しく、城中諸門の瓦を落とし壁を落とす。まして武家、商屋傾覆すること数知らず。地が震え海が鳴ること甚し。芝浦のあたりより高潮押し上げ、深川永代《えいたい》、両国辺り水涯の邸宅、民屋ことごとく破損し、溺死《できし》の者多し」と、八月六日の大風雨、高潮の様子が記されている。また、この災害の様子で、真田家の江戸屋敷の被害の状況が、「大風で江戸御上屋敷は大破損し、同中屋敷の草長屋一五〇間がつぶれ、同白山前御下屋敷の御留守居・番所など残らずつぶれた…」と書かれている（資2―三〇）。

この閏八月六日は、現在の暦でまさに九月の台風の季節である。沼田領内の記事も、「沼田御城中大分破損」とある。また、増田家文書の中には、「…比年大飢饉、人多く死す、郷中大乱…」などと書かれていて、大風の被害ばかりでなく、八年から九年にかけて、利根・吾妻は山間地であるが故に、凶作・飢饉の波を最も強く受けたと思われる。

また、延宝八年から九年にかけての、この飢饉の様相を伝えるものに、「上野国沼田領品々覚書」（「沼田領郷村品々記録」〈資2―一七〉）がある。これは、天和元年の真田氏の改易にあたっての沼田城明け渡しの際に、幕府側の竹村惣左衛門と熊沢武兵衛の両代官に、真田氏の領国支配の実態を報告した文書である。これには、当時の沼田領の現況が詳細に記されている。報告者は加沢平次左衛門で、表紙には「天和元年辛酉《かのととり》・十二月晦《みそか》」の文字がある。この文書の中に、「沼田領及困窮村々吟味之事」という項があり、利根郡九五か村、吾妻郡七三か村、勢多郡の一部七か村の計一七五か村の真田領の村々で、この延宝の飢饉の影響がどの程度であったかが記されている。この覚書の記載は、

一、高　百四石余　　小松村

一、高　百拾五石余　柿平村《かきだいら》

のように記されていて、真田領一七五か村の中で一二五か村が飢饉のために困窮し、あるいは次第に飢饉の深刻さが増してくるであろうとしている。一二五か村の村が飢えにさらされているが、特に山間の村々の深刻の度合いが想像される。現在の沼田市の中では、笹尾《ささお》・前原・入沢・横子《よこご》・柳町《やなぎまち》・原新町《はらしんまち》・上久屋《かみくや》・秋塚《あきづか》・中発知《なかほっち》・佐山・高橋《たかはし》場《ば》・栄町《さかえまち》・下久屋《しもくや》・屋形原《やかたばら》等の村々が困窮村々として記されている。

そして、一二五か村の高は五万九四九九石五斗と記され、該当する人数は一万二九八九人とあって、この中で、

八千人、当分より及飢可申村々ノ分。

四千九百八拾九人・此分ハ半分ほど当分飢、其外は段々飢可申村々ノ分。

と記録されている。

延宝八年に始まった飢饉に追い討ちをかけたのが、関東を襲った大風雨と洪水であった。沼田領では真田氏による拡大検地と苛酷な税に苦しんでいるところに大飢饉に見舞われた。この延宝の飢饉から長い年月を経ているために、飢饉の惨状を語る史料は、天明《てんめい》・天保《てんぽう》のそれに比して少ないが、大きな惨状を呈したものと思われる。

「沼田城破却記」に「…飢饉のため一〇〇人の人足でも尋常の一〇人の役にも達しないようにみえる…」という記事がある。これは、延宝八年閏八月六日の大雨と洪水で江戸両国橋が大破し、それを架け直すために橋の用材を沼田領から伐り出すことを真田信利は請け負った。しかし、翌九年は飢饉のため百姓は疲弊の極に達していて、用材の搬出が容易でなかった。この史料は、そのときの様子を如実に語っている。

延宝八年の大凶作の影響を最も強く受けたのは翌九年であり、このときの飢饉が、支配階級であった武士たちには

どうであったのだろうか。同文書の中に、二年間にわたって俸禄《ほうろく》の支給が滞ったことが挙げられている。この中で、第一に支配階級である侍は「何卒相続候様」とし、同心以下は支配方より気を付けて飢えないようにと言っている。当時としては、最も大事なのは武士階級であり、次に同心とそれ以下であった。また、同文書に「…何卒来年麦作出来候迄相続候様にと…」とあって、来年（天和二年）麦の収穫があるまでは何とか…と、一縷《いちる》の望みを掛けているせっぱ詰まった藩の様子がうかがわれる記事である。

二、真田氏の改易

両国橋用材請け負いの背景

真田氏は九〇年余続いたが、末期の信利の時代には、財政は極度に窮乏を来たしていた。その結果、拡大検地を実施し、増税を課したため沼田領の農民は苛酷な税に苦しんだ。

真田氏五代信利の天和元年（一六八一）には、九〇年余続いた沼田真田氏は破滅の時を迎えるのであるが、直接の原因となったのが両国橋の用材を請け負いながら、用材が期限までに間に合わなかったことが第一に挙げられる。

この両国橋は、明暦三年の明暦の大火以後、隅田《すみだ》川に江戸市街地と本所地区を結ぶ目的で架けられたものである。武蔵《むさし》国と下総《しもうさ》国を結ぶということから両国橋の名が付いたといわれている。この両国橋が、延宝八年閏八月六日の大風と大雨によって破損した。そのため、橋を架け替えることになり、多くの材木が必要となった。そこで真田氏は、橋用材を請け負うことになったのである。しかし、これが失敗に終わり、命取りとなるのである。

真田氏の命運を断った両国橋用材の請け負いの背景は何であったのだろうか。これについて、直接それを証する史料はないが、真田氏改易後に書かれた幾つかの史料が挙げられる。その中でも、偏った見方でなく、中庸な立場を採っていると思われる何点かの史料によって考えてみたい。

『徳川実紀』に記されている延宝八年閏八月六日の大暴風雨のこと、そして両国橋が大破したことについて、「沼田実録」には、「…大風にて両国橋は大破に及び、これはかねてより破損していたうえでのことである…」とある。これにより、両国橋が大風のために大破したこと、さらに両国橋は前々より破損していたことが分かる。

この両国橋は、延宝八年より二一年前の万治《まんじ》二年（一六五九）に、幕府直営の工事として起工し、四年後の寛文元年（一六六一）に竣工《しゅんこう》した新しい橋であった。それが大破したため、幕府では橋を架け直すように命じ、材木商人に入札を命じた。「沼田実録」に、入札の金額が「…およそ一万四、五〇〇〇から二万両に至る…」とあり、山に用材となる木があるか否か、さらに用材の搬出方法を勘案すると、迂闊《うかつ》に安価に入札できるものではなかったと思われる。また、これを裏付けるものとして、小野家文書には、「越前国の与六という者が用材を請け負ったが、期日に間に合わず牢屋《ろうや》に入れられ、その後誰も請け負う者がなかった」と記されている。

用材は江戸より遠方の山では無理であり、搬出は筏《いかだ》による河川の利用より方法がなかったと思われる。

当時、沼田藩の真田家中で特に両国橋用材の請け負いとその失策・改易につながる一連の流れの中に登場し、やがて自滅の途をたどる者として、吾妻郡の小泉村（吾妻町）と利根郡生品村《なましな》（川場村）の二か村に知行地を持つ地方奉行の塚本舎人《とねり》、普請奉行の麻田権兵衛、金《かね》奉行の宮下七太夫が挙げられる。塚本舎人は真田信利の初期の分限帳では、二一〇石を給せられているが、やがて三一一石と大幅に加増されている。麻田権兵衛は一〇〇石であったのが一五〇石に加増されている。また、微禄ではあったが金奉行の宮下七太夫は、八両と三人扶持を給せられていたが、隠然たる力を持っていたものと思われる。

この塚本・麻田・宮下の三人、特に宮下七太夫と関係があり、以前より真田信利の許に出入りしていた江戸の材木商の大和屋久右衛門が、両国橋用材を調達するためには、江戸の近国では沼田領よりほかにないとして、「九五〇〇両」という他の材木商とかけ離れた値で落札した。用材が江戸にすべて届く日数を考慮に入れ、幕府で注文の欅《けやき》木は「沢山端山（近くの山）に有り」として、来年（延宝九年）十月には橋が成就すると説いたと伝えられる。しかし、麻田・塚本・宮下をはじめ山に関係する家臣の中には、入札の金額が安いことに懸念を持って久右衛門に問いただすこともあり、藩主信利もこれを聞き、沼田の端山に果して用材となる木があるのかと不審に思い、二度も家臣を送って調べさせたが久右衛門の説明で納得した（「沼田実録」）。

幕府でも破損した両国橋を架け直すために、責任者として二人の奉行を任命した。『徳川実紀』の延宝八年閏八月十一日の項に、「寄合・船越左門為景・松平采女《うねめ》忠勝、両国橋構架の奉行を仰せ付けられる」とあり、いよいよ用材の伐り出しが始まる。

ところが、用材の伐り出しが始まる前に、「伊賀守に運上金として四〇〇〇両出すべきところ、もうけも少ないからとして五〇〇両は返した」とある。

また、「沼田城破却記」の中にも、さまざまな材木商人が介在し、両国橋用材伐り出しに策を練っていたことが記されている。しかし、最終的には大和屋久右衛門が落札したのである。

欅の大木で末口《すえくち》二尺八寸の丸物、長さ一〇間（約一八メートル）と幅二尺七寸の平物で長さ七間半（約一三メートル）、この木さえあればと久右衛門が言ったところ、麻田と宮下は国元の城下より三、四里山方に「麻柄《おがら》を立てたように」あると言ったと記されている（資２―三〇）。

『徳川実紀』の延宝八年十月二十一日の条に、「この暁三河町より出火し、大火に及ぶ。よって大名一一人が消防を仰せ付けられ」（三河町は現在の千代田区内神田）とあり、小野家文書に「十月二十日の夜出火、松平対馬守殿御屋敷へ火がつき、さらに鎌倉河岸の信直（信利）卿御屋敷へ火が移り、残らず消失し、表長屋と土蔵だけ残り…」（鎌倉河岸は千代田区内神田）とあり、真田信利の屋敷が類焼したと記されている。

真田氏にとって延宝八年は、閏八月の大暴風雨による被害、加えて十月二十日の真田家の江戸屋敷の類焼と、災難続きの年であった。この対策として、「この度の類火に遭い、普請の義は物成《ものなり》の外の金子《きんす》にて致すべくと仰せ出たので…」（資２―三〇）とあり、両国橋の用材を請け負った背景には真田氏の財政の窮乏、延宝八年閏八月の暴風雨、十月の火災があったこと、両国橋の用材を請け負ったことが改易という最悪の事態につながった。それは沼田領内の山の状況を把握していなかった藩主信利はもちろんのこと、山支配の家中役人の怠慢さが挙げられる。

用材請け負いの失策

延宝九年三月六日、沼田藩では両国橋用材伐り出しのために、山奉行をはじめ数十人が山に入り伐り始めたところ、欅木八一本までは木に「うろ」が入り用材として使えない。このため端山（近くの山）には欅木がすでにないため奥山に入って伐採するより途《みち》がなかった。「沼田実録」は、その状況を次のように記している。「奥山に入って木を一本伐り倒すには、その近辺の木を数本、さらに道中の木を数十本伐り払う。……伐り出した用材を山から引き出すために、数十人の手間を掛けたしゅろの大綱一尺回り（周囲三〇センチ余）を馬二疋の間に人足を入れて山に登らせた。

そのほか諸道具は際限がない」。この記事は、利根川の上流地域の山を指すものと思われるが、ほとんどが人跡未踏の深山であった。急斜面の山の中で大木を伐り出す中に、用材が谷に落ち木が砕けたり折れることもあったので、山中に鍛冶場を二か所設け、伐木した大木に板金を取り付けたり、または「かすがい」で締めて搬出する方法を採った。しかし、最初のもくろみとはまったく予定が狂い、藩主信利は増奉行を数十人を増員し、領内の百姓の「十五歳より七十までの者を残らず山へ遣し木を引かせた…」。

男子はほとんど用材の引き人足として山に出ているため、跡に残るのは女と子供のみであった。したがって、農作業も遅れ、時期を過ぎて稲を刈ることになった。

いよいよせっぱ詰まった状況の中で、伊賀守は九月六日、老中と若年寄に対して、次のように訴えた。「端山にあると思われた欅木は中にうろがあり、奥山に伐り入っても容易にはかが行かない。公儀より注文の欅木のうち一七本が不足しているが、これを真栗と替えてほしい。また、十月までの期限のところ来春の三月まで延ばしてほしい。真栗は端山に沢山あるが、それとても寒気に向かう折、山中は雪が積もり年内は無理である」。九月六日は、現在の暦でいえば十月の中旬ぐらいに当たるだろうか。利根川の上流地域ではすでに初雪があり、日ごとに寒気が増してきて、来春までに江戸着は無理であると言上した。

さらに追い討ちを掛けるかのように、九月二十二日の夜、山中にあった小屋から火が出て、三〇軒あった人夫小屋の中で二三軒が焼失するという事態が発生した。この火災で一尺回りの大綱をはじめ伐採の諸道具がことごとく焼失してしまった。日ごとに迫ってくる寒気と焼失した山小屋、打ち続く飢饉に弱った大勢の人足たちと、そこに右往左往する山役人たちの姿が浮かんでくる。

『徳川実紀』の天和元年十月九日の条に、「去月廿九日、京にて改元あり、延宝九年を改め、天和元年と称すべき旨…」とあり、天和と改元された。したがって、天和元年は正月も二月もなく、九月二十九日以後が天和となる。

山奉行の用材遅延の弁明と嘆願

真田信利の両国橋用材の請け負いは、藩主として領内の山の状況を把握しておらず、さらに塚本舎人・麻田権兵衛・宮下七太夫といった側近の家臣たちの甘言に乗せられてしまったことが、失策の原因であった。これによって破滅への途をたどることになったのであるから、後世になって暗君の誹《そし》りは免れぬことであった。

寛文の拡大検地による増税と、延宝八・九年の大飢饉にあえぐ農民が、さらに用材の伐木と搬出のために人足に駆り出されたのであった。しかし、重なる幾つかの悪条件のために、公儀よりの約束の期限である延宝九年十月（天和と改元）までには到底用材は間に合わなかった。このため、先述のように藩主の信利は、遅延の弁明を老中と若年寄に訴えている。

また一方で、用材伐り出しのため山に入り、直接支配に当たっていた責任者である山奉行の鹿野数馬・深井数馬・川合権之丞の三名が、用材遅延の理由を「口上之覚」として公儀に出している。分限帳によると、山奉行の鹿野は一五〇石の高を給せられ同心一五人を預かり、深井も一五〇石を給せられていた。この山奉行三人連名で弁明している内容は、阿部家文書によれば、次のようである。延宝九年八月には人足は多人数山に入ったので、支配方の下奉行・手代に昼夜油断なく厳しく申し渡しておいた。しかし、何とか期日（十月）までにと集められた用材が、延宝九年八月七日の大雨と洪水のために押し流され、あるいは谷間に落ちて大きな深い淵《ふち》の岩の下に入ってしまい、人足が多勢で取り掛かり轆轤《ろくろ》をもってようやく引き出したところ、同月の十日・十四日の二度にわたって大水があり再び押し崩

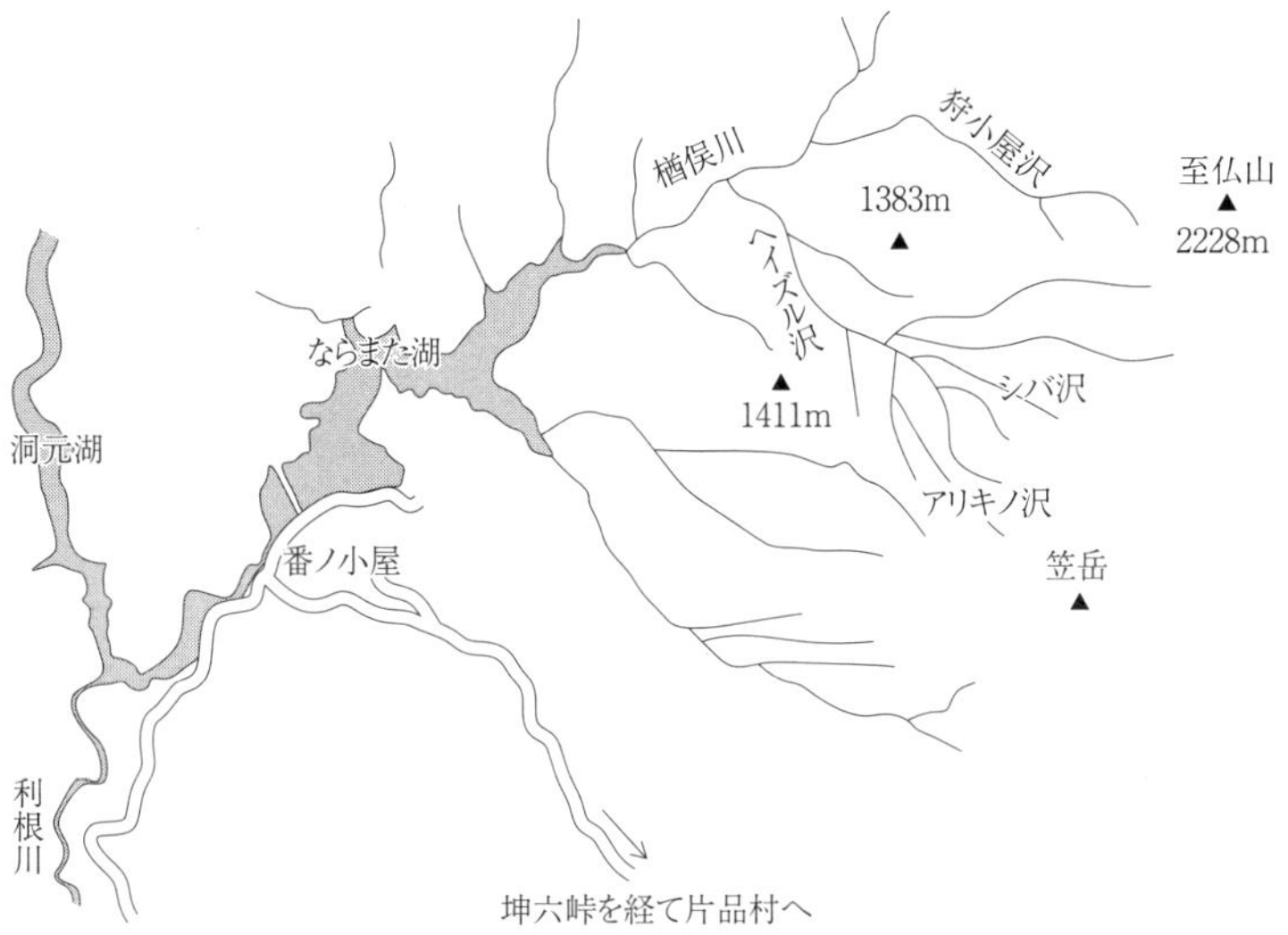

図　ヘイズル沢の位置

されてしまった。

用材を伐採した山は、利根川の上流にある「平鶴山《へいずる》」（水上町藤原）と、利根川の支流である片品川に合流する泙川《たにがわ》の上流にある平川山（宿堂坊山）であった（「沼田実録」）。利根川の上流にある平鶴山は、当時の文書にはしばしば出てくるが、現在その地方の山に詳しい古老に尋ねても分からないのが現状である。二万五千あるいは五万分の一の地図上には「平鶴山」は存在せず、どの山か不明であるが、地図上に「ヘイズル沢」と記されているので、この沢の上流の山を古くは平鶴山と呼んだと思われる。現在はヘイズル沢はやがて楢俣川《ならまた》に合流し、楢俣川は楢俣湖そして本流である利根川へと合流している。

阿部家文書の中に、「平鶴山之儀は利根川迄出し方遠く、殊に難所数多《あまた》御座候に付…」、「…しゅら木五千丁余を以本谷の内八ヶ所の難所、道程四拾町余しゅら組渡し…」と記されている。奥山で伐採された大木はどのようにして運んだのだろうか。目標と定めた木を伐るためには、まずそこまで道を造る。そのためには途中の木はすべて伐採してしまう。伐り倒した用材の大木は予定の大きさにして、山の斜面に造った道の上を引き出す。このとき摩擦を防ぎ巨石や大木を引き出すときに使う「修羅木《しゅらぎ》」を等間隔に並べる。平鶴山から利根川まで距離もあり難所もあると記されている。

修羅木を五千丁余を組んで、大木を難所の道程四〇町余（約四キロ余）運んだ様子が想像される。深い山奥の急な斜面に用材を出すための道を四〇町余にわたって造り、次第に利根川の本流へと近づけて行く。それらはすべて人足として駆り出された農民の大変な労働であった。山での木材の伐採は、伐り倒し日数をおいて、それから搬出するのが通例であり一般的であるが、この両国橋用材の搬出は期限が十月と定められており、それに間に合わせるように大勢の農民を人足として駆り出したのであった。

山の深い谷間に落ちた用材は、五丈（一五メートル）・三丈と深い谷のせん（淵）の下に沈み、それを轆轤で深い谷間より引き上げるといった困難な仕事が続いた。また、大雨のために山の斜面に造った道に組んだ修羅木が押し流され、それを元のとおりに直すには、ほとんど不可能に近い旨を述べている。また、この「口上覚」では、「山の谷間、川の中で人の背が立たない険阻《けんそ》な場所があって、多勢の力をしてもどうにもならない。日ごとに寒さに向かい川での仕事は困難になり日も短くなり、ますます用材の搬出が遅れ、御用木は十月中に江戸に着くことは不可能」と述べている。そして、「口上覚」の末尾では、「我々下奉行・手代そのほかまで、すべて粉骨相励んだが、その甲斐なく大変迷惑を掛け申し訳ないことを公儀の役人方に申し上げてもらいたい」として、三名の山奉行が切々と嘆願している。

塚本舎人の覚書

両国橋用材請け負いの中心的人物の一人とされる塚本舎人が、幕府の評定所《ひょうじょうしょ》に召喚された覚書によると、評定所の奉行として吟味に当たったのは、町奉行であった甲斐庄飛騨守・寺社奉行で奏者番を兼ねていた水野右衛門太夫・

老中の板倉内膳正・奏者番と寺社奉行を兼ねていた稲葉丹後守の四人の奉行であった。吟味を受けた日時は定かではないが、末尾に「この覚書は天和元年十一月十二日の筆記写し也」とあり、塚本舎人が評定所に召喚されて吟味を受けたのは、真田信利の改易の宣告のあった十一月二十二日の十日前の十一月十二日のことと思われる。

評定所が開かれる日を式日といい、初期にはその月の二・十二・二十二日の三日とされたが、寛文八年ころより月に六日と定まったとされている（『徳川禁令考・後集篇』）。十二日というのは月に六日開かれる中の一日である。

この評定所での塚本舎人に対する吟味はおそらく、両国橋用材遅延の責任について、真田信利に対する最終的な結論を出すための吟味であったろうか。あるいは用材遅延がほぼ確定的となった時点で、改易という大綱はすでに用意されていたことも考えられる。

この塚本舎人に対する吟味の中で、材木商の大和屋久右衛門からの運上金や入目金のこと、さらに用材が遅延した根本的な理由として、用材である大木を伐採してみたら根元が「うろ」になったこと、あるいは用材の中ほどを削ってみたら同じく「うろ」が入っていた、それに替わるべき木を伐るために日数を経えてしまったことが述べられている。

さらに最終的には用材が一七本不足しており、この年の八月七日の大雨による満水は五〇年来の大水であったため、用材を引き出すために敷設した「修羅木」も用材も押し崩され深い谷間に押し込められ、これを引き出すために轆轤を使っても用材の大木は容易に引き上げることができなかったと釈明されている。この覚書によれば、四人の奉行がそれぞれ尋問しているが、最後に稲葉丹後守は、「…山の立木を見る者が、木の良否を見損じたのか…」との問いに、立木ではよい木であるが、中に「うろ」が入っていて外からは分からない、伐採してはじめて良否が分かると答えている。

「両国橋御用木諸品之事」より

両国橋用材請け負いの失策が、真田氏改易の直接の引き金となった。従来伝えられている両国橋用材伐り出しの実態は、沼田領の百姓は十五歳より七十歳までの男子は残らず山に駆り出されて、木を引かせたといわれているが、後年書かれた幾つかの書にも同様に書かれている。

次に、「沼田実録」の中の「両国橋御用木諸品之事」として用材伐り出しに費やした人数、経費等が記されている。この中に、酉《とり》の三月六日より十一月二十三日までとあり、三月六日というのは延宝九年（天和と改元）であり、奥山の雪が溶け始め用材の伐り出しが本格的に始まった日であり、この日のことを「…酉ノ三月六日、大小の奉行並びに下手代数十人を山に遣わし…」とあって、山奉行をはじめ大勢の人足が山に入ったものと思われる。十一月二十三日までというのは、藩主信利が改易を宣告された日の翌日を指している。

用材伐り出しに費やした日数は八か月余りであり、利根川上流の山（西山）と片品川上流の山（東山）に投入した人足の数は、一六万八六七三人と記され、この人足の数を単純に計算すると、二五〇日として西山・東山へ一日当たり六七〇人という農民が人足として木材の搬出に出たことになる。西山・東山に駆り出された農民は、十五歳以上七十歳まですべて男子であった。天和元年のころの沼田領の人口は七歳以上の男女四万八〇六六人と記され、利根川・片品川の上流の山々に何日も駆り出された。

三月から十一月までというのは、農民にとって一年間で最も忙しい大切な時期であり、またこの年は、前年の延宝八年の大飢饉の影響が最も強く現れ、飢餓に苦しむ農民はそれでも山に出て木を引かねばならなかった。山に駆り出された農民・杣《そま》たちの食糧として八か月余の間に、西山・東山に合わせて一万四百俵の米が運ばれた。また、この用材伐り出しのために要した金子は、すべてを含めて八一二七両二分という高額な金が支出されている。

藩の財政の窮乏を何とか解消しようとした用材の請け負いは、まったく逆な結果が出てしまった。材木商の大和屋久右衛門が請け負った用材は、最終的に欅木一七本が不足してしまった。この一七本の代わりに真栗に代えてほしいと藩主信利をはじめ山奉行たち、用材の責任者が何度も懇願したが結局許されなかった。一小大名の前に、いかに幕府権力が強大であったかが分かる。

幕府の橋奉行と信利の閉門

両国橋用材の遅延については、さまざまな理由が挙げられているが、所詮《しょせん》は沼田領の山林の状況を把握しないで、側近の甘言に乗せられて用材を請け負った藩主真田信利の責任が挙げられる。

「真田伊賀守家中役人諸事奉覚書」の寛文十二年四月に発知・佐山・川場村の三か村の百姓に、「御領内の山にて樅《もみ》・ひの木きりつくし候に付いて、細木にても一切伐ることは今後は禁止する…」と藩より厳しく申し渡している。

また、松永藤雄家文書（上久屋町区有文書）の延宝六年七月の御条目写しの中に、「御領内山方の村々において近年、板・榑木大分伐り出し商売仕り候について吟味の次第」とあって、沼田領の東入りの村々と藤原村、吾妻郡の山間部の村々が、何万枚・何万丁というおびただしい挽板と榑木を伐り、他領へ売り払っていた事実が明らかになったので、今後はそれを厳しく取り締まるということを申し渡している。

延宝八・九年と続いた大飢饉の中で、両国橋の用材の伐り出しに大勢の農民を駆り出したが、飢え弱った農民にはまったく力がなく、「飢饉故百人の人足にても尋常の十人の役にも達せず……」（資2―三〇）という状況であった。増税と飢餓にあえいでいる沼田領の農民は、片品川・利根川の上流の山々に駆り出されていった。

一本の用材を伐り出すのに、その木まで行くためには、途中にある立木はすべて伐らねばならない。そして、道を造り木を引き出すための修羅木を伏せる。用材を伐り出しても、中が「うろ」ならば、また別の木を求めて奥山へと入らなければならない。

しかし、用材は期限までには到底間に合わないことが分かった。延宝九年八月には直接の山奉行の三人の「口上之覚」（阿部家文書）が出され、九月六日には藩主である真田信利は、老中・若年寄に用材遅延の弁明と期限の延期を頼んでいる。もちろん八月から十一月に至る間に、山に関係した家臣たちが、次々と評定所で詮議《せんぎ》を受けている。十一月四日には、信利の家臣の坂庭孫助（一五〇石）・梁瀬新平（一〇〇石）・浅田権兵衛（一五〇石）恩田権之助（一五〇石）と、江戸の留守居役の猪飼九左衛門（二〇〇石）の五名が評定所に出頭して弁明に努めている（『沼田実録』）。十一月八日には、用材の中心人物である塚本舎人・浅田権兵衛・宮下七太夫の三人と指添人《さしそえにん》として猪飼九左衛門が吟味を受けている。その中で塚本は、藩主信利を擁護して「…まったく伊賀守は私欲のために用材を請け負ったのではない…」（同）と釈明し、懐中より金子の控えや買い物等の書き付けを提出し、伊賀守が願っているように、欅木の代わりに真栗にしてほしいと言上している。材木商の大和屋久右衛門は、この時捕えられたまま評定所に引き出されたと記されている。山の関係者の最後の尋問は、天和元年十一月十二日の塚本舎人であったと思われる。

一方幕府では、両国橋用材の遅延について橋奉行となっていた船越左門為景と松平采女忠勝の二人に対して、「…寄合船越左門為景・松平采女忠勝、閉門せしめらる。これは両国橋架構の事奉りしが、遅滞して今に成功せざるをとがめられてなり」（『徳川実記』五篇）とあり、天和元年の十月三十日に二人が閉門となった。

用材が延引になったことで、十月二十九日に当時老中であった大久保加賀守《かがのかみ》忠朝より真田家の江戸屋敷に使いがあった。両国橋奉行の船越左門と松平采女の二人は閉門となった、用材を伐り出すことは無用である、というものであった。驚いた家臣たちは、直ちにこのことを主君信利に告げた。これを受けて、信利が大久保加賀守にその理由を問うたところ、十一月一日より逼塞《ひっそく》するようにという内意があった。閉門とは、門を閉じ、窓を閉め謹慎させる刑であり、逼塞は閉門よりも刑は軽く、門は閉じるが、夜中に目立たないようにくぐりより通路することができた。

橋奉行の二人が閉門になったこと、両国橋の用材は無用となったこと、真田信利に十一月一日より逼塞の処置が採られたこと、これらの第一報が急飛脚で沼田にもたらされた。

この報に接し、沼田城でも「家中一統門を閉じ、御城の門を閉じ…」た（資2―三〇）。つまり、主君信利が逼塞という処分になったことで、国表の沼田城でも門を閉じ謹慎したのである。

真田信利の改易

天和元年十一月二十二日、この日は五代九一年間続いた真田氏にとって最後となった日であった。「沼田実録」によって記すと、二十二日は評定所での詮議があり、関係者が召し出されるものと用意していたが、昼までに沙汰《さた》がなく、一応に安堵《あんど》していたと言われる。午後になって、安藤九郎左衛門と細井左次右衛門の二人が評定所に出頭するようにと迎えに来たため、信利は子の弾正少弼《だんじょうしょうひつ》と評定所に出た。

このとき、評定所の役人は寺社奉行の水野右衛門太夫、大目付の坂本右衛門佐・甲斐庄飛騨守、町奉行の北条新蔵、目付の近藤作左衛門・中根主税であり、この六人が列座して、水野が信利父子に対して上意の趣を申し渡した。『徳川実記』の二十二日の条に、「上野国沼田城主・真田伊賀守信利の所領三万石没入せられ、出羽山形に配流し、奥平小次郎昌章に召し預けらる。これは両国橋構架を助役し、おのが封地《ほうち》より橋材を採りけるが、ことのほか遅緩せしのみならず、日頃身の行い正しからず、家人、領民を苦使する聞えあるをもてなり…」とあり、「沼田実録」には、「今般両国橋御用木の義に付き、不埒《ふらち》なる仕方、其方日頃其身行跡悪苦、家来並びに百姓等困窮の旨、重々不届き至極思し召されるに付き領地召し上げ…」と改易を宣告され、伊賀守は羽州奥平小次郎に、子の弾正少弼は赤穂の浅野内匠頭《たくみのかみ》に預けられることとなった。

伊賀守信利が評定所で改易を宣告された理由の第一は、両国橋の用材の遅延であった。さらに日ごろの身の行いが正しくないこと、家人・領民を苦役したことが挙げられている。

ここで、用材の遅延は第一の理由であるが、領内の経営が良くないというのは特に真田信利に限ったことではなく、改易になった大名の多くが、領内の経営に問題ありと付け加えられて改易となることが多い。

江戸時代二五〇年間を通じて大名の改易・減封は三百余の大名に及んでいる。最も改易の多かったのは、慶長《けいちょう》五年（一六〇〇）関ヶ原の戦いの後、石田方に味方した大名の取りつぶしであった。

真田信利が改易となった天和元年は、将軍綱吉の時代である。綱吉が将軍となった延宝《えんぽう》八年から宝永《ほうえい》六年（一七〇九）までの二九年間に四〇人余の大名が改易・減封に処せられている。信利もその一人で、赤穂の浅野内匠頭の改易も綱吉の時であった。

綱吉は、厳罰独裁主義を通したため、諸大名は幕府の命にはきわめて忠実であり、幕府の忌諱《きい》に触れぬよう領内経営に当たり、将軍とその側近や幕閣の機嫌を損なわぬことこそ第一と考えていた。『新訂寛政重修《かんせいちょうしゅう》諸家譜《しょかふ》』によると、信利が預けられた山形の藩主奥平《おくだいら》小次郎昌章は、この時十三歳の若年であった。小次郎の父昌能（義父）は宇都宮十一万石の城主であったが、その父忠昌（小次郎の祖父）が六十一歳で没した時に、家臣が幕府より堅く禁じられていた殉死《じゅんし》の禁を破り実行した。昌能は、幕府の忌諱に触れて二万石を減封されて山形へ移封となった。信利を預かった昌章は、その後父昌能の罪が許されて旧領宇都宮に戻され、信利も同地へ移った。そして、信利は貞享《じょうきょう》五年（一六八八）正月十六日、ここ宇都宮の配所で五十四歳で没したのである。なお、『徳川実記六篇』に、「奥平美作守昌章に預けられし真田伊賀信利、死したるにより、小姓組・高井作左衛門清方検死につかはさる」とあり、改易となって七年後、その罪は許されず、死してなお罪人として扱われたのである。その後昌章は、元禄《げんろく》八年（一六九五）四月、宇都宮において二十八歳の若さで没した。

一方、信利の長子弾正少弼は、赤穂の浅野内匠頭に預けられたが、七年後の元禄元年七月に許されて幕府の寄合に列し、一千石の地を給されたが宝永五年に五十二歳で没し、嗣子《しし》がなかったため絶家となった。信利の子弾正少弼が預けられた浅野内匠頭は、二〇年後の元禄十四年、江戸城において吉良上野介に刃傷《にんじょう》に及んだことから、同じく綱吉によって赤穂藩は取りつぶしとなった。

信利改易の第一報に接したのは、真田家の江戸屋敷の家臣であった。老中阿部豊後守《ぶんごのかみ》の指示は、家中にて騒動せぬよう、火の元に注意する事等であった。特に沼田城は「相違なく公儀に渡すように」と申し渡しがあったが、沼田に在城している家臣たちは、容易に城は渡すまいという思いであった。そして、江戸詰めの真田氏の家臣たちは、主君信利に対して改易の宣告のあった翌日の十一月二十三日に、「…沼田城差し上げるにあたり、沼田にいる城代をはじめすべての家臣は、主君信利公の城明け渡す事の墨付きがなければ城を渡す事は不可能である…伊賀守方より沼田の侍たちに墨付きを遣わしてもらいたい…」（「沼田実録」）と連判状を幕府の役人を介して伊賀守信利に渡した。

江戸屋敷の真田家には総勢何人の家臣がいたか不明であるが、九四人の家臣が連名している。また、このような場面に遭遇すると、「…右のほかに侍は大勢いたが、伊賀守がお預けとなったと聞くと早々立ち退いて連判に加わらない者、また病人もいた…」と記されている。お家断絶、改易という予想もしなかった大きな危機場面に遭遇して、そこに揺れ動く家臣たちの姿が想像される。

真田信利改易の宣告のあった翌日の二十三日未明に、江戸屋敷において、両国橋用材請け負いの中心となっていた塚本舎人・浅田権兵衛・宮下七太夫には、それぞれ介錯人《かいしゃくにん》が付けられ、当然のことながら自滅した。浅田は沼田より呼ばれたときに、すでに覚悟を定めて妻子を預け跡始末をし、経帷子《きょうかたびら》を持参して出府した。そして、切腹を前にして、その経帷子を着して死に臨んだと記されている。

二十四日の夜には、江戸屋敷にいた信利の室《しつ》と娘は、松平土佐守の芝の屋敷に移された。信利の室は、山内一豊《やまのうちかずとよ》より四代目にあたる松平土佐守豊昌の姉に当たるため、その処置は老中の指図によって行われた。『新訂寛政重修諸家譜』は、「十一月二十三日姉婿《むこ》、真田伊賀守信利罪ありて封地没収せらるるにより、豊昌も出仕を憚《はばか》り…十二月二十日許さる…」とある。また、信利の次子武藤源三郎信秋は、遠藤外記常春に預けられたが、七年後の元禄元年に罪が許されている。四子の岩之助（栗本外記直里）と五子の辰之助は、仙石越前守政明に預けられたが、元禄元年七月に赦免《しゃめん》となった。

信利が改易となったときの各人の年齢は、信利四十七歳　弾正少弼二十七歳　源三郎二十一歳　辰之助十二歳、外記十五歳であった（「沼田実録」）。

改易の報、沼田に届く

両国橋用材の遅延が決定的となったため、天和元年十月三十日には、幕府から任命されている橋奉行の松平采女と船越左門の二人が閉門となり、十一月一日より真田信利の逼塞が決まった。その報は江戸より急飛脚で沼田城に届き、十一月三日より家中一統門を閉じてひたすら真田家の安泰を祈っていたものと思われる。小野家文書によると、このような状況の中で、十一月二十四日の巳《み》の刻以前（現在の午前九時前）、江戸よりの飛脚が沼田に到着し、主君信利改易のことが伝えられた。そして、二十四日の午前十一時過ぎには、城の内外に広く報じられた。「…広く沙汰あり、上下騒ぐ事おびただしく騒動限りなし…」とあり、短い文言ではあるが決定的となった改易という最悪の事態に遭遇した城内・城下の多くの人々の騒ぎが想像される。

改易という事態の次に来るのは、幕府（公儀）に対して城を明け渡すことである。これについては、籠城派と開城派に分かれたようである。「…寺尾太郎左衛門（二五〇石）・塚本権兵衛（一五〇石）の二人が進み出て申すには、城を枕として死すべきと、また、真田氏一族の真田織衛（三六五石）等は、これに対して、信直（信利）公より御墨付きが来たならば城を渡すべきである。公儀に敵対することは自滅することである…」と記されている（小野家文書）。また「沼田実録」には、寺尾太郎左衛門が、強硬論を侍たちに説いたことが記されている。「…沼田は真田氏が鎗先《やりさき》にて取った城であって、公儀より拝領したものではない。今日むげに渡すいわれはない。少人数であるため籠城しても敵対することは難しい。できることならば、伊賀守の倅一人に名字を残しておいてもらいたい、それが叶《かな》わなければ城を渡すことはできない。一勝負していさぎよく切腹すべし…」というものであった。しかし、結局この主張は入れられず、寺尾は剃髪《ていはつ》して僧となった。

このほかに、佐野覚之丞（一五〇石）・伊能三右衛門（二〇〇石）・伊能市郎兵衛（二〇〇石）の三人も法身となる。福田久右衛門は藩の役人であるためすべてが終わったところで法身となることが記されている。

講談やドラマ等で赤穂の浅野家改易に伴う赤穂城の明け渡しに対して、大石内蔵助が中心となり藩内が二分して激しい両者のやり取りが交わされるが、真田氏改易の沼田城中においても想像を絶した大きな出来事であったと思われる。

真田信利が十一月一日より逼塞を命じられた段階で最悪の事態を懸念する家臣もいたと思われるが、二十二日の改易の報は現実の問題として大きく覆いかぶさってきた。

真田氏の重臣である野村伊織（五三〇石）・岩松主殿（五四〇石）・斎藤源三衛門（七五〇石）・河合求馬をはじめとする七四人の家臣は、「…殿様御証文無きにおいては相渡しまじく…」ということで、城請け取りの上使に対して願書を認め提出している。それによると、「…伊賀守より城相渡し候ようにと墨付きを上使の御方様御持参あそばされ候にて御座あるべく…」と前置きし、若し墨付きがなければ「…差し上げ候事毛頭御座無く候…」として、最後に墨付きがなく城を渡すことは武士の本意ではないと記し、十二月三日付けで堀周防守・内藤右近太夫あての文書を携えて、家臣の町井源右衛門と皆川主計の二人が江戸に発った。

また一方では、真田家の筆頭高禄者の鎌原縫殿（二三六七石）をはじめとして、高野新兵衛（三〇七石）、横谷勘十郎ら多くの者が、「…墨付き願がかなわぬ時は是非なきこと相違なく城を明け渡す、沼田は譜代の領知であるので罪を許され帰参できるように是非嘆願してほしい…たとえ腰抜けと申すとも是非無く候、我等は縫殿了簡に同意候間…」として、縫殿の意見に従った。その数一〇五人に及ぶ者が連名している。

このように、墨付きがなければ城を渡さないと主張する強硬派と、城を渡さねばならないとする穏健派が対立していたとみられる。しかし強硬派も、最終的には墨付きが来ないときには、「仕方なく城を差し上げて切腹も辞さない」と、悲壮な決意で連判し、一方穏健派は、「腰抜け」といわれても、公儀に対して小藩なるが故に泣く泣く連判したのである。

城明け渡しの墨付き

伊賀守より十一月二十六日付けの墨付きが沼田に届いたのは十一月三十日であった。信利改易の第一報は十一月二十四日の午前であり、以後七日間は城を明け渡すか否か、信利の墨付きをめぐって城中では紛糾が続いた。その墨付きの内容は、次のようなものであった。

我等は不始末のことがあったため領地を召し上げられ、父子ともお預けとなった。幕府より上使の方、城請け取りの方、在番の方が来られたら城中・外曲輪《そとぐるわ》まで掃除きれいに申し付ける。城は指図次第差し上げるべきである、且又、家中の者下々まで粗相があってはならない。岩松主殿・栗本外記・鎌原縫殿・野村伊織・真田織衛・野村弥惣左衛門・斎藤源左衛門はじめすべての家中の侍たちを集めて厳しく申し渡されたい。我等は罪ある身ではあるが、紙面の趣に背く者があれば厳しく仕置きのことをお願いしておく。

十月二十六日　　　　信　直（花押）

この墨付きは、渡辺平次兵衛ほか四人の家臣と宗門《しゅうもん》奉行・勘定《かんじょう》奉行・町奉行・目付役・普請奉行にあてている。

小野家文書に、「…日頃恩愛の族も身を忘れ見ぬ振りをする者多し、又日頃さして恩なき族も人により至って頼もしくもあり…」とあるように、お家断絶という最悪の事態に遭遇した真田家の家臣たちの中には、禄を失い住んでいた屋敷も手放さねばならないことが決定的となったときに、早々と沼田を退散する者もあったであろう。また、改易となった真田家に忠誠を尽くしてきた家臣の中には、法身となった者、俗世間から離れて隠棲《いんせい》の生活を送った者もあった。信利の子の源三郎に仕えていた禄の低い一人の武士は、源三郎が美濃《みの》国郡上《ぐじょう》郡八幡の遠藤外記に預けられることになったときに、配所に行って仕えたいと願ったがかなえられなかったため、法身となって諸国に旅立ったという記事もみえる。

また、改易となった城の内外では、他所から入り込む者もあり、「…払い物を買う者が多く、過半は盗人であった。家中の諸士が各村々に預け置いた俵や年貢俵を、人をつかわしたところ、鉄砲などを打って、それを渡さなかった。…」とあるように、統制のない混乱した様子がうかがえる。しかし、十二月六日に幕府からの城請け取りの役人が沼田に来たことにより、平静を取り戻したようである（資２―三〇）。

謹慎となっていた幕府の両国橋構架奉行の舟越左門と松平妥女は、信利改易の十六日後の十二月八日に、閉門を解かれた。

真田氏は、昔をたどれば戦国の世に武田の武将として活躍し、武田滅亡後は小さいながらも独立した大名として北条氏を悩まし、徳川氏と競ったこともあった。関ヶ原の戦・大阪の陣と、真田氏は微妙な立場に立たされた。そんな沼田真田氏の存在は、徳川の幕閣や側近大名にとってどのように映っていたであろうか。一方、橋奉行となった幕府側の責任者である船越と松平の両名は、上記にもあるように、わずか三八日で閉門が解かれ、減封もされず船越左門は五千五百石余、松平采女は五千石を保ち得た。それに比べて信利には、即座に改易という処置が採られたわけである。綱吉時代の大名対策が、異常なほどに激しかったことを思わせるものである。

沼田城を明け渡す

　真田氏の改易に伴い幕府の命を受けた城請け取りの役人である使番桜井庄之助勝正と小姓組伊東刑部左衛門政泰が、沼田の目付をおおせ付けられ、百三十人余の家臣とともに十二月六日に沼田に入ってきた。この両名の沼田入りを第一陣として、上使として高崎城主安藤対馬守《つしまのかみ》重博が二千三百人、城請け取りとして信州飯田《いいだ》藩主堀周防守親貞が千二百人、信州岩村田藩主内藤右近太夫政親が千二百人、城在番として細川豊前守興隆が八百人、新庄主殿直詮が六百人を引き連れ、さらに目付土屋市之丞正敬、目付桜井庄之助勝政、目付伊東刑部左衛門祐泰、能勢武左衛門頼次、設楽勘左衛門能久、荻原彦次郎重秀、平井太郎左衛門次方、熊沢武兵衛良泰、竹村惣左衛門嘉躬ら一四人を頭として総勢六五〇〇人が、沼田近辺から城下町の要所に陣を構えて、十二月十九日の沼田城の明け渡しに備えた（『徳川実記』五篇・「沼田実録」）。

　城請け取りのために沼田に来た安藤対馬守は、特に旧真田の家臣に対して八か条からなる法度を掲げた。それによると、一、万事御法度の儀は固く守ること、一、喧嘩《けんか》・口論は不可である。もしそのようなことが起これば双方を責めて罰する。また、もし何方かに加担した者は、その罪は本人より重くする（以下略）、などの厳しいものであった。安藤をはじめ一四人が用意してきた武器等は、鉄砲三六〇挺、弓一四〇張、長柄二〇〇筋、騎馬二〇〇騎と記されている。わずか三万石という小大名であっても、幕府によって改易に処せられ、城を請け取るという段になると、このように幕府の権威を誇示する仰々しいものであったが、これは真田氏に限ったことではなかったようである。

　沼田城は絵図によって詳細に調べてあり、いよいよ一九日の当日は、要所を固め城を囲み、幕府の役人が大手門を開けた。真田家の城代として河合求馬・井上伝右衛門の二人が、麻の上下を着用して出迎えた。最初に城内に入ったのは、内藤右近太夫政親であった。そのあと城請け取りの主立った役人が続いて城内に入った。現在の時刻で午前七時に近かった。そして、城内・天守・矢倉《やぐら》・城中の諸道具並びに戸障子等を書き付けと照合しながら点検し、すべてが終了したのが現在の時刻で午後一時ごろであった。これ以後は、真田家の家臣は城内に入ることを固く禁じられ、城は幕府方によって固められた。

安藤対馬守が城内にある武具・馬具・金銀・米や、領内にある米まで紛失しないようにと申し渡したところ、「…金銀の儀、伊賀守は前々より不勝手の上に、春より用材の伐り出しのために毎日米穀共に夥《おびただ》しく山に入っているので、金銀はいささかもなく、米は僅かに城にあるのみ…」と答えている状態であった。

このような城受け渡しの処理を終えて、安藤・細川・新庄ほか三名が、沼田より帰って幕府に対して二月三日には城請け取りおよび城破却の報告をしている。

城の破却と家臣の離散

天和元年十二月十九日、総勢六五〇〇人という想像を超える武器を持った城請け取りによって、沼田城はすべて幕府側に明け渡された。ところが同じ年の十二月三十日の晩には、幕府より派遣されている安藤対馬守に対して沼田城を破却すべしの奉書が届いた。安藤は、破却のためにそれぞれの持ち場を定めた。天守・本丸・広門・書院・塀方・櫓《やぐら》・惣門《そうもん》・石垣は安藤の持ち場とした。大台所・部屋方・裏門等は新庄の持ち場となり、水の手櫓・水の手門・番所・塀以下二の曲輪・土手・煙硝蔵《えんしょうぐら》は細川が持ち場とした。城請け取りの三人の大名の各持ち場によって、すべてが破却された。その際、天守の櫓・塀・大木・石垣等、また城内にある武具まですべて城の堀に埋めた（「沼田実録」）。このようにして沼田城の破却は、改易の翌年の天和二年正月三日より十三日までの一〇日間にすべて終了した。

真田氏による沼田築城は、「沼田年譜」によれば、天正《てんしょう》十一年（一五八三）に「本城を東南に開き、堀、土手を築き…」とあって築城が始まったのである。慶長《けいちょう》元年には「天守の普請始まる、九間、十間、五重に定む…」とある。そして、翌慶長二年十一月に天守完成と記されている。

現在は、三五〇年前の正保《しょうほう》年間（真田信政《のぶまさ》時代）に幕府の命によって作成し提出した「正保の城絵図」によって、ありし日の沼田城の雄姿を想像する以外にない。絵図には五層の天守が描かれ、石垣の高さは八間（約一四メートル）、空堀の深さ三間（約五メートル余）・広さ（幅）一二間（約二一メートル余）と記されている。

沼田築城が始まってより城破却まで百年、五層の天守が完成してより八五年の歳月が経ち、五層の天守を誇った沼田城も、真田氏五代九一年の歴史とともについえ去った。天守の破却は最後に行われたものと思われ、「沼田城引渡之次第並破却之事」によると、天和二年正月十一日に「天守を崩し始め、日数三か日にて崩仕り廻なり…」と記されている。

真田氏の改易という非常事態に最も動転したのは家臣たちであった。動乱の戦国の時代ならば、主を失った家臣は再び新しい主人を求めて活路を見出したであろうが、江戸時代も中期の天和期になると、主を失った武士たちは再仕官の機会は極端に少なかった。その最大の原因は、真田氏と同じように幕府による大名の改易と減封であった。

関ヶ原の戦のあと三代家光の晩年までに改易に処せられた大名は多く、特に家光の代だけでも四四人が改易となっている。家光以後五代綱吉の時代にはまた多くの大名が改易・減封の処分をとられている。大名が改易となると当然禄を失った家臣は浪人となった。関ヶ原の戦から家光の晩年までの五〇年間に、改易・減封となった大名の家臣で浪人となった者は、推定四〇万人から五〇万人に上ったといわれている。

　真田氏の場合、改易時の分限帳によると、五〇石以上二〇一人、二〇石以上一二人、金切米・持弓同心・惣鉄砲同心その他の一九人のそれぞれの同心と呼ばれた人数を合わせて、一二六一人という数になる。その中で給人・扶持方《ふちかた》衆《しゅう》・郷侍《ごうざむらい》・徒士《かち》以下等は合計五一二人となっている。この五一二人は、主家の改易によってどのような途に向かったのであろうか。また、その時点で、どのような立場にあったのであろうか。「天桂院殿御事蹟稿」には、次のように記されている。塚本舎人・浅田権兵衛・宮下七太夫の三人は、改易と同時に切腹。沼田に残り、改易後の始末をする者が一八人、伊賀守・弾正少弼・源三郎・外記・辰之助らの配所へのお供をする者が一四人、領内に残って百姓となる者が三人、江戸へ立ち退く者が六六人、沼田領から去っていく者が一四九人。この時点で、栗本外記は、信利側室の子ではあるが家臣となっていた。歩行《かち》の者以下が一五〇人、草津の郷侍が六人、鎌原縫殿・鎌原三郎左衛門・鎌原伊太夫・鎌原大蔵・横谷勘十郎・西窪治郎左衛門の六人が吾妻衆、猿ヶ京関所番人が三人、所住宅の者が九一人であった。士分から同心その他を合わせた一二六一人には、それぞれ妻子があり、それを養って行かなければならなかったであろう。

　真田氏は、初代信之《のぶゆき》以来高禄の武士を多く抱えていた（これは真田氏の持つ宿命的なものであった）。特に信利が藩主の座に就いて間もなく実施した悪名高い寛文の拡大検地も、沼田領の農民を重税で苦しめ、農民の怨嗟《えんさ》の声は日ごとに高まってきた。しかし、藩財政は苦しく特に末期の延宝八・九年の飢饉は、農民に限らず武士にまで及び、「…御家中の面々へ当年も物成《ものなり》屢々《しばしば》下し置かられず候に付き…何卒相続候よう…」（資2―三〇）と記され、藩の武士も領民も困窮していた状況が分かる。

　しかし、このような状況の中で、両国橋の用材を潮け負ったのは、藩財政の窮乏から脱出するためだったのだろうか。しかし、その計画はまったく裏目に出て大失敗に終わり、結果として想像を超える大金と米と人力を投入し水泡に帰してしまった。領内の分限者、または江戸の商人からも多額の借財をしなければならなかった。沼田城請け取りの上使に答えた文句に、「城にはいささかの金銀もこれなく」と言っているのは事実であったろう。

江戸時代、大名が改易となった場合に城中の者に分配金を渡したと思われるが、例として赤穂の浅野氏の場合（松島栄一『忠臣蔵』）は、高一〇〇石につき一八両、一〇〇石増すごとに二両減じて渡すという方法（逓減法）を採った。また、中小姓組は一四両、歩行組は一〇両というように、用心金として大切に保管しておいた金を分配している。真田氏の当時の財政状態と赤穂藩は比較にはならないが、真田氏の場合どうであったのか不明である。

「上州沼田落去城請取一条記」（長野図書館蔵文書）を記した者は不明ではあるが、その中に、「同月晦日《みそか》の晩、御奉書を以て沼田城を破却すべきの旨御下知これあり、翌年戌《いぬ》の正月三日辰刻過ぎ（午前八時過ぎ）より初めて破却する。この日いかなれば真田家代々の居城玉を敷き甍《いらか》を並べ行人の目を驚かせるも、賤《いや》しき人馬の足によごし、空の原となる事、これ唯古老・忠臣の諫《いさ》めを用いず猥《みだ》りにねいかん（佞奸―表面は従順だが心はねじけてよこしまなこと）邪智の臣に侵されたまう闇君の政事、傾城傾国の端となれり。数代旧好の家臣も、兄弟に引き離れ恩愛の妻子を捨て、已が様なく退散する中にも、其所に住みて佳名を埋むもの多かりけりと恐れかなしむべし…」とある。このように破却された城跡に立って、甍を並べた五層の天守と空の原となった城跡、そこに映し出される古老・忠臣・ねいかん・邪智のさまざまな人間模様と藩主の姿が感慨を込めて記されている。

沼田氏の居城として、上杉謙信の関東進出の最初の拠点として、小田原北条《ほうじょう》氏の上野支配の最後の城として、また、武田氏の命により真田昌幸《まさゆき》の上野進出の最大の目標であった沼田城。その城も、一世紀にわたって北上州を支配した真田氏とその運命をともにしたのである。

関東において五層の天守を持った城は、徳川家の江戸城とここ真田氏の沼田城だけであった。江戸城は明暦《めいれき》三年の正月の大火によって焼けてしまった。したがって、以後天和二年正月沼田城が幕府によって破却されるまでの二五年間は、関東において五層の天守を持ったのは沼田城だけであった。

沼田城が台地の上から姿を消してやがて三二〇年になる。たとえ小藩といっても一人の大名の改易が、家臣とその家族を含めて何千という人たちの生活を狂わせてしまった。小藩が幕府という巨大な権力の前に、いかに無力であったかを知ることができる。

主を失い離散していった何千という家臣や家族、あるいは僧侶となって諸国巡礼に発った者、その人たちがどのような道を歩んだか知る由もない。城址《じょうし》は今は市民の憩いの場となっており、わずかに石垣や堀が残る。そこに立つとき誰もが、城址と沼田の地に刻まれた長い歳月と重い歴史の歯車を感ぜずにはいられないだろう。

Ⅲ　真田氏時代

黒坂周平

一、真田氏と上小地方

（一）真田氏の経歴

「平安朝時代」といえば今から一千年も前のことになるが、そのころ、東信濃に滋野氏という一大豪族があった。出自は詳らかにされていないけれども、このころ信濃の國へ中央から派遣されてきた地方官が、そのまま土着して豪族となったものではないかと考えられている。この滋野氏は、後、海野《うんの》・祢津《ねつ》・望月《もちづき》の三流に分かれ、本家である海野氏は、海野（現小県郡東部町海野）に、分家である祢津・望月氏はそれぞれ祢津（現小県東部町祢津）・望月（現北佐久郡望月町）に根拠をおいた。このうち海野氏の勢はとくに強大で、その勢力圏は時として東は南北佐久から西は筑摩・安曇に及ぶという中世を通じての信濃の一大勢力の観があった（中世篇参照）。

真田氏はこの宗家たる海野氏の末と伝えられる。鎌倉時代の初め頃、海野氏宗家に海野幸氏なる武将があったが、その孫幸春が真田の地（現小県郡真田町真田）に住んで真田氏を称したということが史料に見える初めてのもので、その後、応永の頃（室町中期）信濃における戦乱として有名な大塔《おおとう》合戦の時、大手攻めの一党の中に祢津・別府・小田中・横尾・曲尾などの諸氏と共に実田（真田）氏の名が見え、さらにやや下って永享の頃（室町中期）、結城合戦に村上氏に従って出陣した信濃武士の中に海野氏・祢津氏などと並んで真田氏の名が記されている。

現在われわれは、真田氏といえば、まず真田昌幸・信之・幸村などの名を思い出すが、それらの人々よりも、すでに三百年も前に、上小地方には真田氏というものがあって、信濃の名門海野氏の分かれという由緒を背景に、地方の一豪族として活躍していたことがわかるのである。

このように真田氏は、戦国のいわゆる「成り上がり」の大名ではなくて、古くからこの地方に由緒と伝統とをもつ豪族であった。このことは真田氏の本質的な性格を示すものとして重要な点であって、後に真田氏が上小地方の勢力を結集するに当たり、これが極めて有利な条件となっていたことは疑う余地がない。と同時に、後述する真田氏の政策や施政面にかなり保守的な面がうかがわれるのは、あるいはこのような性格に由来するところもあるかと想像されている。

しかし、いかにすぐれた経歴と條件とをもつ真田氏にしても、もし人を得なかったならば、戦国争乱のなかに、あるいは無名の地方一小土豪として終わってしまっていたかも知れない。ところが幸いにして、真田氏は人を得た。それが真田昌幸である。

（二）　真田昌幸

真田昌幸は中世の終わりごろ真田氏の當主幸隆の三男として生まれた。長兄を信綱、次兄を昌輝という。祖母は海野氏の出であるから直接海野氏の血も受けていることになる。

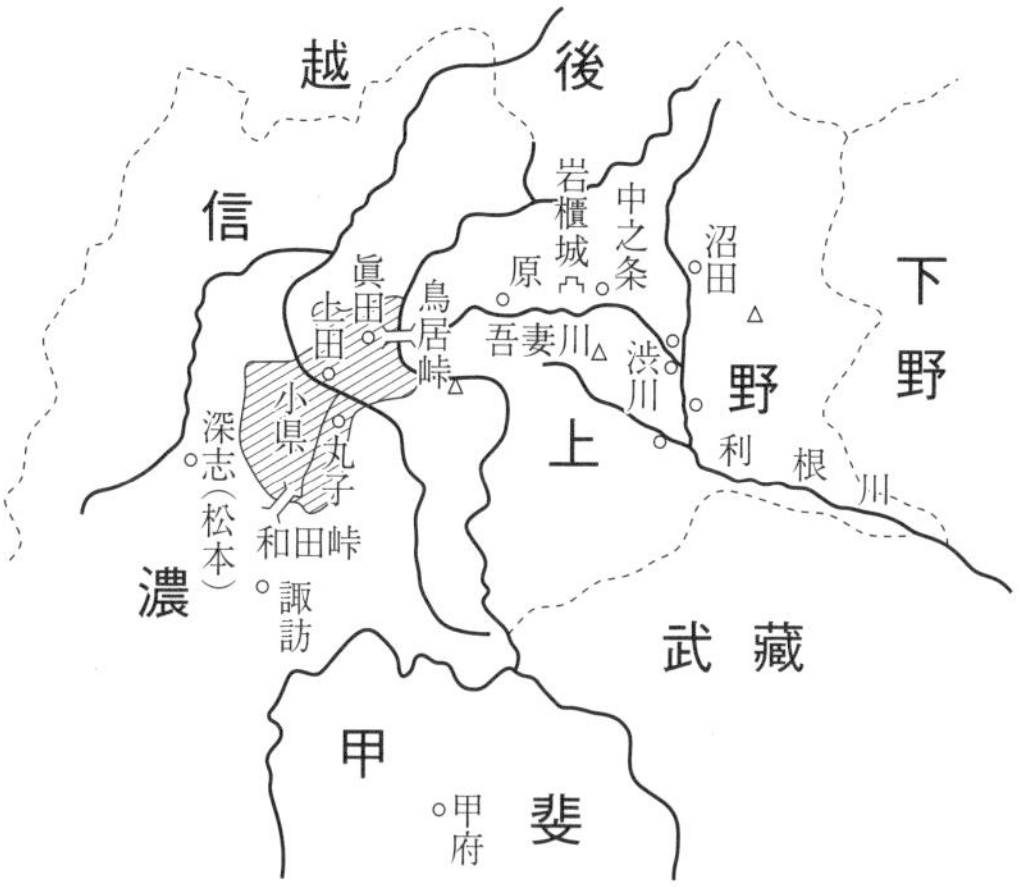

図　東信濃・上州略図

当時のわが上小地方には、甲州武田氏の勢力下にある幾つかの地方土豪があって、各地に割拠し、たがいにその勢力の拡張につとめていたことは、既にのべた。昌幸もはじめ、これらの土豪の一人として真田郷松尾城にその本拠をおく。そして彼のまず目指したのは、鳥居峠を越して展開する北上州の沃野であった。

真田から東北に十キロ、そこに信州上州の国境をなす鳥居峠がある。上信文化交流の一幹線として古代からの重要な交通路で、ここから発する利根川の源流の一つ吾妻川にそうて東に下れば、原・中之条等の町を経て沼田市に達する。このあたりがいわゆる「沼田三万石」と称せられる北上州の穀倉地帯で同時に昔から軍事交通上の重要地点でもあった。

昌幸ははじめ吾妻郡の要衝岩櫃《いわびつ》城を勢力下におさめ、これを根拠として北上州の中心地沼田城に迫った。当時沼田城は、小田原にいる後北条氏の勢力圏であったが、昌幸は武田の当主勝頼の応援を得てついにこれを陥れ天正九年（一五八一）はじめて北上州一円を自己の傘下とするを得た。真田氏と北上州との関係は幸隆時代からあったけれども、とくに切っても切れないものとなったのはこの時からと考えられる。

天正十年、武田氏は織田・徳川等の諸雄に圧せられて運命日々に非となり、祖先伝来の根拠地甲州の保持もおぼつかない状勢となった。

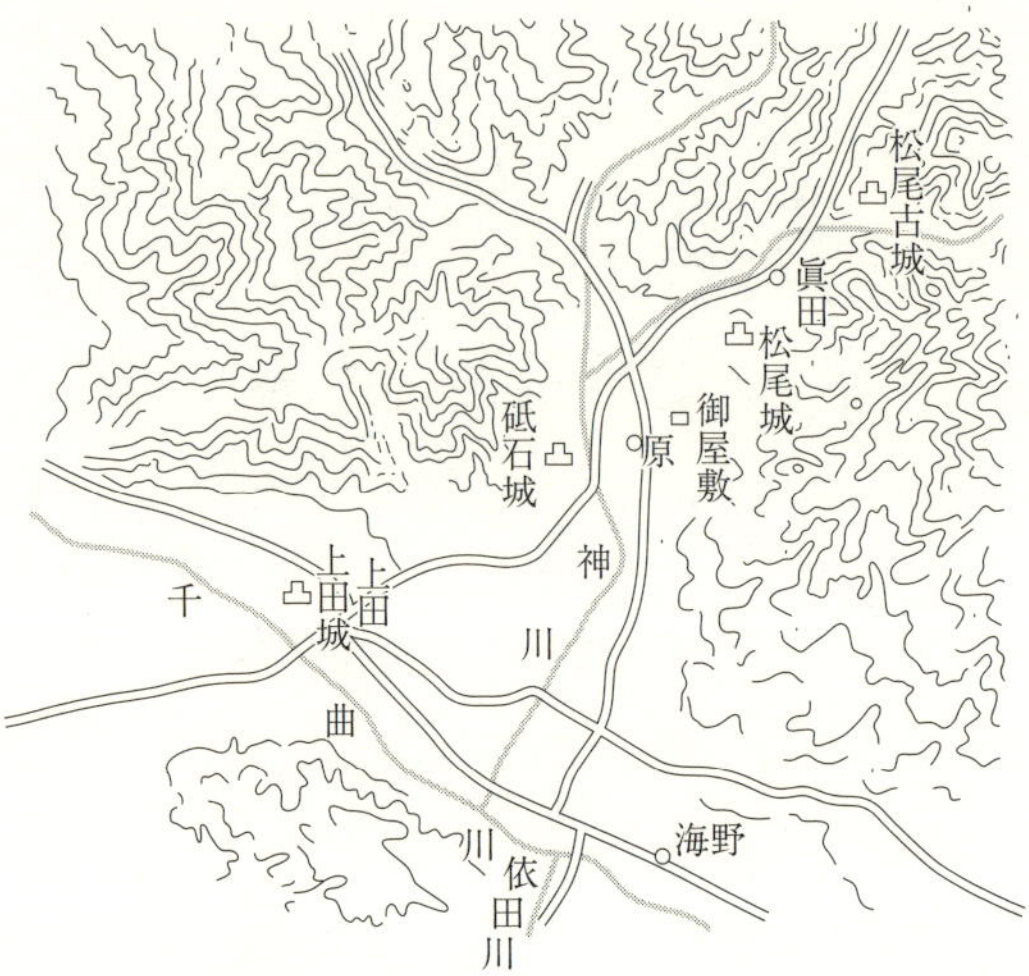

図　真田氏拠城推移図

昌幸は勝頼のため、上州岩櫃城の提供を計画したこともあったが、それも成らず、その年の三月、遂に勝頼は甲州の天目山に悲惨な最期を遂げるに至る。四十年にわたる恩顧の主を失った真田氏は、弱小の身ながら、ここにいよいよ一本立ちして諸雄の対立裡にはいらねばならないことになった。

この時から天正十二年ごろにかけての真田昌幸の動きは、戦国時代の諸雄の間におかれた、いわゆる地方小土豪達が、どのように身を処していったかを示す典型の一つとして興味深いものがある。

まず、武田氏が亡びてから、天下の大勢は自然、当時昇天の勢にあった織田信長になびくことになり、その重臣滝川一益は、上州厩橋《まやばし》（現前橋市）にあって東信地方まで統べることとなった。この時昌幸はやむを得ず、一時一益の勢力下にはいり、その代官としてようやく上田領を保つことができた。

しかるに、その年の六月、有名な本能寺の変が起こり、信長が部下の明智光秀のため弑《しい》せられるという事態がおきた。滝川一益は急遽軍を率いて京都に向かったが、この留守に昌幸はただちに弟の信尹《のぶただ》に沼田城を占領させ、上州の旧領を回復すると共に、自らは松尾城から南四粁の戸石城（現上田市神科）に移ってこれを根拠地とし、小県南部方面に対する経営にのり出した（図参照）。昌幸が戸石城に移った事情については、小県方面の各所にかくれていた武田氏恩顧の地侍たちが、相謀って昌幸を盟主として推戴することを申合わせたためであったと伝えるが、当時の情勢より推してあるいは事実に近いものであったかも知れない。いずれにせよ、この戸石移駐は、根拠地を小県の中心部近くに移すことにより、上小地方全域を統制しようとする真田氏の宿意を示すものとして、特に注目されねばならないことである。

さて、このころ、武田氏滅び、織田氏また倒れて、信州には一時主勢力というべきものがなくなったのに乗じて、周囲からは続々と諸雄の侵入があった。まず、越後の上杉氏は川中島まで兵を出してその地を占領し、進んで東信地方に進攻の勢をみせた。また、相模の後北条氏は、大軍を率いて碓氷峠を越し、信濃に来攻した。更に、三河にあって天下の統一を策していた徳川家康は、人を介して真田を説きその帰属を求めた。このような強雄の間に挟まれた昌幸の苦心したことは、第一に、いかにして当面の相手上杉氏・後北条氏の鋒先をさけ、同時に宿願の上小統一を成就させるかという点にあった。

史料によれば、はじめ昌幸は上杉氏に書を送って服属の意を示したが、後、一月もたたぬうちに後北条氏に従って川中島の地に進出し上杉氏と対戦している。しかも、その直後の九月には、三河の家康と誓紙を取替わして互いに異心のないことの誓約をしているのである。一見、去就ただならざるものを感ぜられるが、当時の地方の一小勢力としては、当然の動きであったともみねばならない。

さて、信州に侵入した後北条氏と上杉氏とは事情あって、急に軍を転じて甲州へ向かったので、真田氏は強大な圧力から一応ぬけ出ることができた。このころ後北条・徳川・上杉等の強大勢力が他の地方で相対立しているのを機とし、昌幸のはじめたことは、佐久の依田氏（当時徳川方）と結んで東信一帯から上州方面にかけて、積極的にその勢力を扶植することであった。まず、昌幸は天正十一年九月、家康と盟約した直後、当時後北条方であった祢津氏を攻めて祢津領を自らの傘下におさめ、また、翌年正月には依田窪地方の旗頭であった丸子氏を降して、その地方一帯を勢力範囲に入れた。更級郡村上郷の出浦氏や、和田の長井氏らが一族と共に真田氏のもとに帰属したのも、このころのことであった。

天正十一年、徳川・後北条の和議が成ったころの東信地方の形勢をみると、すでに佐久郡は大よそ徳川氏の輩下依田氏の勢力圏となり、また、小県地方は、ほぼ真田氏の確実な支配範囲にはいるようになっている。

昌幸の築城の意志はこのころはじめて決せられたとみることができる。そしてその建設地として小県の中央、上田の地が選定せられたわけであった。

（三）上田築城

「真武内伝」（享保十六年編）という真田家の事蹟を記した書物に、昌幸が家康に味方して忠節を尽くした結果、信州の過半は徳川のものになった次第を述べ、「其比《そのころ》家康公へ房州公（真田昌幸）仰せ上げられ候は、此上にも随分忠節を仕るべしと存じ奉り候へ共、國端に之れあり候ては何事も成されず候間、國中へ罷り出で、方々御手遣仕り度候。さり乍ら自力を以て一城取立て申す義、叶い難く候條、御助成下され候様にと御申候へば、御尤に思し召され、近辺の城主へ望みの通り、人夫等助成申す様にと仰せられ、天正十二申年、信州常田の台と云う所に、房州公御縄張を以て、一城取立てられ御居城に成され候。今の上田の城是也」とあって、昌幸が家康に「國の端《はし》の城（松尾城などを指す）に居ては何事もできないから、國の真中へ出て諸方へ手配をしたい、しかし自力で一城を築くことができないから助力をお願いしたい」と言ったのに対し、家康も尤《もっと》もに思い近辺の城主達にも応援させたので、天正十二年小県、常田台という所にはじめて城ができた。これが上田城である―と記しているのである。このことが果たして事実であるか否かは問題はあるが、この記事は真田がその本拠を松尾城・戸石城という辺地の山城から、上田という平坦部の平城に移さざるを得なかった時代的情勢をよく物語っていると思われる。

周知のように中世までの城は主として「山城」であった。領主は、領内の軍事上最も重要と考えられる地点の山を選んで、山頂に城郭を築きその麓に居館を建てた。はじめ真田氏の拠った松尾城、戸石城などはこの山城の典型的なもので、平時は山麓の居館にいるが、一旦事があった場合は山上に拠って守る、つまり戦時に重点をおいて造った城であった。中世末から近世初期にかけて、城郭は次第に平地につくられるようになってくる。鉄砲などの兵器の発達によって、それまでの築城法が意味をなさなくなったことにもよるが、一つは領内の中心地に城を築き、城下町を発展させ、武士階級が名実共に政治経済の実権を握ることの必要から生まれた。平地につくったから「平城」といい、この代表的なものとして、最も早くあらわれたのが、天正四年、織田信長によって築かれた安土城で、その築城法は日本の城郭史に一新紀元を劃したものといわれる。

さて、昌幸が上田築城にとりかかったのはこの安土城ができてから数年後の天正十一年八月のことであった。当時の上田はすでに交通の要衝として一聚落をなしていたというが（小県郡年表）、真田がこの地に築城の縄張りをはじめたことは、近隣諸豪に大きな衝動を与えたものらしく、このころ海津城（今の松代）まで進出してきていた越後の上杉氏のごときは、これを追払う意図をもって兵を虚空蔵山（太郎山の西の山）の山上に登らせ、築城の様子を偵察させたりしていることが史料にみえている。完成の年月は定かではないが、おそらく天正十二年の年のうちのことであろう。北国街道の要衝に位置し、尼が淵の断崖上に立つこの城の規模と構造は、甲信にも比類の少ない近代的要塞であったと伝えられるが、その真価を発揮すべきときが早くも翌天正十三年にやって来た。有名な第一次上田合戦がそれである。

（四）上田合戦

世に真田の軍略をたたえるものは多いが、徳川の大軍が真田によって撃退された戦が、実は二回あったことを知るものは思いのほか少ないのではあるまいか。秀忠の軍が上田城で阻《はば》まれたため、関が原の戦機におくれてしまったことによって有名な上田合戦は、第二回目のものであって、実はそれよりも十五年も前に、既に徳川軍は真田のために苦杯をなめさせられている。そしてその第一回目の徳川対真田の合戦（これをかりに第一次上田合戦と呼ぶことにする）こそは真田の実力と面目とを十分に発揮したものであった。この意味で、ここに第一次上田合戦の模様を少しく詳細に記してみよう。

第一次上田合戦

真田氏が上田に築城したころのことである。織田信長の遺児信雄のことから、当時天下の二大勢力であった秀吉と家康とが相対立した。家康は使を関東小田原の北条氏直に送って、援けを乞うたところ、氏直は援軍を出す条件として真田氏の領有する沼田城の引渡しを要求した。真田氏を自らの勢力下に収めたと自負していた家康は、簡単に沼田を北条へ渡すことを昌幸に命じた。ところが、前述のように、沼田は昌幸が家康に服属する以前、すでに自力で経略した城であって、これを手放すことは、年来真田が上州方面で築いてきた功を一時に失うことになる。そうでなくてさえ家康に対して心穏やかでないものをもっていた昌幸は、家臣とも相談の上、家康の命を断乎として拒絶した。そして、ただちに使を越後の上杉に派し、あらためて同盟を結び、後北条氏の背後を制するの策に出た。すなわちそれは真田が徳川・後北条の両雄を向こうにまわして対決する覚悟をきめたことにほかならなかったのである。

そのころ小県地方で川西の一大勢力として真田氏に対立していた室賀氏は、従来から徳川氏につき、上杉氏と対抗していたので、真田のこの策により腹背に敵をうける結果となり、遂に没落してしまった。この結果川西地方は自然昌幸の手に入り、上小一円は全く真田氏の領有するところとなったといわれる。

さて、真田の反抗を怒った家康は、ついに上田攻めを決意し、大久保忠世・同忠教・鳥居元忠ら腹心の部下をはじめとして、保科・屋代・諏訪・依田ら、当時の徳川傘下にはいっていた信州の諸勢力を含めて、およそ八千の軍勢で上田表へ来攻した。天正十三年閏八月のことである。これに対し真田方は本城上田に昌幸、砥石城に嫡子信幸、古城の森に次男幸村（信繁）、矢沢の城に矢沢三十郎、丸子の城に丸子三左衛門等という陣容で徳川勢を迎えた。

戦は神川あたりからはじまった。まず、昌幸の命を受けて出動した信幸の手兵は、あるいは攻めあるいは退きして、次第に徳川勢を城下に誘きよせ、勢にのった徳川勢が、大手門を突破して二の丸の門まで殺到したとき門上に吊った大木を落とし、さらに各所から一斉に弓鉄砲をうちかけた。予想外の奇襲に徳川勢が混乱するところへ、城中からかん声をあげて猛烈な突撃を加えた。浮足立った徳川勢は我先に逃げのびようとしたが、あるいは町にあらかじめつくってあった千鳥掛（街路に頑丈な柵を斜め打ち交えに並べたもの）によって妨害され、あるいは町家にかけられた火によって退路を遮断され、あるいは鉄砲隊によって狙撃されるなど、徹底した攻撃を加えられて、遂に死傷者千三百（信幸書状による）という大損害を残して敗退するにいたった。これに対して真田勢の損害四十にすぎなかったといわれている。大敗を喫した徳川勢は方向をかえて、真田の支城丸子城の攻略にかかったが、これまた徒らに時日を重ねるばかりで成功せず、遂に家康に増援部隊の派遣を仰ぐという状態となった。家康はただちに井伊直政らを主脳とする約五千の援兵を派遣したが、この救援軍は上田表に到着しても、何故か積極的に攻撃に出ず、そのうち越後の上杉氏の援軍が上田に至ろうとする気配があるに及んで、一転して引揚げを開始し、わずか丸子河原町を焼払ったくらいで全軍帰国の途についた（但し大久保忠世のみ小諸に残った）。徳川勢が鎧袖一触《がいしゅういっしょく》の気勢をもって上田表にのりこんでから、実に二十余日過ぎてのことであった。

真田の名が全国的に注視されるようになったのは、実にこの第一次上田表の合戦の結果によってである。後日、昌幸・幸村の父子が天下の統一者たる豊臣秀吉から、特別な懇情をもって待遇せられるのも、また、昌幸の長子信幸が江戸幕府の開祖である徳川家康と、義理の父子の関係をもって結ばれるのも、実はこの戦によって真田氏の実力が、一世に認識せられての結果であった。

この第一次上田合戦後、昌幸はまず上杉景勝に次男幸村を人質に送って誓を固くする一方、さらに、当時徳川を抑える唯一の大勢力であった秀吉にも、人を介して誼《よし》みを通じた。秀吉は早速書をもってこれに応え上洛をうながしたので、天正十三年のおわりごろ、昌幸は二子信幸、信繁を伴って秀吉の居所大坂城に赴き、はじめて臣下の礼をとった。

このころ、世の中は秀吉の力によって、一応統一化の方向へむいてはいたが、なお隙《すき》あれば「土地切取りは武士の習い」とする風は絶えることがなかった。真田氏もこれから秀吉の力を背景にして、その勢力圏の拡大をもっぱら佐久方面にむけて行ったことは、今日にのこる一、二の史料によって想像することができる。

たとえば、真田町信綱寺（昌幸の兄真田信綱の菩提寺）に所蔵される昌幸の天正十三年十二月の文書には「佐久郡が自分の計画通りになった暁には、岩村田の龍雲寺の寺領を貴寺に寄進しよう」という文言が見えているし、同十四年二月になると佐久の岩村田や芦田の一部を、家臣に与える朱印状などを出すようになっている。

当時佐久は徳川の勢力圏であった。この状況をみた徳川家の不快はおおうべくもない。遂に家康は再び真田征討の意を決したほどであったが、政治巧者な秀吉の調停するところとなり、あらためて昌幸は家康に謝し、家康は昌幸の長男信幸に自分の養女小松姫（本多忠勝の娘）を嫁がせることによって、両者の間に和談が成立した。この小松姫の入嫁は真田氏にとっては極めて大きな事柄であった。すなわち単に家康との間のわだかまりがとれたに止まらず、ここに天下の徳川氏と深い縁が結ばれることとなったからである。

さて、秀吉に服して徳川氏と結んだ後の真田氏はここにはじめて小康の日を迎えたかの観がある。

かえりみれば、天正十年武田氏が滅び、四十年来の主を失ってからの真田氏の運命は、まことに変転極まりないものがあったといえよう。まず主たる武田氏を失って後、織田信長の部将滝川氏の手に属して僅かに三か月、本能寺の変に信長がたおれてからは、はじめ越後の上杉氏につき、しばらくして相模の後北条氏の配下となり、いくばくもなく三河の徳川氏とよしみを通じてその傘下に入り、さらには一転してその徳川・後北条両氏を向こうにまわして決戦をいどみ、ついに豊臣氏に臣下の礼をとるにいたる。わずか足掛四年のうちに、主を替えること六回、兵を動かすこと大きなものだけでも五回に及んでいる。諸雄互いに争う間にあって、小領主の身を保するもまた難きものがあったといわねばならない。

真田氏のこのころの動向を示す史料は数多く残っているが、豊臣氏に服した翌年、すなわち天正十四年の年号のものになってからは、これまでと趣を異にしたものがかなり多くなるのに気づく。たとえばその年の上田願行寺文書・同じく大星神社文書・天正十五年の山家神社文書・同じく塩野神社文書などはいずれも神仏崇敬と民心の安定とをねらったもので、このころから民治に専念することを得た様子がよくうかがわれる。中でも天正十五年、山家神社（真田町）の蓮華院に宛てて出した、四阿山における「栂《とが》」「ひそ」伐採の禁令などは、すでに産業保護の一端が施政面に出たものとして注目すべきものである。

このようにして天下はおおむね秀吉の威令に統一され、残るは伝統を誇って秀吉に屈するを潔しとしない相模小田原の後北条氏のみとなった。天正十九年（一五九一）、秀吉は全国に令して戦国時代最大の規模といわれる攻囲軍を組織して、後北条氏を討伐したが、この「小田原攻め」の原因が、直接には真田氏の所領の問題から発生したといわれているのも興味あることである。

はじめ秀吉は、後北条氏の帰順上洛を要請し、その交換条件として真田氏を口説き、その代々の所領のうちから沼田城と利根川東側の領地の一部とを手放させて、これを後北条氏に与えた。しかるに後北条氏は約に叛いて上洛を渋るのみか、その部下は利根川西側の真田の領地まで侵略し、名胡桃という真田氏の支城を奪取してしまった。真田からの報に接した秀吉は大いに怒り、ただちに朝敵・公約違反を口実として、全国から二十万余の大軍を動員するに至ったといわれている。

この後北条氏の討伐に当たって昌幸は中山道の先鋒として奮戦し、松井田・杉山・鉢形などの各城を陥れて小田原に迫った。史料によれば、その戦況は逐一秀吉のもとに報告されたが、この報告に対する秀吉の返事も、また「小田原攻め」の近況を知らせて懇切を極めたもので、この両者の交情がなみなみのものでなかったことを思わせずにおかない。小田原城は包囲後、三か月余の日時を費してようやく落城した。引きつづき奥羽地方の諸大名も全部降伏してここに名実共に豊臣の天下制覇が成った。後北条氏の旧領関東地方は家康に与えられ、家康の旧領、三河・駿河・遠江・甲斐・信濃へは、秀吉部下の諸将が転封任命された。自然信州の諸侯はほとんど家康の麾下となって関東地方へ移封されたが、ひとり真田氏のみは豊臣氏との関係が特別であったので上田に居すわりとなり、問題の沼田領もその手に戻されることとなった。

秀吉は海内統一の夢が実現すると、遠く朝鮮侵入のことを計画したが、結局成功をみないうちに逝世し慶長三年（一五九八）、世の大勢は次第に五大老の一人であった徳川家康の握るところとなった。ところが、同じく五大老の一人であった上杉景勝は、家康の専横に心穏やかならず、これに対立したため、家康は勢力下の諸将に出兵を命令し上杉討伐の軍をすすめることとした。真田氏もその催促をうけ、当主昌幸、次子（信繁）幸村が上田から、長子信幸は沼田から、それぞれ兵を率いて奥羽に出発したわけであった。

石田三成の重大な使命を帯びた密使が昌幸の下に来たのは、この途中、真田氏の軍勢が下野（現栃木県）天明の宿に至ったときである（慶長五年七月廿日頃と推定される）。三成の密書の伝えるところは、要するに家康の天下掌握の野心を難じ「豊臣恩顧の諸侯、相はかってこれを討伐するに決したから同心を得たい」との意を表したものであった。

昌幸ははじめ若干の疑問をもったが、あらためて三成から懇篤な釈明と要望の手紙が到着し、さらに宇喜多・毛利等の両大老からも親書が到達するにいたって、ついに意を決した。秀吉の知遇を受けて十一年、子の幸村と共に、常に豊臣方の先頭に立って来た義からいっても、また、幸村の妻が豊臣方の重臣である大谷刑部の娘であるという情からしても、昌幸・幸村は当然、豊臣方たるべき筋合のものでなければならなかった。

しかるにここに一つの問題が生じた。それは長子信幸の立場である。信幸の妻は前述のように家康の養女（実は家康股肱の臣たる本多忠勝の娘）であり、更に彼の預所関東の沼田は、徳川の支配地であった。すなわち血縁的にみても、主従関係からいっても、彼はむしろ家康と直結すべき事情にあった。かくてはおのおの自らの所信に生きるよりほかはない。昌幸は幸村と共に徳川勢からぬけて上田に帰り、信幸は秀忠の東山道軍に加わって関ヶ原にむかうことになった。真田氏が親子・兄弟それぞれ別の立場で動かざるを得なくなったのも、このような事情による宿命というべきものであったろう。一つに、これを真田家を維持するための策略より出でたとする説もあるが、その真否はなお将来の問題として残されねばならない。

第二次上田合戦

家康は石田三成等の企図をきくや、ただちに会津攻撃を中止し、全軍を二手に分けて自らは東海道を西上、長子秀忠には中山道をとって京に上らせた。慶長五年九月、中山道を進発し来たった秀忠は、まず上田に立てこもる真田氏を掃蕩して、関が原に向かおうとし、三万余の軍勢をもって上田城をとり囲んだ。秀忠が中山道筋に出発するに当り、家康は親しく重臣本多正信を呼んで秀忠に随行させ、また、小諸城主仙石秀久に再三書を送って上田城の監視怠りなきを命ずるなど、前回の上田攻めの失敗にこりてか、配慮極めて慎重であった模様である。

秀忠軍の第二次上田城攻撃が始まったのは九月五日のことである。徳川軍三万余に対し、真田は約二、三千の守兵であったと推定されているが、何故か本格的な戦闘もないうちに、徳川勢は兵を小諸に引き上げるにいたった。伝えるところによれば、秀忠の本意は積極的な攻撃にあったが、家康の命によって随従して来た本多・大久保らの老将が情況を判断し、この城のため、多くの兵と時とを損することの不可を、秀忠に力説したためともいわれている。

いずれにせよ、第二次上田合戦には戦闘らしい戦闘は交えられず、数日の間にらみ合っている状況であったが、そのうち家康から督促をうけ、徳川軍は急遽小諸から関が原に向けて出発してしまったらしい。秀忠は昼夜兼行の強行軍をもって西上していったが、十日後大津において家康の軍勢に合したときは、すでに関ヶ原の大会戦が終了して五日目のことであつた。すなわち秀忠三万余の軍勢は、上田・小諸において数日停止していたため、遂に関ヶ原合戦に参加できなかったわけである。この時、秀忠に対する家康の怒りは一通りでなく、はじめは面謁さえ許さなかったほどであったと伝えられている。

さて関ヶ原の戦は周知のように大坂方の大敗に終わった。石田・小西・安国寺・大谷らの諸将は、ことごとく捕えられて斬られるという状況であったから、そのままでは真田昌幸・幸村の一命も、もちろん保つことは困難であったであろう。幸いにして家康方に子信幸があり、一身にかえて助命を歎願した結果、この父子の死罪はまぬがれた。しかし上田城は破却され、真田父子は遠く高野山に蟄居を命ぜられる運命となったのである。

九度山に蟄居を命ぜられた昌幸父子は慶長五年十二月、池田長門守以下の腹心の部下を伴って高野山に赴いた。この時同行した人々は、池田長門守　原出羽守　高梨外記　小山田瀬左衛門　田口久左衛門　窪田角右衛門　河野清右衛門　青木半左衛門　飯島市之丞　石井舎人　前島作左衛門　関口角右衛門　関口忠右衛門　三井仁右衛門　青柳青庵　大瀬義八などの人々であった（小県郡年表による）。これらの人々は、いずれも武田氏時代、あるいはそれ以前から昌幸を中心として、二十年・三十年の長きにわたって、あるいは攻め、あるいは守り、上小地方の収拾統一に、身命を捧げてきた人々であったことはいうまでもない。

（五）真田信之

ここに大勢は一変して天下は全く徳川の勢力下にはいった。そして上田領はあらためて真田信之に与えられることになった。すなわちこれより先、慶長五年七月二十七日の日附をもって、信之は今までの自らの領地、上州沼田における二万七千石に合わせて、父昌幸の旧領上田における三万八千石、さらに小県において加増三万石、合計九万五千石の知行状を受けたわけである（この時信幸を信之と改めたといわれる）。

信之は上田領主となってからもただちに上田城に居を移したわけでなく、実際に上田に常住するようになったのは、これより十七年の後の元和二年のことであった。上田城主となってからの真田氏の施政については後章に述べるが、戦国争乱のあとをうけて、まず治安の回復と、政権の確立とに全力を傾け、同時に産業の安定や、その開発とに大きな努力を払ったことは、現在残る幾多の文書資料がよく物語っている。

信之が上田領主となって十五年目の慶長十九年、大坂城と徳川方とはついに手切れとなり、十二月有名な冬の陣となった。高野山にあった信之の父昌幸はすでに病歿していたが、弟幸村は迎えられて大阪城に入城、一方の旗頭として大いに奮戦し、徳川勢も終始これに悩まされたことは、天下によく知られていることである（上田市史上巻三四六頁参照）。自然、上田城主としての兄信之の立場はきわめて苦しいものであったことは、当時の信之の文書などからも察することができる。一旦和睦となった両軍の間も元和元年再び決裂し、大阪方は最後の決戦をいどんだが利あらず、幸村はじめ多くの将卒は、総大将秀頼と共に悲劇的な最期をとげ、ここに海内の権は全く徳川の掌握するところとなった。

元和二年、それまで上州沼田にあって上田領の政務をみていた真田信之は、この時から上田城内に入り、領内一円に対し、改めて各種の政令・印判書などを出して藩政を確立することに努力した。信之は沼田から上田へ移るに際し、その子信吉に、沼田城主の地位を譲っているところをみれば、おそらくこれからの余生を、祖先からうけついだ上田藩政の一筋にかける覚悟でいたものであろう。しかるに時運はかならずしも彼の思う通りにはならなかったのである。

(六八) 松代移封

元和八年八月、真田信之に対し突如転封の下命があった。移封先は隣領信州川中島十万石であって、新上田藩主には隣領小諸城主仙石忠政が決定された。この移封命令は信之にとっては全く予期さえしないことであり、また、不本意の事であったらしい。信之が移封の命を受けて江戸より帰る途中、家老出浦対馬守宛てに出した書状に、本文には「誠に家の面目残る所なし」といいながら、追而書に「自分はもはや老年であり、萬事要らざることと思われるが、上意ではあり、子孫のためでもあるから、命令のまま松代城へ移るつもり……云々」と述べているのに、その心中を察することができる。

天文の初めのころ、祖父幸隆の時代からすれば、約一世紀にわたり、また、それより前、宗家たる滋野氏のはじめからは、実に数世紀にもわたって、この土地と人民とを統率してきた歴史を思えば、さすがに上小地方とは離れがたい感が深かったものであろう。しかし、当時の事情では到底このことを訴願するなどということが許されるはずもなかった。信之が多くの譜代の臣を連れて松代へ移ったのは、元和八年十一月のことで、父昌幸が上田に築城してから四十年目に当たる。

二、真田氏時代の政治のしくみ

（一）概説

「東松本之帳」

塩田町の中組町屋に「東松本之帳」（山寺公家所蔵）という古い文書が残っている。表紙に「文禄元年」という肩書をもつ、紙数約四十枚ばかりの古帳で、この種のものとしては上小地方有数の古い史料だが、それはおよそ三百五十年以前の、この地方の農村のあり方がよく示されている点でとくに貴重なものである。その記載内容の一班をみると、

百九十文《山ふきさい》　備後分　御手作㊞
仁百文《まかりち》　神田分　四郎左衛門《下之郷》㊞
白五十文《をね川》　かも分　同人㊞
四百八十文《西澄田》　神吉分　彦内《こんや》㊞
九　百　文《くほのやしき》　かも分　惣吉㊞
（下略）

このようにしておよそ四十枚の紙に、五百八十余筆の土地と、それを耕作する百十余名の人名を記し、最後に仁百仁拾七貫九百六十八文と土地総高が記してある。

これによると真田氏が支配していた文禄元年（一五九二）のころ、東松本の郷（今の塩田町の町屋奈良尾一帯の古名）には合計二百二拾貫文余の田畑があった。それを耕しているのは四郎左衛門、彦内、惣七ら百十余名の農民であり、その場所は合計五百八十余筆にも及んでいたということがわかる。

さて、ここに注意しなければならないのは、その一筆ごとの土地の下に備後分とか、神田分とかと記す文字がある

ことである。これはその土地が本来誰のものであったかを示すものにほかならないが、いま、試みにこの帳からこれらの「分」の字をもつ名前をあげてみると、備後・備中・加茂・神田など二十八の苗字、または名が数えられる。

由来、東松本地方には、天正・文禄のころ、池田長門守という武将が町屋付近に居を構えて、この地方一帯を支配していた記録があるが、これらの備後・備中・加茂らの人々は、その池田氏の部下であったと考えられる。この帳の成立が、はたして表紙に記すように文禄元年かどうかは、若干の疑問があるが、その内容の示すところは、まず中心に池田氏なる侍大将があり、その周囲に備後守・備中守など二十八名内外の将校級の地侍があって、それぞれ何貫文かの土地をもち、幾人かの兵卒級の農民を従えて耕作に従事していた、いわゆる中世的な面影を、よく残すものとみることができよう。

これより時代は少しさかのぼるが、天文の終わりごろ、この東松本の隣郷前山の郷には、やはり前山城主福沢氏の麾下に尾張守・肥前守などの将があって、その辺一帯を支配していたことが明瞭となっているし、また、後述するように「小県郡御図帳」と称する、天正年間、真田氏がまだ上田へ移る以前の成立と推定される古帳には、真田氏と、その一族および家臣など約百四十名が、原の郷にあったお屋敷を中心として、それぞれ多くは数十名、少なきは数名の農民を従えて、自分の知行地を経営している状況が記されている。すなわち、以上の帳に示されているようなかたちが、おそらく近世初頭におけるこの地方一般の、農村の支配形態であったろうと想像せられる。

「西松本之郷」

さて、「東松本」の隣郷を「西松本」という。今の塩田町の石神・鈴子・柳沢一帯を称する古名だが、ここからも近世初期の農村を想察するに足りる、有力な古史料が数点発見されている。しかも、それは前述の「東松本之帳」につぐ時代に成立したものなので、合わせて考察すれば、その支配形態の質的なうつりかわりを、よくうかがうことができるのである。

まず、後に詳説するが、慶長期後半の成立と推定される「西松本郷」なる古史料およびそれに関係する数点の史料（塩田町関多助家文書第四章三三三頁参照）によると、当時西松本には清水・太田らをはじめとする十名内外の地侍があって、やはり数名乃至十数名の部下農民を従えて耕作に従事している。この状況は前の文禄元年の「東松本之帳」と同じであるが、この史料によれば新たに注目すべき二つの事態が生じていることに気がつく。

その一つは前の文禄元年の「東松本帳」では三十名に近い地侍は、一応池田長門守という侍大将の支配下であったと考えられるが、この慶長年間の「西松本郷」という史料その他では、清水・太田らの地侍は、明らかに当時上田城主であった真田氏から、直接知行地を給されるようになっている。そして第二にこれらの地侍たちの間に、新たに「同心」という名のつく身分の、武士階級が入りこんで、この地方に知行を給されていることが注目されるのである。

同心というのは中世末、大身に付属する軽輩の武士を指した呼び名だが、ここでも、たとえば岩崎主馬同心武右衛門とか、小山田壱岐同心平作とかいう名がみえていることから、これらの人々は、当時真田家の重臣であった岩崎主馬小山田壱岐守とかいう人々に直属する下級武士であったことがわかる。

すなわち、以上の状況の示唆することはおよそ次のようなものである。中世末期――戦国時代の終わりごろは、上小地方の各地域には、それぞれ土豪として成長した侍大将があって、部下諸将士を従えその地域の農民を支配していた。しかるに上田築城のころを契機として、真田氏の勢力が上小一円を制圧するに及んで、これらの侍大将はそれぞれ真田氏に服属するか、または討伐せられる運命となった。その結果各地域は、新しく真田氏直属の侍大将を土地の支配者として迎える場合が多かったが、東松本における池田氏もその一例と考えられる。この際、はじめは池田氏が東松本地方の支配権を握り、在来の地侍たる諸将はこの支配下にはいって、その指揮をうける形態をとったものと想像される。しかるに、上田城における真田氏の勢力が逐次強大となるにつれて、地方への指揮権は次第に中央の真田氏にうつり、地方の侍大将や地侍であった者の支配権力はだんだん弱められていった。そしてさらに、真田氏の重臣に属する「同心」階級が、在来の地侍諸士の間にわりこんでいくようになったことは、真田氏という中央の支配者の手が、「同心」という直属の部下を通じて在来の地方の勢力を、直接抑えたり監視するようになったことを意味する。要するに、このころわが上小地方にも、着々と、政治の中央集権化が完成されつつあったといえよう。

(二)　支配者の組織

それではこのような時代的傾向というべきものの中で、当時上小地方にはどのような政治の組織があったろうか。まず、現在残っているいろいろの史料を総合してみるに、近世初期の上田藩には、直接の支配体制として、藩主・重臣・給人・代官・同心などからなる一定の系列があったと推定される。たとえば、次の文書の㈠は、元和元年大阪夏の陣に、真田信之の長男信吉が、徳川方として出陣した際、補佐役として同行した矢沢・木村の両人に対する感謝状兼注意状であり、また、㈡は、その矢沢但馬守が病んで危篤に陥ったとき、「後継者を子息の外記に定める故、その旨よく但馬守に申し聞かせておくよう」命じた信之の文書であるが、このような文書の内容を検討すると、明らかに一般の藩士にあてられる性質のものでないことがわかる。

㈠

尚ミ、其元下候迄、堅ミ可被二申付一事肝要候　とかく万事旁
任置候以上
別紙申候清水持参之状只今参着、令二披見一候仍　今度大阪表河内
守仕合能段、御両所様被二上聞一之由、於二我等一令二満足一候　旁
戦功故と令二分別一候、弥此節候間、其元奉公之儀相頼候、如何様
帰陣之節万事可二申達一候条、不レ能レ具候、謹言、
壬（元和元年）六月二日　信之〔花押〕
矢沢但馬守殿
木村土佐守殿
（松代町矢澤頼忠家文書）

㈡

巳上
矢沢但州煩散之由候笑止候、何様ニも成程艱生専一候、若相果候
者、不レ及二是非一候間、跡式之儀前ミ外記へ申付候間、其段能ミ
但州ニ可レ被二申聞一事尤候、恐々謹言、
二月十九日　信之花押
夕庵
出浦半平殿
池田長門守殿
（松代町矢澤頼忠家文書）

すなわち、このあて名となったような一群の人達が、いわゆる重臣として藩主の側近に侍し、常時藩主と共に政務を執っていたのである。

重臣

それでは、そのころ真田氏の重臣となっていたのはどのような人々であったか。いま、慶長から元和にかけての、真田信之治政時代の重臣（家老職）と考えられる人々を、当時の史料によって推定すると、

矢沢但馬守　小山田壱岐守　木村土佐守　祢津半兵衛　出浦対馬守　原半平　池田長門守
出浦半平　宮下藤右衛門　大熊五郎左衛門　川原右京　石井喜左衛門　清水甚右衛門　海野内匠

などをあげることができる。これらの人々のなかには、真田家譜代の家臣ももちろん多いがそのほかに甲州武田家・

駿河今川家・信州村上家などの浪人で真田氏に召し抱えられたもののもあり、当時、真田氏が広く人材を求めて側近においたことを物語っている。

重臣の任務

次にこのような重臣級の人々の任務について調べてみよう。

㈠
於二于手塚之内一壱貫五百文之所、酉之納ゟ為二寺領一令二寄進一者
也、仍如件、
木村土佐守
戌
正月十一日〔朱印〕　奉之
中禅寺
（塩田町中禅寺文書）

㈡
別所之百姓之内、新足軽二六人罷出、残る百姓一切無之由ニ候条
御料所役三ヶ壱令二用捨一候間、欠落之百姓ども早々召返、田地可
二打開一候者也、仍如レ件、
（元和三年）丁巳
三月廿二日
矢（矢沢）但馬守
石（石井）喜左
海（海野）内匠
出（出浦）半平
木（木村）土佐
桜井市左衛門殿
（塩田町桜井市重家文書）

上段の史料㈠は重臣木村土佐守が藩主信之の意をうけて中禅寺（現塩田町）に出した寺領寄進の朱印状である。下段の史料㈡は、別所村の百姓が足軽に徴発せられて、残りの百姓がなくなった。そこで、年貢を三分の一免じてやるから、前々から逃散してしまっている百姓共を、早く召し返して田地を開かせよ、という命令で、当時の別所代官桜井氏にあてたもの、重臣五名が連名で出している（前掲史料参照）。

また、次に示すのは、これらの重臣に「肝煎」という役を命じた文書である。

㈠

定

真田

横尾

以上

右之郷、村向後其方肝煎相頼候間、職方法度以下並田地指引堅可レ被二申付一者也、仍如レ件、

辰（慶長九年）六月廿三日　（信之）（黒印）

河原右京　殿

（松代町河原稔家文書）

㈡

定

八木沢・別所・野倉・山田・手塚・前山・十人村・本郷・中野保屋・小嶋・神畑・五賀・下之郷・西松本・平井寺・東松本・舞田

以上

右之郷村向後其方肝煎相頼候間、職方法度以下并田地指引堅可レ被二申付一者也、仍如レ件、

辰（慶長九年）六月廿三日　（信之）（御黒印）

日置五右衛門殿

（大鋒院殿御事蹟稿）

すなわち、さきにあげた重臣川原右京・日置五右衛門らが洗馬や塩田地方の「肝煎」を命ぜられているのであるが、文中の職方法度とは、職方（郡中職方ともいい、郡奉行と職奉行とを兼ね民政警察を司った）の守るべき法度をいうのであるから、「肝煎」というのはおそらく郡奉行・職奉行の上にあって比較的広い地区の行政に対して、世話役的な職務を行なったものではないかと考えられる。

以上のような諸史料によってみるに、これらの重臣階級の任務は、藩主の身辺の配慮から、寺社領の寄進、農民への政策、知行地に関する指令、領内諸地域の世話役監督など、かなり広い範囲にわたるものであったことを知ることができよう。

重臣の知行地

次にこの重臣層は、どのくらいの土地と部下を従えていたものであろうか。その具体的な一例として先に掲げた重臣の一人、大熊五郎左衛門の例によって示すと、大熊氏は慶長六年、信之から次のような知行書を与えられている。

大五郎左知行分
六拾五貫文　小　牧
百四拾七貫四百八拾文　洗　馬
拾七貫三百文　真　田
拾七貫六百文　横　尾
仁拾貫四百六十文　原之内
八貫文　秋　和
九貫文　須川山畑共ニ、
五貫文　上河原
拾五貫文　諏訪部河原
三貫文　畠山塚原ノ内
合三百拾七貫五百六拾文
（慶長六年）丑　八月三日
矢　忠兵㊞
木　五兵㊞
日　五右㊞
大（大熊）五郎左衛門殿
（大鋒院殿御事蹟稿）

大熊五郎左衛門の本拠は洗馬曲尾（現真田町）にあったのだが、この史料によれば、彼はここに百五拾貫に近い本領を与えられているほかに、小県全体にわたって十ヶ所近くの知行地を与えられており、全体としては三百拾七貫文余の土地の知行者であったことがわかる。三百拾七貫文といえばそのころ仁古田村・別所村・長瀬村などが三百二、三拾貫文の土地であったから（室賀村大井宗次郎家文書）、だいたいこれらの村一ヶ村くらいの土地を給せられていたことになる。

次にこの土地と共に、その支配下にあった部下はどのくらいあったかというに、次の文書が参考になる。

洗馬曲尾之郷

高辻
六百七拾弐貫九百八拾文
此内廿四貫五百八文大五郎左分仁分かけ也左衛門様へ□
□也
此内
百仁拾七貫文　御料所
三拾八貫文　同　五右分　同
百四拾七貫四百八十文　大熊五郎左衛門尉
拾八貫文　川原右京助
十五貫文　三井久三
十五貫文　三井九衛門尉
拾貫文　関　新八
八貫文　御持筒衆　太郎左衛門
（以下同貫文同肩書者四名を略す）
八貫文　川右京同心　与助
（以下同貫文同肩書者七名を略す）
八貫文　大五郎左同心　平助
五貫文　同　堀内新左衛門
同　同　源左衛門
同　同　介兵衛
同　〃　助之亟
同　〃　二郎兵衛
同　〃　縫殿左衛門
同　〃　惣左衛門
同　〃　助哉
同　〃　才三
以下同一貫文、同一肩書の者二十二名および散吏免・ぬりし、社寺の免地十四項目　略
合六百七拾二貫九百八拾文（真田町曲尾宮原神社丈書）

（註）これは、洗馬曲尾地方の知行帳とみるべきもので、年号の記載を欠くけれども、大熊五郎左衛門の知行貫高が、前に記した慶長元年の知行書のそれと一致するので、そのころの成立であろうと考えられる。なお、この文書の全貌については三三〇頁（『上田小県誌　第二巻歴史篇下』）を参照せられたい。

さて、これによってみると、この地方の支配者としては、大熊氏以外に川原・三井などの苗字付の有力な地侍があり、そのほかに御持筒衆・同心などという、苗字のない多くの下級武士があったが、そのうち大五郎左《(大熊五郎左エ門)》同心という肩書をもったものが三十二名数えられる。要するに大熊氏は、洗馬地方においては、これだけの下級武士をその配下として、藩主から預けられていたのである（この同心侍は、またそれぞれ若干の農民を自らの部下として、土地を耕農させていたことは後に述べる）。したがって、大熊五郎左衛門は、自らの直接の采地一四七貫文余のほかに、間接にはこれら自分の配下同心の持高―一人五貫文あて三十二名分、計一六〇貫文―合わせて三百七貫文余をその勢力下においたわけで、この数字は、当時洗馬曲尾地方の総高六七二貫文余の約半分に当る。また、一六〇貫文余の土地に三十余名の同心が配されていたとすれば、一四七貫余の自らの知行地にも、相当数の譜代の部下があって、その経営に当っていたことも、当然想像されるところで、合わせて数十名の武士が大熊氏に所属していたのではなかろうかと推定されるのである。

給人

一般に知行地（給地ともいう）を藩主から附与されていた武士は「給人」といわれた。慶長十六年、真田信之が和田町へ出した禁制の中に「給人・代官・百姓・町人にたいし非分の儀候者、宮下藤右衛門まで可申事」とある条《くだ》りの給人とはこれをいったものである。

関ヶ原の戦が終わって、改めて上田城主に任ぜられた真田信之は、翌慶長六年ごろから上田藩政について、種々改革するところがあった。この時支配下の給人に対して、一斉にその知行地の検分・改替を行なったことは、同年八月信之が大熊氏や矢沢氏にあてて出した文書に「小県郡今度改め申候間、其方本領三百拾貫文無二異議一置出候、云云」というような文書によって知られる。

この「知行改め」によって本領を安堵され、または新たに土地を給与された武士はかなり多くの数にのぼった。現在上小地方各所に、次のような文書が数多く保存せられていることは、当時の状況をよく物語っている。

㈠
向後可レ致二奉公一由候条、本知拾九貫、重恩拾一貫、合三十貫文出置候、猶依二戦功一可レ令二加増一也、
（慶長六年）
辛丑
八月五日　〔朱印〕（信之）
金井金右衛門殿
（大鋒院殿御事蹟稿）

㈡
別而可レ致二奉公一之由候条、於二武石之内一拾貫文、於レ于二長窪内一拾貫文、合弐拾貫文出置候、猶依二奉公一可レ令二加恩一者也、
（慶長六年）
辛丑
八月十二日　〔朱印〕（信之）
長井権助殿
（和田村　長井新蔵家文書）

さて、この給人の知行地には、戦国時代から真田氏に同心与力したものに対して、いわゆる所領安堵の形で与えられたもの、あるいは天正十年以後支配者のなくなった土地（闕所）を収公し、これを戦功のあった在地武士に与えたもの、沼田において忠節を励んだ吾妻郡地方の諸氏を上田に移し、これに知行を与えたものなど、種々の形のものがあったといわれ、特別な違背行為のない限り子孫に譲与することができた。

また、これから後も場合によっては、個人的に知行地の改替が行なわれたが、その多くは何かの事情で元来の知行地が塞がっており、それ以外の地で勘忍分（臨時的な知行分）を給せられていたのが、本知行地があいたので本知行者に返されたというようなものが多かったといわれる（以上『信濃』十一ノ六、米山一政氏論文による）。

料所

次に、「料所」と「代官」とについてのべてみよう。

慶長六年に「知行改め」のあったことはさきにのべたが、この時海野三右衛門にあてて出された文書に、次のようなものがある。

上丸子
高
四百三貫三百五拾文
此内
九拾三貫四百九拾文　御料所
三百貫文　海野三右衛門
四貫文　番匠
四貫六百廿文　銀仁右衛門
壱貫廿文　永河成
仁百仁拾文　永不作
合四百三貫三百五拾文
（慶長六年）辛丑　祢津助右衛門尉
八月四日　原　半兵衛
出浦上総守㊞
海野三右衛門殿
（松代町海野直枝家文書）

この文書は、当時の上丸子村の土地高が四百三貫余あり、これがどのように区分支配されていたかを示すものだが、最も多いのは海野三右衛門の三百貫文で、これは、上丸子が海野氏の本知行地であったからである（海野三右衛門はもと丸子三右衛門といい、丸子城に拠っていたが、後、真田氏に服属し、真田氏ゆかりの海野姓を賜わって海野三右衛門と称した）。海野氏のほかには番匠（大工職）・銀師などにそれぞれ四貫文内外の地が給されているが注目されるのは冒頭に九三貫文余の御料所なる項があることである。

御料所とは、元来、藩主直轄の領地を指すもので、給人に与えた知行地とは別のものであるはずである。それが何故海野三右衛門にあてた令書の中にはいっているかというに、当時海野三右衛門は、上丸子村の中に三百貫文の自分の知行地をもっていたので、上丸子村全体に対する代官役も命ぜられていたからにほかならない。

ここで料所と代官の関係について少しく説明すると、近世初期の大名は支配下の武士に知行地を給与するほかに、自らの直轄領を保有し、これによって自己の基礎を固めるとともに、知行地の供給源ともした。（将軍における幕府領―天領―はこの関係の発達したものである）この直轄の領地が「料所」であって、その料所を預かり年貢収納のことを司るものが「代官」といった。

このころ、真田氏は上小地方にどのくらい「料所」を保有していたかというに、上田領として全体的に明らかにされたものではないけれども、次の文書がきわめて有力な史料となっている。これは室賀村（現川西村）大井家から発見されたものだが、慶長十三年の成立で、当時の上田領の千曲川以南の村々―現在の上田市南部から川西・青木・塩田・丸子・依田窪南部の諸町村―全部の村高が記されており、その後半に次のような記載がある。

大井家文書（後半）

（前略）

此内

六千百三拾七貫九百七十七文　御料所

千弐百貫文　御前様

四拾七貫六百八文　永河成

百四拾弐貫三百九十三文　永不作

八貫三百七拾文　竹むろ道池ニ成

六拾六貫文　夫馬十六疋

七百貫文　源吾様
三百弐貫七百文　宮内様
弐千百八貫百四拾六文　知行方
千百六拾弐貫文　足軽給
九拾五貫三拾四文　社　領
四拾弐貫九百卅壱文　寺　領
七拾貫三百九十六文　銀師・細工
番匠・大切　知　行
山作
三拾六貫八百文　代官免
六拾五貫八百文　さんし《（散使）》免
拾弐貫文　竹石和田御鷹見四人
弐貫四百六拾文　御蔵やしき
弐百六拾三貫六百八十文　小泉領入□　□五右原半岐之時引

九貫七百拾文　伝馬やしき
拾六貫六百五拾文　日そんやしきせ
せきめん
合壱万仁千四百九拾七貫六百十五文
残る
千百六拾三貫四百八十五文
此内
六百八拾七貫五百文　御加増　新御恩共
残る
四百七拾五貫九百八十五文　有物
都合壱万三千六百六拾壱貫百文
慶長拾三年
甲霜月　日
（川西村大井宗次郎家文書）

これによると、この地方の総高一三、六六一貫文余のうち六、一三七貫文余が料所となっていた。この割合は約四八％である。次に御前様・源吾様・宮内様など藩主一族の支配地が、合わせて二・二〇〇貫文余あり、これが総高の一七％にあたる。一般武士に対する知行地は二、一〇八貫文（一六％）、足軽（同心）に対する給地が一一、六二貫文

（九％）合わせて二六％、以上合わせて九〇％で残りが社領・寺領・銀師・番匠などの特殊職給、そのほか御蔵やしき・永河成・伝馬やしき等諸種免租地となっていたことが知られる。もっとこの記載の終りの方をみると、以上の支給地、免租地のほかにさらに残高として一、一六三貫余の土地があり、このうち六八七貫文余はこの時御加増・新恩（新支給地）として与えられており、残り三七五貫文余が「有物」となっている。この「有物」というのが加増や新恩にあてるべき余裕分（予算でいえば予備費）に当るものであろう。

さて、この記録よりすれば藩主の直領地たる料所は、全領の約半分であることを示すが、おそらく、千曲川以北の地域を入れても、この程度を下らない割合で料所が保有されていたのではあるまいか。当時上小地方の真田領は、約二万貫文余と推定されるから、この割合でいくと料所は、約一万貫文前後となる。

このような料所はほとんどいずれの村にも設けられていたと推定されるが、藩主の出先機関としてこれを支配していたのが「代官」であった。

代官

当時の「代官」の職制や任務についての詳細な記録はまだ見出されていない。しかし、今残る諸史料によってそれを想察すると次のようになる。まず、一般的に代官は次のような任命状によって任命された。

㈠は、長瀬・練合・塩川一帯の料地の代官として、春原氏が任命されたときの文書であるが、「厳重に蔵納（年貢徴収のこと）致すべき者也」というあと書きが、その職務を端的に物語っているものといえよう。また代官のうちにも「大代官」なるものがあった。

史料㈡の場合がそれで、その管轄区域が別所・野倉・中野の三郷にまたがる広範囲な地域の代官であったため、と

㈠

定

一　拾貫四百六拾文　（長瀬之内）肥後分

一　弐拾七貫四百三拾文　（祢り合之内）久野分

一　四拾弐貫六百六拾文　塩川之内

辻

合八拾貫五百五拾三文

以上

右其方代官所ニ預ヶ置候、厳重ニ可ㇾ致二蔵納一者也、仍如件、

卯（慶長八年）三月廿六日　御朱印（信之）

春原六左衛門尉殿

（大鋒院殿御事蹟稿）

㈡

別所・野倉・中野之大代官ニ其方申付候当納厳重ニ収納相頼候、仍如件、

辰（慶長九年）

九月十二日　〔朱印〕（信之）

松沢五左衛門　殿

桜井市左御門尉殿

（塩田町別所桜井市重家文書）

くに大代官と称したものであろう。なお、これと同じ年の六月に、真田の重臣、日置五右衛門が、別所・野倉・中野の諸郷を含む塩田地方の肝煎を命ぜられ、職方法度、田地差引を申しつけられていたことは既に述べた。

代官の職務

次に、この代官の職務はどんなものであったかというに、前項の別所・野倉・中野の大代官を命ぜられた桜井市右衛門に対して、発せられている次のような文書が一応の参考になろう。

史料㈠は代官所における前年度年貢の収納諸計算がいっさい終わったこと、未納分として、一二三〇俵の籾は百姓に借しおくことなどを、藩の重臣から代官へ申し伝えたものである。

史料㈡は和田の代官が非道の事を行なったので料所の百姓が逃散してしまった、そこで望みにまかせお前を代官に

㈠

其方御代官所別所・野倉辰納巳之御拂方、御遣方、悉皆済候　右
之内延合弐百三拾表百姓中へかし置申候　御朱印小配符其方所ニ
御座候　仍如件、
巳（慶長十年）八月廿日　出　対〔黒印〕
清甚右〔黒印〕
桜井市左衛門殿
（塩田町別所桜井市重家文書）

㈡

以上
和田之百姓共代官ニ令㆓退屈㆒、欠落之由申上候　因㆑茲、任㆑望代
官被㆓召替㆒候条、何れも召連可㆓罷帰㆒候　其方年来奉公候条、於㆓
于和田㆒五貫文、於㆓于武石㆒弐拾貫文、合仁拾五貫文之所出置候
役儀之事者、所務次第可㆑被㆑致㆓奉公㆒者也、
卯　三月廿日〔朱印〕（信之）
羽田右近亟殿
（和田村羽田作左衛門家文書）

するから、百姓共を連れ帰って来るようにという意味で、代官も事情によって交替させられたことを物語っている。百姓共も代官に非分があると「逃散」という手段に出て抵抗を試みたものとみえる。

㈠

巳上
石井喜左衛門代官所本原下代非分仕由、百姓等目安差上候条、其
方ニ大代官申付候間、厳重ニ相改、無㆓非分㆒様ニ蔵納可㆓申付㆒者
也、仍如件、
午（慶長十一年）九月十一日〔朱印〕（信之）
菅沼二郎右衛門殿
（大鋒院殿御事蹟稿）

㈡

巳上
木村土佐守代官所、長窪下代其方扱所如㆓前々㆒問屋、代官共其方
ニ申付候間厳重に相改、蔵納可㆑申者也　仍如件、
午（慶長十一年）
九月十一日〔信之朱印〕
小林九右衛門殿
（長門町新町　小林建兵家文書）

これと同様な趣をもつ文書に、右のようなものもある。㈠は石井氏の代官所のうちの本原の下代に非分の事があって、百姓共が訴状を出した。そこで菅沼二郎右衛門に大代官を命じ、厳重に調査させ非分のないようにせよという文書で、この史料によって代官は「下代」なる下級武士を配下にしていたことがわかる。㈡もまた「下代」に関する史料で、長窪の下代・代官共其方に申し付けるというのである。

代官免

次に代官には、代官免なるものが給与されていた。

㈠

以上

石合分代官重而仕候間長窪之内永不作之地拾貫文、為㆓代官免㆒出置候　右之地ニ諸役令㆓免許㆒候　弥奉公候ハゞ可㆓加恩㆒者也、

巳未（元和五年）

十二月七日〔信之朱印〕

小林九右衛門殿

（長門町新町　小林建兵家文書）

㈡

以上

長窪料所別而肝煎由出浦対馬守申上候間、不作之地三拾貫文無役ニ出置候　弥入㆑念無㆓不作㆒様ニ可㆓申付㆒者也　仍如件、

極月六日〔信之朱印〕

石合新左衛門殿

（長門町新町　石合九郎兵衛家文書）

㈢

以上

別而蔵納付而肝煎由、出浦半平申上候間、為㆓代官免㆒、荒地之内仁貫文出置候　弥入㆓于念㆒、蔵納厳重可㆓申付㆒者也、

巳未（元和五年）

五月五日〔信之朱印〕

なら原又兵衛殿

（東部町祢津　楢原正雄家文書）

以上のような文書によってみると、代官免にはいずれも不作の地、荒地などがあてられ、その高は三十貫文から弐貫文に及んでいて、かなり幅のあるものであったことが察せられる。

同心

さて、以上述べてきたような武士たちが、支配者階級の上層部であり、藩政の実質的な中核体をなしていたのに対し、これらの武士に従属しその周辺を形成する下級武士として、前述の「同心」なるものがあった。いわば前者が将校級の武士であるとすれば、同心は兵卒級の武士とも言えよう。

いったい「同心」というのは中世のはじめ、一国の守護に味方した地侍をいったことばだが（これを与力ともいう）、中世末から戦国時代には、一般に武士をさすようになったものといわれている。このころは戦闘の中心が、刀や槍による一騎打ちから、鉄砲や槍隊による集団戦闘にかわってきたため、身軽に馳駆できる同心階級の役割はきわめて重

乗馬衆
嶋　甚九郎
同　平之亟
吉池源兵衛
南条弥左衛門尉
海瀬文之亟
足軽衆　東松本
林勘左衛門尉
同　藤二郎

坂本与三左衛門尉
[illegible]与助
松澤彦二郎
上原勘衛門尉
長沼又右衛門尉
塩入甚三
白河十左衛門尉
竹鼻六右衛門尉
伊藤半之亟

平井源之亟
右之衆同心ニ申付候間、向後被レ催二人衆一一手役奉公可レ為二肝要一者也、仍如レ件、
天正十三年酉乙
六月廿一日（朱印）（信之）
矢澤三拾郎殿
（松代町矢澤頼忠家文書）

要なものとなっていた。したがって有力な侍たるためには、所領する土地とともに配下の同心の数と質とが重大事であった。領主は重立った侍に、この同心をどのように配属させ、給付するかに、かなり心を砕いたもののようである。この「同心」には、はじめ「乗馬衆」と「足軽衆」とがあった。

前掲の史料は天正十二年、上小地方が全部真田氏の領有に帰した翌年、重臣矢沢三十郎に附属せしめられた同心のひとびとであるが、おそらくここに記された面々は、元来川西・塩田地方の地侍で、改めてここに真田氏の支配下にはいったものと想像される。そして「乗馬衆」とあるのは騎馬を許された武士で、戦場においていわゆる「武者一騎」と称されたもの、「足軽」というのは文字通り徒足《かち》によって働いていた武士であろうが、これも、苗字つきであるところをみるといわゆる軽輩でもなかったものであろう。そして、これらの足軽のうちでも功によっては乗馬衆に昇格することがあったことは次の文書が物語っている。

別而可レ抽二奉公一之由申上候条、向後乗馬ニ□（被カ）二成置一、弐拾五貫文被二下置一候　知行所之儀者、来春可レ被二仰付一之由、御意候者也、仍如件、

以上

辛丑（慶長六年）　　祢律助右衛門尉

十月廿四日　〔朱印（信之）〕　　奉之

竜（竜野）　茂右衛門殿

（塩田町龍野清家文書）

すなわち、特別奉公の仕振りがよかったから、今後乗馬衆に昇格し、弐拾五貫文の知行地を給与するというのであ

って、その知行地は来春になって指示すると記してある。

　さて、この同心は、所持する武具によって、「鑓《やり》の者」「鉄砲の者」などに分かれ、なお、ごくわずかであるが「弓の者」もあった。

(一)

鑓之者

三拾四人　其方本同心

七人　羽中田同心

九人　青木半左衛門同心

合五拾人

右之者預置候、向後役(役)儀等可レ被二申付一候、仍如件、

辛丑

八月七日　御朱印

原半兵衛殿

（大鋒院殿御事蹟稿）

(二)

鉄炮之者

拾仁人　春原六左ェ門同心

八　人　池田甚次郎同心

合弐拾人右之者其方預置候　道具等堅粕改役(役)儀可二申付一者也、

(慶長六年)辛丑

八月七日　(信之)〔朱印〕

飯島市之亟殿

（丸子町依田　飯島芳郎家所蔵）

　これらの文書は「鑓《やり》の者」および「鉄砲の者」の配置命令書で、それぞれ重臣であった原半兵衛、川原右京助に、その指揮をとるように命令したものである。この年（辛丑すなわち慶長六年）の同じような内容の史料は、現在数多く残っているが、これは前年の関ケ原合戦の結果、高野山へ流された真田昌幸の家臣中の同心を、新上田藩主となった信之が自らの家臣に配分し直したものといわれている。以上の例にみるように、同心は、主として重臣に配属せられたもので、その主人の立場の変化によっては、次のように預け替えが行なわれることがあった。

(一)

以上

其方知行所三百貫文出置候、名所者保屋之村本郷内ニて可ニ請取一候　并同心仁拾七人預置候、猶依ニ奉公一可レ令ニ加増一候仍如件、

慶長十八年癸丑
六月廿五日　信之御花押

原出羽守殿

（大鋒院御事蹟稿）

(二)

以上

五郎左衛門尉、不慮ニ終候事不レ及ニ是非一候、数年奉公仕者之儀候間知行、同心共ニ不ニ相替一出ニ置之一候、其方成人之間　四兵衛ニ申付候条、令ニ安堵一以来無ニ油断一可レ抽ニ忠勤一者也、仍如件、

卯（元和二年）二月廿五日　信之御花押

大熊頓八殿

（大鋒院殿御事蹟稿）

(一)の史料は原出羽守に保屋村（現塩田町）のうち三百貫文を与え、それと共に同心二十七人を預けた文書である。しかしまた、その状況によっては主人である重臣が逝去したような場合、知行地とあわせて、同心をそのままその子孫に伝えることもできた。(二)の文書は前述の大熊五郎左衛門が逝世した際、その多年の忠誠を功として、知行地、同心をそのままその子頓八にあて行なうことを告げたもので、成人するまでの後見者として四兵衛を任ずる意の但し書がついている。

同心の任務

次にこの同心は、実際にはどのような役目を担《にな》っていたものであろうか。左に掲げる文書は足軽の任務をうたったものであるが、足軽も同心の一種と考えられるので一例として引用してみる。

其方ニ飯島市之亟足輕仁拾人申付候、彼足輕共ニ、嚴重ニ軍役・普請役申付由、被ニ仰出一候者也、仍如件、

午之
出浦対馬守

六月廿二日　御朱印　　奉之

日置五右衛門殿

（大鋒院殿御事蹟稿）

「その方に飯島市之丞についていた足軽弐拾人を預けるから、ほかの足軽と同様に厳重に軍役、普請役を申付けるよう」という意味の命令書であるが、これによれば軍役と普請役が、その主要な任務であったと考えられる。

「軍役」とは、いうまでもなく、一旦緩急の場合武器を執って戦場に赴き、平時は居城乃至は周辺城砦の守備に任じていた役を称したものである。ここに天正年間上州八幡山（吾妻郡横尾八幡山）の砦の守備に当ってのものと思われる「八幡山番帳」なる史料があるが、当時の軍役編成の一班を示すものとして、興味があるので次に掲げる。

御朱御座候

八幡山番帳

一番

弓　狩野右馬助
鉄炮　同　又左衛門
鑓　唐沢平左衛門
鉄炮　田村雅楽亟
同　上原弥次郎
同　関　勘解由
弓　富沢源右衛門
鑓　小菅六郎三郎
同　今井左近
鑓　はの乙新三郎
同　市助
鉄炮　唐沢二兵衛
同　山口織部
同　富沢与四郎
同　柳田孫左衛門
鑓　蟻川源四郎

以上

二番

鉄炮　折田雅楽之助
同　神田左門太
同　横沢源助
鑓　丸山新左衛門
同　関　助三
鉄炮　伊与久左京亟
鑓　角屋弥兵衛
同　小松九郎右衛門
同　河原田新六
鉄炮　勅使川原清十郎
同　十左衛門
同　青木太郎左衛門

同　島村市之助
同　田村助五郎
同　彦右衛門
同　ゟねこ
同　狩野志摩守
同　片貝茂右衛門
同　折田内蔵助
鉄炮　すミや七郎右衛門
同　割田与兵衛
鑓　九郎左衛門
同　太郎左衛門
鉄炮　関　又衛門
同　桑原大蔵
鑓　小野田市助
鉄炮　志不沢傳之亟

同　富沢善内
鑓　甚左衛門
同　番才新左衛門
鉄炮　安原市左衛門
鑓　た、ミさし代
同　荒井藤右ェ門
鉄炮　戸塚源右ェ門
鑓　七郎左衛門
同　助五郎
同　傳助
鉄炮　劔持喜右衛門
同　森田半右衛門
鉄炮　大畠与衛門
同　青木孫右衛門
同　長井彦衛門

鑓　新四郎
同　藤右衛門
同　大塚孫左衛門
同　渡又左衛門
以上

右之衆、番請取渡慥ニ致レ之、其上、番普請兵伏以下、無二油断一可二相勤一者也、仍如レ件、

天正十六年　能登守
子卯廿六日　奉之

富沢豊前守殿
狩野志摩守殿
同　右馬助殿
折田軍兵衛殿

（折田軍平家文書）

これによれば、当時の武具の比率は弓三％、鑓六二％、鉄砲四五％ぐらいの割合で現われている。おそらくこの時代の弓・鑓・鉄砲などのそれぞれの同心の人数もこれに対応する比率であったものであろう。

しかし、戦国時代と異なり、政情の安定に赴《おもむ》いた近世初頭に至っては、常時服務するほどの軍役は次第に少なくなった。むしろこれらの同心は、平時は農民の間に伍して、農耕につとめており、若干の農地と農民とを経営支配する

任務が主たるものであったとみられる。

「普請役」というのは、城普請、道普請等の土木工事のための労役を指したもので、軍役と並んで同心級の武士の二大課役であったわけだが、その内容はつまびらかにする史料は見出されていない（この普請役は、一般農民に対しても、課せられていたことは後にのべる）。

同心の知行

最後に同心の知行について考察したい。

上小地方に残る同心の知行について記された最初の史料は、前にも引用した天正初年、真田氏が原村に居館を構えていたころ成立したものと推定される「小県郡御図帳」である。この帳には、後にも述べるように、居館周辺（現在真田町本原地方）六百二十余貫文の土地を、領主一門も含めて百六十余名の侍が知行している状況を示しているが、その中に同心と肩書のある侍が数名記され、それぞれ知行地の内容も掲げられている。たとえば、

河原同心七郎右ェ門知行
本三貫五百文　役百八十文　見出五百三拾文
合四貫弐百文　高持なし
河原同心かひようへ知行
本四貫八百文　役六十文　見出弐貫六百八十文
合七貫五百四十文　高持十人
河原同心蔵島忠左衛門知行
本一貫五百文　見出二百四十文　役八十文
合一貫八百八十文　高持二人
河原同心新蔵知行
本一貫文　見出二百文　役百二十文
合一貫三百二十文（人名記載ナシ）　高持一人
常田同心知行
本十貫二百五十文　役七百八十文　見出一貫七百八十文
合十二貫八百十文　高持十三人

のごとくで、これをみると同じ同心であっても一貫数百文の知行地をもつものもあれば、十二貫文以上の知行地をもつものもあり、その配下の高持（農民）も少なきは一、二名、多きは十三名という差があり、中にはまったくないものもいる。また、格式からいっても苗字つきの武士もあれば、そうでないものもあるといった状況で、要するに、初期の同心というものは、同じ従属的な位置を示すにしても、かなり広い階層の人々を称していたものであろう。

次に、慶長三年の成立と伝えられる「東上田郷」なる史料をとりあげてみよう。この帳は慶長初期（慶長三年の付箋がついている）の東上田村（現東部町）の知行を書き上げたものと思われるが、この内容には、横山権助、原半兵衛、木村所左衛門ら数名の郷士の間に交じって、同心の肩書を付された侍が八名あり、その知行高が記されている、その一、二例を次に示す。

高八貫文　海野喜兵衛同心
　茂兵衛
此内
四百拾文　永不作
仁百廿文　川成
五拾文　せき免
三貫三百廿文　入下
残る四貫文納

高八貫文　出　半平同心
　近右
此内
三百五拾文　永不作
壱貫百文　川成
五拾文　せき免
仁貫四百五十文　入下
残る四貫五拾文　納

高八貫文　春原六左衛門同心
　角蔵

此内　　　　　　　　五拾文　せき免
八百文　永不作　　　仁貫九百七拾文　入下
仁百文　川成　　　　残る三貫九百八拾文　納

（上田市　児玉晶平文書）

この文書で注目されるのは、八名のことごとくが等しく八貫文の知行高をもち、苗字つきの侍などは一名もないことである。すでにこのころは、同心なるものの身分が一応一定の規準に統一されていることを示すものと考えられる。

次に、前述の慶長六年以後の成立と推定される「洗馬曲尾之郷」という史料（前述）によれば、はじめの数名は苗字つきの武士（いわゆる乗馬衆か）、次に数名の御持筒衆なる身分のものを掲げた後に、川右京（川原右京介）の同心として八貫文の知行者を七名記し、次に大五郎左（大熊五郎左エ門）同心として八貫文の知行者を一名、五貫文の知行者を三一名を掲げている。更に同じ年次ごろの成立かと推定される「西松本之郷」なる史料（前述）では、やはりはじめ十名の苗字つきの武士を列記した後に、岩崎主馬同心として三貫文のもの一名、四貫二百文のもの一名、八貫文のもの四名を記し、次に松五左衛門同心として八貫文のもの三名、海喜兵衛（海野喜兵エ）同心として八貫文のもの四角、小山田壱岐同心として三貫八百五十文のもの十名、四貫文一名、四貫四百文のもの三名、矢沢但馬守同心として五貫文のもの二名を記している。

以上によってみると、慶長六年の「知行改め」以後の同心知行は、全体的に明らかに一定の階級づけが認められる。すなわち、最も上級のものでも、その知行は八貫文を限度とし、以下五貫文、四貫四百文、三貫八百五十文など種々の階梯があったことが知られるが、全体として五貫文くらいの知行が最も普通であったらしい。

（三）　政治の実際

政治の方針

近世初頭の為政者の最も苦心を払ったのは、戦国争乱時代からようやく抜け出した社会と民心を、どのように安定させるかということであった。中世末、戦乱につぐ戦乱、徴発につぐ徴発で、農村の荒廃は甚しいものがあったことは、たとえば隣郡北佐久に残る「四隣譚藪」という書に、このころのことを次のように記していることでも想像することができる。「そもそも、天正の末、文禄のはじめは、久しき乱世の後にして、国つかれ民くるしむ。その上ある年は雨ふり、ある年は日照りて五穀みのらず、人は飢えて、馬肥りたる里まれに、人すくなく田地すたれて荒原となる。―中略―元和・寛永の頃より郡国やや定まるといへども、戦国荒亡の後にして土うるほはず、風波の民ひとたび散じて、郷村むなしき所多し。此時国中無為に帰して、いまだ泰平の業をたのしまず、一日あたためて十日ひやすといへる類なり―云々」とあり、長い戦乱期のあと、凶年がつづいて農村が安定せず、人民が四散してしまって、無人となった村の多かったことを記している。

事実、上小地方でも、たとえば上田市秋和に残る元和初年の「御目安之事」という文書には、次に掲げるように「昔は秋和に人数百五十人余あったが、この廿年間に数多減少して、只今は御百姓十人足らず生き残るのみ」という意味のことが書き残されている。これは観音不信仰のことを表むきの原因としているが、おそらくその根底には、もっと深い当時の政治経済上の原因があったものに違いない。

御目安之事

一、秋和之惣御百姓、地下人奉㆓言上㆒候趣者、昔者秋和ニ人数百五拾人余御座候が、廿ケ年内上下共数多死絶

申候間、不審奉レ存、先月上方より罷下有政ニ為レ点申候へハ、有政点仕申旨者、秋和鎮守観音ニ御座候前代者上下共御観音を御志んこのう申候この、只今者年中ニ壱度も観音経壱巻も、志ゆを一座んもくり進上不レ申候間、秋和之地下百姓別当迄死絶申候（略）先月も別当死申候、地下人も当春共十七人死失申候而只今秋和に御百姓十人不足《タラズ》いき比こり申候（下略）

未之（元和五年）　極月十一日　　秋和惣御百姓地下人共

御奉行様

（上田市秋和正福寺文書）

また、前にも記したが、元和初期の「桜井文書」にも当時別所村には「百姓のうち新足軽に六人出て残る百姓が一切なくなった」旨を述べているし、なお、同じころ、祢津御料所をはじめとして、本郷・小島・福田吉田・築地・五加・別所・前田（舞田）・中丸子・開善寺・深井・岩門・染屋・野竹・篠井（笹井）林之郷・上下青木・下塩尻・坊山（房山）などの村々には、しっかりした百姓がなくなったため、一年間諸役半役申しつけられたことなども、次のような文書によってわかるのである。

定

一　祢津御料所明所之事

一　成沢勘左衛門申付候御料所明所之事

一　保屋　本郷　小嶋　福田　吉田　築地之事

右之郷村、尓与百姓無レ之候間丁巳年より午年極月迄諸役
半役申付田地打開少も無二不作一様ニ可二申付一者也　仍如レ件
付而、右之朱印之写、出浦手判を以、在ゝ役儀指引可レ申候由
被二御出一者也、

一　当郷　別所　前田之事
一　中丸子　武石　開善寺　深井之事
一　岩門　染屋　野竹　篠井　林　青木上下之事
一　下堤尻　坊山之事

丁巳
正月九日〔朱印〕《信之》
出浦対馬守殿
小宮山二郎助殿
清水神右衛門殿

（松代町　河原舞象家文書）

このような状況下にあって領主としての急務は、第一に、荒廃した農村をどのように早く復興し、疲弊した農民と農地を、どのように確保してゆくかにあったことはいうまでもない。そのため、とられた手段は、まず好条件をもって他所に逃散してしまった農民を呼び返すことであった。

農村への政策

この具体化したものが、いわゆる「百姓召し返し」という政令であって、上小地方には現に各地に文書史料として残存し、そのころの状況を伝えている。次に示すのはその代表的な一例である。

文書の意味は、要するに代官に対し、その地方の百姓で租税・借金の負担に堪えず、他領へ欠落逃散してしまっているものは、その租税・借金一切棒引きにする故、召返すよう取計らえと命じたもので、この条件のほかに、百姓はいままでの半役を勤めればよいこと、とくに牢人百姓（武士が牢人して農民となったもの）には全課役を免除すること、新田を作ったり荒地を開発したりするものには、三か年、所によっては五か年間、諸課役を免除することなどの諸条件をうたっていることが注目されよう。

其表百姓身上令二稛窮一　各負物引負欠落仕　他領ニ在レ之由言上候、至レ于二其儀一者御蔵方を始　何迄之人之負物借金を引負候共　御免許候条　可二召返一候、若罷帰百姓方へ蔵主過負物借金催促候ハヽ、蔵主を奉行人方へ召連可二相渡一事

一、祢津之事者　他領ト境目ゟ候条　百姓役半役可二申付一候、但牢人百姓者　諸役御免許候事

一、新田を立、荒地打開候ハヽ、三ケ年所ニゟ《より》五年亀作（季）執　其年月諸役御免許之事

付り　盗賊一切御法度之事

右之旨　若背於レ于レ輩者　曲事ニ可二申付一趣　被二　仰出一者也、仍如件、

出浦対馬守

奉之

元和二年丙辰

九月十一日

奈良原又兵兵衛殿

（東部町　祢津良奈原正雄家文書）

この文書は、元和二年祢津（現在東部町）の百姓について出されたものだが、このほかに、次に掲げるように慶長十一年に秋和・和田・大門長窪の百姓について出されたもの、元和三年に別所の百姓について出されたもの、元和七年に有坂新町の百姓について発せられたものなどがあり、内容に記す条件はいずれも大同小異で、中には荒地を打起した者はだれの被官（隷属農民のこと）であっても本百姓に取立てることとか、手柄次第では武士にとり立てるとか、三年から時々は七年の長きにわたる、諸役免除の特権を与えるとかいうことがみえ、農民を引きよせ土地に定着させ

るため、どのように細心な配慮がなされたかを想察することができよう。

㈠

覚

一　秋和之百姓共　数多欠落仕候間、何共致二才覚一返し可レ申候　三年之中者役儀申付間敷候事

一　相残之百姓ニ者　半役可二申付一候入百姓之者役儀　申付間敷候事

一　誰被官成共　罷皈荒地打起候者、其方本百姓ニ可二申付一候事

右通入念可二申付一者也

丙午（慶長十一年）二月廿八日　御朱印

岩崎主馬正

奉之

原　半兵衛殿

（大鋒院殿御事蹟稿）

㈡

定　　和田　大門　長窪

一向後召還候百姓　三年諸役免許事、付　負物之儀は御蔵本を始としてわた〳〵迄令二赦免一事

一牢人之儀は諸役赦免専

一欠落之百姓、郡中何方者候共召返、手柄次第荒地開候者可レ為二奉公一事

右条々　不レ可レ有二違犯一者也

丙午（慶長十一年）　三月二日　御朱印

木村土佐守殿

（大鋒院殿御事蹟稿）

㈢

札　　有坂新町

一郡中百姓等令二身上悃窮一、欠落候て他領ニ在レ之由申上候到二其儀一者、蔵方を始何れ之負物借金引負候共、御赦免候条有坂之新町□（虫蝕）可二罷出一候　荒地打開候ハヾ所ニより三年亀（季）五ケ年作取らるべき事

一牢人新町へ来候共、相当少つヽ合力仕置付べき事

一此新町来る輩ハ、諸役七年亀（季）令二免許一候

付而盗賊悪党法度之事

右条々被二仰出一者也　仍如件

辛酉（元和七年）三月七日　出浦対馬守〔黒印〕

奉之

（長門町新町石合九郎兵衛家文書）

㈣

長窪返り百姓覚

作右衛門　文六

喜三　甚三郎

郷左衛門　新三郎

半六

合七人　欠落百姓罷帰　田地開申候間御合力として　壱人に延壱俵づゝ　末納内可レ被二相渡一候　仍如件

出　対馬守　㊞

（長門町新町石合九郎兵衛家文書）

このようにして待遇にこれつとめた結果、欠落逃散していた百姓たちもそろ〳〵帰って来たとみえ、長久保新町には㈣のような文書も残っている。すなわち、作右エ門以下六名の農民が帰ってきて、田地を開いたから、一につき一俵あて合力として渡すという意味のものである。

さて、このような農村立直しの政策がとられる一方、このころ村方一般に対し布達したと思われる覚え書に次のようなものがあるが、別の角度からの対農村政策を示すものとして注視されねばならない。

㈠

覚

度々申付候　其村中通人并窂人以下参候者宿かし候事無用ニ候　其村に可二在付一由申百姓等ニ候ハヽ　代官地頭ニ可レ為二申聞一候　むさと留置候者　其宿郷中之肝煎御成敗可レ被レ成之旨被二仰出一者也

元和二年辰六月十一日（朱印（信之））

塩川村中

（丸子町　瀧澤毎久次家文書）

石合新左衛門殿

上原八左衛門殿

（長門町新町石合九郎兵衛家文書）

㈢

酉之年借金之事

一　諸給人致二借金一　若手前私曲ニ而何方へ参候共　其者知行之物成ニ而指次事

一　町人致二借金一欠落仕候ハヽ、出入之家屋敷取上算用可レ

(二)

長窪料所之田地作之百姓　□□被官ニ候共、惣百姓なみ
ニ田地役可二申付一候　若難渋申族候ハヽ、召捕此方へ進
上可レ申候内ニ而ゑニ申付候者、代官横目身上曲事可二中
付一者也　仍如件
（元和五年）己未
十二月六日　〔朱印〕（信之）
太田加右衛門殿
小林九右衛門殿

仕事
一　料所之百姓、借金遅々仕候ハヽ、何様ニも致二催促一取可
レ申候　算用奉行并代官少も難渋申間敷事
右之通相違不レ可レ有レ之者也　仍如件
酉之
三月廿三日　御朱印（信之）
成沢勘左ヱ門尉殿
（大鋒院殿御事蹟稿）

すなわち、(一)は通行人や旅人に宿をかしてはならないこと、村に落着きたいという百姓があったら代官地頭に申し出すこと、届出なしにとめておいたならば、その村の村役人を処罰すること、などを申し渡したもので、無宿無頼の徒が治安を乱さぬように、注意を払った当時の状況を伝えている。

また、(二)は「たとえ被官の百姓（武士に隷属する百姓）であっても、一般の百姓と同じように、百姓役を申付けよ、もし命令をきかなかったら召捕ってしまえ」と、代官に命じたものである。(三)では、「百姓の上納金がおくれた場合、どのようにしても催促して徴収せよ。それができないときは、清算のための奉公させせよ。」などといっているものであるが、いずれも当時の為政者の農民に対する態度の一班をよくうかがうことができる。

町方への政策

このような農村農民に対する施政のほかに、ようやく勃興してきた城下町・宿場町などの「町方・町人」に対する

禁　制
一　喧嘩口論之事
一　押売狼籍之事
一　ばくち双六うち候事
一　壱人者に宿かす事
一　判のハかり此外　私ハかりの事
一　判の桝の外　私枡用候事
一　京銭不レ遣事
右之条々相背族在レ之におゐては可レ為二曲事一者也、仍如件
（元和二年）
丙辰七月七日　〔信之朱印〕
（松代町金井澄水家文書）

対策もあった。

　上掲の史料は、元和二年―真田信之が沼田から上田へ移ったといわれる年―上田城下町の住民に対して命じた諸禁止条項が記されているのだが、まず、喧嘩口論を第一にとりあげ、次に押売狼籍・賭博・双六（双六ばくちのこと）一人者に宿をかすこと、更に「判の秤《はかり》」（公認の判が捺してある秤の意）以外の秤を使うこと、「判の桝《ます》」以外の桝を使うこと、京銭を使わないことなどがあげられている。

　また、宿場として成立していくばくもなかった和田町に対し、男女売買・あな田・灰吹遣い、および鉄砲打ち・つな・わななどを禁止し、給人・代官・町人・百姓に非分の儀あるものは、重臣に申出すべきことを命じた文書も残っている。中山道和田宿は慶長五年ごろの成立と推定されるが、おそらく、この条目は、成立まもなくの各宿駅へ布達されたものと思われる。

　次に、慶長十九年沼田領（当時は上田領と同じ真田氏の施政下）の沼田新町や原新町がつくられたきに発せられた禁制でも、やはりまず、喧嘩・口論・狼籍をとどめ、押売・賭博およびこれに類するものを禁じ、一人者に宿をかすことを制止している。これらを通覧するに、当時の町方の世相と、町人に対しての政治の関心は、どのようなものであったか、ほぼ想察する

ことができよう。たとえば、私闘・暴行などの禁止は、戦国の余波のまだ大きかったころ荒《すさ》んだ風潮を安定しようという意志の表われであろうし、賭博や男女売買の禁は、当時すでに都市にはどのような面があらわれつつあったかを、暗示するものであろう。一人者に宿かすことの制止は、前述のように、不穏な事態をひきおこすような者を、なくするためと想像せられるが、とくに注目すべきは、私製の枡や秤の使用を禁じ、公認以外の貨幣の使用を限定していることで、経済の面における中央の統制力がようやく地方にまで浸潤し来たったものと考えることができる。

武士の気質

当時の支配者としての武士は、どのような生活態度でいたものかは興味ある問題であるが、このころの武士気質を表わすものとして次のような挿話がある。

真田昌幸の家臣に窪田某という武功ある者があった。昌幸が高野山へ蟄居を命ぜられたとき、昌幸は正介に跡を片づけてから来るように命じた。正介が思うに「幕府は主君を高野山へ流罪にするということであるが、実は主君を途中で殺すつもりであろう。それが予想されるのに自分に跡始末してから来い、と命ぜられたのは、用に立ちそうもないと思召されての事である。この上は生きている甲斐もない」と言って切腹して果ててしまった。

また、同じく真田の家臣に塚本某という者があった。ある人が癩病を患っているのをみて、「あのような体では自害した方がましである」と常に言っていた。ところが、この塚本某自身がその癩病になってしまった。彼は自分の言葉を恥じ、自ら座敷牢をつくり、この病が癒えなければ出ないと、妻子に暇乞いをして、脇差と細引（麻縄）とをもってその中にはいってしまった。彼は顔や手足などに見苦しいところができると、この小脇差で切りさいては血をしぼり塩をつけていること七年、手足はすだれをあんだようになって、なお生きていた。

「真武内伝」にのっているこの二つの話は、果たして事実をそのまま伝えたものかどうかは疑問の点もあるが、当時の単純・樸《ぼく》直にして剛毅・野性的な戦国武士の面影をよくあらわしているといえよう。

このような武士が支配するところ、おのずから「切捨御免」的な武断政治が行なわれ、「百姓と胡麻はしぼるほど出る」的な苛酷な政治も出現しかねないわけであった。「小県郡年表」に、このころの武士の支配態度を記して、「凡そ民を督責、痛むるを以って武士の常とし、憐愍《れんびん》（民に）なる者は、僧法師の如しと嘲る」とあり、これに応じて百姓の態度もまた「民は気力強きを主とし、剛性（強情）にして従わず。かつ平年といえども農民は或は其処に安んずる能はず、収穫あれば直ちに売りて他州に走る。官（役人）やむを得ずその罪を宥《なだ》め、未進（未納の年貢のこと）を免ず。掲示あれば亡民随って帰る。されどもまた収穫すればすなわち散ず。（後略）」という態であったことを説いているが、戦国時代という苛烈な世代を経てきたばかりの時ではあり、あるいはこれが真実に近いものであったろうと思われるのである。

Ⅳ 真田信之時代

大平喜間多

元和八年八月真田伊豆守信之は四万石を加増せられ、沼田の旧領三万石に、川中島十万石を併せて都合十三万石の地を賜わった。而して十月廿日上田より松城へ入封すると共に嫡子河内守信吉に沼田の三万石を与え、二男内記信政に一万石、三男隼人正信重に七千石を何れも川中島十万石の地を割いて与へ、信之自らは八万参千石の地を領した。然るに其後に至り明暦三年（寛元日記二年）致仕して城北一里を隔てたる柴村へ隠退し、家督を内記信政に譲り、翌万治元年七月剃髪して一当斎と号したるが間もなく同年十月九十三の高齢を以て薨去した（人物伝参照）。其松城に領主たること実に三十五年の久しきに亘り、真田氏の基礎を確立したる藩祖にして事蹟の頗る見るべきものがあったのである。

一、真田氏の家系

真田氏は清和天皇の第三皇子貞元親王（或いは第五皇子貞保親王ともいう）より出づるという。貞元親王滋野姓を賜わり、其御子幸恒小縣郡海野郷に住居せるに依って海野小太郎と称した。夫より数代を経て幸親に至り木曽義仲に属して功あり、其嫡子彌平四郎幸廣、次男小太郎幸氏共に驍名高く、養和元年六月義仲越後烏坂城土城四郎長茂と更級郡横田河原に戦ふや、幸廣従軍して戦功多かりしが後寿永二年十月備中国水島に於て戦死を遂げた。依って弟の幸氏家を嗣ぐ、幸氏始め木曾義仲の嫡男清水冠者義隆（或いは義重）の鎌倉へ人質として赴くに当たり之に従ひ行きて誠忠無二の誉れあり、されば源頼朝深く之を愛し本領を安堵せしめて臣下の列に加うという。幸氏又射芸に長じ且つ故実に堪能の故を以て北條時頼の弓術師範となり其名大いに顕る。夫よりまた十数代を経て幸隆に至り小縣郡真田庄に住居し始めて真田氏を称せりと伝う。幸隆弾正忠と称して智勇兼備の聞こえあり、其嫡子信綱家督せるが武田勝頼に属し三州長篠の役に於いて戦死を遂げたれば弟昌幸家を嗣ぐ、然るに昌幸慶長十六年高野山の麗なる九度山に於いて病歿す。依って其嫡子伊豆守信之の家を襲うところとなった家系を示せば左の如し。

家紋には雁金、洲濱、六文銭の三種あり、伝うる所に依れば海野彌平四郎幸廣木曾義仲の命に依り、平家追討の大将として備中国水島に陣を取りたる時、たま〱海上穏にして浪の紋渦巻き恰かも銭を連ねたるが如し。是吉祥なりとて幸廣大いに喜び今迄用ひ来たりし幕の紋洲濱を六文銭に引替えて之を家紋とせりという。

爼談曰、和朝の旗の制法、天子は錦に以二会銀一日月を其面に織付也、日旗軍を進也、月旗は衆を統也と云々。按に当家族の紋洲濱を付けるは、鼻祖親王清和皇胤也。日月の紋天子旌旗に限也。依レ之其憚二王制一三辰を合して○○○其形相似たるを以て洲濱と唱え来たれる歟（真武内伝）。

右は洲濱紋の由来を述べたるものなるが真武内伝には尚左記の記事が掲げてある。

貞元親王（四品號二閑院一　賜二滋野姓一）――滋野幸恒（海野小太郎　小縣郡海野庄居住依而稱二海野一）
- 幸明（海野小太郎　信濃守）――幸眞（海野小太郎　信濃守）――幸盛（海野小太郎　信濃守）
- 直家（禰津小治郎　禰津氏祖）
- 重俊（望月三郎　望月氏祖）

- 幸家（海野小太郎　信濃守）――幸勝（海野小太郎　信濃守）――幸親（海野小太郎左衛門尉　或記有二幸重一）

- 幸廣（海野彌平四郎　於二備中國水島一戰死）――幸氏（海野小太郎左衛門尉　兄幸廣爲レ嗣）――幸繼（海野小太郎　信濃守）
- 幸氏

- 幸春（海野小太郎）――幸重（海野小太郎　信濃守）――幸康（海野小太郎　信濃守）
- 會田治郎

六文銭は、本は上州先方の士鎌原の紋なり。故有って御計策のため假りに付させ給ふよりして定御紋といふ。又洲濱は筑摩郡會田に御住居の時の御紋なりといふ雑説あり。雁金はいつの頃より御付被成候と云事を不レ知。

尚其他にも異説あり。然れども何れが真何れか偽なるかを知らない。

以上記した真田氏の家系は現今真田伯爵家に伝わる系図に拠ったものであるが、真田家の祖先及び幸隆の系統には異説がある。左に之を抄出して参考に供したい。

寛政重修諸家譜　巻第六百五十四

滋　野　氏

真　　田

はじめ海野と稱し、弾正忠幸隆がときにいたり、信濃國真田の庄に住せしより稱號とす。

塔原三郎
田澤四郎
苅屋五郎
光元六郎

幸遠（海野小太郎　信濃守）― 幸永（海野小太郎　信濃守）― 幸昌（海野小太郎　信濃守）

幸信（海野小太郎）― 幸定（海野小太郎）― 幸秀（海野小太郎　信濃守）― 幸守（海野小太郎　信濃守）

幸則（海野小太郎　兵庫頭）― 幸義（海野小太郎）― 幸數（海野小太郎）― 持幸（海野小太郎）
　　　　　　　　　　　　　― 岩下豊後守

氏幸（海野小太郎　信濃守）― 幸棟（海野小太郎　信濃守）― 棟綱（海野小太郎　信濃入道）
　　　　　　　　　　　　　　　　　　　　　　　　　　― 幸義（海野小太郎左京太夫　幸隆成長迄海野陣代）

寛永系圖に土人相つたへて信濃國海野白取大明神を滋野氏の祖といはひたてまつるといひ、また貞秀親王を滋野天皇と謚し、いにしへより真田の氏神と稱し、今にこれをあがむ、或はいはく、貞秀親王ののち滋野の姓をたまふものかといへり、今の呈譜は清和天皇第五の皇子貞保親王の御子を日宮とし、其子善淵王はじめて滋野の姓をたまふといふ。今按ずるに寛永系圖或は貞秀親王ののち滋野氏を賜ふものかとうたがひ今の呈譜は善淵王の時滋野姓を賜ふと見えた　り、しかりといへども、新撰姓氏録によるに、滋野宿禰は神魂命ののちなりといふ。これに依れば滋野は神別にして皇別にあらず、また文徳實録に、仁寿二年参議滋野朝臣貞主が傳に、父尾張守家譯に延暦年中滋野宿禰の姓を賜ひしまた仁寿二年十二月大外記名草宿禰安成に滋野朝臣の姓を賜

幸隆　彈正忠剃髪號二一徳齋一
　　　小縣郡眞田居住依而稱二眞田氏一

- 信綱　源太左衛門
　　　於二長篠一戰死行年三九
- 昌輝　兵部亟於二長篠一戰死
- 昌幸　安房守兄信綱之爲レ嗣
- 信尹　隱岐守
- 高勝　宮内介稱二金井氏一

昌幸　幼名源五郎稱二武藤喜兵衛一
　　　兄信綱戰死復二眞田氏一任二安房守一

- 女子　稱二村松殿一小山田壹岐守茂誠室
- 信之　伊豆守、剃髪號二一徳齋一
- 信繁　左衛門佐後幸村　幼名御辨丸
  - 女子　堀田作兵衛興重養女
  　　　石合十藏道定室
  - 女子　於二九度山一早世
- 女子　眞田長兵衛幸政室

ふ等の事見えたり。これによる時は滋野氏のおこりすでに久し。しかれども清和の皇別といふに至りては新古の系圖其説をおなじうす。よりてこれに従ふといへども、寛永の譜清和の皇子を貞秀親王とし、其男を海野小太郎幸恒とす、貞秀親王紹運録其他皇胤の系圖等に考る所なし、又親王の子をもって小太郎と稱するも不審といふべし。これ全く其間の世系を脱せしならむ、よりて今あらためて幸恒より系を興す。

これは徳川幕府の官撰の書であるから、一の準拠とせねばならぬものである。又新井白石の藩翰譜には著者自身の説を述べているが、之れも参考に供すべきものである。

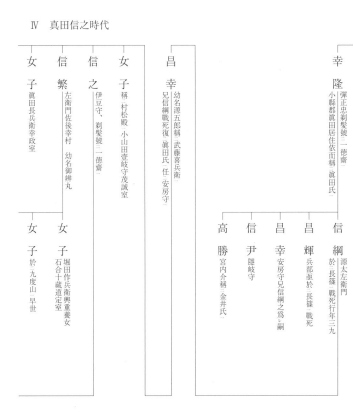

藩翰譜　第九上

　　真　田

其系圖に曰く、清和天皇の御子貞秀親王と申

- 女子　鎌原宮内少輔重春室
- 女子　保科彈正忠正光室
- 女子　瀧川三九郎一積室
- 信勝　左馬助
- 昌親　内匠、蔵人、主計　幼名源三郎
- 女子　妻木彦右衛門頼照室
- 女子　樂
- 女子　高力攝津守忠房室
- 信吉　河内守幼名孫六郎沼田城主
- 女子　佐久間民部少輔勝次室後落餝號二見樹院一
- 信政　内記明暦三年家督
- 信重　隼人正、始越後後信頼

- 女子　片倉小十郎景長室
- 女子　蒲生源左衛門郷喜室
- 幸昌　大助於二大坂一戰死
- 女子　石河備前守室
- 女子
- 大八　於二京都一早世一

すましまして、信濃國白取の庄に下り住ませ給ひ薨じ給ふ、後に、白取明神を崇めまた滋野天皇と申し奉る。親王の御子滋野を以て姓とす、滋野小太郎幸恒と申すは此親王の御末なりと云々、皇胤紹運圖を考ふるに、清和の御子に、貞秀親王と申し奉るを見ず、また新撰姓氏録、三代實録、皇胤紹運圖、公卿補任等を按ずるに、滋野宿禰は神魂命五世の孫天道根命の後なり、桓武天皇延暦年中に、滋野東人が子、尾張守家譯滋野宿禰姓を賜ふ。其子貞主嵯峨天皇弘仁十四年正月、父家譯と共に滋野朝臣の姓を賜る。又貞主、平城嵯峨淳和仁明文徳五代に仕へ、宮内郷正四位下兼相摸守に至て、仁寿二年十二月十日六十八歳にて卒すと云ふ。或は清和の朝まで仕へて、貞観二年十月十二日五十七歳にて卒すとも云ふ。また真主女子二人あり一人は仁明の皇子本康親王の御母、一人は文徳の皇子惟彦親王（一作恒彦又雅彦）の御母なり。此惟彦と申し奉るは清和天皇の御兄なりき、されば真主兩代の親王の外祖なりければ、一家の繁昌世に並びなく、又自らも当時文章の誉ありて、天長八年勅を受けて、秘府略一千巻を撰めり。思ふに海野が祖、此貞主に出たるにや、また貞秀親王申すは、本康惟彦等の親王の御事をかくは傳へ誤りしも知らず。

真田幸隆に就いては寛永の時に藩から提出したるものは棟綱の長子とし、其後に寛政の時改めて提出したる際には幸義の子とした。それは先祖を最初には貞秀とし後には貞保としたのと同じくすべて正確な伝は亡び失せて居たのを其時々に家中の物知りが考えたのであらう。

幸隆を棟綱の長子とするのは滋野世記に載せてあることであるが、真田家以外の海野家に伝わった系図には幸義の子としているものが多い。しかし小縣郡海野の白鳥神社の神主石和氏方に伝わっている系図には、次のようにあり、此白鳥系図は比較的信を置けるものであると思うが、但し幸義の戦死を天文元年三月十五日としたのは或いは天文十年五月の誤りであらう。諏訪神社御頭之日記に依れば比年五月十三日武田信虎と村上と諏訪頼重とが兵を合わせて尾山を攻め落とし其翌月に海野平も禰津も皆破られ、そこで海野殿は関東へ越し上杉殿を頼み申されたとある。若し幸義の戦死を天文元年とすれば、それから跡を継いだのが幸隆で、それが十年後に上州へ没落したこととなる。此辺は一寸判明しかねるのである。

棟綱
├幸義　海野小太郎後左京太夫實棟綱弟也、天文元年三月十五日村上と戰つて討死
├女──幸隆　眞田彈正忠號㆓一徳齋㆒實幸義甥也　海野家斷絶に依り繼㆓家督㆒
└貞幸

白鳥系図

白鳥系図にある幸隆の母は惟ふに海野の同族たる真田氏に嫁したものではあるまいか。果たして然らば幸隆は海野の正系ではなく傍系であるから天文十年に幸義が戦死したと見る

方が正しいかと思われる。小縣郡矢澤村良泉寺の記には「元祖真田右馬佐號真田道端居士大永三癸未雹（？）三月十五日、真田源之助様御父也」とある。河原綱徳は「源之助は矢澤薩摩守頼綱初名也」と注した。頼綱と幸隆とが兄弟であることは疑いないから、此の真田道端居士は即ち幸隆の父でなければならぬ。

真田幸隆伝

幸隆は海野棟綱の嫡子にして永正十年小縣郡海野に生まれ幼名を小太郎という（異説あれど滋野世記に依る）。稍長ずるに及んで幸綱と称し、後更に幸隆と改め晩年剃髪して一徳斎と号した。父棟綱卒するに臨み舎弟海野左京太夫幸義を召し「嫡子小太郎未だ幼少なれば成長の後所領を引渡すべく夫れ迄の間汝後見たれ」と遺言して死んだ。然るに幸義は幸隆成長なすと雖も其所領を横領して渡す気色がない。斯くて叔甥の間に不和を生ずるに至り、幸隆は逃れて上野国箕輪の城主長野信濃守に倚り窃に天下の形勢を窺った。時に武田晴信信州に志あり幸隆の用うべきを知り窃に之を招く、依って天文十三年甲斐に赴きて臣下の誓を為したのである。是より先天文十年諏訪頼重、武田信虎、村上義清の三氏連合して小縣郡に攻め入り海野幸義を挟撃した。幸義義清と神川に戦って討死せるを以て、天文十四年晴信は幸隆に其旧領を与う。夫より小縣郡真田に住居し地名を取って氏となせりという（海野の一族にして真田に住しそれを氏とした者が幸隆以前にもあった）。

天文十五年十月上杉憲政の侍大将上州の住人忍、深谷等信州に出動し来たり、武田晴信の臣板垣信形と碓氷峠に於いて戦う幸隆飯沼兵部、小山田備中守と共に従軍して信形の危難を助け、敵貳人を薙ぎ倒し三人に手傷を負わせ尚進み来る敵を突き伏して鬼神の如き働きを顕わした。同年十二月寵臣春原若狭守弟惣左衛門に謀を授け偽って村上義清に降らしむれば義清斯くとも知らず大いに喜び其臣楽岩寺右近、清野六郎以下五百人の勇士を授く。依って春原兄弟は之を真田の居城に誘引し一騎も余さず討取って旧怨をはらした。天文十六年武田晴信小縣郡上田原に於いて村上義清と戦える時も従軍して又殊勳を顕わせりという。天文二十年二月十二日剃髪して一徳斎と号した。翌二十一年信玄小縣郡常田に於いて長尾義景と戦うや一徳斎奮戦力闘して義景の軍を破り数十の首級を挙げた。其他大小幾多の合戦に臨んで戦功枚挙に遑なく、惣身に刀槍矢砲の疵を蒙ること三十五ヶ所の多きに及び鬼弾正と称せられたが天正二年五月十九日六十三歳を以て病歿す。法名を一徳斎殿月峯良心大庵主（或いは笑傲院殿月峯良心大庵主という）、墓は小縣郡長村長谷寺境内にあり室は河原丹波守隆正妹にして文禄二年八月朔日卒去すという。

真田信綱伝

信綱は真田幸隆の嫡子にして源太左衛門尉と称し天文六年に生まる。初め信利（千曲之真砂幸利、日本外史則幸、逸史及泰政録は則之）後信綱と改めた。天正二年父一徳斎病死せるによりて家督し、翌三年三州長篠合戦に弟兵部亟昌輝と共に参加した。信綱容貌魁偉膂力人に過ぎたるを以て比類なき働きを為せるが武運拙くして五月廿一日兄弟共に壮烈なる討死を遂げた時に年三十九、大室道也居士と謚す。兄弟の葬地は三州南設楽郡東郷村字前田神子松二本ある処なりと長篠実戦記に見ゆ。墓は小縣郡長村信綱寺にあり。信綱戦死するや其臣白河其其遺骸を携え帰りて信綱寺に葬り其墓側に於いて殉死すという。後年故ありて信綱の墓を遷せるが其時信綱戦死の際着用したるものという鐵甲を発見し今寺の什物として所蔵すという。又一説（桐山漫筆）には田代官兵衛なる者信綱の遺骸を窃に鎌倉坂東三番観世音地に隠し埋め、新に本堂を造営して田代寺と号し「枯木にも花咲ちかひ田代寺世をのぶ綱のあとぞ久しき」と詠ぜりという。

真田昌輝伝

昌輝は幸隆の次子にして兵部亟という。兄信綱にも劣らぬ智勇兼備の武人にして武田氏に属し、天正三年長篠合戦に出陣し抜群の働きを為したるが五月廿一日兄信綱と共に戦死を遂げた。葬地は三州南設楽郡東郷村手前田神子松二本ある所と長篠実戦記にあるが、一説（桐山漫筆）には昌輝の遺骸は金井某なる者坂東七番観世音地相州大住郡に隠し埋め、金井寺を建立し「何ごとも今は金井の観世昔二世安楽と誰かいのらむ」と詠めりという。

真田昌幸伝

昌幸は幸隆の三男にして天文十六年に生れ幼名を源五郎（或いは与二郎）という。初め武田晴信の近侍となり、其命に依り武田の門葉武藤氏を嗣いで武藤喜兵衛と称した。昌幸識見武勇人に優れ屢々大功を顕はす。されば「曾根内匠と武藤喜兵衛は我兩眼の如き人物である」と称し晴信は深く寵愛せりという。天正三年信綱、昌輝の兩兄戦死せるを以て旧姓に復し、天正八年九月諸大夫に任ぜられ安房守と称した。同年上州沼田城を攻め落し其功に依って武田勝頼より沼田一圓を賜はり其威上州に振ふ。天正十年武田氏滅亡の後織田信長に属したるが間もなく信長弑せられたるを以て上杉景勝に従ひ、後又北條氏直に意を通じ、同年更に徳川家康に帰服し、其子信之を濱松へ人質として送り、天正十一年八月上田城を賜はった。同年九月昌幸上州利根、吾妻二郡を平げ信之を遣はして沼田を守らしめた。然るに家康は北條氏蓬和睦し其約に依って利根、吾妻二郡を速に北條氏に渡さんことを迫る。昌幸大に憤り「沼田は某武略を以て攻め取たる地なれば斷じて従ふことが出来ぬ」と称して其言を却けると共に豊臣秀吉に志を通じ且つ上杉景勝に援兵を請うて上田に籠城した。斯くて天正十三年八月徳川勢を大いに破りたるが之れは景勝の援兵があったからであるから其恩義に感じ次男信繁（幸村）を質に送って之れに従った。其後又豊臣秀吉に仕えて其寵を蒙ること頗る深かった。

以て其関係の尋常ならざりしを知るべく後年豊臣氏に殉ぜるが如きも故ある哉と申すべきである。されど秀吉の歿後心ならずも家康に従う中慶長五年七月上杉景勝を会津に攻むべく其子信之・信繁と共に秀忠の軍に属して上野国犬伏に至った。然るにたま〳〵石田三成、大谷吉隆より飛札到来し豊臣氏に味方せんことを請う。依って豊臣氏の恩顧を思い之れに応ぜんと早くも意を決して信之、信繁の二人に謀るところがあった。信繁は大谷吉隆の女を娶り居るを以て早速同意せるも、信之は家康の養女本多の女を娶り居るを以て徳川氏に味方すべく苦諌して聞き入れない。止むなく昌幸は信繁と共に信之と袂を分ちて上田へ引返して秀頼に味方した。家康怒って秀忠に兵三万八千余騎を授けて昌幸父子を攻めたれど却って大敗し、為に秀忠は関ヶ原合戦に参加するの機会を逸して了った。同年十月家康は関ヶ原合戦勝利に付き諸将の功罪を論じ賞罰を行うに際し昌幸、信繁を死に処せんとした。されど孝子信之の為に死罪を免がれ、紀州に流され、高野山の麓九度山に蟄居を命ぜられた。而して捲土重来の機会を窺ふこと十一ヶ年の久しきに及べるが遂に経綸を行う機を得ず慶長十六年六月四日年六十五（藩翰譜十四年、續武家閑談十五年、滋野世記、真武内伝、古今沼田記、上田古老物語は何れも十八年とあれど蓮花定院位牌長国寺過去帳に従って慶長十六年とす）を以て配所に病歿した。法名を長国寺殿一翁干雪大居士という。室は菊亭大納言の女にして山ノ手殿と称した。

真田信伊伝

信尹（或いは信孝、昌尹、信昌）は幸隆の四男にして幼名源次郎文禄年中叙爵して隠岐守となった。武田晴信に仕え其一族加津野（或いは葛野）氏を嗣ぎ市右衛門尉と称したるが、武田氏滅亡後旧姓に復し北條氏直に従う。其後天正十二年駿府に於いて家康に見江五千石の領地を賜わり常に黄八幡の指物を翳して屢々戦功を立てた。依って同十八年家康江戸城に入るに及び五千石を加増して一万石となしたるも其恩賞の少なきを憤慨し、去って京都に赴き豊臣秀吉に仕えんとしたが用いられずして、蒲生氏郷の麾下となって五千石（或いは六千石ともいう）を領した。然るに其後家康に召し返されて四千石を賜わり使番旗奉行として千二百石を加増せられ、更に関ヶ原合戦に従軍し戦功に依って五百石を加えられて五千七百石の知行取となった。其後大阪冬夏兩度の戦争に参加し、家康の命を受け甥幸村を徳川の味方となすべく使者の役を承り、又幸村の首実検を為すという。寛永九年五月四日江戸に於いて卒去す。徳盛院殿真田無済居士という。甲州巨摩郡龍岸寺に葬る。室は馬場美濃守信房の女である。

真田幸村伝

幸村は昌幸の次男にして永禄十年誕生幼名お弁丸又源二郎後左衛門佐信繁と改めた。人と為り聡明頴智にして柔和の中にも威ありて猛からず、人をなつくること漢の沛公に等しく、智計謀策は韓信、張良が肺肝より出たるが如く実に智勇兼備の大将であった。

伊豆守殿（信之）常々御物語に左衛門佐天下に武名をあらはしたるは道理なり生得の行儀振舞平生体の人とは違ひたる處多かりしなり物ごと柔和忍辱にして強からず言葉少々にして怒はら立ことなかりし、くらべていはば左衛門佐は國郡を領する誠の侍と謂つべし我等は造り髭して眼をいらゝげ臂を張たる道具持といふべき程違ひたりと宣ひしなり此物語は故殿（信之）に小姓奉公したりし島津權六、又遁世したる伊木彦六入道信西御側にて度々うけたまはりしとて語り傳へしなり（真武内伝）。

以て其人と為りを知るべきである。天正十三年上杉景勝に属し屋代勝永の所領たりし屋代郷壹千貫の地を与へられた。然るに同十五年十一月豊臣秀吉の近侍となり大谷吉隆の女を娶って室とした。慶長五年の関ヶ原合戦には父昌幸と共に両軍に属し、上田城に籠って秀忠の軍を悩した。されど天下分目の此合戦も遂に豊臣氏の敗に帰し、父昌幸と共に高野山に流され九度山に引籠り剃髪して好白と号し窃に機会の到来を待つ中に慶長十九年大阪冬の陣が起こった。依って秀頼の麾下に馳せ参ぜるが、蜀の孔明我朝の楠公にも比すべき智謀武勇の大将なれば、孤城落日の如き大阪方にとっては実に九鼎の重きを為したのも道理である。されば家康大いに之を怖れ、幸村の叔父真田隠岐守信尹を使者として「我に味方するに於ては信州に於て三万石を與へん」と言わしめた。幸村之を聞き「某秀頼郷に召されて一方の大将を承る。弓矢の面目之に過ぎたるはなし。士は已れを知る者の為に死すの譬もあれば斷じて節を變じ難し」と答う。「然らば信濃一ヶ國を與へん」と家康は重ねて申入れたが幸村は「假令日本の國の三分の一を賜はると雖も男子の志は賣ることが出来ぬ」と固く峻拒せるを以て、遉の家康も其志に感じ「惜しき武士なり」と落涙に及んだという。斯くて後大阪夏の陣に於いて幸村は豊臣氏の頽勢を挽回せんと欲し大いに計画する処ありたるも大野治長等奸佞の徒に妨げられて其献策が行われざるを以て今は是れ迄なりと死を覺悟し比類なき働を為し、敵を悩ませるが遂に越前の士西尾仁左衛門（或いは久作）の為めに討たれて了った。之れ実に慶長二十年五月七日にして時に歳四十九、法名を大光院殿月山伝心居士という。因みに幸村大阪に於いて戦死せずして、鹿児島へ落ち行けりとの説ありて「花のやうなる秀頼様を鬼のやうなる真田がつれてのきものいたり加護島へ」と当時京童は唄うたと伝うれど元より信ずべきではない。其諱に就いては信繁、幸村、信賀、幸重、信氏（滋野世記）信仍（烈祖成蹟）信次（泰政録）信為（古今沼田記）信成（武家勸徴記）等の異説あれど信繁、幸村の外は古文書の拠るべきものがない。

真田幸昌伝

幸昌（或いは信昌父幸正）は左衛門佐幸村の嫡男にして通称大助、母は大谷刑部少輔吉隆の女である。栴檀は双葉より香ばしき譬へに洩れず生まれ出づるより他の兒童とは大いに異なる処あり。遉に幸村の胤と思わしむるものがあったという。されば豊臣秀頼の小姓として仕え其寵を得ることが深かった慶長十九年大阪冬の役起こるや父に従って戦場を往来せるが時に年僅かに十三であった。翌二十年大阪夏の役に際し父幸村早くも戦死の覚悟を極め、

今日の合戦天下の安否と云ひながら味方の滅亡今日を過ぐべからず然れば今世にて汝が顔を見ること是限りなり幸村以下討死せば秀頼公御生害有べし。汝一旦の身命を助からん為に父が抜群の忠信を捨て降人に出づる事不レ可レ有速に自害して父と共に死出の御供仕れ汝も我も今日を過ぐまじければ再會の期遠からず必ず名殘惜く思ふべからず（真武内伝）

と訓誡して五月七日壮烈なる戦死を遂げた。明くれば八日未明より東軍の諸将大手搦手より無二無三に攻めかゝれば、豊臣の諸士或いは討たれ或いは切腹し櫓よりは火を発す。幸昌は此有様を見て一先づ城へとって返し軍の次第及び父が遺訓を述べて最後の準備を促した。然る処大野修理亮治長、速見甲斐守信之の両人秀頼の前へ馳せ帰り「軍も最早や是迄に候然れ共倒生害は早まり給ふまじ君と淀殿のことは本多方迄申遣し候へば御命ばかりは助かり申さん」と称して両人一緒に切腹して相果てた。されど秀頼は既に覚悟を定め屑く自害すれば淀君を始めとして小姓女中に至る迄悉く命を落した。中にも大助幸昌は若年ながらも父の遺訓を守り、秀頼の御供をして従容殉死を遂げて後世迄も武士の亀鑑と称せらる時に年十四（十三との異説あれど十四が正しく思わる）法名を真入全孝大居士という。

真田信之夫人伝

　夫人は本多忠勝の女にして幼名子亥長じて小松という。徳川家康養うて己が子として信之に嫁せしめたるが天資貞烈にして内助の功が頗る多かった。慶長五年上杉景勝家康に叛く、依って之を攻むべく信之は沼田より、父昌幸弟幸村は上田より兵を発して会津へ赴くべく上州犬伏に陣を取った。然るに石田三成より秘状到来したるを以て昌幸、幸村は豊臣氏に味方すべく意を決し、信之の苦諫も聴き入れず俄かに軍を還して信之の居城沼田を過ぎんとして城へ立寄らんとした。然る処信之夫人は「此城は伊豆守より出陣の節屹度妾に預け置かれたものであるが故に縦令御父上様なりと雖も伊豆守より何等か沙汰のある迄は御入れ申すことは出来兼ねまする」と答え、女ながらも男勝りの夫人は長押の薙刀を把り下し鞘を払って侍女に持参させ襷かひ〱しく綾取り、城内を始めとして水門に至る迄自ら見廻り、且つ番所をして一層厳重に備へしめた。昌幸其態を見て「扨々天晴なる夫人の振舞かな流石は忠勝の女である。我其意を察せずして城内に入らんと請えるは誤りであった」と称し更に使者を以て「余は他意あるにあらず唯孫達を見んと欲するまでゝある」と申し入れた。茲に於いてか夫人は鄭重に挨拶し更に旅宿を指定して両人を饗応せりという。以て其用意の周到なるを知るべきである。又信之に従って出陣せる家臣の妻妾を慰安すると布告し喜んで集まり来たれる者共を饗応して帰宅せしめず人質として之を城中に止めて置いた。之れ家臣の反覆に備える為であって其思慮の深きこと実に有髯男子をして後へに瞠着せしむるものがあった。然るに惜しい哉信之の松城へ入封するに先立って元和六年二月廿四日年四十八を以て逝去した大蓮院殿英誉皓月大禅定尼と諡し遺骨は上田芳泉寺と武州鴻巣驛勝願寺及び上州沼田正覚寺等に分葬せりという。信之いたく其死を惜み「吾家の燈火消ゆ」と歎息せりというも至極尤もである。元和八年十月信之松城へ封を移すや翌々寛永元年夫人の菩提を吊ふべく大英寺を創立して霊屋を万年堂と称した。

蓋し千万年も祭祀を絶たしめないという意である。依って大蓮院夫人をまた万年様とも唱う。其死所に就いては上州沼田なりとも称し、又武州鴻之巣驛の旅宿であるとの説も伝えられているが江戸に於いて逝去したのが事実であろう。

二、真田信之松城移封の事情

真田伊豆守信之は慶長五年関ヶ原合戦起こるに際し、父昌幸弟幸村の両人が、豊臣氏の恩顧に酬ゆべく義に依って西軍を援けたるにも拘らず、己れは徳川家康の養女、実は本多忠勝の女を娶り、徳川氏とは縁戚の関係あるを以て独り父弟に叛き東軍に味方した。

編者曰　昌幸父子の乖離は合意的のものにして遠謀深慮の致すところであると思われる。川柳にも、

東西へ身ごろを分ける上田縞
両方へ杖と柱を真田分け
六文を分けて一もんたやさぬ氣
銭づかひ上手にしたは安房守

というのがある。嘗て真田幸教自ら筆を把って模写せりという大鋒君犬伏状なる文書を見たる事あり。

我等此度父子相離れ候事名利のためにもあらず天命の歸する處やむを得ず候枝葉を後世につたへ候もの仍而如レ件、
慶長三年（五年の誤りならん）
老父君足下　信之判

というのが即ち夫れにして川柳の文句を裏書したもので頗る面白いと思った。然し原書を見ないのであるから真偽はわか

らない。

父子兄弟互いに敵となり味方となって干戈を交えたるが、天下分目の合戦も遂に東軍の勝利に帰せる為め、父昌幸弟幸村は共に死罪に処せられんとした。然るに信之は身を以て切に助命を請うところあり、其孝心に依って昌幸、幸村の両人は紀州高野山の麓九度山に配流せられて僅かに死罪を免がれ信之は父の旧領安堵の印を得るに至った。

今度安房守別心之處其方被致忠節儀寔神妙候就者小縣之事者親之跡候間無違儀遣候其上身上何分にも可取立之候以御旨彌如在被存間敷候仍如件

慶長五年七月廿七日　　家康花押

真田伊豆守殿

斯くして信之は沼田の三万石を併せ（上田は六萬石也）都合九万石を領して上田城主となった。然る処元和八年に至り其屋舗構が余りに手狭なるを以て、普請を行わんと欲し武石（諸書多岐に作れども御家事留書に拠る）より材木など多数取寄せて、其準備が漸くととのわんとした際、図らずも二代将軍秀忠より急ぎ信之に出府せよとの命令が下った。何事か変事が起こったのではあるまいかと家臣等は何れも疑心暗鬼の裡に信之を送り出した。斯くて信之は駕籠を急がせて八月廿日江戸へ到着し直ちに登城せるところ、信州川中島の城は北国枢要の地なれば四万石を加増して汝に与えるから早速入封せよとの上意であった。

尚々我等事もはや及老後萬事不入儀と令分別候へ共上意と申為子孫候條任御諚松城へ相移候事於様子可心易候以上

去十一日之書状鴻巣に参着披見候今度召に付不圖参府仕候處に於川中島御知行令拝領候殊に松城之城之儀は名城と申北國かなめの要害に候間我等罷越御仕置可申付之由被御仰出段彼表之儀拙者に被任置候旨御直に條々御諚候誠に家之面目外實共無殘仕合に候今十三目至鴻巣令歸路先上田迄可罷越候間其節可申出立之義一角所者被遣候祝着候猶期後喜謹言、

伊豆守

信之花押

十月十三日

出浦對馬守殿

信之が其老臣出浦対馬守に与えた右の書翰は移封に関する有力な資料として当時の状況を髣髴せしむるものがある。

或いはいう。信之幕府の允許なくして居城を修覆し、且つ城下の千曲川に提防を築きまた川除を作る。之れに依りて不審を招き左遷されたるものなりと。されど此説は信ずるに足らない。其故如何というに是より先元和元年幕府は武家法度を定め、領主と雖も濫りに城郭の新築又は修覆するを禁じ、苟も之を犯す者は、其親藩たると譜代たるを問はず、厳罰に処する旨の申渡しがあった。然るにも拘らず広島の城主福島正則は其豪放の質を以て元和五年六月恣に其居城の普請を行い遂に幕府の忌諱に触れて其封を奪われ、信州川中島高井村に配流せられたるを以て諸侯皆震駭し努めて江戸幕府の法度に背かざらんとせる情勢より見ても、信之程の聡明なる人が允許なくして城地の修築を行い福島正則の前轍を踏むが如きことが決してあり得べきではない。

惟ふに信之は幕府に請うて居城の修築を行ったものであらう。然るに未だ其工成らざるに移封の沙汰を蒙ったので、世人が右の如く牽強附会の説を伝えるに至ったものと思はれる。信之が移封に当たって四万石を加増せられているのは明に允許なくして城地の修覆をして左遷せられたという説の根拠なきを裏書するものである。幕府が其法度を破った者に対して加増の上移封せしむる道理のあろう筈がないことは少しく常識のある者ならば誰しも考え得らるることである。

然らば何の故に移封されたかと云うに、夫れは徳川幕府の頗る巧妙なる外交政策より出発したものであるということが出来るのでめる。元来真田氏は名将の家にして就中安房守昌幸、左衛門佐幸村の如きは武門の亀鑑と称せられ、豊臣氏を援けて徳川氏を屢々窮地に陥らしめた。然るに伊豆守信之は独り徳川氏に味方して忠勤を尽くしたるより譜代の扱いを受くると雖も、父昌幸弟幸村にも劣らぬ名将なれば其胸中果たして何事を画策し居るや計り知ることが出来ない。して見れば嵎を負う虎の如きものであるから油断がならぬと徳川幕府は窃に信之の武勇智略を怖れ、然も祖先以来所領の地にして北国街道の要路にあたる小縣郡上田に永く城主として置くのは危険此上もないと万一を慮りたる結果交通不便の僻地である松城へ遷したものであらう。更に穿った観察を下すならば真田氏の所領は上田と沼田を合わせて九万石に過ぎなかったが、其実収入に至っては優に十八万石に比すべきものがあったと伝えられている。果たして然るや否は知らぬが兎に角其実収入は御朱印高を超過して居り頗る懐都合のよかったことは否むべからざる事実であつた。従って真田氏の経済は富有にして其蓄積する所の黄金は巨額に達した。さなきだに武勇を以て聞え智略人に優る真田氏に多額の黄金を蓄積せしむるのは、恰かも鬼に金棒を与えたやうな危険を幕府は感ぜざるを得なかったに相違ないのである。されば之を牽制すべく嘗て豊臣秀吉が上杉景勝の所領の実収多きに着眼し増封を名として越後より会津へ転封せしめた故智を學び四万石を加増して信之を松代へ移したものであると思はれる。当時松城十万石は川欠、山崩れ等の箇所が少くなく、十万石の御朱印地なるも其実収は漸く八万石余に過ぎなかったという。従って加増と称し他の聞えはよかったが、其実は態のよい左遷であったから、逍の信之も一時は徳川幕府の所致を大いに憤慨したが時勢は将軍家へ弓を引くに不利であった。故に一切の名誉と其地位を捨てて市井に隠れんかと窃に京都の地に於いて屋舗を買い求め隠退の準備にかかったものの如くなるも、子孫のことや家臣の身上を思うて遂其決心を翻し、涙を呑んで松城へ入封されたものである。前記出浦対馬守に遣わされた書翰の中に、

我等事もはや及老後萬事不入儀と令分別候へ共上意と申為子孫候條任御諚松城へ相移候事於様子可心易候、

とあるに依るも信之の心中を察することが出来る。斯くして信之は松城へ入封したが、其後も幕府は馬場主水と称する忍術家を間牒に入れて真田氏の動静を窺わしむるなど油断なく警戒を怠らなかった。元来聡明頴智の信之であるから、此幕府の執れる態度を見て大いに自ら悟る処あり、爾来武術は殆んど忘れたるものの如く装うて歌舞音曲等の遊芸を藩中に流行せしめたが夫れでも尚幕府は警戒をゆるめなかった。されば孫の幸道の藩主たる時代に至りては参勤交代の際に扈従する侍に両刀を禁じ、僅かに脇差一本を佩せしめ、袴を着することなく股引袢纏丸羽織の姿にて道中を往来するなど、幕府に対しては極端なる無抵抗主義を発揮し、ひたすら惰弱の風を示して、其忌諱に触れざらんことを是れ努むるに至った。

三、領地

真田伊豆守信之が元和八年に幕府より賜はった所領は、松城十万石に沼田三万石を併せた拾参万石の地であった。而して移封に際し前領主酒井忠勝より譲られた川中島十万石の知行目録は左の如きものである。

川中島知行目録（酒井氏渡帳）

更級郡之内

一、高五百八拾九石参斗四升五合　　水内村

附札　内　壹貫四百九拾壹匁漆 壹石壹斗壹升籾山年貢　水内村　隼人様

一、高貳百五拾壹石九斗　　會原村

附札　内　百七拾匁漆 六斗七升籾山年貢　折欠村

一、高七百貳拾参石七斗六合　　ひな村、かや村

附札　内　貳貫四百貳拾六匁漆 壹石壹斗九升籾山年貢　ひなかや村

一、高参百貳拾五石参斗九升　　赤田村

附札　内　貳石貳斗壹升 籾山年貢　赤田村

一、高五百四拾壹石貳斗参升　　中牧村

附札　内　貳拾匁漆 壹石壹斗七升　籾山年貢　中牧村　内記様

一、高百五拾八石九斗六升　　吉原村

附札　内　貳貫目うるし 四百六拾匁うるし次牧共　壹石参斗　籾山年貢　吉原村

一、高貳拾五石七斗四升　　次牧村

一、高参百拾八石壹斗八升　　有旅村

附札　内　六石籾山年貢　うたび村　隼人様

一、高千九百拾参石四斗壹升八合　大岡村

一、高百六拾五石五斗七升　高野村
附札　内　六拾匁うるし　九斗壹升　籾山年貢　高野村

一、高参拾石壹斗壹升六合　和田村
附札　内　八拾六匁　うるし　壹斗九升　籾山年貢　わた村

一、高貮拾九石九斗壹升　小田原村

一、高四百九拾六石九斗四升　田之口村
附札　内　貮貫六百拾匁　うるし　貮拾六石参斗　籾山年貢　田之口村

一、高参百六拾壹石九斗貮升　平林村
附札　内　参百五拾匁　うるし　壹石九斗五升　籾山年貢　平林村

一、高百七拾八石五斗壹升　氷熊村
附札　内　百四拾匁　うるし　六斗　籾山年貢　氷熊村

一、高参百拾八石七斗六升　竹房村
附札　内　壹石参斗九升　籾山年貢　竹房村

一、高四百九拾四石貮升　石川村
附札　内　貮拾目うるし　六斗五升　籾山年貢　石川村

一、高百九拾六石六升　三水村

一、高五百四拾五石七斗　五明村

附札　内　七百目うるし
壹石籾山年貢　三水村　隼人様

附札　内　貳拾目　うるし
参石貳斗五升　籾年貢

一、高九百七石壹斗八升　小松原村

附札　内　拾貳石四斗参合籾山年貢　小松原村

一、高貳百四拾壹石九斗四升　上布施村

一、高貳百八拾貳石九斗壹升　藤牧村

一、高八百拾六石七斗　高田村

一、高八百四拾五石参斗　四ッ星村

一、高六百八拾七石七斗　丹波島村

一、高九百四拾壹石参斗貳升　綱島村

附札　内　四拾五匁　うるし
七石五斗　籾山年貢　綱島村

一、高五百拾七石参斗九升二合　青木島村

一、高六百八拾五石貳斗六升五合　牛島村

附札　内　拾匁　うるし　牛島村

一、高千五拾貳石五升貳合　河合村

附札　内　拾貳匁　うるし
拾壹石　籾山年貢　河合村　内記様

一、高百七拾参石壹斗四升貳合　河合村新田

一、高九百五拾六石七斗　大塚村

附札　内　七石　籾山年貢　大塚村　隼人様

一、高八百四拾九石四斗六升　原村

一、高六百七拾五石参斗九升貳合　下氷鉋村

附札　内　七匁　うるし　下氷鉋村

一、高千五百六拾八石六斗九升貳合　真島村

附札　内　拾七匁　うるし　八石五斗参合　籾山年貢　真島村

一、高百八拾九石七斗九升　牧之島村

附札　内　参拾匁　うるし　壹石　籾山年貢　牧ノ島村

一、高千四百九拾六石八斗壹升五合　小島田村

附札　内　五拾五匁　うるし　小島田村

一、高八百五拾参石八斗壹升　西寺尾村

一、高五百八拾石七斗八升　廣田村

一、高五百石八斗　小森村

一、高四百九拾五石八斗五合　杵淵村

一、高五百参拾七石五斗八升　山布施村

一、高千七拾五石八斗六升　　二ッ柳村
　　附札　内　五拾匁　うるし　　山布施村　隼人様

一、高五拾参石九斗九升六合　　灰原村
　　附札　内　百参拾匁　うるし
　　　　　　七斗　籾山年貢　　灰原村　隼人様

一、高百九拾四石六斗参升　　安庭村
　　附札　内　参百参拾目　うるし
　　　　　　六斗弐升　籾山年貢　　安庭村

一、高五百弐拾九石九斗七升　　上平村
　　附札　内　四石五斗五升　籾山年貢

一、高参百七拾壱石七斗六升　　荒山村
　　附札　内　五百目　漆
　　　　　　弐石参斗　籾山年貢　　荒山村

一、高七百六拾四石五斗八升参合　　桑原村
　　附札　内　五百目　うるし　七石八斗　籾山年貢
　　　　　　桑原村　壱石五斗　籾山年貢　田原村

一、高七百参拾石壱斗弐升　　相村

一、高千四百四石六斗弐升　　東福寺村

一、高参百五拾四石九斗　　よこ田村

一、高弐千百五拾六石壱升　　本八幡村

此外七石五斗山年貢

附札　内　拾五石六斗籾山年貢　やはた村

一、高参百五拾参石八斗五升　向八幡村

一、高弐百五拾参石壹斗弐升　次坂村

一、高参百七拾壹石弐斗九升四合　羽尾村

附札　内　参拾五匁　うるし
拾石八斗五升　籾山年貢　羽尾村

一、高五百九拾壹石参斗五升　山田村

附札　内　百七拾目　うるし
壹石六斗九升参合　籾山年貢　山田村

一、高四拾石五斗五升六合　同所新田

一、高参百拾石八斗参升　若宮村

附札　内　弐石参斗四升　籾山年貢　若宮村

一、高五百八拾五石八斗参升　力石村

附札　内　七拾目　うるし
四斗九升　籾山年貢　力石村　隼人様

一、高参百六石参斗八升四合　網掛村

附札　内　七拾目　うるし
四斗九升　籾山年貢　あみかけ村

一、高百五拾壹石参斗七升壹合　下市場村

附札　内　百弐拾目　うるし
参斗　籾山年貢　下市場村

一、高百八拾八石参斗四升　北牧村

附札　内　百八拾目　うるし　参斗　籾山年貢　北牧村

一、高貳百五拾貳石貳斗四升四合　南　牧　村

附札　内　八百五拾匁　うるし　六斗五升　籾山年貢　南牧村　内記様

一、高百八拾四石六斗壹升貳合　大　豆　島　村

一、高八百四拾七石九斗九升　布施五明村

小以参万五千九百五石四升

埴科郡之内

一、高八百八拾八石参斗八升五合　南　條　村

附札　内　拾貳匁　うるし　貳百壹匁　おあみ　参石五斗　籾山年貢　鼠宿村

一、高貳百参拾七石六斗三升　内　川　村

一、高六拾貳石参斗六升参合　金　井　村

一、高参百六拾四石参斗九升　たと婆柳村（千本柳村歟）

一、高千五百四拾五石四斗八升六合　矢　代　村

附札　内　五石七斗六升　籾山年貢　矢代村

一、高六拾八石五斗九升八合　同所新田

一、高四百参拾貳石四斗八升五合　生　萱　村

一、高五百参拾壹石壹斗五合　淡　佐　村

一、高千九百八拾六石壹斗参升
附札　内　九斗壹升　籾山年貢　雨宮村

一、高千貳百五拾九石四斗八升
附札　内　四拾四石貳斗五升　籾山年貢　森村

一、高六百参拾九石貳斗壹升
附札　内　四石壹斗六升　岩野村

一、高貳百七拾七石七斗六升
附札　内　四石九斗五升　籾山年貢　土口村

一、高九百九拾貳石貳斗八升
附札　内　五拾目　うるし
拾貳石升斗　籾山年貢　清野村

一、高千貳百七拾四石四斗貳升
附札　内　壹貫貳百七拾目　うるし
拾七石　籾山年貢

一、高参百拾九石参斗
附札　内　五拾目　うるし
九石　籾山年貢　闕屋村

一、高貳百六拾七石六斗参升五合
附札　内　五拾目　うるし
七石五斗　籾山年貢　平林村

一、高百貳拾七石九斗八升五合

雨宮村
森村
上野村（岩野村なり）
土口村
清野村
西條村
闕屋村
平林村
桑根井村

一、高百参拾九石七斗参升五合　巻内村

附札　内　百目　うるし
四石　籾山年貢　牧内村

一、高千七拾石弐斗参升　東條村

附札　内　八百目　うるし
四石五斗五升　籾山年貢　東條村

一、高百四拾弐石九斗六升　加賀井村

附札　内　四石　籾山年貢　か、井村

一、高四百六拾参石参斗五升　田中村

附札　内　弐石籾山年貢　田中村

一、高六百四拾八石七斗八升　東寺尾村

附札　内　書石四斗参升　籾山年貢　東寺尾村

一、高百九拾八石五斗五升　柴村

附札　内　百四拾目　うるし
弐石六斗籾山年貢　柴村

一、高百七拾壱石弐斗四升　松城紙役儀右衛門
三右衛門

小以壱万四千九百弐拾八石五斗弐升六合

水内郡之内

一、高参百五拾七石四斗五升　南堀村

附札　内　壱石九斗五升　籾山年貢　南堀村　隼人様

一、高四百貳石参斗八升　　　　　　　　　　石渡村
　附札　内　壹石八斗七升五合　籾山年貢　　石渡村

一、高参百五拾四石貳斗四升　　　　　　　　北堀村
　附札　内　壹石参斗　籾山年貢　　北堀村

一、高百壹石八斗　　　　　　　　　　　　　下稲積村
　附札　内　壹石九斗五升　籾山年貢　　下稲積村

一、高五百九拾石九斗六升　　　　　　　　　中俣村
　附札　内　壺石六斗九升　籾山年貢　　中俣村　隼人様

一、高七百参拾五石六斗壹升　　　　　　　　小島村
　附札　内　五石貳斗　籾山年貢　　小島村　内記様

一、高貳百貳拾八石壹斗　　　　　　　　　　上稲積村

一、高四百拾石九升五合　　　　　　　　　　宇木村
　附札　内　四石　籾山年貢　　宇木村　内記様

一、高五百五拾壹石九斗八升　　　　　　　　徳間村
　附札　内　四石五斗五升　籾山年貢　　徳間村

一、高貳百四拾七石六斗七升　　　　　　　　下越村
　附札　内　壹石五斗　籾山年貢　　下越村

一、高八百四拾石四斗　吉田村

附札　内　六石五斗　籾山年貢　吉田村

一、高四百九拾七石壹斗六升　北尾張部村

附札　内　三石七斗五升　籾山年貢　北尾張部村　内記様

一、高六百九石四斗七升　村山村

附札　内　壹石三斗参升六合　籾山年貢　村山村　内記様

一、高八斗　同所新田

一、高参百貳拾八石七斗　小野村

附札　内　参石五斗　籾山年貢　小野村

一、高五百四拾壹石壹斗　西尾張部村

附札　内　貳石七斗九升　籾山年貢　西尾張部村　内記様

一、高九百七拾六石　和田村

附札　内　参石　西和田村　籾山年貢
参石五斗　東和田村　籾山年貢

一、高参百六拾六石四斗八升　桐原村

附札　内　参石　籾山年貢　桐原村

一、高九百五拾四石九斗八升　上松村

附札　内　六斗五升　籾山年貢　上松村

一、高貳拾貳石七斗六升　　山田村
　附札　内　壹石六斗九升参合　籾山年貢　山田村
一、高九百六拾九石壹斗貳升　　北高田村
　附札　内　四石参斗貳升　籾山年貢　北高田村　内記様
一、高千百貳拾壹石壹斗　　三輪村
　附札　内　貳石六斗　籾山年貢　三輪村　隼人様
一、高百九拾四石四斗　　返目村
　附札　内　壹石六斗　籾山年貢　返目村
一、高参百八拾九石貳斗六升　　真弓田村
　附札　内　貳石貳斗壹升　籾山年料　まゆみ田村
一、高参百拾六石九斗壹升　　南俣村
　附札　内　貳石六斗　籾山年貢　南俣村　内記様
一、高九百五拾六石四斗八升　　長池村
一、高九拾貳石五升参合　　長池新田
　附札　内　壹石八斗八升　籾山年貢　南長池村
　　　　　　壹石五斗八升　籾山年貢　北長池村
一、高貳百六拾八石八升　　中越村
　附札　内　貳石六斗　籾山年貢　中越村

一、高参百五拾壹石八斗六升　　平林村

附札　内　参石貳斗六升　籾山年貢　　平林村

一、高四百六拾壹石壹斗五合　　千田村

附札　内　四石壹斗貳升四合　籾山年貢　　千田村

一、高四百参拾八石壹斗貳升六合　　市村

附札　内　九斗七升九合　籾山年貢　　市　村

一、高五百五拾七石貳斗九升　　中御所村

附札　内　四斗五升　籾山年貢　　中御所村

一、高貳百八拾参石壹斗五升　　越村

附札　内　拾参匁　うるし　参石八斗　籾山年貢　　越村

一、高四百参拾石九斗貳升　　北郷村

附札　内　百拾匁　うるし　貳拾石　籾山年貢　　北郷村　内記様

一、高八拾八石参斗七升　　新安村

一、高貳百拾壹石四斗壹升　　鑪村

附札　内　参拾匁　うるし　貳石　籾山年貢　　たとら村

一、高四百貳拾参石参斗参升　　櫻村

附札　内　四拾匁　うるし　壹石　籾山年貢　　さくら村

一、高六百参拾壹石六斗八升　妻科村
附札　内　参斗　籾山年貢　妻科村

一、高五百六拾貮石貮斗　上屋村
附札　内　拾六匁　うるし　貮拾四石貮斗八升　籾山年貢　上屋村

一、高参百貮拾九石壹斗貮升七合　上野村
附札　内　参石七斗九升参合　籾山年貢　上野村

一、高百貮拾七石八斗　茂菅村
附札　内　百拾匁　うるし　壹石九斗四升　籾山年貢　茂菅村

一、高八百拾石壹斗壹升　東條村
附札　内　四石五斗五升　籾山年貢　東條村

一、高貮百参拾八石九斗参升　押鐘村
附札　内　三石　籾山年貢　押鐘村　内記様

一、高九百七拾壹石九斗壹升　布施高田村
附札　内　七石八斗　籾山年貢　南高田村　内記様

一、高五百六拾参石壹斗壹升　小根山村
附札　内　壹貫参百五拾匁　うるし　壹石五斗　籾山年貢　小根山村

一、高千百六拾壹石五斗五升　竹生村

一、高八百七拾石貳斗壹升　　入山村
　　附札　内　参貫貳百拾匁　うるし
　　　　　　　四石五斗　籾山年貢　　竹生村

一、高九百四拾七石七斗　　杤原村
　　附札　内　壹貫七百拾匁　うるし
　　　　　　　三石五斗　籾山年貢　　入山村岩戸共

一、高千四拾六石参斗七升　　鬼無里村
　　附札　内　六百目　うるし
　　　　　　　六石参斗　籾山年貢　　杤原村
　　此附札切れて見へ不申候

一、高五百五拾五石壹斗九升　　日影きなさ
　　附札　内　百五拾匁　うるし
　　　　　　　壹石壹斗五升　籾山年貢　　ひかけ村

一、高五百四拾九石五斗　　廣瀬村
　　附札　内　参拾匁　うるし
　　　　　　　貳石八斗　籾山年貢　　ひろせ村

一、高四百十石八斗壹升　　田中村
　　附札　内　壹貫八百匁　うるし
　　　　　　　四石六斗七升　籾山年貢　　山田中村　内記様

一、高百拾五石貳斗四升　　泉平村
　　附札　内　貳拾匁　うるし
　　　　　　　四斗五升　籾山年貢　　泉平村

一、高参百拾貳石五升　　小市村

一、高七百七拾壹石五斗八升　　窪寺村

附札　内　六石五斗　籾山年貢　窪寺村

一、高七拾石五斗四升　念佛寺之内　大内村

一、高四百四拾壹石五斗七升　宮尾村

附札　内　壹貫五百目、うるし　四石六斗八升　籾山年貢　宮尾村　隼人様

一、高四百拾五石三斗八升四合　瀬脇村

附札　内　壹石五斗五升　籾山年貢　瀬脇村

一、高貮百六拾壹石壹斗壹萱升　五十平村

附札　内　八拾匁　うるし　参壹六斗　籾山年貢　いそ平村

一、高五百拾五石六斗七升五合　橋詰村

附札　内　百目　うるし　橋詰村

一、高四百拾七石五升　いかり　さゝ平村　大安寺村

附札　内　貮拾匁　うるし　大安寺村

一、高五百七拾五石六升貮合　地京原村

附札　内　壹貫四拾匁　うるし　参石八斗　籾山年貢　地京原村

一、高百五石四斗貮升　小柴見村

一、高六百四拾参石参斗九升　中條村

附札　内　六百九拾匁　うるし　貮石五斗　籾山年貢　中條村

一、高貳百八拾六石七斗八升　　椿嶺村

附札　内　壹貫七拾匁　うるし
七斗　籾山年貢　椿嶺村

一、高六百八拾八石参斗五升　　黒沼村

附札　内　壹貫百七拾五匁　うるし　黒沼村　内記様

一、高四百拾五石四斗四升　　吉窪村

附札　内　貳百八拾匁　うるし　吉窪村
八石壹斗四升　籾山年貢　壹貫参百貳拾目　うるし深澤村　内記様

一、高八百貳拾六石七斗　　こなべ村

附札　内　参貫目　うるし
拾石　籾山年貢　こなべ村

一、高四百五拾四石九斗七升　　伊折村

附札　内　百貳拾五匁　うるし
壹石参斗　籾山年貢　伊折村

一、高四百貳拾壹石九斗七升　　曾山上下共

附札　内　壹貫四百貳拾匁　うるし
拾壹石五斗六升　籾山年貢　曾山上下共

一、高参百五拾貳石四斗九升　　長井村

附札　内　壹貫参百匁　うるし
壹石参斗　籾山年貢　長井村

一、高四百貳拾貳石六斗　　越道村

附札　内　八貫六百目　うるし
壹石九斗五升　籾山年貢　越道村

一、高六百四拾八石四斗壹升五合　　瀬戸川村

附札　內　壹貫九百拾匁　うるし　貳石壹斗八升　瀬戸川村

百瀬村

一、高三百七拾貳石七斗九升　　岩草村

附札　內　四百拾匁　うるし　壹石　籾山年貢　岩草村

一、高四百三石八升　　風間村

附札　內　壹石五斗六升　籾山年貢　風間村　內記様

一、高四百参拾七石貳斗四升　　青木村

附札　內　百目　うるし　壹石六斗　籾山年貢　青木村

一、高四百五拾貳石貳斗五升　　上條村

附札　內　貳貫百六拾目　うるし　上條村　壹石貳斗八升五合　籾山年貢　山上條村

一、高四百拾壹石参斗貳升　　梅木村

附札　內　六百目　うるし　五石壹斗　籾山年貢　梅木村

一、高参百九拾七石八斗参升六合　　念佛寺村

附札　內　八百七拾匁　うるし　貳石　籾山年貢　念佛寺村

一、高五百拾四石七斗　　穂苅二村共

附札　內　貳貫六百匁　うるし　山かほり　七百目うるし　貳石五斗八升　籾山年貢　平ほかり

一、高百九拾七石壹斗貳升　　和佐尾村

附札　內　参百五拾匁　うるし　六斗　籾山年貢　わさを村

一、高六石五斗五升　とつとう村

附札　内　六升　籾山年貢　とつとう村

一、高参百四拾四石六斗八升　奈良井村

附札　内　弐百目　うるし　参石七斗五升　籾山年貢　ならゐ村

一、高弐拾七石六升　地京原村内　藤澤村

小以参万九千弐百九拾弐石四斗八升五合

高井郡之内

一、高八百参拾壹石九斗壹升　大室村

附札　内　四百目　うるし　四拾石参斗五升　籾山年貢　大室村

一、高弐千弐百参石四斗壹升　川田村

附札　内　参百目　うるし　弐拾七石参斗　籾山年貢　川田村

一、高四百五拾五石七斗四升　小出村

附札　内　弐百八拾目　うるし　八石七斗弐升　籾山年貢　小出村

一、高八百六拾七石六斗参升　福島村

附札　内　弐拾五匁　うるし　七石弐斗　籾山年貢　福島村

一、高六百拾壹石参斗八升　八町村

附札　内　五貫五目　うるし　拾弐石七斗　籾山年貢　八町村

一、高千参百五拾六石四升　保科村

　附札　内　弐貫八百六拾匁 五拾五石参斗　うるし 籾山年貢　ほしな村

一、高六百参拾壱石弐斗弐升四合　楡井村

　附札　内　壱貫五百四拾匁 六石壱斗壱升五合　うるし 籾山年貢　仁禮村

一、高九拾六石参斗壱升　仙仁村

　附札　内　百目 壱石八斗壱升　うるし 籾山年貢　仙仁村

一、高四百弐拾七石八斗六升　田中村

　附札　内　四百五拾目 四石弐斗九升　うるし 籾山年貢　田中村

一、高四百六拾六石九斗七升　とかり村

一、高五百四拾石九斗六升七合　小田中村

一、高参百六拾四石参斗参升　かり田村

一、高七石八斗弐升五合　同所新田

一、高五百拾参石四斗五升　小布施村

　附札　内　弐拾目 壱石四斗　うるし 籾山年貢　小布施村

一、高五百弐拾壱石弐斗五升　寒澤村

一、高八石参斗五升壱合　新野村

小以九千八百弐拾四石参斗五升九合

高合拾万石
右郷村為御知行相渡申候以上
元和四年午卯月十八日　　井上新左衛門
宮内大輔殿
附札　内千参拾壹石壹斗六合不足　右墨付拾五枚

○

右渡高之内御蔵入江引替相渡申村々
一、高四百六拾六石九斗七升　とかり村
一、高五百四拾石九斗六升七合　小田中村
一、高参百六拾四石参斗参升　かり田村
一、高七石八斗貳升五合　同所新田
一、高五百拾参石四斗五升　小布施村
内　貳拾匁　うるし
　　壹石　籾山年貢
一、高百拾七石七斗壹升貳合　田所新田
一、高五百貳拾壹石貳斗五升　寒澤村
一、高八百参斗五升壹合　新田村之内
小以貳千五百四拾石八斗五升五合

一、高千百貳石参斗貳升六合　　拾万石高不足分
二口合参千六百四拾参石壹斗九升壹合

○

右渡高之外御蔵入ゟ引替請取村々

一、高千百六拾石四斗参升参合　　小河原村
外参石貳斗貳升　籾山年貢
一、高貳拾参石貳斗四升　　幸高村
一、高百拾六石七斗参升六合　　相之島村
一、高百貳拾七石壹斗八升　　おふせ村
一、高四百四拾九石四斗五升七合　　大熊村
一、高八拾八石壹斗五升四合　　小沼村
一、高七百貳拾六石八斗貳升貳合　　佐野村
外五斗　籾山年貢
小以貳千六百九拾五石貳斗四升貳合

○

右渡高之内落申候村

一、高七百七拾壹石四斗八升　　倉科村

外壹貫目漆四拾参石六斗籾山年貢　　牧田中村

一、高貳百八拾九石貳斗貳升

小以千百拾石参斗

二口合参千八百五石五斗四升貳合

右高不足分渡し高と引

殘百六拾貳石参斗五升壹合　拾万石之外過

◯

拾万石高辻

一、高九万八千九百四拾参石貳斗五升六合　村々本高

一、高七百九拾六合四斗壹升五合七勺　村々山年貢

一、高百七拾壹石貳斗四升　松城紙役

一、高八拾九石八斗八升八合参勺　村々漆役

都合拾万石

以上は酒井宮内大輔忠勝が前領主たりし、松平伊豫守忠昌より渡されたる知行を其侭また更に真田伊豆守信之に譲渡せる。所謂川中島拾万石の引継知行目録である。右村高の中「附札内何々」とあるは信之時代に附せられた張札にして、内記様、隼人様とあるは信之の次男内記信政、三男隼人正信重の知行所を示せるものである。また沼田参万石の領地は左の如し。

沼田所領目録（寛文四年の御朱印）

一、上野國利根郡一圓　九拾五箇村
　高壹万八千貳百貳拾参石元斗参升八合
一、上野國勢田郡之内　七箇村
　高六百九拾八石参斗参升九合
一、上野國吾妻郡之内　七拾参箇村
　高壹万壹千七拾七石四斗参升貳合
合計参万石

四、施政

元和八年十月松城へ入封せる真田伊豆守信之は木村縫殿、小山田采女、大熊靫負、出浦五左衛門、金井彌平兵衛、原主膳、矢沢但馬守、赤澤助之進、出浦対馬守、望月主水、木村民部等を家老職に挙げ、深く藩治に意を用いた。

一、侍はレ及レ申末々も加二哀憐一可二召仕一事
一、實なる者を好めば家中其風に成物也。おごり有者、一旦は勇者の様に見ゆるなり能々可二勘辯一事
一、常に法度多きは不レ宜事

（真武内伝豆州様御出語覚書の一節）

以て其施政方針の一端を窺知すべきである。而して寛永十年六月九日町奉行心得、寛永十四年七月九日郡奉行心得、寛永十四年四月代官心得、寛永十四年十月廿一日職奉行心得を定めた。

町奉行心得

定

一、町人萬事之置目相背者於レ有レ之者急度曲事に可二申付一事
一、町傳馬人足使候儀其時々申付候者の切手に町奉行加二裏判を一可二相渡一候但知行取に傳馬一切不レ可レ出候次内記隼人江戸に参府之時斗傳馬出可レ申候其外傳馬人足一切相渡間敷事
一、他國商人賣掛買掛難澁之所其方申付可二相済一事
一、修行者無請もの他國之者一切宿不レ可レ借其品により町奉行に相届可レ致二指圖一次第事
一、町中へ俵之事如二跡々一可二申付一候事
一、諸借物請に立間敷事
一、町屋敷明細に相改假跡々より無役所成共於レ無二朱印一者役義可二申付一候其上奉公人居住共諸役義町人同前に可レ仕候
一、従二前代一持来候屋敷成共於レ無レ家者被二召上一他人に可二付渡一事
一、町奉行不レ得二指圖一而家之賣買一切仕間敷事
右之條々堅可二申付一候於二油断一者町奉行可レ為二越度一候又法度相背者於レ有レ之者早速可レ致二言上一者也。
寛永十年酉ノ六月九日

信之朱印

成澤勘左衛門殿

前島佐左衛門殿

代官心得

一、於二郷村一猥人馬召使事令二停止一事

一、在々百姓於二四壁一竹木伐採事假雖レ為二城用一令二制禁一事

一、鷹野餌指足軽在郷往来之節百姓之賄賂一切令二停止一事但年貢等催促之時は可レ為二格別一事

右條々堅可レ存二此旨一若違背之輩於レ有レ之者當人者不レ及レ申代官可レ為二曲事一者也

寛永十四年四月十四日

信之朱印

村田角兵衛どのへ

○

郡奉行心得

定

一、他所より申来る公事并人返しの儀各令二相談一可レ致二返事一の事

一、公事寄合之時分は罷出様子承可レ致二相談一事

一、沼田にて留買之事跡々無レ之儀者可レ致二無用一事

一、山川竹木之儀致二相談一可二申付一事

一、在郷被官ゑほし子如二跡々一堅法度可二申付一事

一、郷村百姓共出入有レ之割神水一味儀令二停止一事

一、百姓共之内出入於レ有レ之者當人奉行所へ可二申渡一事

右條々急度可二申付一候子細於二有之一者可致言上者也

寛永十四年七月九日　　信之朱印

安中作左衛門殿

○

職奉行心得

一、松城領分奉行職申付之上は領中幷他所より申来候公事人還以下何様之申分候共能々理非を勘辨し親疎のわたくしなく厳重可レ令二裁許一但不レ及二分別一儀有レ之は年寄共相談仕沙汰を究むべし猶以わけがたき子細候はゞ以二書付一可二申上一候事

一、盗賊悪黨之儀無二油断一可レ令二穿鑿一公儀よりの召捕もの又は討者以下其外大なる事有之は年寄共、令二相談一家中の侍共可二指遣一之事

一、郷村之内盗賊其外あやしきもの有レ之ば其所之名主長百姓可二申上一若脇々より訟人候はゞ名主百姓等曲事に可二申付一候事

一、諸論之時或親類縁者或傍輩知音之族公事をとりもち方人仕儀侍以下によらず甚曲事の至也訴訟両人之外一切其場に不レ可二出向一事

一、料所分にて田地の相論又は借物負もの以下の論は代官人可三相二斗之一若りくつ済かね候時は奉行所にて可レ令二裁許一之事

一、給所分より悪黨又は諸論有之ば地頭物頭に断不レ及速に沙汰すべし但様子により地頭物頭共可レ令二相談一事

一、企二濫訴一事をみだる儀甚以奸曲之至也於二論所一對決之上是非之品々は法にまかせ其上申上る人無二其理一は可レ令二籠舎一不レ就は過料として青銅三百匹収公せしむべき事

一、殺害の事或當座の諍論により或いは酒宴の醉狂によつて人をころさば其身を可レ行二死罪一其父其子不二相交一は科を懸べからず連々の宿意を以殺害を犯者父子共其科遁かたし次同意與力之族は本人より可レ為二重科一の事

一、謀書謀叛之族重きをば死罪に行輕きをば可レ令二籠舎一執筆之人は可レ為二同罪一事

一、奴婢養子之事七歳以前より令二養育一は假其子成人之後何様の申分候共養親の人に任べし但依二其品一可レ致二裁断一之事

一、郷村より奉公人他所へ一切出すべからず若掟をそむき候はゞ名主又は其一類にかゝり可二申付一但依二時宜一可二相計一之次奉公人抱候儀其出所をせんさくし無レ構ものなら慥なる請人を立可レ抱事

一、男女賣買幷質物に置候もの一切他所に不レ可レ出之但重科闕所之者は可レ為二格別一事

一、於二在々所々一悪黨之儀は不レ及レ申商人其外往来之族人に至まで少不審成ものに宿をかすべからず若此旨を

背旅有㆑之は郷中より可㆓申上㆒若脇々ゟ訴人候はゞ名主五人組のもの曲事可㆓申付㆒事
一、隠田之族は其身を可㆑行㆓死罪㆒若又年を勘へ三増陪の可㆑遂㆓収納㆒之事
一、所々口留とをし之儀他所より申来は不㆑及㆑申領中より往還のもの能々相改通切手可㆑出之事
一、代官諸司之人みだりに自由のわたくし有㆑之は不㆑顧㆓遠慮㆒年寄共致㆓相談㆒相斗之若不㆓取用㆒は可㆓令㆓言上㆒候事
一、惣て領中みだり之儀於㆑有㆑之は年寄共相談せしめ憲法に可㆓申付㆒之事
右條々不㆑恐㆓権威㆒不㆑憚㆓傍輩㆒厳重に可㆓勤仕㆒之若猥依怙偏破之沙汰有㆑之者奉行人可㆑為㆓曲事㆒者也

寛永拾四年丑十月廿一日　　信之朱印

師岡源兵衛殿
太田嘉右衛門殿
山寺正左衛門殿

五、海津城二ノ丸焼矢

信之在府の留守中、海津城の二之丸が焼失した事実がある。夫れは左記の文書に依って明であるが、卯月十二日とのみにて年暦が記してないので之を知ることの出来ないのは遺憾である。

態使者以申遣候仍其許二ノ丸火事出来候由申越候不慮之至不及是非然者早々作事申付来月中に出来候様にかたく可令致才覚候此時候間不可有油断候委細之段は則使者に申含候間其心得尤候其元足軽役義之者之儀は不及申百姓以下迄も百石に付而一人成と二人成と人足之儀も相談候て申付奉行などの儀もわり〳〵にて申付急度出来候様に可有才覚候大工之事幸宗左衛門指返候間領分之大工之儀は不及申善光寺、松本、上田邊迄も大工之儀相尋早速出来候様に可申付候造作入候事少も不苦候間急度可申付候其役にて不相調道具之分は書付指越可申候此方にて可申付候好々不可有油断候不及申候へども此節に候間相頼候此方別條なく候其心得尤候恐々謹言

追而奉行之儀［三字不明］の分候但馬、半平、半左衛門臺所之分は靭負、主膳殿［虫喰不明］長屋分は助太夫その外普請之奉行共申付候而可致奉行のヶ様にわり付不相兼候て可致速に候間其心得尤候成程候可出精義肝要候猶此使者可申候以上

卯月十二日　　信之

小山田主膳殿

常田圖書殿

坂巻夕庵殿

矢野半左衛門殿

玉川伊與殿

大熊靭負殿

出浦半平殿

　　　　矢澤但馬殿

何故に斯の如く二ノ丸の再築を急いだかに就いては、他に文献の徴すべきものがないから知ることを得ないけれど、之れには何か事情のあったものと思われる。

六、四十八士の浪人

寛永三年徳川三代将軍家光上洛の節真田信之も扈従の列に加わることになった。此時信之の従者の中出発に先立ち仕度金として身分不相応の拝借を願出た者があった。然れども採用せられなかったが為に路用窮乏を告げて困難せりとて大いに不満を鳴らし、左記四十八士は連袂して暇を取り、松代を立退いて浪人となった。寔に稀有の出来事というべきである。

小泉彌太郎、小泉治左衛門、小泉太郎左衛門、小泉八右衛門（是等は小泉源五郎が子孫也）、林主水（大坂にて首取たる庄右衛門が子圓正院兄也）。桑名伊兵衛、嘉木名正作（是は桑名新右衛門伯父か兄弟也）、吉澤武兵衛、千葉左内、土肥武兵衛（大坂にて首取たる彌右衛門が子也）、宮澤甚太夫《イ甚兵衛》、宮澤与兵衛、村上十郎左衛門《イ十左衛門》、青木權八（後五郎兵衛青木半左衛門子息後に御訴訟申上立歸）、常田小兵衛（此時は忠兵衛と申せしなり常田作兵衛大坂に於て打死の時實父河原右京四男小兵衛を作兵衛家督に被仰付常田忠兵衛と稱す小兵衛は幼名なり此時作兵衛が子三郎右衛門と云は作兵衛打死の時當歳也十三歳の時母君召連願出儀由此時寛永四年也金平と名改む）、寺尾《イ高尾》兵左衛門、宮坂半治、春原孫左衛門《イ孫介》（後松平讃岐守殿に奉公孫右衛門子也、関口《イ田口》久左衛門（右衛門子）、成澤利左衛門（勘左衛門子）、横関平兵衛（横

関佐介子）、戸田忠右衛門、飯島市之丞（大坂にて打死の市之亟子也）、深井右馬助《イ數馬》、島七兵衛、長井七右衛門（長井善十郎子）、松尾彌兵衛、清水左兵衛、清水權六（此両人清水七右衛門子也）、中澤十太夫、中澤角左衛門（此両人中澤新太郎子也）、横山權助、石村又兵衛、小宮山六兵衛、樋口市太夫（樋口四郎右衛門三男別家）、山越三左衛門（半右衛門子にして三左衛門の子市之亟六郎左衛門両人後被召返歸参）、窪田庄助《イ正助》（窪田角右衛門子也）、竹内加兵衛（竹内權右衛門兄也）、長田長左衛門、若林久兵衛、伊藤庄兵衛《イ左兵衛》、正村庄右衛門（金左衛門弟也）、橋詰又左衛門（橋詰内蔵伯父也）、緑川六右衛門（与右衛門弟也）、海野七左衛門、小林孫市

以上の如くにして真武内伝には関勘右衛門、関治左衛門の名を載せて小泉四氏の中二名を除きあり。何れが真、何れが偽なるということ知らぬが、松代藩廃古諸家略系の説に従うこととした。

七、幕府の普請手伝

寛永十三年正月幕府は江戸城惣郭の造営を諸侯に課した。此時松代藩は新堀の普請手伝を命ぜられ、又寛永十六年には西ノ丸石垣破損に付き其修繕手伝を命ぜられた。而して明暦三年正月十八十九の両日に亘り、江戸に稀有の大火災があり、江戸城また類焼の厄を蒙るに至った。之れに依りて更に再築普請の手伝を命ぜられた。

一當様（信之）御公儀御普請被成候儀御公儀より就御尋如斯被仰付候
一、廿三年以前（寛永十二年）より今年（明暦三年）迄御普請仕候覚
高拾万石

一、坪数壹万三千三百九十七坪壹合四勺
右は子之年（寛永十三年）新御堀御普請仕候
高拾万石分
一、坪数百十九坪六合六勺
右は卯之年（寛永十六年）西ノ丸御石垣破損仕候
高拾万石
一、坪数壹万八千百五拾六坪四合三勺
右は酉年（明暦三年）御堀ざらへ御普請仕候
以　上
酉ノ七月十八日
出浦五左衛門
大熊正左衛門
小野采女
原　彌吉殿
赤澤藤八殿

右の如くなるが就中明暦三年の普請手伝は藩費二万五千両（赤澤光永留書）を要し、頗る大なる犠牲を拂ったものである。四ッ谷門外の堀を俗に真田の泣堀と呼ばれてゐるが、夫れは堀ざらへが深切丁寧を極め、江戸城の惣堀中是より深いものがないと称せられてゐた。当時其任に当たった藩士は左の如し。

家老　小山田采女　木村縫右衛門　大奉行　海野宮内　鈴木三左衛門　元締　白川太郎兵衛　金井又右衛門　金奉行　竹内權左衛門　水上奉行　田中治郎兵衛　西條庄兵衛　御棟奉行　小幡七右衛門　上原權左衛門　中俣与右衛門　磯田甚兵衛　宮下八郎左衛門　片岡十郎兵衛　金井權太夫　鹿野勘右衛門　大日方伝左衛門　高橋半左衛門　与良六兵衛　小松甚五左衛門　河原伊右衛門　太田彌右衛門　小川彦太夫　御材木奉行　成澤新彌　宮川七郎右衛門　繪方帳付箔砂子奉行　白川十左衛門　金井杢之丞　塗物蒔繪錺金物奉行　兒玉清兵衛　森山与五兵衛　釘鋲金物奉行　深澤与五左衛門渡利彦兵衛　銅瓦銅屋根奉行　小松甚左衛門　友野喜右衛門　土瓦奉行　関谷四郎兵衛　吉澤治兵衛　繩竹古物奉行　笠原四郎兵衛　池田太左衛門　小買物奉行　長谷川善兵衛　大日方三郎左衛門　壁白土左官奉行　保科傅兵衛　村田茂左衛門　石方奉行　小川新五右衛門　依田与一右衛門　日雇同小屋奉行　斎藤伊兵衛　松村作左衛門　大工木挽奉行　大日方五郎左衛門　前島治兵衛　御馳走奉行　赤澤助左衛門　平林九右衛門　小屋火之廻奉行　近藤平之丞　高山文左衛門　人足割奉行　湯淺喜太夫　宮下平右衛門　船奉行　蟻川源五兵衛　石倉惣左衛門　小屋賄奉行　長谷川市右衛門　落合利右衛門　同賄方　坂西莊右衛門
岡川佐太夫

右之外小役人二十人餘足輕小人手木者迄三百餘人

八、預人

信之は松城へ入封に際し前領主酒井忠勝より幕府の咎人一名を引受けた。それは加藤肥後守忠広の家来加藤丹後守道向にして之を預人と称した。然るに入封の翌元和九年夏に松平忠直罪を得て豊後へ流され、其重臣和田治左衛門また咎を蒙って松代藩へ預けられた。又寛永九年には駿河大納言忠長の家臣加藤新十郎、加藤掃部、森大学助の三人が松城へ預けの身となった。

　　御預之者共
三十四年以前加藤右馬允と公事仕酒井宮内大輔河中島罷在候時分御預
　加藤肥後守内　加藤丹後　當七十四才
　越前一白殿内　和田治左衛門　當五十六才
廿八年以前豊後へ御越の時分御預
　駿河大納言様御内　加藤掃部
十九年以前被成御預候於于今乱氣に御座候
　森大学[虫喰不讀]前死去仕候

子三人　主膳死去
　　　　小膳死去

右馬助

三人の内兄二人は十一年以前死去仕弟一人は當年二十二才罷成候又大学河中島に罷在候内に男子二人（牛之助十六歳　主水十四歳）出生仕今程は三人に御座候

以上

森大学後家

卯（慶安四）之十月二日

真田伊豆守

（御書上古文書）

右文書の中には加藤新太郎の名は見えぬが同人は寛永十一年五月廿五日、加藤掃部は寛文二年二月廿四日何れも松代に於いて客死した。加藤丹後守は清正の嫡子忠広の家老を勤めた者にして松代へ預けられた後上高井郡菅平の郷士となり承応二年極月朔日に病歿せるを以て御安町蓮乗寺へ葬ったという。森大学助は寛永十八年死去し其子宇右衛門家督せるが、承應三年和田治左衛門と共に其罪を免ぜられた。

御預之森宇右衛門、和田治左衛門事就台徳院様御遠忌御法事被成御赦免其方へ被下候之間可召仕旨被仰出候雖然江戸へ差越候儀は先無用に候、恐々謹言、

五月廿六日

阿部豊後守

松平伊豆守

酒井雅楽頭

真田伊豆守殿

明暦三年治左衛門は三百石、宇右衛門は二百石の扶持を給せられて松代藩士の列に加えられた。

九、信吉、信重逝く

信之の嫡男河内守信吉は文禄二年上州沼田に於いて誕生、母は大蓮院夫人にして幼名孫六郎、後信吉と改め河内守と称し、従五位下に叙せられ、沼田三万石を分領したが、寛永十一年十一月廿八日炮瘡を病み、父信之に先立って沼田城の露と消えた。時に年四十二にして天桂院殿月岫浄珊大居士と謚した。内室は酒井雅楽頭忠世の女である。

真武内伝を始め其他の諸書概ね三十八歳にて逝去の旨を記せり。然れば慶長二年の誕生に当たれるが舎弟信政の誕生が慶長元年なれば夫より以後に生まれた筈がない。大蓮院事蹟書に文禄二年の誕生四十二歳逝去とありて此説信ずべきである。

信吉の歿後嫡男熊之助家督して父の遺領沼田三万石を襲うこととなった。然るに寛永十五年十二月六日夭折したるを以て次男兵吉が家督すべきであるが尚幼少の故を以て僅かに五千石を継ぎ、残りの二万五千石の中一万五千石は内記信政、一万石は隼人正信重の分領する所となった。隼人正信重は幼名越後、稍長ずるに及んで信頼、後信重と改めた。慶長四年沼田に於いて生まれ従五位下に叙せられ、川中島十万石の中にて七千石を分領し、後兄信吉の遺領中一万石の地を合わせて知行した。正保五年十月廿五日武州足立郡鴻巣に於いて之れ又父信之に先立って病歿し其地の勝願寺へ葬った。法名を正覚院殿暁誉崇山大居士という。信重長身雄偉にして力量絶倫嘗て大工が五寸釘を槌にて打込み居るを眺めて其迂なるを嗤い自ら五寸釘を手にし親指を以て難なく之を押し込みて人を驚かせりという。又或時力士の角力を見物し居りたるが聽て自ら土俵に現われ大関某を投げ殺して了った。然るに其際力士に脇腹を蹴られ其所より発熱せりとも伝えられ又力士の弟子達に暗殺せられたとの伝説も行われている。信重の歿後其遺領川中島七千石は父信之の収むる処となり、沼田一万石は兄信政の襲う処となつた。

十、信之の隠退

真田信之は徳川氏の味方となって数度の軍功を顕わしたのみならず、関ヶ原の合戦には父昌幸弟幸村に叛きて家康秀忠の軍を援け、且つ身命を抛って父弟の命乞いをなせるを以て、忠孝の誉れ比類なく、家康秀忠の如きも深く感じて寵愛の余り屢々側近く召して軍話を聴取せりという。三代将軍家光の世となってからは出頭衆の威勢いよいよ強く、天下の諸侯はひたすら媚を呈するに腐心せるが、独り信之のみは嘗て阿諛追従の挙動がなかったにも拘らず却って先方より追慕し来たれりという。然れども晩年稀有の高齢に達したるを以て夙に致仕の望みを抱き、幾度か聴許を請うと雖も、四代将軍家綱が尚幼少であるという理由を以て、酒井讃岐守、同雅楽頭等が其人物を惜しんで頻りに引止めて居ったが為に許されなかった。斯くて数年を経、将軍家綱も漸く成長し、信之も既に九十二歳の高齢に達したので、明暦三年亦もや隠居を願出で是非共聴許を得たいと請うた。然る処「伊豆守儀は天下の飾りであるから隠居は許し難いが既に稀有の高齢にも達していることであるから、特別の詮議を以て其望みを許すであろう」と称し茲に初めて多年の宿望が達した。されば同年八月川中島十万石は内記信政へ、上州沼田三万石は伊賀守信利に譲り、嘗て家臣鎌原石見が見立てておいた茶屋を造って置いた松城の北約一里柴村に隠居所を構えて移り住み剃髪して一当斎と号した。此時家中の士は申すに及ばず足軽等に至る迄別れを惜しみ何れも隠居所へ従い行きて奉公せんことを願うと雖も之を許さず、近習ばかり少しく召連れて行った。随員左の如し。
羽田六右衛門　菅市兵衛　師岡治助　石倉与兵衛　上村彌右衛門　大池市左衛門　竹内五郎左衛門　禰津夢道
矢　野六蔵　石倉七左衛門　菅孫市　玉川織江　前島作左衛門　上村何右衛門　恩田長四郎　長井四郎右衛門
竹村七　左衛門　伊木彦六　湯本新左衛門　柘植彦四郎　石黒源七郎　恩田彌次郎　渡邊源右衛門　大瀬又右衛門　大日方　善太夫　伊木小膳　伊木左平治　南部八左衛門　長谷川源三郎　竹村玄蕃　高橋助六郎　清水勘左衛門　関口伝兵　衛　松原平蔵　恩田佐助　小林彦十郎　志村平四郎　渡邊才三郎　竹内左内　渡邊清右衛門
志村清兵衛　横田則　庵　小泉太郎作　金井忠兵衛　竹内九郎兵衛　雨宮平左衛門　島津久蔵　糟尾半彌　松原
周策　井村官助
以上五十一人
御茶道　横地玄竹　上村角彌　役者七人　鐵砲之者十五人　ゐざし三人　坊主四人　並足輕百廿三人　夫番十人
馬醫　早川六兵衛　西村甚兵衛　納戸番六人　江戸番者十七人　挾箱二人　大工五人　おすゐの者三人　臺所夫十一人
御朝夕衆十九人　吾妻組三十一人　のり物かき九人　ふろたき彦右衛門　御料理人三人　草履取五人　犬引一人
鷹飼三人　足輕組十五人　馬取十人

【付記】再録にあたり、読誦の便宜を図るため、一部の文体を現代的仮名遣いに改めさせていただいた。

Ⅴ　真田信政時代

大平喜間多

明暦三年七月廿三日真田伊豆守信之は内記信政に家督を譲り、致仕して城北柴村へ隠退するに至った。

信之明暦二年十一月七日隠居被仰付同三年九月廿一日隠居後在所へ初て御暇被下
信政明暦二年十一月七日家督御禮申上同三年六月廿一日在所へ初て御暇被下（真田家系図書上）
明暦二年五月信之隠居願出同十月晦日信之隠居信政家督同年十一月七日家督御禮同三年六月廿一日信政歸城の暇を賜はる同年七月二十三日信之柴村へ隠退同年八月十日信政入部（真田家御事蹟稿）

信政は八月十四日（以上示せる如く異説あれど赤澤光永留書に従う）沼田より松城へ入封（或いは江戸より入封ともいう）せるが十万石の領主たること僅か六ヶ月に足らずして明暦四年二月五日松城に於いて病に罹り、父信之に先立って歿した。行年六十二、圓陽院殿威良一中大居士と謚す。

一、信政の遺書

信政の病気は明暦四年正月廿四日に始まったのである。廿七日には廊下に於いて転倒し、家臣山野井大蔵に援けられて漸くにして起き上ることを得たが夫れ以来半身不随となって終った。側醫井上玄迪の診察に依って病気は中風症と判明したるが、薬石其効なく次第に病勢は募るばかりであった。されば信政も快気覚束なきを悟り、二月二日寵臣にして時に家老職たりし金井彌平兵衛、赤澤藤八（後助之進光永という）両人を枕辺近く召し寄せ種々後事を託する処ありて翌々五日未の下刻に白玉樓中の人となった。

今度中風相煩アイはて候御奉公とも不申上方々無是非義に候然ばせがれ一人御ざ候不及申上何の御用にもたち申さぬせがれの義に候へども御情にみやうじたち申様に被仰付被下候ようにおの〳〵様たのみ奉上候、

御　老　中　様

右は悴の右衛門佐（後幸道と称す）に松城十萬石の所領を家督せしめたいと欲し、幕府の老中に宛た自筆の遺言状にして、又金井彌平兵衛、赤澤藤八両人にも左記の如き遺言状を与えた。

かきをき候事

一、こんどふりよにわづらいいたしあいはて候御らうぢうゐはかきつけあげ候事

一、上さまへはめいさくのかたなと丶のへ候てあげ候事そのほかいまひといろそへわれらてまへにもち候ちやいれよく候はんやちいさく候へどもねもよく候あいだききあはせあげ候事

一、としよりしゆへもしかるべきかたなと丶のへあげ候事

一、とのもところへもおなじ事に候

一、いなばのと殿かねまつ又四郎殿しゆみやういんへも何にてもつもりこし候事

一、たてわき殿へもおなじ事に候

一、よしみつはゆいしやうこれあり候とうとく候あいだ上さまへもいづかたへもこし候まじく候
　ゑもんにとらせ候事
一、ひぜん三郎のかたなもゑもんにさゝせ候事
一、しようとうくのぎは申におよばずゑもんにとらせ候事
一、げきにもわざのよきかたなにてもわきざしにてもとらせ候事
一、川中島のさむらいどもなじみもなく候へどもせがれみとゞけそんじよりしだいほうこうたのみ入候
一、われらぬまた合めしつれ候ものどもたといなにやうの事候ともみとゞけもつともに候ひとたびほんもうとげ
　させべく候へどもあいはて候あいだのこりおゝく候かならずあとしきしどけなき事これなきやうにいづれも
　たのみ候
一、しよかちうの物どももつともあしきやうにはぞんずまじく候ゑもんにみやうじばかりも御たてくだされ候は
　ゞ人にもいたしもりたて候事
一、彌平兵衛、藤八にくわしく申をき候間うねめ、正左衛門、五左衛門そうだん候てものごと申つけ候事われら
　わづらいのうちおゝかた両人に申おき候よしきゝ候事
一、かちうにて上下によらずわがまゝぶさほういたし候ものこれ有候はゞわれらいきがいのうちのごとくきつと
　申つけられべく候
一、をの〳〵ものごとゑこひいきいたし候はゞしよにんのあざけりはて候われらまではづかしく候はんしこゝろ
　へのまへたるべく候

一、ゑもんところへほうかうのぎわれらところへほうかういたし候ごとくいづれもゑとへあいつめもりたて候事

一、ぶぎう共そのほかたかをとり候物共かわり〳〵あいつめもりたて候はゞほんもうたるべく候

一、しよとうくのぎ彌平兵衛藤八かつぞうきやうだいきん太夫さ内三九郎きへいだかんとうをの〳〵によきやうにたのみ候おのおのは一しほなじみもふかき物共に候間せがれにおもひ入ほうかう候はゞこせうどもぎひとにもいたさす一しほふびんに候

一、げんてき事をの〳〵ぞんじ候ごとくわれらいつしやうよく〳〵ほうかう候間ふしやうになきやうにいたしとらせ候事べつしてふびんに候よろづ申たきこと候へどもふでもかなわず候間むすめにかゝせ候ゆへ申のこしわけ見へまじく候

両人にてよみきかせ候はゞふてはかり候間いんはんにて申候　以上

二月二日

彌平兵衛

藤　八

尚右の外にも左記の如き遺書があった。

一、諸道具の儀はせがれはやくにたゝず候へども[切れて不明]具は右衛門佐にとらせべく候

一、[切れて不明]《む歟》すめどもには主殿所へゆき候むすめには[切れて不明]もち候金の内にて千両も仁千両もとらせべく候其外のむすめどもには金子四五百両づゝもとらせべく候

一、右衛門佐あねふたりには主殿所へゆき候むすめにおしつゝきとらせべく候せがれひぶん之間とらせべく候

一、なつゆいがんせ分に金子四百両づゝもとらせべく候其外江戸にあり候下々にも少づゝとらせべく候こゝもともおなし事に候　以上

二　月　二　日

以上二通の遺書は何れも信政が病床に於いて娘に口述して筆記させたものである。

二、跡目相続に関する信之の依頼状

右の遺書は死去の当日は混雑を免れぬから三日過ぎて後に発表するようにとの遺言であった。依って金井彌平兵衛・赤澤藤八の両人は堅く之を守り、二月八日に至り松城金之間に於いて信政自筆に拘わる老中への遺書は封印のまとし、其下書を披いて金井彌平兵衛が一同に之を読みきかせた。其際集った藩士は前記両人の外に鎌原外記　小山田采女、大熊靭負　原主膳　出浦五左衛門　小野喜平太　望月金太夫　原彌吉　竹内大膳　山越左内　河原三之亟大熊正左衛門の十二名であったという。其席上大熊正左衛門が「御遺言書は一当様（信之）の披見に供し其御意見を添えてやったならば幕府の首尾も一層よろしかろうと思われるが如何なもので御座ろうか」と提案した。然るに小山田采女、出浦五左衛門等古くより信之に仕えて居った松城の重臣共は直ちに賛意を表したが、沼田より信政に従って前年松城へ移り来たれる金井彌卒兵衛、赤澤藤八、山越左内、望月金太夫、竹内大膳、小野喜平太、河原三之亟、原彌吉、原主膳等は極力此説に反対した。夫れは一当斎の心中を忖度することが出来なかったからである。即ち信政の遺子右衛門佐は漸く二歳になったばかりであるから、寧ろ壮年に達している沼田城主真田伊賀守信利に家督を相続せ

しめたいという考えが一当斎の腹中に蔵されて居るとすれば、右衛門佐の家督に反対されるであらう。果して然りとすれば信政の遺書を見て不都合に感じ取り上げたまま返されぬようなことがあっては一大事であるという杞憂から反対するに至ったのである。従って甲論乙駁評議が容易に決せなかったが結局大熊正左衛門の主張が容れられることになった。けれども万一、一当斎が遺書を返さぬようなことがあったら其時こそ小山田、大熊、出浦等を討ち果たして何れも切腹する覚悟を決して沼田衆の面々が信政の遺書を一当斎の披見に供すべく相携えて一同柴村へ赴いた。而して玉川左門、長井四郎右衛門の取次を以て信之の許へ該遺書を差出した。然るに案じた程でもなく一当斎は遺書の下書を見たるのみにて本書は封印のまま戻したので初めて沼田衆一同は愁眉を開いたという。

此時一当斎は公儀其他へ遺書をしたためて置きながら、父である自分に宛てた遺書のないのは甚だ不埒である。信政が左様に父を蔑にするに於いては、家督相続のことなど如何やうになっても自分は一切構ってやらぬ。と頗る憤慨された。然れども家臣の者が種々に取り成したので漸く怒りの色を和らげ、信政の遺書だけでは右衛門佐の家督相続は心元ないとあって、左の書状をしたためて老中の許へ遣わした。

一筆奉啓上候間同姓内記今度不慮に相果申候悴右衛門佐幼少に御座候へ共跡式之儀被仰付候様に各様へ奉願候之由申置候之間偏奉願存候委曲使者口上に可申上候、恐惶謹言、

二月十五日　　　　　　　　真田伊豆守

酒井雅楽頭様
松平伊豆守様

阿部豊後守様
稲葉美濃守様

右の外内藤帯刀忠興、高力左近太夫隆房の両人にも、右衛門佐に家督仰付らるるよう尽力を請う意味の書状を認め、江戸への使者としては小山田采女、大熊靫負、金井彌平兵衛、望月金太夫、原主膳の五人が派遣されることとなり、何れも二月十五日松城を出発した。

三、伊賀守信利の相続運動

然るに二月十七日、前記五人の使者と殆んど入れ違いに藩士大瀬又右衛門が、信之の外孫高力左近太夫隆房からの書状を携えて江戸から帰って来た。書状の内容は真田家将来のことを深く慮るに右衛門佐殿は未だ幼少の身で家督が覚束ないから、松城十万石の所領は沼田三万石の領主真田伊賀守信利に相続せしむるが至当であると思う。之れは酒井讃岐守忠勝、同雅楽頭忠清よりの内意であるから其心得にて遺憾なきを期せねばならぬとの意が記してあった。蓋し伊賀守信利が本家を相続せんと欲して其鋒鋩を現わせるものである。斯くして御家騒動の端緒は開かれるに至ったのであるが、其事実を闡明ならしむる為め茲に関係者の続き柄を示そう。

即ち信之の長男にして嘗て沼田三万石の城主たりし河内守信吉の内室は酒井雅楽頭忠世の女である。酒井讃岐守忠勝は忠世と従兄弟の間柄であり、時の老中酒井雅楽頭忠清は実に忠世の孫である。されば河内守信吉の子伊賀守信利をして松城十万石を継がしめようと欲したのも、親戚の情としてあながち無理ならぬことであると謂わねばならぬ。

- 信之
  - 女子　高力攝津守忠房室　四萬石、肥前島原城主
    - 高力左近太夫隆房
  - 信吉　河内守、沼田三萬石城主　室者酒井雅樂頭忠世女
    - 女子　關但馬守長政室　後千種大納言有純江再嫁
    - 熊之助　寛永十一年早世
    - 信利　伊賀守　幼名兵吉　始信澄　又信直、信俊
  - 女子　佐久間民部少輔勝次室
  - 信政
    - 信就　勘解由
    - 信守　又八郎早世
    - 信武　大學早世
    - 信福　百助早世
    - 女子　内藤帯刀忠興三男遠山主殿頭政亮室
    - 女子　小出大隅守有色室（眞田家系圖に有重武鑑に有宗とあり）
    - 女子　土岐左京亮頼長室
    - 女子　鎌原外記重俊室
    - 女子　青山和泉守忠親室
    - 女子
    - 右衛門佐
  - 信重

而して信之の外孫高力左近太夫隆房が此計画に加担し其傀儡となるに至ったものである。故に高力の書状を受取った一当斎は傀儡子が府中に於いて勢力並びなき両酒井であっては事頗る面倒であると少なからず焦慮の色を現わしたるも既に右衛門佐を相続人とすべく将軍家へ願出た後のとこであるから、今更変更することも出来ないので其趣を返事した。

扨て一方信政の遺書並びに一当斎の添状を携えて二月十五日に松城を出発した五人の使者は十九日に江戸へ到着し、早速翌廿日に外孫の高力左近太夫隆房を訪問して右衛門佐の家督に就いて尽力を請わんとした。然るに高力隆房は嘗て伊賀守信利に心を寄せて居ることとて自己の意に反する使者であるから兎角の言辞を構えて面会を肯ぜない。廿一日に重ねて訪問したが又もや玄関払えを喰らって了った。夫れにも屈せ

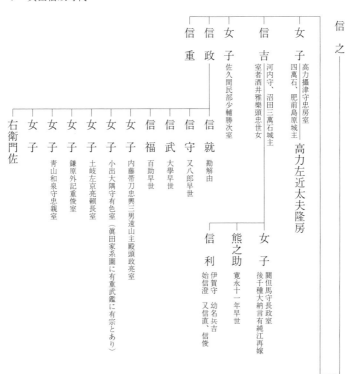

ず五人の者は廿二日廿三日と根気よく足を運んで遂に面会の機を得て右衛門佐に家督相続仰付られるよう尽力してくれという信之の依頼状を差出し尚口上を以て懇願する処があった。然れども隆房は伊賀守信利が相続すべきであると主張し什麼しても承諾を与えてくれない。そこで廿四日には右衛門佐の相続に好意を持って居る内記信政の女婿遠山主殿頭政亮の父内藤帯刀忠興を訪問して尽力を依頼し、其助言を得たるも隆房の意を動かすことが出来なかった。されど忠義に凝った五人の重臣等は尚これにも屈する色なく其夜重ねて隆房方を訪れて哀訴嘆願すると雖も依然として隆房の意を翻すことは出来なかった。然る処廿七日に至り隆房は五人の者に出頭を促し、一当斎へ渡してくれと称して一通の書状を差出した。内容は披いて見る迄もなく伊賀守信利をして家督を相続せしめよという意と察せられたので五人の者は「跡式相違の手紙は受取ることが出来ぬ」と称して件の手紙を突き返して了った。茲に於いて高力隆房は大いに立腹し然らば信政の遺書も老中へ取次ぐことが出来ぬというので、止むなく五人は直接老中を訪問して渡すべく深くも決心するところがあった。

斯くして信政の遺書及び一当斎の添状は内藤帯刀忠興が五人の者を引具して老中の邸へ至りて差出した。それは二月晦日のことであったが当日酒井雅楽頭忠清は直ちに一当斎に宛てて左の如き書状を認めた。

一筆啓上候彌御無事に御座候哉承度奉存候川中島之儀伊州へ被遣可然存候第一御家相続の為に候併最前貴様より内記殿御跡式之儀御子息右衛門佐殿へ被仰付可申と存候上意次第之事に御座候委細は御家来中迄矢島九太夫と申者可申達候、恐惶謹言、

二　月　晦　日　　　　酒　井　雅　楽　頭

真田伊豆守様

酒井雅楽頭忠清の使者矢島九太夫は三月朔日に右の書状を携えて江戸表を出発致し、同月四日に松城へ到着し、五日に柴村に至り一当斎に差出した。

酒井雅楽頭の書状の文面こそ不可解極まるものであった。即ち川中島拾萬石は伊賀守信利が相続すべきであると劈頭に於いて自己の意見を述べて置きながら、其終わりの方には内記信政殿の跡式の儀に就いては貴様から右衛門佐殿へ仰付けられるようにとの書状があったから其通りに事が運ぶであらう。さりながら何れは上意次第で決することであると一儀両用にとれる頗る曖昧な文意が列ねてある。けれども雅楽頭の真意は伊賀守信利に相続せしめたいのであることは毫も疑う余地がない。されば曩に外孫の高力左近太夫隆房より書状を以て申し来たった際には、一当斎も左程意に介しても居らなかったものの如くなるも、将軍家綱未だ若年にして諸政は老中の意のままに行われ就中雅楽頭は老中の筆頭に座し最も権威があった。従って雅楽頭の意見は上意も同様であるから、逭の一当斎も思案に窮し禰津夢道、小幡内膳、玉川織部、同左門、岩崎主馬、永井四郎右衛門等六人の寵臣に諮問する処があった。此時禰津夢道進み出で「一度右衛門佐殿を家督に願い出でて置きながら、雅楽頭殿の書状に依って心を替えたとあっては御老後の御恥辱であるのみならず却って御家の前途が危険であると考えます」という。一当斎も至極尤もの説であると称して同意されたので結局左の如く返書することにした。

御使礼殊に塩鴨二羽被懸御意遠路御懇情之段辱奉存候先以　公方様彌御機嫌克被為成御座乍恐目出度奉存候私所労追々散々之躰御推察被成可被下候然ば同姓内記跡式之儀任遺言筋目之通先書にも申上候兎角上意次第と奉存候猶御使者へ申達事　恐惶謹言

三月十一日
酒井雅楽頭様　貴報

右文書の中に「兎角上意次第と奉存候」とあるは聊か心元ない文字であるから夫れを除去したいと主張する者もあったが、信之は差支えないと称して除去説に賛意を表さなかったので結局「同姓内記跡式之儀任遺言筋目之通先書にも申上候」とあるから其侭遣はしても差支えなかろうということに帰着したのである。

四、信利の相続に反対して藩士結束

一当斎の外孫高力左近太夫隆房が酒井雅楽頭忠清の傀儡となって、伊賀守信利に松城十万石の家督を相続せしめんと画策すれば、松城藩中に於いても窃に沼田へ心を通じ之れに内応するの士もあり斯くて騒動は益々激烈を加え来たりて右衛門佐相続の儀も什麼うやら覚束ない形勢さえ示して来た。そこで曩に信政の松城へ入封する際沼田から随行して来た遺臣は次の通りである。

寺内刑部　金井彌平兵衛　竹内大膳　金井又右衛門　徳田兵庫　北澤民部　赤澤藤八　望月金太夫　青木権左衛門　山越左内　竹内彌五左衛門　原彌吉　三澤玄蕃　山越市之亟　小田原平左衛門　原半兵衛　佐久間與左衛門
小野喜平太　大熊正左衛門　湯本喜太夫　河原三之亟

真武内伝追加には此外に小山田采女、大熊靫資、原主膳、鎌原外記、出浦五左衛門の名が見えている。又真田家御事蹟稿には金井又右衛門を金井大膳、竹内彌五左衛門を竹内彌三左衛門、山越市之亟を山越市之允、河原三之亟を河原三之允と記せり。

右の諸士は密かに内相談を遂げ、万一伊賀守信利に家督相続の上意があった場合は、あく迄も之に反対して訴訟を起し、尚且つ聴き容れられぬ時は、亡君の御供をして一同城を枕に屑く相果てんと覚悟を極め、何れも誓紙血判を行った。其際行動を共にすべく連判状に名前を記した者は実に左記の如く多数に達した。

青木五郎兵衛　佐久間平太夫《異本牛太夫》　河原伊左衛門　小山田伝右衛門　岡本《異本岡野》平右衛門　郡司源左衛門　入江佐左衛門
近藤彌三右衛門　長谷川藤右衛門　富永治左衛門　長谷川善兵衛　奥村權之亟　奥村彌一右衛門　杉田九左衛門
斎藤《異本齋田》五右衛門　赤塩九郎左衛門《異本金左衛門》　十河嘉兵衛　高橋七兵衛《異本太郎左衛門》　鹿野甚左衛門《異本勘左衛門》　鹿野瀬左衛門　鹿野小左衛門　市場
太郎左衛門　市場八郎八　竹内新兵衛　久保金左衛門　小崎二郎右衛門《異本次郎八》　狩野八郎右衛門　金井權太夫　中俣与
右衛門　川口茂右衛門　川口砂右衛門　磯田甚兵衛　磯田權之助　友野喜右衛門　青木八兵衛　矢野彦十郎　矢
野彦四郎　樋口源助　出浦惣右衛門　大島一郎兵衛　依田与一右衛門　馬場六兵衛　綿貫五兵衛　湯本甚左衛門
加藤武右衛門　笠原四郎左衛門　西條庄兵衛　白川金兵衛　千喜良三右衛門　星野五兵衛　牧野兵左衛門　宇敷
太郎兵衛　村田半右衛門　須藤九左衛門　塩入三郎右衛門　関根七左衛門　片野權助　長谷川与右衛門
卜木二郎兵衛《異本二郎右衛門》　金子喜左衛門　宇野三郎兵衛　渡利彦兵衛　石倉惣左衛門　石倉五左衛門　石倉六郎兵衛　木内
助右衛門　池田太左衛門　林二郎右衛門　高井彌右衛門　宮島久左衛門　片山又六　入江七兵衛　藤井七郎右衛
門　杉山忠兵衛　成澤九郎兵衛　久保九郎右衛門　斎藤伊兵衛　野池次太夫　関屋四郎兵衛　牧野權兵衛　竹内

安左衛門　小熊茂兵衛　蒔田喜右衛門　山本左太夫　山寺八郎兵衛　吉澤治兵衛　渡邊太郎右衛門　高井伊右衛門　森田所左衛門　森田市郎右衛門　久保利兵衛　松井源右衛門　金子九兵衛　師岡利兵衛《異本左助》　師田五郎助　中村太左衛門　野村左兵衛

以上は士分の者にして此外徒士で同志に加わった者は左記二十八名である。

片岡勘左衛門　宮内甚兵衛　原武兵衛、村市郎右衛門《異本太郎左衛門》　竹花勘介　両角与兵衛　保科彌兵衛　三井仁左衛門　桑名三太夫　小野里吉右衛門　竹花市太夫　中澤傅右衛門　高猪九郎右衛門　大里忠右衛門　伊藤九郎兵衛　石倉作左衛門　小出五兵衛　本保市右衛門　戸山十左衛門　青木金弥　竹内勘六《異本助六》　佐久間市三郎　佐久間六之助　飯島善左衛門《異本善右衛門》　山本又兵衛　増田喜四郎　中島彌左衛門　上原權右衛門

異本に坂巻直右衛門　飯塚孫之亟の名此外に見ゆ

尚此外に足軽三百人小者仲間百人併せて総勢五百四十八人（或いは五百五十一名ともいう）にして、何れも主家の為には身命を抛って忠節を尽くすべく決意する処あり、恰も大雨到らんとして風棲に満つるの有様であった。

其節伊賀守信利の使者として沼田より中澤主水という者が松城へ来たり、柴の隠居所に至り玉川左門方を訪うて、「松城の跡目相続に就いて酒弁雅楽頭殿から某（信利のこと）を推挙された書状が一当公の許へ届いている筈であるから、其心得を以て某の為に尽力致すべきである。若し従わずして不首尾に終わるようなことがあったら、それこそ汝の不為である」と威壓的に命令を下した。けれども左門は大義名分を説いて断乎として其言を退け従わんともしなかった。斯の如く伊賀守は手を替へ品を換へて十万石の領主たらんと手段を廻らすところがあった。されば紛擾の為に跡目相続は徒に荏苒していつ決するとも判らなかった。

然るに四月八日に至り内藤帯刀忠興より使札が一当斎の許へ到来した。其意は「家督相続が斯の如く延引するのは誠に遺憾に堪えない。就いては御近親の本多内記殿に尽力方を依頼されたならば宜しかろうと思われる。然るに於いては及ばずながら某も本多殿と同伴して老中へ催促に伺うであろう」というにあった。一当斎は之に接し「扨ては右衛門佐の跡目相続は絶望と察せられる。果たして然らば彼方此方と阿諛追従がましい行動に出づるのは見苦しいことである。右衛門佐に跡目が仰付られぬとすれば、いよ〳〵我が真田の家も滅亡の時節が到来したものと考えざるを得ない。依って今更本多内記などを頼んだところで無益である」とあきらめ、玉川左門・永井四郎右衛門を側近く召され「吾等の願いは聴き届けられぬものと察せられる然らば右衛門佐を召連れて京都へ赴き閑居したいと思うから、両人は急ぎ上洛して然るべき屋舗を買い求めて参れ」と命ぜられたが両人は「未だ右衛門佐殿に家督仰付られぬと決定した訳でも御座らぬから今暫く成行を観望した上でも遅くはありますまい」と云って極力諫止して遂に思い止まらせたが、松城には暗雲が頻りに低迷して不安の気はいよいよ募るばかりであった。

五、右衛門佐に家督仰付けらる

さる程に酒井雅楽頭忠清の使者矢島九太夫は、忠清の目付役として松城に止まって居たが、松城の形勢が次第に険悪に傾き、伊賀守信利に家督相続仰付らるるようなことがあったら、一大騒動の勃発するは明となったので委細の状況を残るところなく忠清の許へ注進に及んだ。従って松城の動静は手に採る如く雅楽頭の知るところとなると共に、伊賀守に家督せしむるの非を悟り、飜然として右衛門佐に家督を相続せしむるの決意を為す処があった。而して六月十四日雅楽頭は自邸へ内藤帯刀、高力左近太夫及び松城から出府した小山田采女、大熊靭負、金井彌平兵衛、望月金太夫、原主膳の五人を引見し、他の老中松卒伊豆守、阿部豊後守、稲葉美濃守等残らず列席の上川中島十万石は真田右衛門佐へ家督仰付らるる旨の御沙汰が将軍家より下った。其場の模様は高力左近太夫隆房より早速松城の柴に隠居している一当斎の下へ左の如く報ぜられた。

一筆啓上仕候今日八ッ時より内藤帯刀殿拙者両人並内記殿家来の者共召連酒井雅楽頭殿へ致伺候処松平伊豆守殿阿部豊後守殿稲葉美濃守殿へ御出合被成　上意候開披　仰付聞候

一、真田内記儀伊豆守跡式被仰付無程被相果不便被思召候悴幼少候得共何共伊豆守久々御奉公申候之儀其上内記家督も相続仕候者の儀候間幼少に候得共松城十萬石被下置候忝可存候伊豆寺方へも此段申遣尤の由被仰渡誠以貴様御手柄御長命故ヶ様に首尾克相済目出度儀可申上様も無御座候猶委細者従内藤帯刀殿可被申進候間不能具候

恐々謹言

六　月　十　四　日　　　　　　　　　高　力　左　近　太　夫

真　田　伊　豆　守　様

右の如く首尾よく信政の遺志通り右衛門佐に家督相続仰付られた。信之を始めとして松城藩士其他の喜悦は果たして如何ばかりであったであろう。之れ全く一当斎が多年徳川家のために忠節を抽んづると共に、九十三歳の高齢に達して居りながら、毫も老耄の気色なく、此難局に処してあく迄所信を枉げなかった賜というべきである。若し此際一当斎の態度がぐらついて居ったならば真田家は滅亡の厄を免れなかったことであろう。想えば誠に危かりし次第と言わねばならぬ。

斯くして右衛門佐（初め信房後幸道と改む）の跡目相続の披露は七月十六日に行われたが、何れも鼓腹して万歳を謳歌し頗る盛況であったという。

一、御跡目被仰付候は七月十六日に相済申候御家中不残御城へ召寄御酒こわめしまんぢうにて上下酒もりいたしゆわい申候いづれも柴へ伺仕候目出度段申上候殊之外御満悦被成候由承候江戸へ御祝儀御飛脚惣御家中御酒代にて指上申候事

一、伊豆守様より御老中様は勿論　殿様へ御祝儀之御使者被遣候事

一、江戸より柴惣侍共下々迄御帷銀子被下候

（赤澤光永留書）

家中の者共が如何に右衛門佐の家督を悦んだか前記の文書に依って当時の有様を知るべきである。

【付記】真田信政は何故に父信之に宛てた跡目相続の遺言状をしたためなかったのであろうか。公儀其他へ遺書をしたためておきながら父である自分に宛てた遺書をしたためなかったのは甚だ不都合である。信政が左様に父を蔑ろにするにおいては家督相続のことなど如何ようになっても自分は一切構ってやらぬと信之は憤慨したというが之れには何か深い子細があるのであろう。惟うに生前において父子の関係が不和であり、従って父の信之は右衛門佐の家督相続を好んで居らぬものと推察し、殊更信之に対する遺書をしたためなかったものではあるまいか。承応元年九月別木（また戸次とも書く）荘左衛門等乱を作らんとして誅せられたるが、大日本人名辞書には林羅山の草賊後記を次のように引いている。

別木庄右衛門は江戸の処士なり。初め軍法を山本兵部に学び後去って石橋源右衛門に学ぶ。承応元年九月同門の士林戸右衛門等と乱を謀る。同志土岐與右衛門の子は長島刑部左衛門の養子たり。土岐嘗て山本兵部に語って曰く上野国沼田の城は真田氏の守る所なり。其聚斂民の苦しむ所たり。民心離叛す。而して真田氏は其父と隙あり。因て兵を挙げ之に拠らん。先づ江戸に放火し其噪乱に乗じて沼田に赴かんと歳月を支うるの間諸国の大名応ずる者あるべしと先生請う吾輩同志の党に入れと兵部聴

かず云々。

之れに拠れば信政の沼田にありし時既に苛政を布き、また其父信之との間に意志の疎通を欠くものがあったと思われる。

【付記】再録にあたり、読誦の便宜を図るため、一部の文体を現代的仮名遣いに改めさせていただいた。

第2部

真田信之の諸問題

Ⅰ　真田氏時代における織豊系城郭上田城の再検討

倉澤正幸

はじめに

天正四年（一五七六）に起工された織田信長居城の安土城は、従来の土塁・堀切・掘立柱建物などに対して、高石垣・礎石建物・瓦葺建物を特徴とし、いわゆる織豊系城郭と呼称される。特に一九八〇年代から現在までの各地域の城郭跡発掘調査や研究成果により、多様な論考が提起され、織豊系城郭研究[1]が進展している。本稿では筆者が以前まとめた「信濃における織豊期の城郭所用瓦の考察[2]」について、近年の調査・研究成果に基づき再検討を試みてみたい。主として城郭出土瓦・石垣の考古遺物・遺構や文献・古絵図等を基本にして、前回と同様に織豊系城郭としての上田城を中心に再考察を加えてみたい。

一、織豊期の上田城跡出土瓦の再検討

上田城跡出土瓦については、前記拙稿の後に元奈良文化財研究所副所長の山崎信二氏の論考[3]が提起されている。山

崎氏は古代・中世の瓦研究に引き続き、各地域の近世瓦の綿密な調査・研究を実施された。織豊期の上田城跡出土軒瓦については、軒丸瓦はコビキBの痕跡[4]、軒平瓦は瓦当上縁に幅広の面取りが残存し、製作技法や形状の特徴より、慶長年間初期の一五九六年から関ヶ原合戦の一六〇〇年までに製作された軒瓦と指摘されており、筆者も同様の見解である。

また織豊系城郭研究において、金箔瓦使用の城郭ネットワークによる豊臣政権の「徳川家康包囲網」等の研究で成果を収めた加藤理文氏が、信濃の織豊系城郭出土瓦を集成[5]されている。こうした研究成果や上田城跡の過去の遺物出土記録[6]、上田市立博物館刊行書籍[7]、上田市誌[8]、上田市教育委員会による調査報告書[9]、上田城跡保存管理・整備基本計画書等[10]を基にして、織豊期の真田氏時代の上田城所用瓦や推定される上田城の状況について、以下考察を試みてみたい。

1、近年の調査成果と出土した織豊期瓦

平成二年（一九九〇）・三年に上田城本丸堀の浄化を目的とした浚渫事業に先立ち、本丸堀底の調査[11]が実施された。この調査の結果、西側の堀から大量に織豊期の瓦が出土した。特に堀の南西部からは菊花文軒丸瓦・三巴文軒丸瓦・均整唐草文軒平瓦・五七桐文鬼瓦等が出土した。これらの瓦類は帯状に本丸土塁より三メートル程度の範囲に広がり、土塁内にも瓦層が検出された。これらは現存する隅櫓の所用瓦とは文様が異なり、織豊期に特有な瓦が大部分であった。また本丸堀の北西部からは南西部に次いで多量の瓦が出土し、金箔鯱瓦・三巴文軒丸瓦・均整唐草文軒平瓦等が出土した。こうした瓦類も織豊期に特有な瓦類であり、慶長五年（一六〇〇）の関ヶ原合戦の後に破却された真田氏

時代の所用瓦と考えられる。

２、出土した金箔瓦

上田城跡から出土した真田氏時代の織豊期に特有な金箔瓦は、鯱瓦（図１―４・５・６・７）四点、鬼瓦（図１―１）一点、鳥衾瓦（図１―２）一点である。いずれも下地に漆を塗り、その上に金箔を押している。鯱は頭部が虎で、胴部が魚の想像上の霊獣とされる。鯱瓦は背鰭（刺）・鱗が表現された胴の上部の背鰭部分（図１―４・７）、鯱下部の腹部の部分（図１―５・６）に金箔が認められた。ヘラ描きで表現された鱗部分には漆・金箔の痕跡は無く、部分的に金箔が押された鯱瓦とみられる。なお、安土城からは鰭・眼・牙・歯などに部分的に金箔を施した鯱瓦が出土しており、上田城の鯱瓦も同様な鯱瓦と考えられる。

金箔押しの鬼瓦（図１―１）は、昭和元年（一九二六）から二年にかけて実施された野球場の開設工事に際して、二の丸北西隅の旧櫓台下の地下一七尺（約五・二メートル）より一点が出土した。同時に左巻巴文で、連珠一二点を廻らした金箔押しの鳥衾瓦（図１―２）も一点出土した（註６の信濃毎日新聞記事一九二七年・註２拙稿）。鳥衾瓦は大棟や隅棟の先端で、鬼瓦の上に載せる反のある長く突き出した丸瓦である。こうした金箔瓦は織豊期に特徴的な遺物である。

真田氏時代の上田城には二の丸北西隅にも櫓が設置され、金箔押しの鳥衾瓦を載せた鬼瓦が大棟ないしは隅棟に上げられていたと考えられる。その後仙石氏時代には、櫓台のみが復興され、櫓は設置されていない。上田城の場合、金箔瓦は鯱瓦・鬼瓦・鳥衾瓦の役瓦のみであり、軒瓦には認められていない。

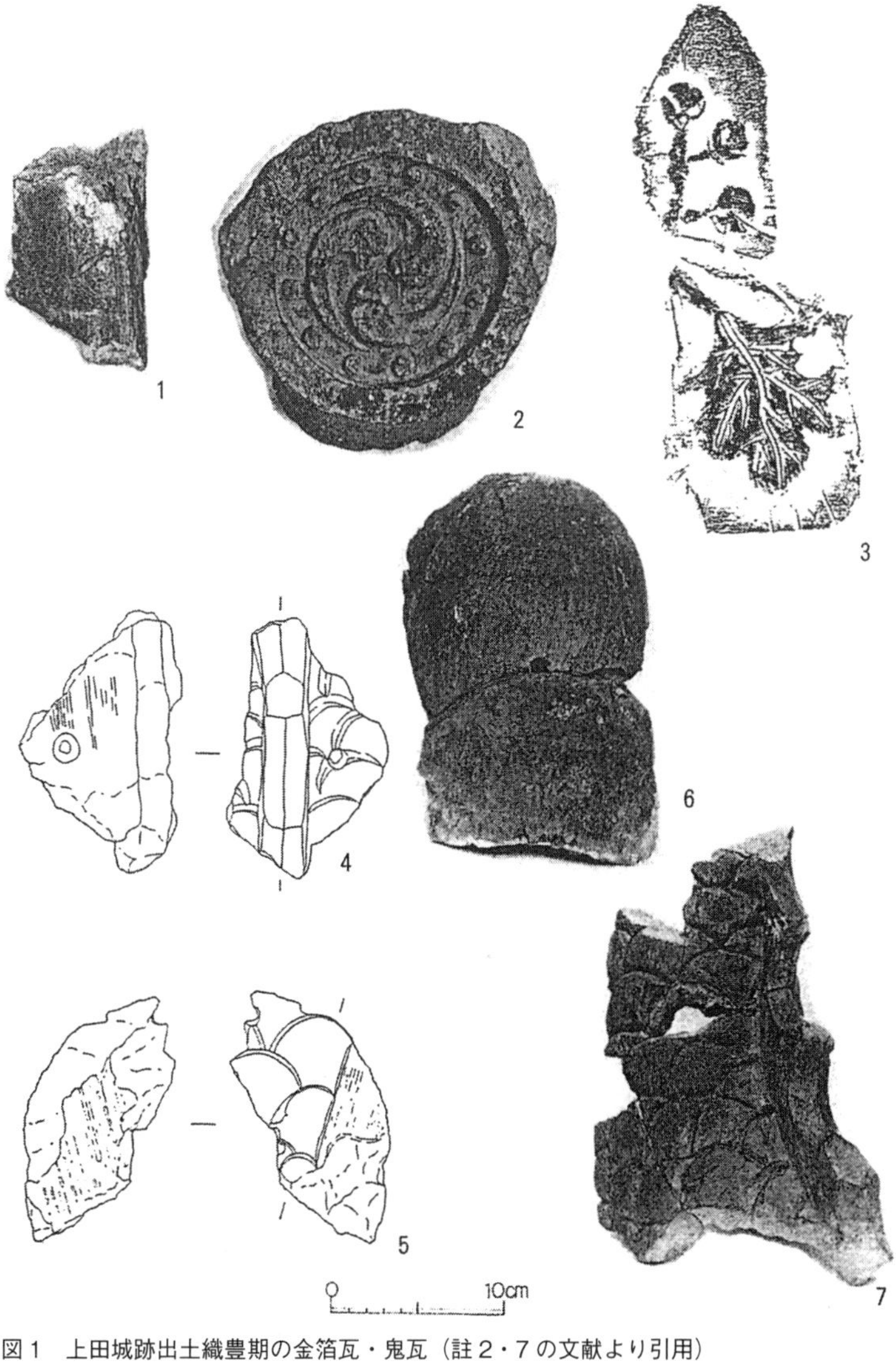

図１　上田城跡出土織豊期の金箔瓦・鬼瓦（註２・７の文献より引用）

３　出土した真田氏時代の軒瓦

真田氏時代の織豊期の上田城跡出土軒丸瓦については、①八弁菊花文（図２―１）②九弁菊花文（図２―２）③右巻三巴文連珠一五点（図２―６）④左巻三巴文連珠一六点（図２―３）⑤左巻三巴文連珠一七点（図２―４）⑥左巻三巴文連珠一八点（図２―５）の六種類である。

八弁及び九弁菊花文軒丸瓦は重弁表現の菊花文様で、瓦当部径は一四・六～一五・五センチメートル、周縁幅は一・七～二・二センチメートルである。これまでに上田城跡からは、合計二〇点余の菊花文軒丸瓦が出土している。なお、安土城・大坂城・聚楽第・名護屋城・伏見城・上田城・沼田城など全国一五か所の織豊系城郭で菊花文軒丸瓦が出土している。

この重弁表現の八弁菊花文軒丸瓦は、真田氏が城普請を割り当てられた伏見城跡（図４―５）と、真田信幸居城の沼田城跡（図４―１・２）から、上田城の菊花文様の形状と共通性が高い資料が出土している。沼田城跡からはこの他に三巴文右巻連珠一六点の軒丸瓦（図４―４）と金箔押しの飾り瓦（図４―３）が、瓦の調整手法・金箔の残存より織豊期の瓦と考えられる。また中心飾りが桐葉文の均整唐草文軒平瓦も織豊期の軒平瓦と考えられる。

ところで沼田城の天守については、幕府が正保年間（一六四四～一六四八）に作成を命じて提出させた「正保城絵図」（国立公文書館蔵）に、五層とみられる千鳥破風を有した天守が描かれている。この沼田城天守は絵図から層塔型天守に分類され、入母屋破風を有する望楼型天守より新しい天守と考えられる。この層塔型天守の出現は、京都府の丹波亀山城の五層天守が最初とされる。この天守は慶長九年（一六〇四）から同一三年までに建てた今治城天守を移築していることから、早くても慶長九年以降に層塔型天守は出現したとされている。(12)

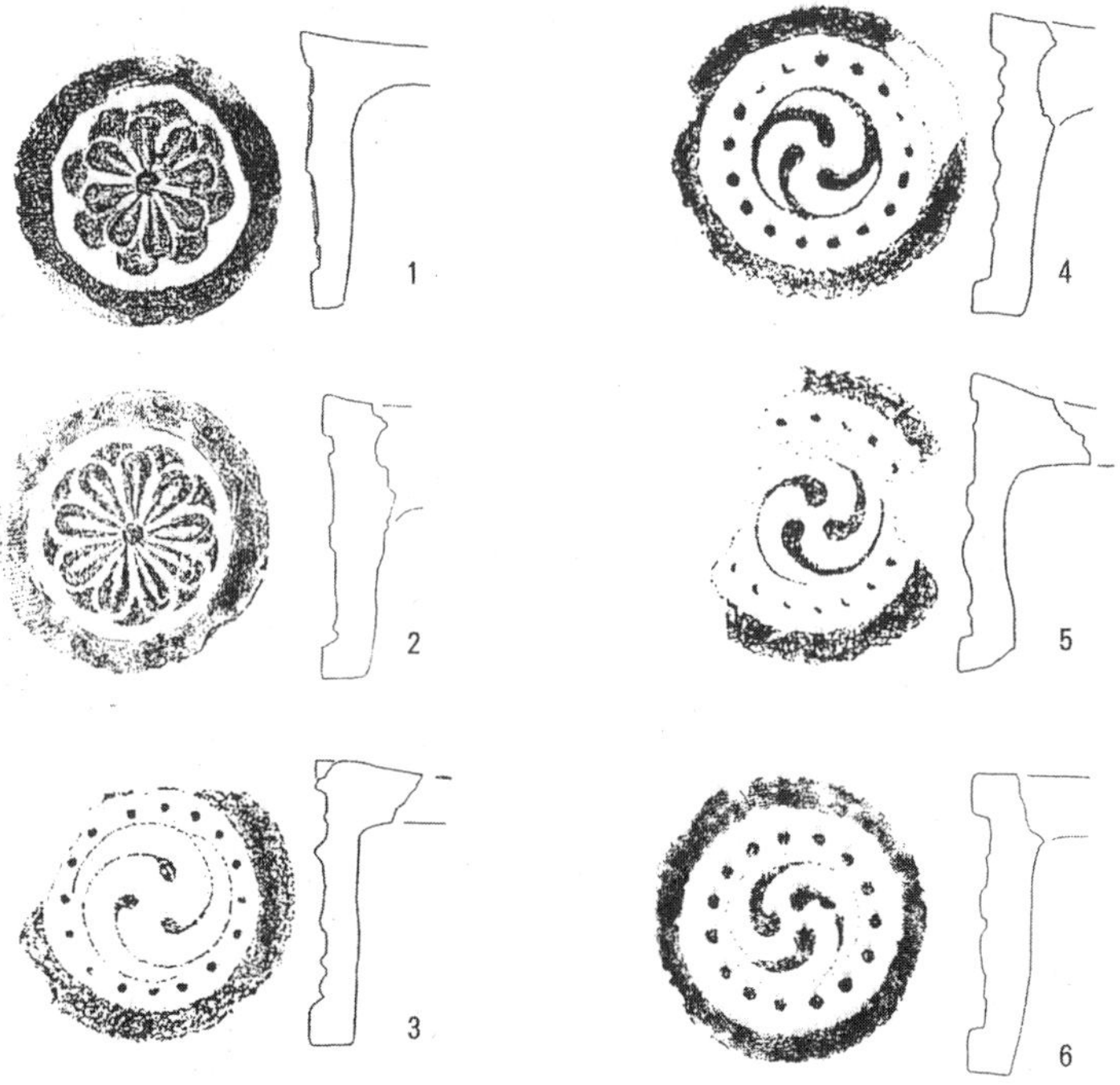

図２　上田城跡出土織豊期の軒丸瓦（註９の文献より引用）

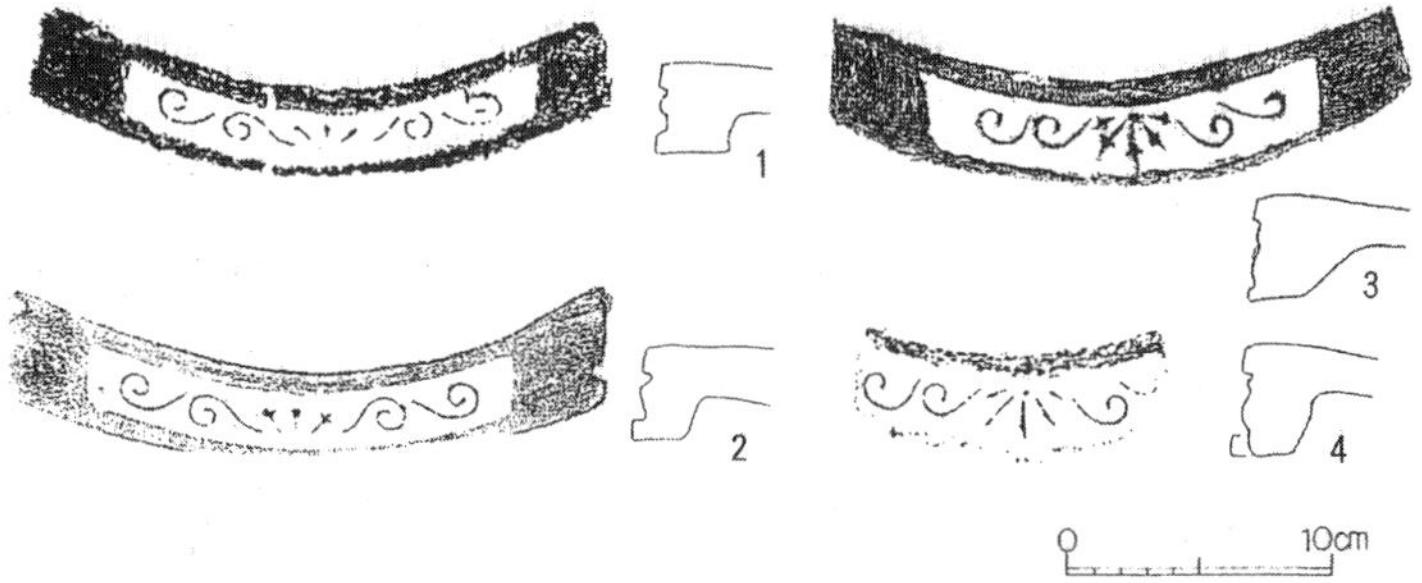

図３　上田城跡出土織豊期の軒平瓦（註９の文献より引用）

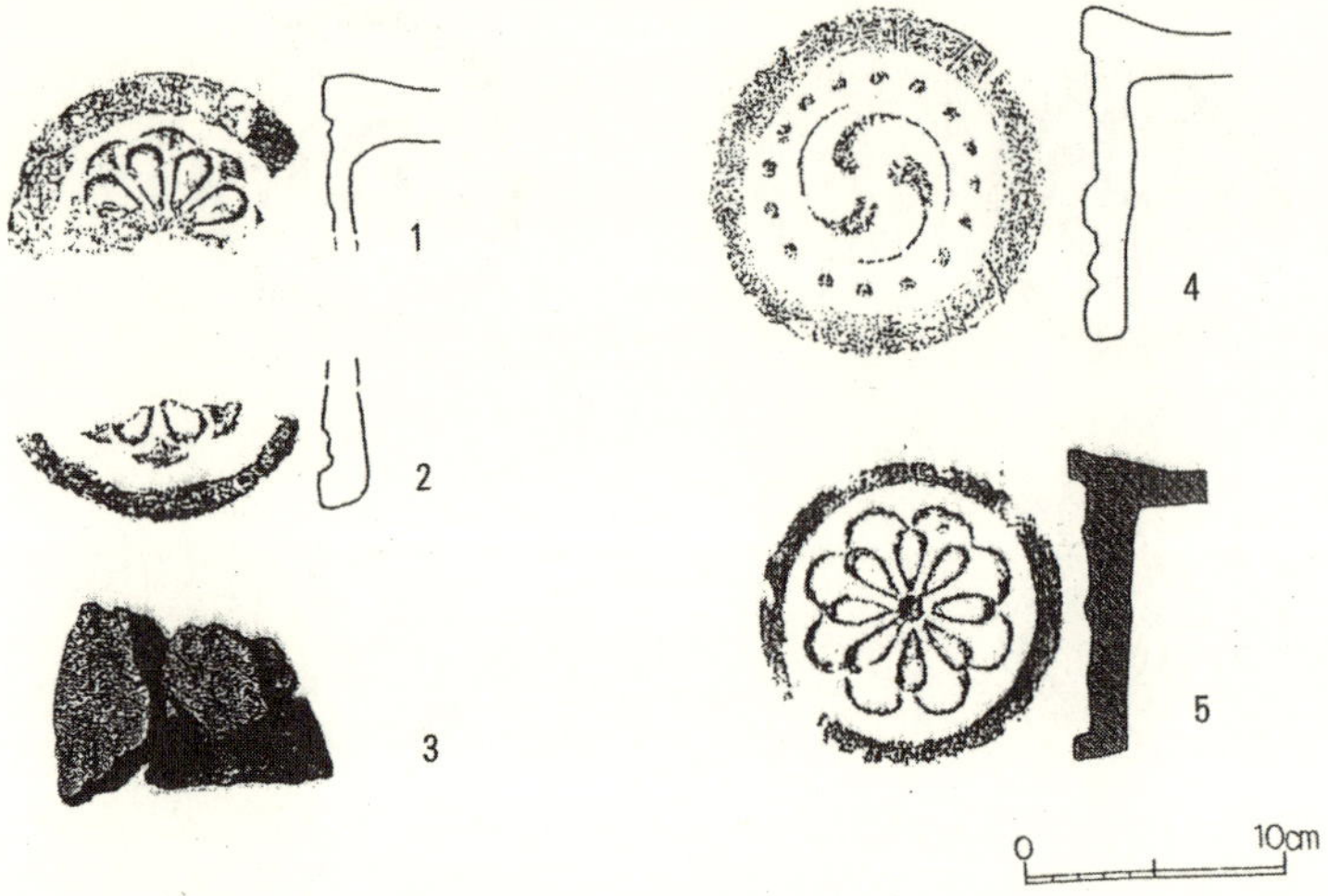

図４　沼田城跡（1～4）・伏見城跡（5）出土織豊期の軒丸瓦・金箔瓦（註２・５の文献より引用）

沼田城天守の造営については、当時二万七千石を領有していた真田信幸が、父昌幸と共に伏見城普請に動員された際に取得した最新の築城技術で、慶長元年（一五九六）から二年にかけて当初は三層天守を造営したと推測される。その後関ヶ原合戦後に上田領と併せて九万五千石を拝領した信之（信幸から改名）が、慶長一二年（一六〇七）以降の慶長年間後期に五層天守に大改修したと考えられる。当時信之が併せて統治していた上田城は関ヶ原合戦後に破却された状態のままで、徳川軍に敵対した昌幸の居城の復興は不可能であった。このため、その代償として拝領石高に相応しい五層天守が、幕府の承認を得て建造されたと考えられる。

上田城跡出土の三巴文軒丸瓦は、巴の巻く向き・連珠数で四種類に分類される。巴の尾部は細長く伸びて、隣の巴の尾部に接し、全体に環状を呈している。瓦当部径は一五～一六センチメートル、周縁幅は一・七～二・一センチメートルである。なお⑥の左巻連珠一八点（図２―５）と推定される軒丸瓦は、これと同笵の織豊期の鳥衾瓦が本丸堀底から出土している。

この三巴文軒丸瓦は次の仙石氏時代には右巻連珠一三点と右巻連珠一五点の軒丸瓦になり、仙石氏家紋の「永楽通宝文」軒丸瓦と共に三種類で、仙石氏時代の上田城の屋根瓦を構成している。その後松平氏時代には引き続き右巻連珠一三点の軒丸瓦が用いられ、他の三種類の江戸時代後期の補修用三巴文軒丸瓦と共に、現存する隅櫓に多数使用されている。

軒平瓦は①三葉文を中心飾りとした均整唐草文（図3―1・2）②下向きの五葉文を中心飾りとした均整唐草文軒平瓦（図3―3・4）の二種類で、これらの軒平瓦は本丸の西側堀から出土した資料であり、真田氏時代に使用された軒平瓦である。こうした軒平瓦の文様は、大坂城・伏見城等に共通性のある文様の軒平瓦が認められる。

三葉文軒平瓦は中心飾りが上向きの三葉を持ち、先端が明瞭に三叉に分かれる軒平瓦・（図3―2）とそうでは無い軒平瓦（図3―1）に区分される。中心に珠点は無く、均整唐草文が左右に伸び、下向き・上向きに反転させて二単位ずつ配している。この三葉文軒平瓦は本丸西側の堀からの出土と共に、平成五年（一九九三）に本丸上段西側に掘削したトレンチの最下層地点、地表下約二メートルの地点からも出土している。[11]このため現在まで認められる本丸上段部分は、慶長六年（一六〇一）前半とされる上田城破却の際に盛土され、改変されたと考えられる。

下向きの五葉文と珠点を中心飾りとした均整唐草文軒平瓦は、先端が剣形に鋭く尖った軒平瓦（図3―3）とそうでは無い軒平瓦（3―4）に区分される。この均整唐草文軒平瓦は、均整唐草を上向きに二単位ずつ配している。なお、この軒平瓦の中心飾りは以前の註2の拙稿では、剣形に尖った三葉及び両脇の萼（がく）と珠点と表現したが、今回は一般的な五葉文と珠点の中心飾りに表現を変更している。

その後の仙石氏時代には、中心飾りが上向きの三葉で中心に珠点を持ち、左右均整に水平方向に伸びた四葉ずつの唐草文を配している。この軒平瓦は現存する隅櫓にも使用され、松平氏時代も引き続き所用瓦として用いられている。

五七桐文鬼瓦（図１―３）は、本丸堀の南西部から二点出土している。桐文鬼瓦は上部左側の「五」の桐花部分を立体的に表現した部分と、下部左側の桐葉を立体文様とヘラ描きで表現した部分である。桐文は周縁が無く、表面の全面に桐文を表現している。桐花は丸く、桐葉の葉脈は素朴にヘラ描きされ、全体的に古様な表現であり、慶長年間後期以降の様式化された桐文とは異なっている。本丸堀から出土した軒瓦と同様に、慶長年間初期の鬼瓦と考えられる。五七桐文は豊臣秀吉が用いた所謂「太閤桐」であり、豊臣配下の大名であった真田氏時代の上田城に使用されていたと推測される。

なお、次の仙石氏の時代は永楽通宝文、その後の松平氏は五三桐文の鬼瓦をそれぞれ用いており、家紋を鬼瓦の意匠に使用している。現存する隅櫓には、江戸時代中期以降の松平氏の五三桐文鬼瓦が用いられている。

二、上田城跡の江戸時代前期と織豊期の石垣

上田城跡に現存する石垣の主要部分は、真田氏時代の上田城が慶長六年（一六〇一）前半期に徹底的に破却された後、仙石忠政が寛永三年（一六二六）五月に改修に着手し、寛永五年四月に忠政が病死して普請が中断するまでの間に、大改修した遺構と考えられる。特に本丸東虎口と西虎口部分の櫓門・隅櫓の櫓台石垣は、市街地北方の太郎山山麓から切り出された緑色凝灰岩を用いて、打込み接ぎの手法で構築している。

石垣には石材の加工の程度で野面積み、打込み接ぎ、切込み接ぎに区分され、一般的にはほとんど加工せずに自然

石を積み上げた野面積みが古いとされる。一六世紀の戦国期には城の石垣として野面積みが普及し、一六世紀末期には積み石の接合部を加工して石垣の隙間を減らした打込み接ぎが広く用いられ、元和年間（一六一五〜一六二四）以降には、積み石を徹底的に加工して石同士の隙間を無くした切込み接ぎが多用されたとされている。

上田城の本丸虎口部分の櫓台には、大型の石材が集中的に配置されている。とりわけ「真田石」と通称される上田城最大の高さ約二・五メートル、幅約三メートルの緑色凝灰岩が本丸東虎口の櫓台石垣に据えられている。この石垣は打込み接ぎの手法で築かれ、仕上げは鑿で打ち欠いて表面を平らにした粗いはつり仕上げの石垣積みである。

この「真田石」は仙石忠政が鏡石として本丸正面の東虎口の櫓門石垣に組み入れ、上田城を大改修した仙石氏の権威の象徴としたと考えられる。また陰陽五行思想の万物の永遠の不変性の考えにより、城や石垣の永続性を願ったとも推測される。鏡石は周知のとおり、大阪城の蛸石や松本城太鼓門枡形の玄蕃石を始め、多くの城郭石垣でみられる。

上田城の石垣には、鉄製の楔（矢）により石材を割るために鑿により掘られた矢穴が残存している。近江国においては一六世紀前半を初現とする矢穴を用いた石材分割技法が、観音寺城や周辺城郭の石垣に認められることが知られ[13]、この技法が安土城を始め全国の織豊期城郭に使用された。

この矢穴には長軸平均が四寸（約一二センチメートル）幅と三寸（約九センチメートル）幅があり、織豊期の一五九〇年代には四寸幅が、江戸時代前期には三寸幅が多数を占めることが、山梨県甲府城跡の調査[14]から明らかにされている。上田城跡で認められる本丸東虎口・西虎口の石垣の矢穴の幅は3寸で、江戸時代前期の仙石氏時代に加工され、構築されたものである。

仙石忠政の上田城大改修については、『改選仙石家譜』では、元和八年（一六二二）、真田氏に替わり上田へ移封を命じられた際に将軍徳川秀忠より「上田城は先年破却せしままなれば、修理の料として銀子二百貫目を賜ふべし、心のままに修理すべき旨、懇の命」を受けたとされている。

寛永元年（一六二四）、この銀子二百貫目が幕府から届き、寛永三年四月には上田城普請の許可が幕府より下りた。このため五月には、仙石忠政は重臣の普請奉行に詳細な指示をしたことが「寛永三年五月五日　原五郎右衛門宛仙石忠政築城覚書」（上田市立博物館蔵）により窺える。

この「覚書」には「なわばりの時、古城の堀にゆがみがあるときは堀の両側を掘って直にせよ」との項があり、慶長六年に建物・塀が破却され、土塁を壊され堀を埋め立てられていた真田古城の堀をそのまま再び掘り上げて、復興した様子が窺える。また将軍の命令で銀子二百貫目（仮に江戸時代前期の銀一匁を二千円とすると現在の貨幣価値で四億円程度）の巨額の経費支援を幕府から得て、堀・石垣・櫓台・七棟の隅櫓・二棟の櫓門・瓦葺の土塀等が整備された。この結果、徳川軍に敵対した真田氏時代の本丸の姿は大きく改変され、真田氏時代の景観は一掃されたと考えられる。

忠政は「覚書」より前年には石材・材木・普請道具の準備を命じているが起工から病死するまで二年弱の短期間であり、二の丸部分は堀・土居・虎口の石垣は完成したが櫓・櫓門・土塀は未完成であった。石材は城から約二キロメートル北方の太郎山山麓の虚空蔵堂周辺の緑色凝灰岩を切り出したとみられる。が、すでに真田氏時代に切り出され、使用されていた石材も再利用し、石垣を組み直したり、新たな地点に石垣を築き真田時代の状況を改変したと考えられる。

こうした仙石氏時代の石垣に対して、真田氏時代の織豊期の特徴とみられる自然石をそのまま積み上げた野面積みの石垣が、二の丸北虎口の北側面の石垣（写真1）・本丸西虎口の土橋南側の石垣（写真2）・本丸南側の尼ケ淵に面した石垣など目立たない区域に認められる。こうした石垣には緑色凝灰岩の他に数多くの安山岩・溶岩塊や、中世の五輪塔地輪・石臼が石材として使用されている。また本丸堀の南西部の本丸土塁際の堀中には、太郎山産の緑色凝灰岩が十数点残存している。（写真3）これらの石材の周囲からは真田氏時代の瓦類が多数出土しており、こうした石材は真田氏時代の石垣に使用された可能性が高いと考えられる。

真田氏は文禄三年（一五九四）から本格的に築城された伏見城普請に、父昌幸と子の信幸・信繁が普請役を割り当

写真１　二の丸北虎口の北側面の石垣

写真２　本丸西虎口の土橋南側の石垣

写真３　本丸堀の南西部の緑色凝灰岩群

てられた。三月から九月まで城廻りの堀普請のために、一六八〇人にのぼる動員や石材運搬・石垣築造・木曽からの用材運搬等を命ぜられたことが、文禄二年一二月一七日付「真田信幸宛豊臣氏奉行連署状」・文禄三年一月一八日付「真田昌幸・信幸・幸村宛佐久間甚四郎等連署状」・同年六月一日付「真田昌幸宛豊臣秀吉書状」（真田宝物館蔵）等の一連の書状から窺える。

豊臣秀吉の命令による城普請は秀吉の生涯に亘って拡張・改修が行われた大坂城を始めとして、名護屋城・伏見城などが秀吉配下の大名を多数動員して、割普請により築かれたことは広く知られている。この割普請は石垣工事等をいくつかに分割して大名に分担させ、その経費・労働力は各大名が負う重い負担であったが、普請を行う大名にとっては最新の織豊系城郭の築城技術を習得する場であったと考えられている。

真田氏にとっては文禄三年の伏見城普請が、石垣積みの堀・高石垣の櫓台や天守台・瓦葺の櫓・天守建物等の織豊系城郭の具体的な築造技術を習得する絶好の機会になったと、上田城跡出土の金箔瓦や菊花文軒丸瓦の伏見城跡出土資料との共通性から考えられる。当時、最新技術による城郭整備は各大名の最重要課題であり、翌年の文禄四年（一五九五）頃には織豊系城郭への上田城の普請準備をし、その後の第二次上田合戦までの慶長年間初期（一五九六年から一六〇〇年）に、上田城の織豊城郭化への大改修が実施されたと考えられる。

三、上田城天守建物の存在の可能性

前述のように織田信長が築城した安土城からは、鰭・眼・牙・歯に限って金箔を押した鯱瓦が出土(15)しており、上田城も同様な鯱瓦と考えられる。安土城出土の金箔鯱瓦は天守北東下段の伝米蔵跡から出土し、部分的に金箔を施し、鱗は一枚ずつ粘土板を貼り付けた立体的なもので、鰭も柄差しではなく胴体に貼り付けたものであった。高さは約二尺七寸（八一センチメートル）と小さく、付近にあった櫓、櫓門などに上げられていたとみられている。なお金箔鯱瓦の鱗の表現は安土城の立体貼り付けの後、豊臣秀吉による天正一一年の大坂城築城以降はヘラ描きやスタンプ表現の鱗に変化している。[16]

近年、広島城の三の丸跡井戸から鰭・眼・耳・牙に部分的に金箔を押した鯱瓦がほぼ完形で出土した。全体・細部の形状から、豊臣五大老の一人で百二十万五千石を領有していた毛利輝元の時代、一六世紀末の慶長三年（一五九八）頃に完成した広島城の鯱瓦とされている。[17]出土した二点の鯱瓦の高さは、二尺二寸（約六七センチメートル）と二尺三寸八分（約七二センチメートル）で、鱗はヘラ描きで表現されている。この鯱瓦もその大きさから櫓か櫓門に使用されたとみられている。

写真４　堀から出土した鯱瓦（上田市立博物館蔵・上田市立博物館『仙石氏史料集』1984年より引用）

ところで上田市立博物館には、江戸時代中期に上田城跡本丸堀底から発見と伝えられる高さ八七センチメートルの鯱瓦（写真4）が収蔵されている。ヘラ描きによる鱗の形状や尾鰭の直立した状況は古様な形式で、金箔鯱瓦の鱗の大きさや鰭の差込口の四角な形状・位置もほぼ同一である。ただしこの鯱瓦には金箔の痕跡は認められず、後に背鰭等の金箔が剥離してしまった可能性が推測される。この鯱瓦については形状の古さ、金箔の痕跡が無いものの金箔鯱瓦と共通性が高い、耳部に朱が残存、頭部・尾部の破損状況、堀底から出土の伝承等から真田氏時代の鯱瓦の可能性が高いと考えられる。

この鯱瓦の八七センチメートルの高さは、安土城や広島城の櫓・櫓門に用いられた金箔鯱瓦と近似しており、上田城の金箔鯱瓦も天守・櫓・櫓門に上げられていたと考えられる。ところで毛利輝元築城の広島城天守は五層で、慶長三年に完成とみられる天守の鯱瓦は第二次大戦前の実測図から高さが三尺五寸（一〇五センチメートル）であった。関ヶ原合戦以前の織豊期の五層天守は、織田信長の安土城、豊臣秀吉の大坂城・名護屋城・伏見城、宇喜多秀家の岡山城、毛利輝元の広島城、羽柴秀長・秀保の大和郡山城、蒲生氏郷の会津若松城（七層ともいう）などで、いずれも天下人や豊臣五大老クラス・豊臣秀吉の弟一族の城で、特別な権力者の城郭の天守である。

上田城の鯱瓦が上げられた櫓には、二層の櫓の他に、三層の望楼型の櫓があった可能性が高く、いわゆる望楼型天守に相当する建物であったと考えられる。(18) 金箔鯱瓦の大きさから推定すると、金箔鯱瓦はこの三層の望楼型天守の大棟に使用されたと考えられる。

上田城における天守建物については、寛永三年（一六二六）から五年の仙石忠政の復興の際には建てられなかったことは、文献史料から明確である。また天正一一年（一五八三）、徳川家康の認可と援助を得て、真田昌幸による上田城築城が開始されたが、当時の上田城の状況については史料・絵図等が無く、その詳細は不明である。昌幸は武田勝頼の新府城の築城に際して普請奉行を務めており、武田氏の築造技術を最大限生かして、尼ヶ淵の断崖を利用した要害の地に城を構築したと考えられる。

天正一三年（一五八五）の第一次上田合戦の際に、徳川軍は「天守もなき小城」と上田城を侮ったとの記載が山鹿素行の『武家事紀』にみえることは周知のとおりである。この『武家事紀』には延宝元年（一六七三）の序文があり、合戦から八八年後に出されたものであるが、真偽は不明である。が、当時の真田氏には高石垣を築き、瓦葺の天守・櫓を構築する技術は無く、他の東国の諸城と同様に河川・段丘崖等の天然の要害地形を生かし、堀切・土塁・柵・掘立柱建物・物見櫓程度の施設を備えた上田城の状況であったと考えられる。

その後、天正一八年（一五九〇）の徳川家康の関東移封に伴い、信濃の諸大名が関東に移され、替わりに豊臣秀吉配下の大名が配置され、松本に石川数正、諏訪に日根野高吉、小諸に仙石秀久が入封した。これらの諸大名は移封直後から城郭の普請に取り掛り、文禄年間（一五九二～一五九六）を経て、次の慶長年間の初め頃には織豊系城郭を信濃に完成させた。

松本城は文禄二年（一五九三）、二代目石川康長の時に織豊系城郭の天守を建て、慶長初期には完成したとみられる。その後慶長年間を通して大改修され、現在の五層の連結式天守が完成したと考えられる。小諸城は仙石秀久によって、慶長初期には三層の天守を始め城郭を完成したとみられる。冬期の極寒のため瓦葺では無く柿葺屋根の高島城を除き、松本城・小諸城からは織豊期の金箔瓦が出土している。

松本城からは昭和四三年（一九六八）に太鼓門の石積み基礎調査中に、漆地に金箔押しと朱を施した鬼瓦の可能性がある飾り瓦（図5―1）が一点出土し、織豊期に特徴的な瓦である[19]。また軒丸瓦は、コビキBで瓦調整技法の特徴から二の丸御殿跡[20]出土三巴文軒丸瓦の左巻連珠一一点（図5―2・3）の軒丸瓦が慶長期に遡る可能性があると考えられる。軒平瓦は織豊期の三葉文・五葉文を中心飾りとする均整唐草文軒平瓦はみられず、二の丸御殿跡から出土し

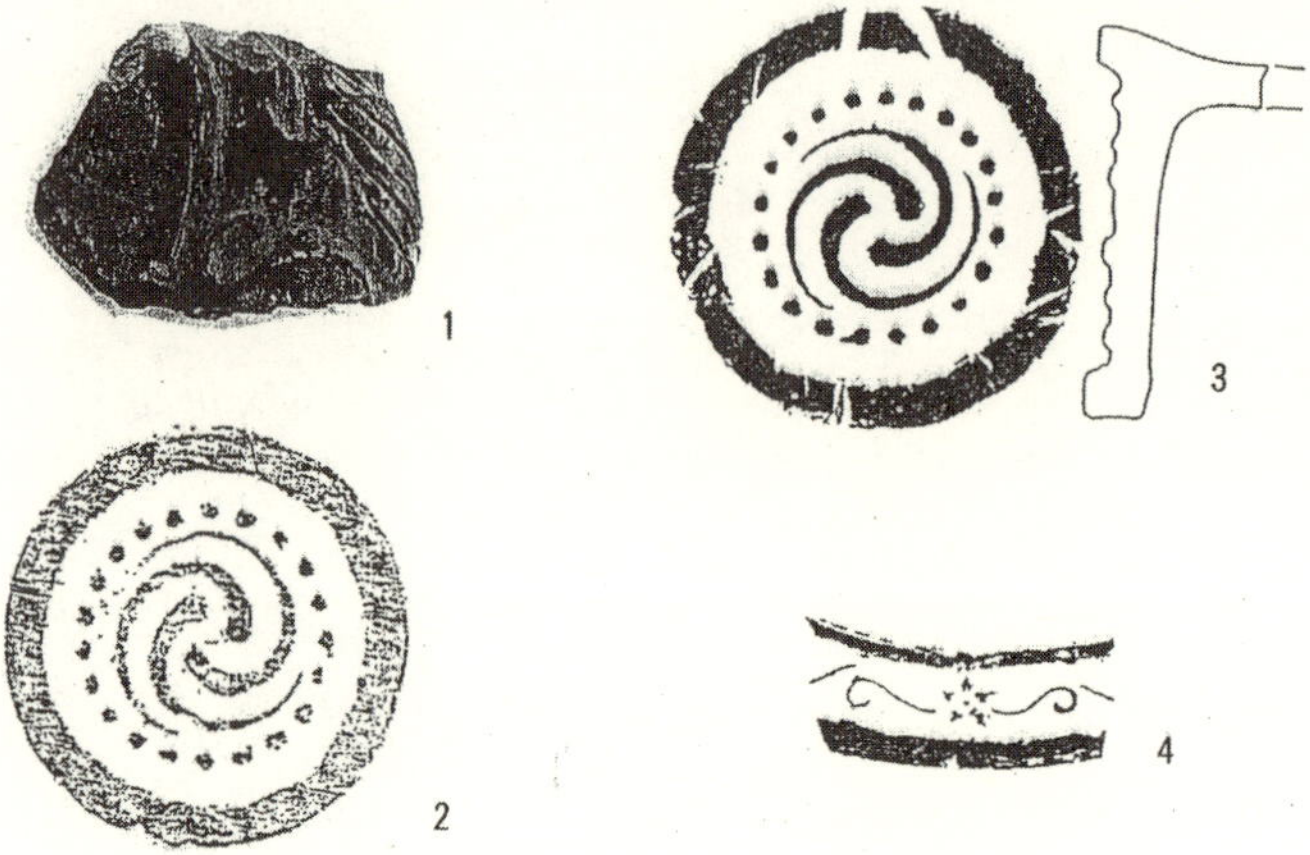

図５　松本城跡出土織豊期の金箔瓦（1）・軒瓦（註２・５の文献より引用）

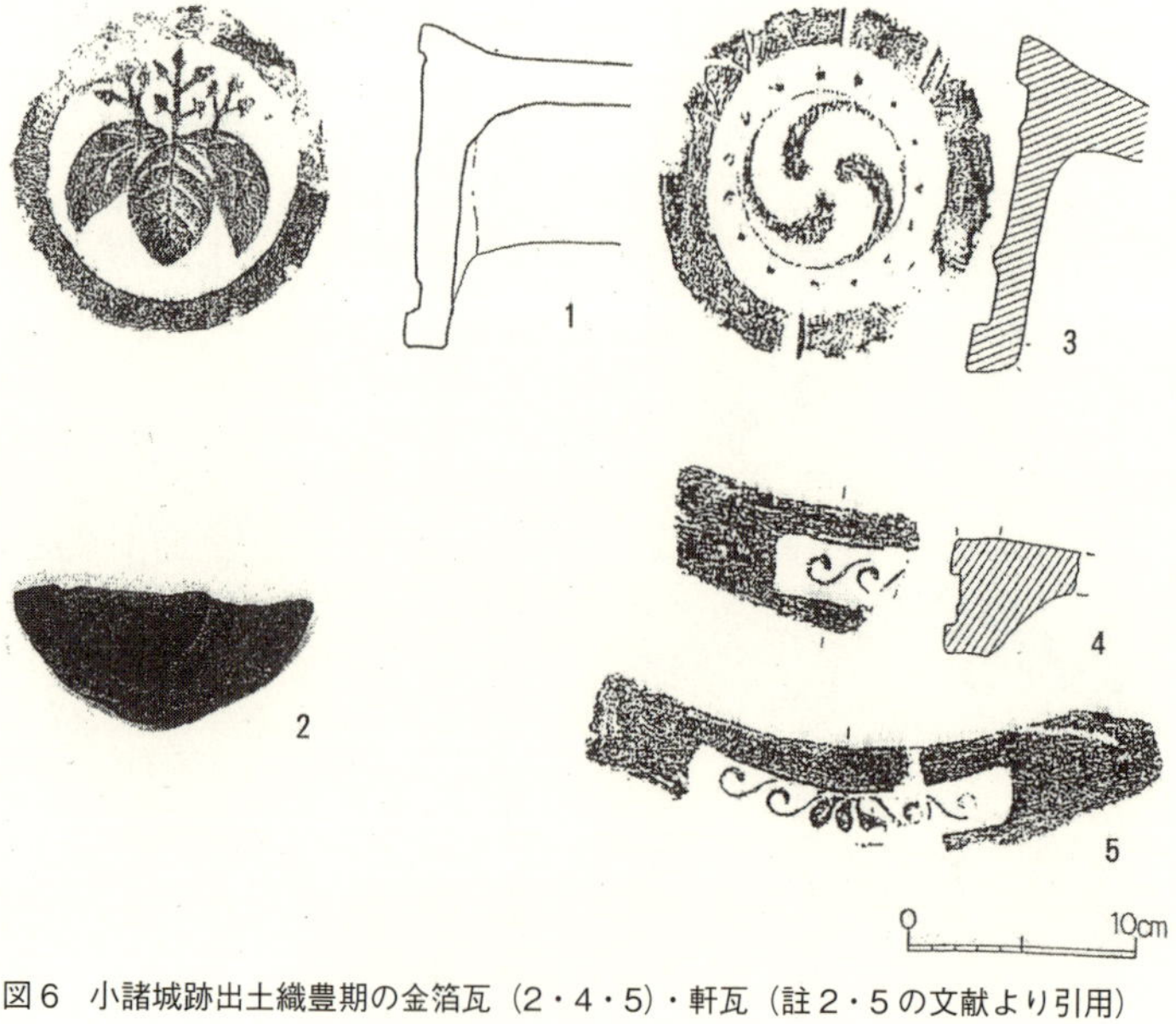

図６　小諸城跡出土織豊期の金箔瓦（2・4・5）・軒瓦（註２・５の文献より引用）

た中心五花弁均整唐草文軒平瓦（図5―4）が文様の特徴から石川氏時代に遡る可能性が考えられる。なお、五七桐文軒丸瓦と三葉文軒平瓦は、寛永一〇年（一六三三）に入部した松平直政が天守・門を修復した際の瓦と考えられている。[21]

小諸城では天守台を中心に金箔を押した五三桐文軒丸瓦（図6―1・2）、桐文軒平瓦（図6―4・5）が出土[22]している。五三桐文軒丸瓦には立体的な中心葉に金箔が残る（図6―2）。また桐文軒平瓦には立体的な丸味を帯びた三葉の桐葉文を中心飾りとして、左右均整に二単位ずつ唐草文が配され、この唐草文に金箔が認められる。どちらも軒瓦の立体的な文様に金箔が施され、豊臣秀吉の大坂城・聚楽第などの軒瓦と金箔押しの手法に共通性がある。この他に三巴文右巻連珠一五点軒丸瓦（図6―3）が瓦文様の特徴から織豊期の軒瓦と考えられる。なお、註2の拙稿では織豊期とした三三桐文軒丸瓦は、文様は肉彫り風であるが丸瓦部の状態から江戸時代前期の瓦とされている。[23]

小諸城は仙石秀久により、慶長年間初期には堀・石垣・天守・土塀等の施設を有した城郭の整備が行われている。天守は三層で寛永年間に落雷で焼失と伝えられ、金箔軒瓦はこの天守軒先に用いられたと考えられる。この豊臣氏と同じ桐文軒瓦の金箔瓦を葺いた小諸城の天守や野面積みの堅固な天守台は、豊臣勢力と徳川勢力の境界に小諸城が位置することから豊臣政権が徳川家康を牽制する目的で、築城に際して強力な支援を行った結果と考えられる。

四、織豊期の上田城の状況

真田昌幸の織豊期の上田城は不明な点が多いが、本丸内には城主の居館が置かれ、本丸の北側半分の「上ノ台」と

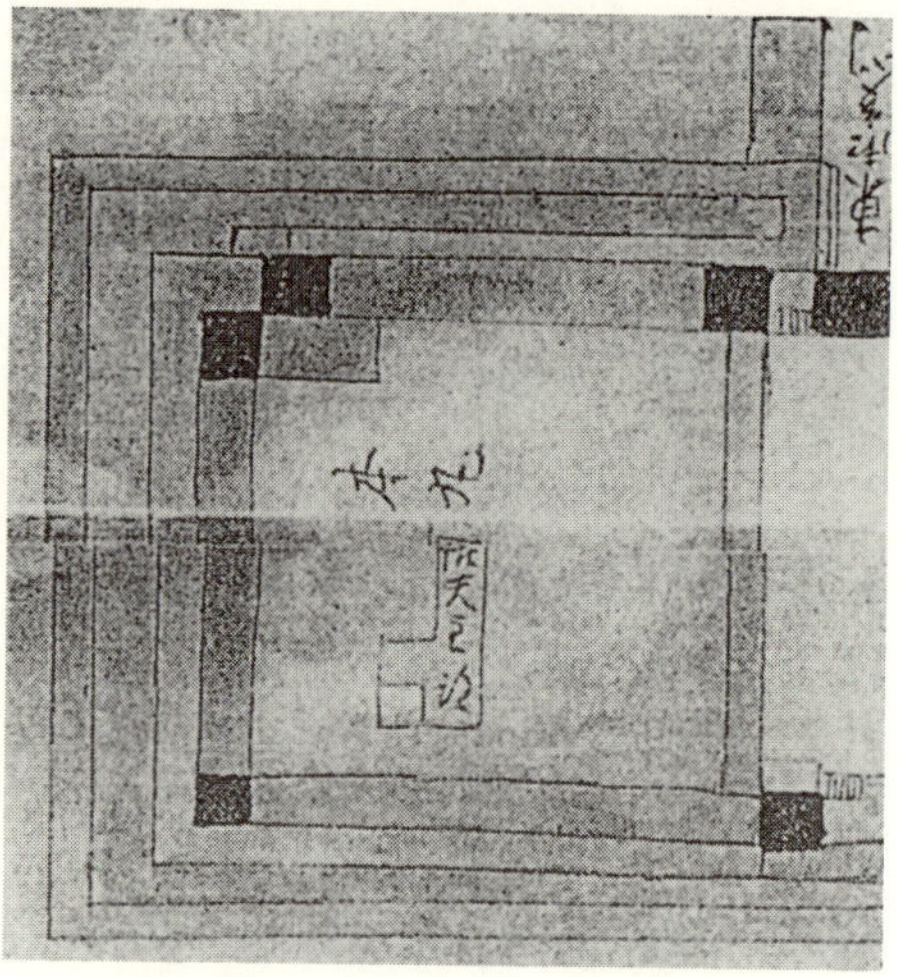

図７　「御天主跡」と記された『上田城構之図』（部分図・上田市立上田図書館蔵・註７『郷土の歴史　上田城』より引用）

呼ばれる現在一段高い場所には、重要な建物が配置されていたと推測される。寛永年間に作成したとされる『上田城構之図』（上田市立上田図書館蔵）には「上之台」の西側に「御天主跡」の記載（図７）があり、この付近に天守建物があった可能性が考えられる。

寛永年間は上田城の破却から三〇年ほど後であるが、この付近に天守があったとの言い伝えが残り、それを書き入れたとも考えられる。また織豊期の三葉文均整唐草文軒平瓦が平成五年（一九九三）に地下約二メートルの地点から出土したのもこの付近である。このため真田昌幸時代の瓦葺建物が、本丸上段の西側に存在したと考えられる。これが三層の天守建物であった場合は、天守を支える石垣積みの天守台が築かれており、破却後の石垣は仙石氏の大改修の際に本丸・二の丸の虎口や櫓台石垣等に転用された可能性が考えられる。

真田氏時代の出土遺物・遺構等、これまで述べてきた内容の関係位置図（図８）を作成してみると、仙石氏時代の上田城よりさらに広範囲に織豊期の城郭施設が存在していたことが窺える。図８の１は昭和二年に二の丸北西隅の旧櫓台下から発見された金箔押しの鬼瓦・鳥衾瓦の出土地点、２は延享四年（一七四七）に小泉曲輪西方の空堀から出土した金箔鯱瓦の出土推定地点、３は平成二年・三年に本丸堀の北西部から出土した金箔鯱瓦・三巴文軒丸瓦・均整

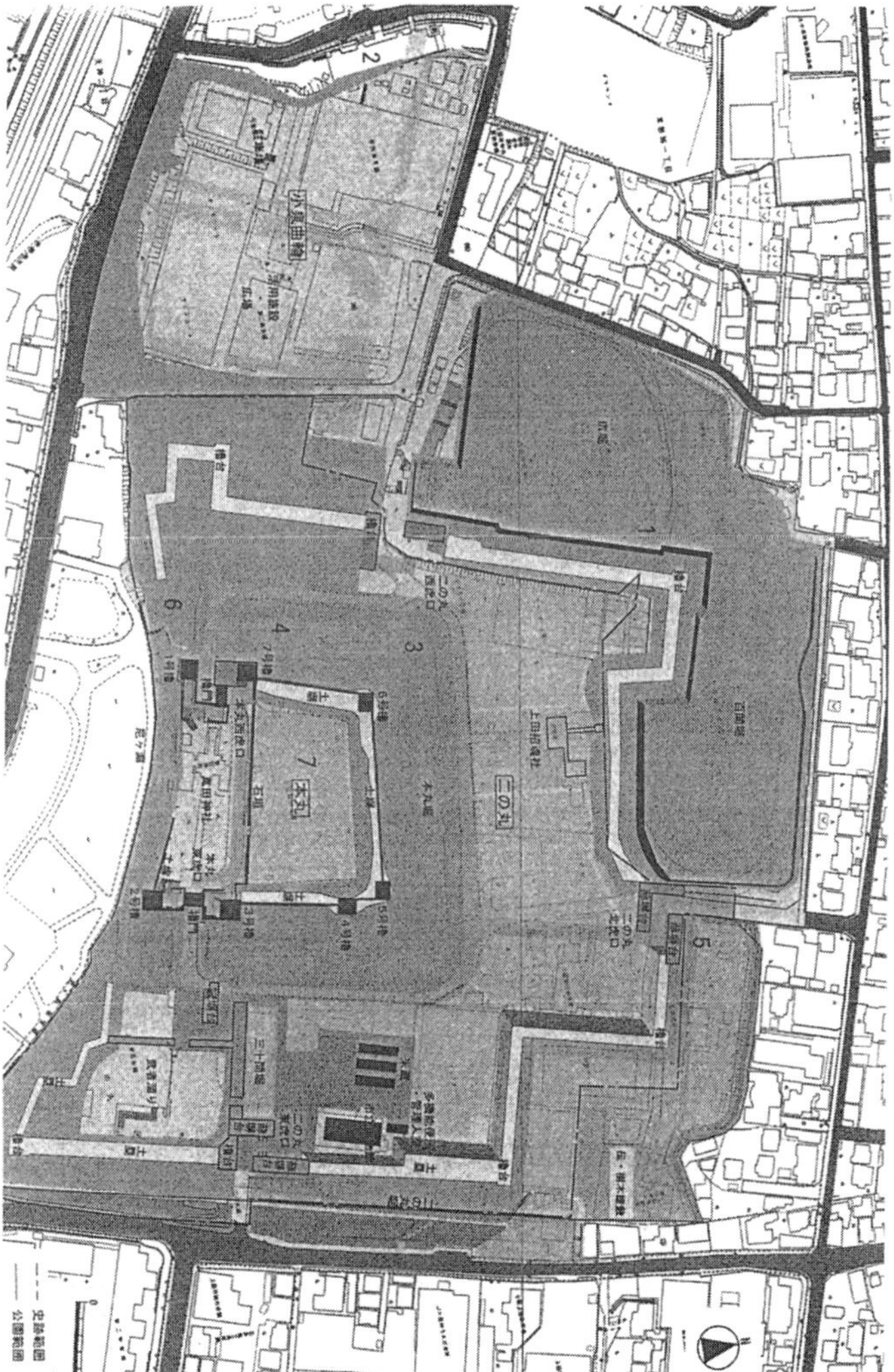

図８　真田氏時代（推定）の出土遺物等関係位置図（註10文献の掲載図に加筆）

唐草文軒平瓦の出土地点、４は平成二年・三年に本丸堀の南西部から出土した菊花文軒丸瓦・三巴文軒丸瓦・均整唐草文軒平瓦・五七桐文鬼瓦の出土地点、５は野面積みの石垣が残る二の丸北虎口北側の石垣の位置、６は野面積みが残る本丸西虎口の土橋南側の石垣の位置、７は寛永年間とされる絵図に「御天主跡」と記載され、平成５年には地下約二メートルから均整唐草文軒平瓦が出土した本丸北側の上段西側地点をそれぞれ示している。この図からは、織豊系城郭として整備された上田城の広大さが改めて看取される。

おわりに

今回は真田氏時代における織豊期の上田城を中心にして再検討を試みた。慶長年間初期の真田氏時代の上田城本丸には、金箔を押した鯱瓦を大棟に載せた三層の望楼型天守が存在した可能性が高いと考えられた。またその場合には高石垣の天守台が本丸北側の上段西側付近に築造され、豊臣政権の最新の築城技術や安定した政権を象徴する織豊系城郭として、面目を一新したと考えられる。真田氏時代に使用された石材は、次の仙石氏時代の築城の際にも石垣として再利用されたと推測される。

この最新の技術により完成した堅固な上田城は、敵の攻撃を抑止する力も備えていたと考えられる。慶長五年（一六〇〇）の第二次上田合戦では、三万八千名の徳川秀忠軍がわずか二千五百名の真田軍が守る上田城を攻撃したが、徳川軍の総攻撃は最後まで行われず、部分的な戦闘に終始した。これは第一次上田合戦の徳川軍敗北の記憶と共に、天然の要害の地に再整備された織豊系城郭としての上田城の抑止力が大きかった結果と考えられる。最後に、小稿をまとめるに際して種々ご教示いただいた方々に、厚く御礼申し上げる。

註

（1）千田嘉博　一九八七「織豊系城郭の構造」（『史林』七〇―二　史学研究会）、村田修三　一九八七「城の発達」（『図説中世城郭事典』新人物往来社）、中井均　一九九〇「織豊系城郭の画期―礎石建物・瓦・石垣の出現―」（『中世城郭研究論集』新人物往来社）、加藤理文　一九九五「金箔瓦使用城郭から見た信長・秀吉の城郭政策」（『織豊城郭』第二号　織豊期城郭研究会）、木戸雅寿　一九九五「織豊期城郭にみられる桐紋瓦・菊紋瓦について」（『織豊城郭』第二号　織豊期城郭研究会）、三浦正幸　一九九九『城の鑑賞基礎知識』至文堂、河西克造　二〇〇一「甲信越地方における織豊期城郭の礎石建物」（『織豊城郭』第八号　織豊期城郭研究会）、中井均　二〇〇三「城郭にみる石垣・瓦・礎石建物」（『戦国時代の考古学』高志書院）、山崎信二　二〇〇八『近世瓦の研究』（奈良文化財研究所学報第七八冊　奈良文化財研究所）、山崎信二　二〇一二『瓦が語る日本史　中世寺院から近世城郭まで』吉川弘文館、乗岡実　二〇一二「石垣」（『季刊考古学　特集織豊系城郭の成立と展開』一二〇号　雄山閣）、加藤理文　二〇一三『織豊権力と城郭―瓦と石垣の考古学』高志書院。

以上の論考を始めとして、多数の織豊系城郭研究の論考が提起されている。

（2）倉澤正幸　一九九四「信濃における織豊期の城郭所用瓦の考察」『信濃』四六―九　信濃史学会。

（3）註1の山崎論文二〇〇八年。

（4）織豊期に入ると全国的に城郭瓦の製作が開始された。この時期には瓦製作技術に変革がみられ、タタラ（方形の粘土塊）から瓦の粘土板を切り取る際に糸切りのコビキAから鉄線切りのコビキBに変化している。コビキAは丸瓦部の凹面に斜め方向の弧線が残存し、コビキBの場合は側縁に直交する水平方向の横筋が認められる。このコビキAからBへの変化は地域差が認められ、畿内では天正後半期に変化がみられ、地方には一六世紀末に変化が認められる。コビキBへの技術革新は瓦の大量生産に適合し、豊臣政権による多数の城郭築城を可能にしたとみられている。

(5)　註1の加藤論文二〇一三年。
(6)　上野尚志　一九四九『信濃国小県郡年表』上小郷土研究会。本書には江戸時代の延享四年（一七四七）、金箔を押した鯱瓦が小泉曲輪西方の空堀から出土したとの記載がある。なお小泉曲輪内の現在の市民体育館付近からは、菊花文軒丸瓦が一点出土している。信濃毎日新聞社　一九二七「信濃毎日新聞記事一〇月二一日付　金泥塗りの瓦を掘出す、上田城の櫓台下から、歴史を語る一片」。
(7)　上田市立博物館　一九八八『郷土の歴史　上田城』、同　一九九六『金箔瓦の城』。
(8)　寺島隆史　二〇〇二「第三章　上田築城と城下町の形成」『上田市誌　歴史編6　真田氏と上田城』上田市誌刊行会。
(9)　上田市教育委員会　一九九二『史跡上田城跡　国指定史跡上田城跡平成3年度発掘調査概報』、同　一九九七『史跡上田城跡国指定史跡上田城跡本丸内発掘調査報告書』。
(10)　上田市教育委員会　二〇一三『史跡上田城跡保存管理計画書　史跡上田城跡整備基本計画書（平成二三年度改訂版）』。
(11)　註9の一九九七年の文献による。
(12)　三浦正幸　二〇〇五『城のつくり方図典』小学館。
(13)　北原治　二〇〇八「矢穴考1―観音寺城技法の提唱について―」『紀要』第21号　財団法人滋賀県文化財保護協会。
(14)　山梨県埋蔵文化財センター　二〇〇三『県指定史跡甲府城跡　稲荷櫓台石垣改修工事報告書』山梨県教育委員会。
(15)　滋賀県教育委員会　一九九八『特別史跡安土城跡発掘調査報告』八巻　滋賀県教育委員会。
(16)　木戸雅寿　二〇〇六「織豊系城郭における鯱瓦の意義」『淡海文化財論叢』1　淡海文化財論叢刊行会。
(17)　佐藤大規　二〇〇九「広島城出土の金箔鯱瓦についての考察」『広島大学総合博物館研究報告』。
(18)　この三層程度の望楼型天守の存在については註7・8の文献で寺島隆史氏がすでに指摘されている。
(19)　註2の拙稿。
(20)　松本市教育委員会　一九八五『松本城二の丸御殿跡』。
(21)　註1の山崎論文二〇〇八年。
(22)　註1の加藤論文二〇一三年及び註2の拙稿。
(23)　註1の山崎論文二〇〇八年。

Ⅱ　古文書講座（第27回）

寺島隆史

読み方（一部読み下し）

①　覚

百八拾五貫七百文　東松本料所之内

拾四貫三百文　同所前々知行之内

合貳百貫文

別而奉公候条知行引替出置候、尚依奉公可令加増者也、

元和四暦午　拾一月廿三日　信之（花押）

池田長門守殿

（合はせ二百貫文　別して奉公候条知行《ちぎょう》引替へ出し置き候。なほ奉公に依って加増せしむべきもの也）

②　已上

五百拾壱石六斗五升　青木嶋

仁百三拾八石三斗五升　広瀬内

合七百五拾石之所、全可令領知者也、
子之十月三日　　信之（花押）
池田長門守殿
（合はせ七百五十石の所、全く領知せしむべきもの也）

③大蔵所へ之書状令披見候、其方以外相煩候由、無心元候、今度之儀、如何様ニも存命仕候様ニ養生尤候、然者跡式之儀申越候、任望申付事候、可心易候、委細主馬大蔵所より可申遣候、謹言、
七月十五日　　信之（花押）
池田長門守殿
（大蔵所への書状披見せしめ候。その方《ほう》以てのほか相煩《わずら》ひ候由、心もとなく候。今度の儀いか様にも存命仕《つかまつ》り候様に養生尤《もっと》もに候。然れば跡式の儀申し越し候、望みに任せ申し付くる事に候。心易《やす》かるべく候。委細主馬大蔵所より申し遣はすべく候。謹言）

④　　已上
任長門守望、本領之内六百石之所出置候、向後全可令知行者也、仍如件、
卯之七月十五日　　信之　朱印
池田藤松殿
（長門守望みに任せ、本領の内、六百石の所出し置き候。向後全く知行せしむべきものなり。仍って件《くだん》の如し）

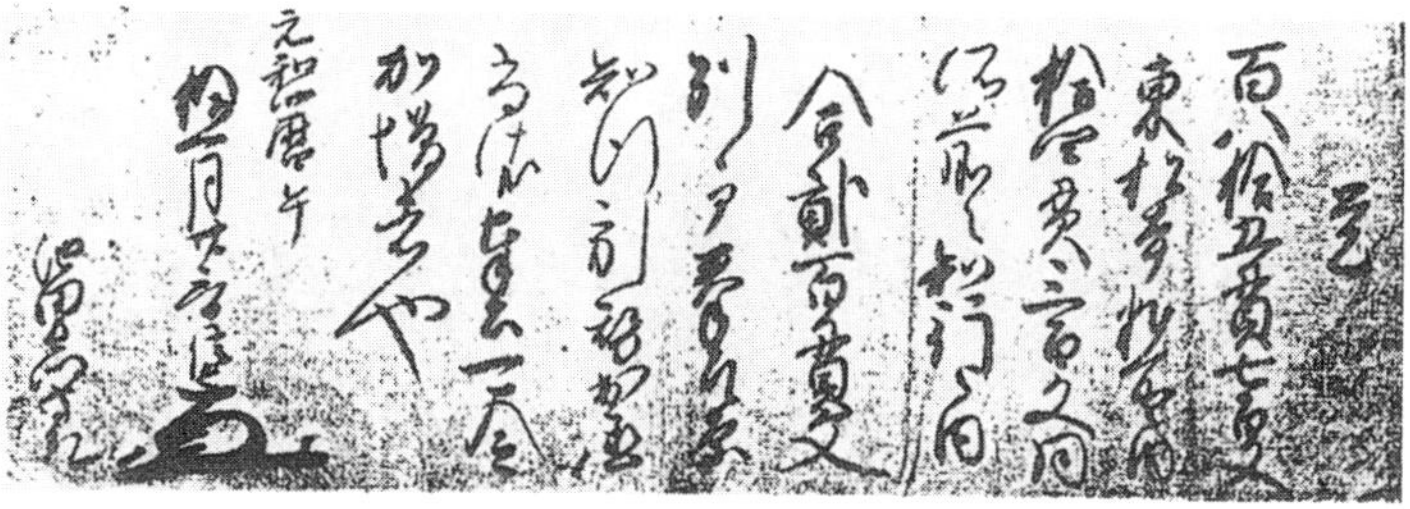

写真①

写真②

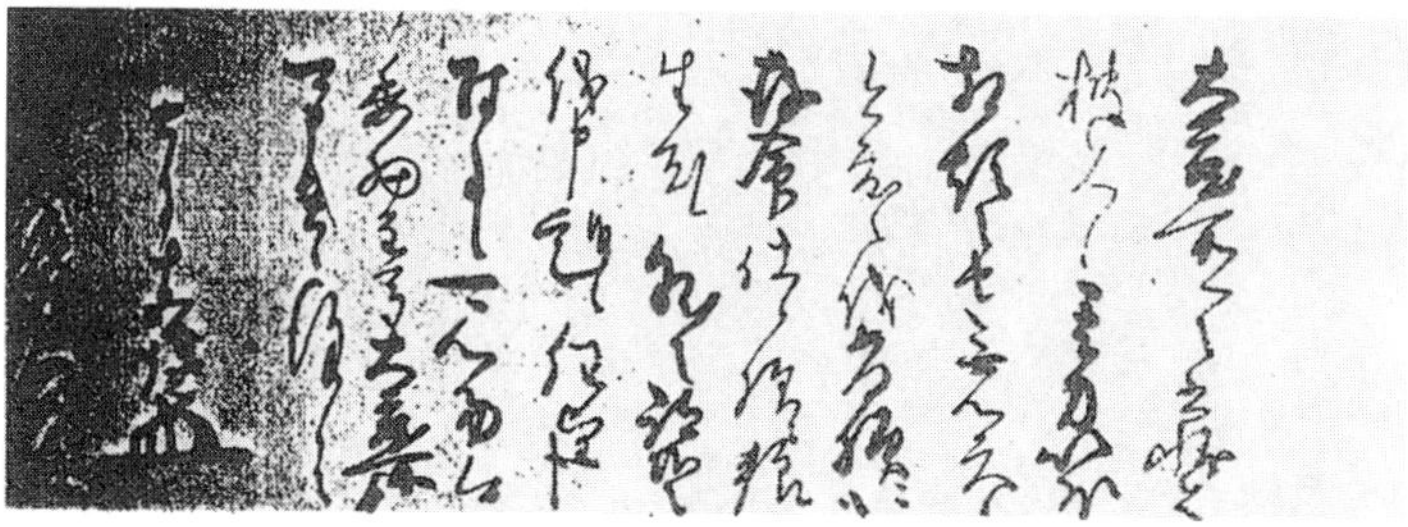

写真③

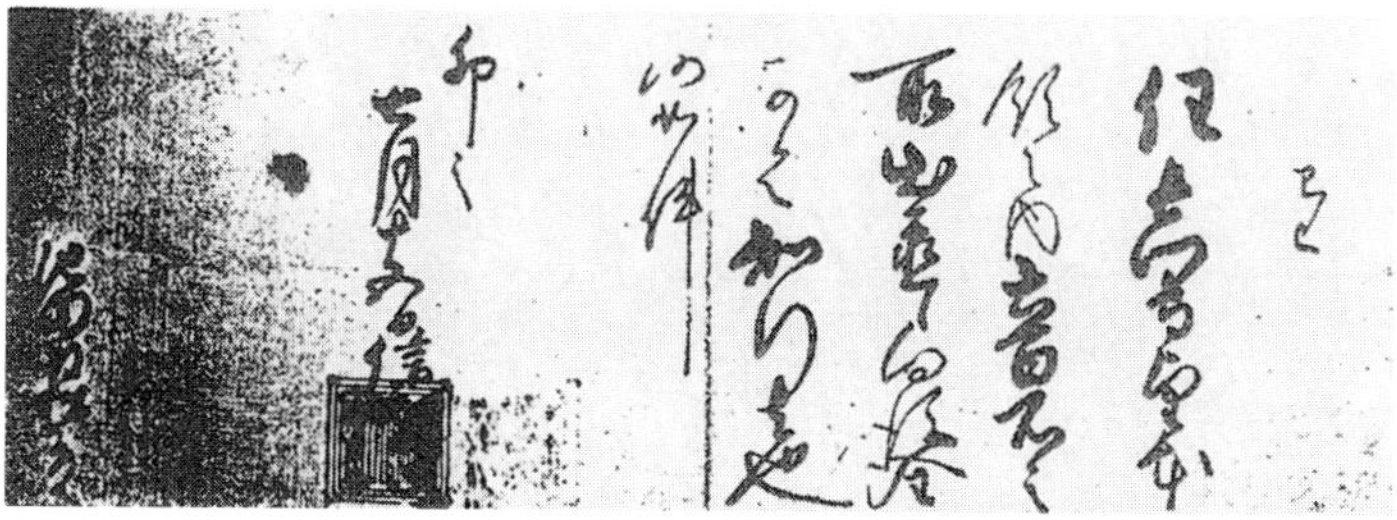

写真④

解説

四通ともに真田信之より家臣池田氏に宛てたもので、池田氏の御子孫木嶋氏に伝えられている文書。先般同氏宅を訪問、写真撮影させていただいたのだが、江戸初期の元和から寛永にかけてのもので『信濃史料』に収録されていない新発見の貴重史料である。

①から③の宛名の池田長門守《ながとのかみ》（前名甚次郎）は昌幸・信之の真田氏二代に重臣として仕え、昌幸の高野山配流《はいる》にあたっては、それに随行した家臣の筆頭でもあり、また、富士山地区奈良尾（東松本）の大円寺の開基（創建者）とも伝えられている人物である。

①の文書は同氏宅に残るただ一通の真田氏上田在城時代の元和四年（一六一八）のもの。これによると、長門守の知行《ちぎょう》（領地）高は、もともと二百貫文であり、その内の十四貫文余は以前より東松本（町屋・奈良尾）で支給されていたのだが、それまで他所でもらっていた一八五貫文余の分については、このとき東松本の料所（真田氏直轄領）の内の地と「引替え」（交換、「抇」は引の異体字）してもらった、というものだろう。これによって、長門守は散在していた知行地を東松本にまとめることができたのだが、当然この方が都合がよかったわけである。長門守の知行地は、これ以前には本原（原之郷）ほかにあったかと思われる。

池田氏は長門守の父とみてよい佐渡守《さどのかみ》のときから真田氏に属していたが、その出身地は上州吾妻郡であったという。いずれにしても、池田長門守は昌幸について小県郡に移ってからか、または高野山随行後、上田へ戻ってから東松本を本拠地としたものだろう。

なお、上田在城時代の真田氏は家臣の知行高については、一貫文を三石相当としている。

②は真田氏松代移封より二年後の寛永元年（一六二四）に家臣の知行地を一斉に給付したおりのものである。

③は実際には殿様（信之）に読んでもらうべく書かれた大蔵（真田氏家臣、姓不詳）宛ての書状を見た信之よりの返事である。「以てのほか」の（大変な）重病だという長門守に対して、見舞いの言葉を述べると同時に、その「跡式」（相続）については、望みどおりに申し付けるから安心するように、としている。「主馬《しゅめ》」は重臣のひとり岩崎主馬か。書状なので年号はないが、寛永四年（一六二七）の文書であり、池田家ではこの日を長門守の命日としている。

④は③と同時に出されたもので、長門守の望みに任せ、その子藤松に六百石の知行を与える、としている。なお、池田氏系図によると、このとき、藤松の弟が別に百五十石を継いでいる（計七百五十石を分ける）。

以上四通のうち④だけが朱印状で、他は花押《かおう》がすえられた判物《はんもつ》であるが、一般に判物の方が印判状よりは大事な文書に使われた。真田信之は、かなり頻繁に花押を変えており、①の花押は元和初年頃からのもので、②③の花押は上田在城の最後の年である元和八年（一六二二）頃から寛永初年にかけてのものである。

Ⅲ 伏島家文書について

利根川淳子

はじめに

二〇〇〇年の初め、東京の伏島氏によって真田宝物館に真田家に関する資料が寄贈された。伏島氏の母・故安子氏（旧姓・真田）が所蔵していた古文書だ。安子氏は、真田宝物館に真田家関係資料を譲渡した、真田幸治氏の家とは別の真田家の直系であり、真田宝物館に寄贈された資料（伏島家文書）とともに、伏島氏のもとに嫁がれた。寄贈された資料は、おおよそ四六九点で内容から大きく次のように分類できる。

①鎌原氏宛てに出された中世文書
②真田図書（二の丸君）に関する近世文書
③真田志摩に関する近世文書
④真田英に関する近代文書
⑤真田家の由緒等に関わる近世文書
⑥真田家の系図

⑦印鑑・巻物・掛軸などの非文書資料

寄贈された資料のうち、真田家に関する古文書だけではなく、鎌原氏に関する中世文書が数点みられることが伏島家文書の特徴である。鎌原氏は真田氏と同じ海野氏の出で、真田幸綱の三番目の弟・幸定を養子に迎えるなど、古くから姻戚関係をもっており、両氏の関係は深かったと考えられる。

二代藩主、真田信政の女・陽照院が出羽の土岐山城守頼行のもとに嫁いだが、頼行が病死したため、松代に戻って来た。そして、陽照院は松代城の二の丸に住み二の丸殿と呼ばれていた。元禄八年（一六九五）、陽照院が没したため真田家（真田幸治家系とは別家）に鎌原重昌が養子入りし、陽照院の跡を継いで真田図書と名乗った。これが、図書系真田家（以下、真田家とする）のはじまりである。

伏島家文書にある中世の鎌原氏宛の史料は、鎌原家から真田家に養子に入ったことを示すものであり、真田家の由緒を示すものだったといえる。そのため、伏島家文書は真田家の史料だけでなく鎌原氏の史料も伝えた。真田幸治氏系真田家とは別の家だからこそ、鎌原氏に由緒をもつことを示すことが真田家にとって重要だったのではないだろうか。

鎌原氏は『嬬恋村誌』などの自治体史で、武田信玄の西上州進出とのかかわりで述べられている。(1)これらの根拠となる史料は、『信濃史料』(2)や『群馬県史』(3)に所収されている、群馬県の鎌原四郎氏所蔵「鎌原系図」所収の古文書によっている。(4)この系図に所収されている古文書と同じものが、伏島家文書からも見つかった。(5)真田信政が松代に移ってくる時に上野から従って来た松代の鎌原氏、そのまま上野にいた鎌原氏、真田家に養子入りした鎌原重昌の間で、由緒に関する古文書を所有するため、系図に写すなどして分配したのだろう。(6)

寄贈された資料は、真田図書の家に伝えられた資料であるため、真田宝物館に真田幸治氏によって寄贈されたものとは違う伝来経緯を持っている。このことも伏島家文書の特徴である。

鎌原氏の研究は自治体史にとどまり、その他には『真田一族と家臣団』[7]があるのみで十分な研究がされているとはいえない。また、真田家に関する研究もほとんどされていない。伏島家文書は真田家について、その始まりから現在までを知る事ができる貴重な資料である。本稿は伏島家文書のうち文字資料、特に中世文書から近世初期の古文書を紹介することを目的とする。まず、真田家の始まりである鎌原氏の歴史から近代の真田氏までを概観し、文字資料の翻刻と若干の解説を加えていきたい。

一、真田氏の歴史

(1) 鎌倉～戦国時代の鎌原家

鎌原氏は鎌倉時代の初期に上州吾妻郡嬬恋村三原に住みついた海野氏の一族である。海野小太郎幸家の二男・海野新左衛門が下屋将監幸房と称し、その子・幸兼が鎌原郷に移った。鎌原姓を名乗ったのは、幸兼の子・重友が初めとされている。

十代・鎌原幸政は、真田幸綱の弟・幸定を養子に迎えている。幸定と子・幸重は武田信玄の幕下として活躍する。天文二十（一五五二）年頃、真田幸綱の仲介で武田氏の家臣となり、武田氏滅亡後は真田氏に属したと考えられている。

文明年間、山内上杉である上杉顕定が平井城に入って関東管領になり、鎌原氏もその勢力下におかれた。天文二十年、北条氏康のために平井城が攻略されると、西上野は乱れた。この機に乗じて岩櫃城主・斉藤憲広は鎌原氏の地を侵略し、勢力を広げようとしていた。このころから鎌原氏は武田氏と結んで斉藤氏に対抗しようとしたと考えられる。永禄四年六月には、鎌原氏が吾妻谷の様子を武田信玄に伝えている。(8) 武田氏の西上野への進出をすすめる背景に、鎌原氏との関係があったといえる。同年八月、信玄は真田幸綱・甘利左衛門尉を大将として岩櫃城を攻めている。斉藤氏はこれに対抗するため、鎌原氏とは一族であるにもかかわらず不和な羽尾氏を頼った。同年一〇月には、鎌原氏の要害に迫り鎌原氏を降伏させている。

永禄五年三月、信玄は三枝松善八郎、曽根七郎兵衛、室賀入道を、鎌原氏と羽尾氏の不和の元である、領地の境界を決める使いとして送った。(9) 境界が決まり使いは戻ったものの、旧来相伝の土地が鎌原氏に渡るとして、羽尾氏はこれを不満とし斉藤氏に訴えた。斉藤氏は鎌原氏の元に、取り決めは不当として使いを送った。鎌原氏は信玄から在所を退却して信州へ来るように伝えられ、羽尾領で渡されるはずだった知行を海野領内で宛行われることを保証されている。(10) そして、鎌原氏は信州へ移った。

永禄六年六月、真田幸綱は信濃に逃れていた鎌原氏と共に、羽尾氏が奪っていた鎌原城を奪取する。上杉方の斉藤憲広は岩櫃城で対抗していたが、真田氏等は十月十三日にこれを落とした。永禄七年一月、岩櫃城攻めの際、味方に加わった斉藤弥三郎らを甲府に送るよう指示している。(11) 鎌原氏は、信玄より斉藤の地を没収したので、本領の三原の地を安堵されている。(12) そして、鎌原知行の百姓が信州を徘徊していたら前々のように召し返すようにという古文書が出される。(13)「信州」とあることから鎌原氏はこの時すでに上野に移っていたと考えられる。

(鎌原家略系図)

海野幸房——鎌原幸重(幸房より二十一代)——重継
　重継┬見樹院(信之女)
　　　└重俊
　重俊┬信政女
　　　├重盈——
　　　├重昌(真田図書)
　　　└重典(瀧川主馬)
——重孝——成栄——成氏——重孝——成栄——成氏——重直——
——成邦——貫忠——教崇——貫正——仲次郎

信玄は西上野へ進行し、上野に在番の兵を置くと鎌原氏へ書状を送っている。[14] 永禄九年には、西上野は武田氏の支配下になり、武田領国に組み込まれた。同年八月十九日には、信州高井郡仁礼口で籾子一月馬五疋人夫拾人分の荷物を、異義なく通すようにと保障されている。[15]

天正三年には、鎌原氏の被官を召し返すように、武田氏によって再び人返しが出されている。[16] 鎌原幸重の子、重継は長篠の合戦の時に、真田幸綱・信綱に従って転戦し、討ち死にしている。それ以降は、武田氏と鎌原氏の関係が分かる資料は残っていない。

天正一〇年の武田氏滅亡後、鎌原氏は真田氏の家臣となったと考えられている。同年六月には、出陣して手柄を立てたら千貫文の土地を与えると、[17] また、一〇月には石井喜右衛門等とともに、従来の屋敷・知行地を安堵され、羽尾領を検地のうえ重恩すると昌幸から約束されている。[18]

(2) 慶長三年以降の松代・鎌原家

慶長十九年、大坂の陣がおこる。真田信之は江戸に在留し、長子信吉と次子信政が大阪に出陣した。その時に、鎌原重宗・鎌原伊右衛門も随従している。[19] そして、鎌原半四郎が討死にし、鎌原伊右衛門が手負をおっている。[20] また、阿部野合戦において鎌原重宗は功名をあげ、鎌原伊右衛門・鎌原半四郎は討死にしている。[21]

鎌原重俊は明暦三年（一六五七）、真田信政が沼田から松代にやってくる時に付き従って松代に来た。しかしそれ以前に、信之の松城入封後に作られた寛永の分限帳[22]には、すでに鎌原伊右衛門の名前が見える。元和八年一〇月十九日の松城受け渡しの道具帳にも、矢沢但馬守と湯本源左衛門といっしょに鎌原伊右衛門の名前がある。[23]このことから、鎌原氏は真田信之に付き従っていた鎌原家もあったことがわかる。しかし、寛永の分限帳に見える俸禄は百七十二石七斗と後の俸禄から比べると極めて少ない。明暦三年の分限帳では鎌原外記（重俊）とあり、沼田より御供の侍衆として千石を与えられている。[24]また鎌原外記は、寛文十二年には無役席に名を連ねている。[25]これらのことから、真田家の家臣として鎌原氏が松代藩において重きを置かれたのは、信政に付き従って上野からやってきた鎌原氏からだということがわかる。

（3）図書系真田家

真田信政に従って、松代に来たのは鎌原重俊の時である。重俊の妻は、真田信政の女で次男の重昌は「陽照院御名跡」を継ぎ、真田家に養子入りしている。陽照院とは、真田信政の女で重昌の母の姉である。次男の重昌が陽照院の没後、真田家に養子入りし真田図書となったのも、母方の血筋によるものと考えられる。そして、二の丸に住み、新しく五〇〇石で真田家を創出した。[26]重昌の祖父で重継の妻である、真田信之の娘、見樹院も夫の没後二の丸に住み二の丸様と呼ばれていた。[27]松代城の二の丸は、何か特別な意味をもつ場所だったと考えられる。[28]

それ以後、家督を継いだものは真田図書の名前を継承している。[29]四代目・貫義の時、「真田家御事蹟稿」が作られ、

（図書系真田家略系図）

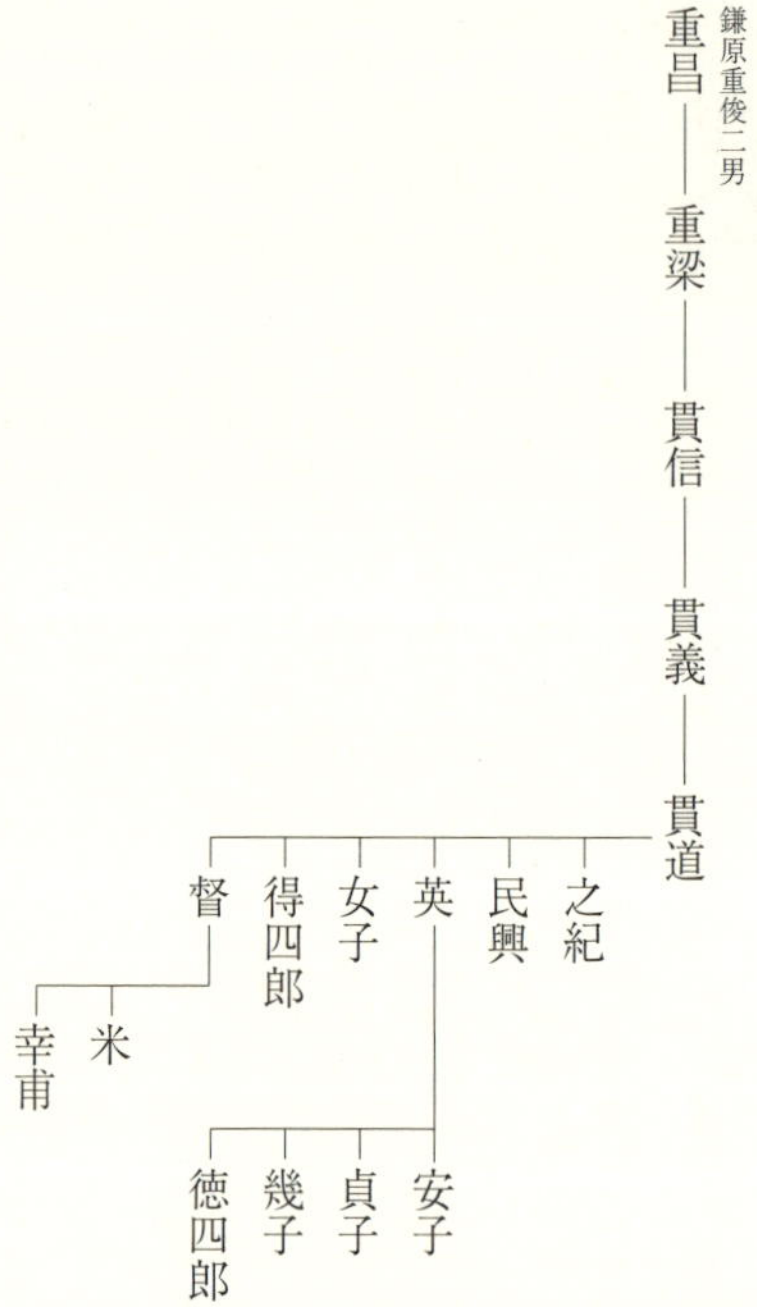

真田図書家が所有している古文書が「大鋒院殿御事蹟稿」巻之二十四に所収されている[30]。この時に所有していた信之の書状も現在に伝わっていないものが大半であることがわかる。

　五代目の真田桜山（貫道・志摩とも）は嘉永四年（一八五一）、真田幸貫の時に家老に登用され藩政にあたったが、藩内政変により失脚する。文久元年（一八六一）に恩田頼母、次いで佐久間象山が暗殺され、桜山は家老に復し幸教に従って京都御所南門の警衛にあたるなど勤王運動に挺身した。明治の廃藩により桜山は松代藩大参事となったが、藩札騒動の責任をおって罷免となった。その後、北海道の開発事業にあたったが成功せずに、明治三十四年八十二歳で没している。明治元年の「御役人帳」[31]では家老鎌原外記千石・家老真田図書七百石永預同心二十人・家老鎌原伊野右衛門四百石として見え、鎌原家と真田家ともに重役に就いていることがわかる。

　桜山の子・英は東京府士族として嘉永五年一月二日に生まれた。明治十八年より大正二年まで、陸軍省や参謀本部で働き九等にまで任ぜられている。明治四十三年には陸軍省で日露戦争史編纂事務に携わっている[32]。桜山の三男・督は、桜山の願に依り明治五年十三才の時に、別家相続の願いを出し[33]、同年六月二十六日に長野県庁より別家を仰せ付けられている[34]。

英の長女として生まれたのが伏島氏の母、安子氏である。鎌原重昌が真田家に養子入りしてから、安子氏までの歴史を、伏島家文書は私たちに伝えてくれるのである。

二、伏島家資料の内容

伏島家文書のうち中世と近世初期の古文書を中心に、翻刻と解説を記す。なお、凡例は目録も含め以下の通りである。

一、表題には、資料番号、資料名を記し、写真番号を（　）内に記した。
一、改行部分など、資料に忠実に翻刻した。ただし、折紙の文書については、上段下段の変わり目に……を入れて記した。また、行間の追而書は便宜冒頭にまとめて記した。
一、漢字の旧字は原則として常用漢字に改めた。
一、疑問のある箇所には（マヽ）を付し、判読困難であった文字は□で表した。
一、花押・印章は（花押）・（朱印）とする。
一、作成から宛名は↓で示す。
一、↓のないものは作成者とする。
一、目録の空白は不明を示す。
一、↓があって作成者がないものは松代藩庁などから下されたものとする。

一、目録の作成と一部翻刻を島田和が行った。

史料
2―1―1　真田昌幸書状（写真1）
以上
一書令啓候、
仍長谷寺半廃
壊之体由候条、
寺造営申付度
候間、豆州へ申上
山作人足以下之
儀、有馳走可給候、
造作之儀者、池
甚次郎ニ申付候間
談合頼入候、只今
人遣逼迫候儀
…………………………………
気遣可有候付□
無遠慮申□如何
候共一山之牌所
寺之儀ニ候間、如此候
委曲池甚口上ニ
可有之候、恐々謹言
安房
二月五日　昌幸（花押）
矢沢但馬守殿
原半兵衛殿
石井喜左衛門尉殿
木村土佐守殿
「真田（奥書）

滋野氏三十二代裔安房守」

2―1―2　真田昌幸書状（写真2）

今般任御指図令
出陣候之篠於如存
分ニ者於領分之内
千貫文之所可進
置之候、万端御肝
煎憑入候、恐々謹言
真田
天正十年壬午
六月十六日　昌幸（花押）
鎌原宮内少輔殿

2―2―1　真田信之條目案（写真3）

定

一、今度魚沼郡へ遣候者共、代官口留以下万事、
旁指図次第可申付事、
一、此方より召連候もの共、宿の前裁以下、猥とるへからさる事
一、召連候下ゝの者とも、夜日共宿之外他出仕間敷事
一、伝馬無手形して、乗ましき事
一、百姓・町人より振舞うけましき事
一、町人百姓よりはな紙・たはこ・すゞの物以下少之音信成共、請間敷事
一、ぬか・わら・薪、百姓町人よりとるへからさる事
一、口留ニ置候もの、往還之人ニむさくさ申懸間敷事
右旨相背族於有之者、可致成敗者也、
辰
七月廿五日（朱印）
木村土佐守殿
池田長門守殿

＊「大鋒寺殿御事蹟稿」巻之二十四に所収されている。

真田貫義の時にも確認されていたもので、故・伏島安子氏まで伝来したものだとわかる。

２―２―２　真田信之書状（写真４）

（端裏書き）
「真田　　安房守之子
　滋野氏三十二代裔伊豆守」
　尚々、和田大門之鷹之
　巣之儀、見出候様ニ
　可被申付候、時節（ママ）柄（ママ）之
　事候付少も油断
　有間敷候、以上
態染筆候、仍加
肥後殿御息女明
拾六日、其地可為御
下之候様ニ石玄番殿
より一書ニ承候、人数
なとの儀も前かとより
少候様ニ申来候、用意
のため藤右衛門遣候、
重而人入候者、
原半兵衛なと申付
可指越候、贄川
……………………………
諏訪なとに人を
伺置候て、弥様子被
聞届尤候、猶藤右衛門
可申候、恐々謹言
　三月十五日　　信之（花押）
　　木村土佐守殿
　　　　　参

＊「大鋒寺殿御事蹟稿」巻之二十四に所収されている。
真田貫義の時にも確認されていたもので、故・伏島安子氏まで伝来したものだとわかる。

2—2—3　真田信之書状（写真5）

以上

刀之替として、金子
大判弐枚之積、川上
弥左衛門・柳沢平兵衛
両人、手前午之未進
之内ニ而金子を請取、
助三かたへ可相渡者也、
仍如件、

戊申
卯月廿七日（朱印）
木村土佐守殿

＊「大鋒寺殿御事蹟稿」巻之二十四に所収されている。真田貫義の時にも確認されていたもので、故・伏島安子氏まで伝来したものだとわかる。

3—4—12—1　真田信吉判物案（写真6）

五月七日於大阪表御合戦之仕合之儀、拙者
人数本多出雲守備右手ニ立申候、其日之
朝、物見ニ遣候者頸三ツ取候而、岡山へ指上申候、
其後御人数惣懸りニ候而、切所故二筋を懸り
頸あい近罷成候而人数折たた□
鉄砲打懸申候、敵も惣懸ニ仕、鑓を合申候ゝ、拙者
左手ハ縁ホホを押込、右手ハ被被押付候者、拙者内記
先手之者一筋者勝申候、一筋者被追付候而、自身
同前ニ　押
馬を入、敵を追付、鑓下にて頸三十余討取
壱
共
申候、吾等者も三十余騎討死仕候、手負三十五
打死之者共
騎御座候、即時ニ敵を追込申候故、頸をとらセ
不申候、敵包ミ候へとも其侭追込、構之内にて
四十余騎
敵三十余討捨ニ仕、先手之者五十余騎まとい

を押立、本城より南之丸西之門ニ付申候、城中ニ
火かかり候而、惣構之際にて人数を揃、茶碓山・
岡山へ致参上　御目見へ仕候、

十月二《廿四》日

＊真田宝物館所蔵・矢沢家文書にもほぼ同様の古文書がある。矢沢家文書にはミセケチがないが、この文書は日にちが上から書き直されているなど、訂正が加えられている。

3—4—12—2　武田信玄書状（写真7）

追而、熊川・赤川
之落合より南江
儀、戊亥壬戌年以検
使如相定不可有
相違候、山之事も同断
於干三原渡候先約之
地、斎藤押領候間、
不及了簡而、至
信州海野出替
地候キ、今度就
斎藤逆心、彼所
帯没収条、任
先判之旨、従赤川
南弐百貫之所、
無相違可被致
知行候、恐惶謹言、

……………………………

甲子
二月十七日　信玄　御判
鎌原筑前守殿

※『信濃史料』などであげられる、鎌原四郎氏所蔵系図に所収されているものと同一のもの。この文書は一紙も

のである。

3―4―12―3　武田信玄書状（写真8）

翰札披見、其谷之模様条々被申越候、何モ
承届、無余儀候、殊密々之儀、得其意候、然者
早々着府待入候、委曲自甘利所可申
越候、恐々謹言、
六月廿七日信玄　御判形
鎌原宮内少輔殿

＊『信濃史料』などであげられる、鎌原四郎氏所蔵系図に所収されているものと同一のもの。この文書は一紙ものである。

3―8―1　松寿院殿書状（写真9）

（端裏書き）「さなだ
春セう様　せう志ゆ院」

なおなお　いつとの　にも
きけんよく御座なされ候由
めてたさ（く）おうれしくそんしまいらせ候
二の丸様御事
いまた御きふんもしかしか
とも御座なく候由
きのとくに　存まいらせ候
申までのふ候へとも
すいふんすいふん
御かうかうニ
なされ候やうにと
そんしまいらせ候
めでたさ
なおかさねて　申うけ
給へく候　かしく
御ふみ下され、かたしけ

なくそんしまいらせ候、
まつまつそこもと
御とりとり様　いよいよ
御そく才にて　めでたく
そんしまいらせ候さやうに
候へはそもし様　御事
二の丸との御やうしに
ならせられ候由かすかす御うれしく
そんしまいらせ候
………………………………
御しうきとして
かも一折ニおくり
下されかすかすかたしけ
なさ（く）いく久しくと
いわい入　まいらせ候
ここもとわか身事
ふしに　さむらい

まいらせ候
御心安
思しめし　くだされ
へく候　めでたくかしく
　　　　　　　　　　より
さなた
　　すせう（図書）様　　　松寿院
御返事

3―8―2　武田信玄書状（写真10）

就其方進退之
儀、斎藤越前入道
所へ存分雖申届候、
無承引之上、退在
所信州へ被罷越候者、
於羽尾領相渡候

如知行、聊無相違、
以海野之領之内可
出置候、何道ニも
……………………………………
当忠不浅儀候間、
不思疎遠之趣
可有甘利口上候、
恐々謹言、
壬戌
三月廿六日　信玄（花押）
鎌原宮内少輔殿

＊『信濃史料』などであげられる、鎌原四郎氏所蔵系図に所収されているものと同一のものである。この文書は一紙ものである。

3―8―3　武田信玄書状（写真11）

其方拵故、浦中忠節感入候、仍敵地之
麦作悉苅執、和田・天引・高田・高山へ篭
置、倉賀野・諏訪・安中之苗代苅払、其上
武州本庄・久久宇迄放火、内々暫雖可
立馬候、従最前此度者如此之行之外、不可有
別条之旨存候、殊民農務之時候条、来月
下旬早ゝ為可出張、今日平原迄帰陣候、
就之其地之番勢海野・祢津・真田之衆
申付候、先為初番常田新六郎・小草孫左衛門尉・
海野左馬允已下相移候、委曲甘利可申付、恐々
謹言
五月十七日　信玄（花押）
鎌原宮内少輔殿

＊『信濃史料』などであげられる、鎌原四郎氏所蔵系図に所収されているものと同一のもの。この文書は一紙も

のである。

3―8―4　武田勝頼書状（写真12）

定

其方被官叨令欠落他
所徘徊之由候、当主人へ相
理可召返、若有難渋之儀者、
重而可致披露、至其時可被
加御下知者也、依件如、

天正三乙亥年　土屋右衛門尉
承之
二月廿二日（朱印）
鎌原筑前守殿

＊『信濃史料』『群馬県史』などに見られない、新出史料である。

註

（1）『嬬恋村誌』上巻、一九七七年三月一日発行、嬬恋村役場。『長野市史』第二巻、歴史編　原始・古代・中世、二〇〇〇年一月二十日発行、長野市。『群馬県史』通史編三、中世、一九八九年十二月二十二日発行、群馬県。

（2）『信濃史料』信濃史料刊行会。

（3）『群馬県史』群馬県　資料編七中世三。

（4）『信濃史料』十二巻、四〇八頁・四八二頁・四八三頁・五〇六頁。『群馬県史』文書番号二二三六・二二三〇・二二三二・二二二八。

（5）伏島家文書（以下、伏とする）、3―4―12―2・3―4―12―3・3―8―2・3―8―3。
原本または写しですべて一紙もの。系図にもなく、従来認識されていなかった新発見史料（3―8―4）も含まれていた。

（6）いつの時点で古文書が分配されたのかわからない。鎌原氏が松代に来る時に群馬県の鎌原氏との間で、系図に写すなどして分配され、重昌が真田家に養子入りした時に鎌原氏関係の古文書を所持したのではないかということが可能性としてあげられる。
（7）田中誠三郎『真田一族と家臣団―その系譜をさぐる―』一九七九年二月一日　信濃路。
（8）伏No３―４―12―３。
（9）伏No３―４―12―２。
（10）伏No３―８―２。
（11）『群馬県史』資料編七、中世三、二二一七文書。
（12）（9）に同じ。
（13）『群馬県史』資料編七、中世三、二二三二文書。
（14）伏No３―８―３。
（15）『信濃史料』十三巻　一二八頁。
（16）伏No３―８―４。
（17）『信濃史料』十五巻　二四八頁。
（18）『信濃史料』十五巻　四八二頁。
（19）『信濃史料』二十一巻　四八四頁、『信濃史料』二十二巻　一四八頁。
（20）『真田家文書』上巻　九三号文書。
（21）『信濃史料』二十二巻　一五五頁。
（22）『信濃史料』二十六巻　一九七頁。
（23）『信濃史料』二十三巻　四九四頁。
（24）（7）に同じ。
（25）（24）に同じ。

(26) 伏No３―14―６（系図）。
(27) 見樹院を扱ったものとして、矢沢誠敏「見樹院の後嗣と矢沢家」（『松代』七号）がある。
(28) 原田和彦「松代城の「城附諸道具」～真田家大名道具論（１）～」（『松代』十二号）によると、松代城の元和二年の引渡しで鉄砲薬や薪ぬりこめが、明暦三年には、御鑓や鉄砲などが二の丸にある、真田氏の松代入封以前から、二の丸は機能していたことがわかる。
(29) (26)に同じ。
(30) 『新編信濃史料叢書　第十七巻』（信濃史料刊行会・一九七七年一二月二〇日）。
(31) (25)に同じ。
(32) 伏No２―３―12（英・履歴書）。
(33) 伏No２―４―13（督・別家相続）。
(34) 伏No３―10―２（長野県庁よりの達書）。

【付記】本論文では五〇〇点近くの伏島家文書目録を収載しているが、ほとんどが近世後半から近代にかけての文書であることや紙幅の都合等により、本書への再録にあたり割愛させていただいた。

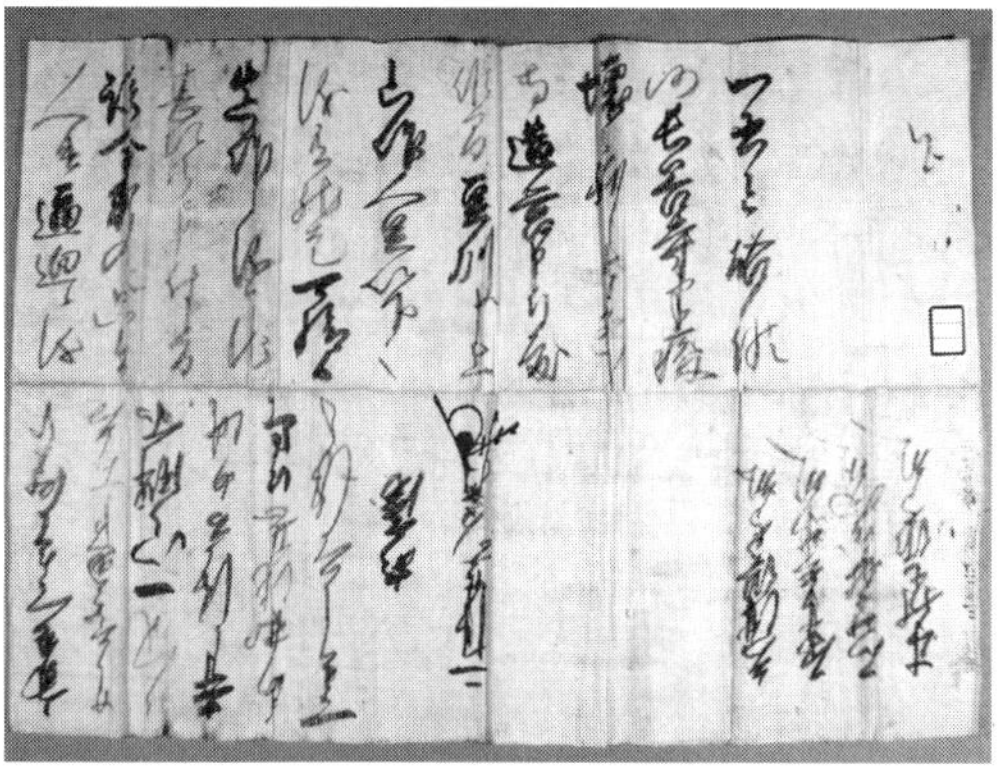

写真１

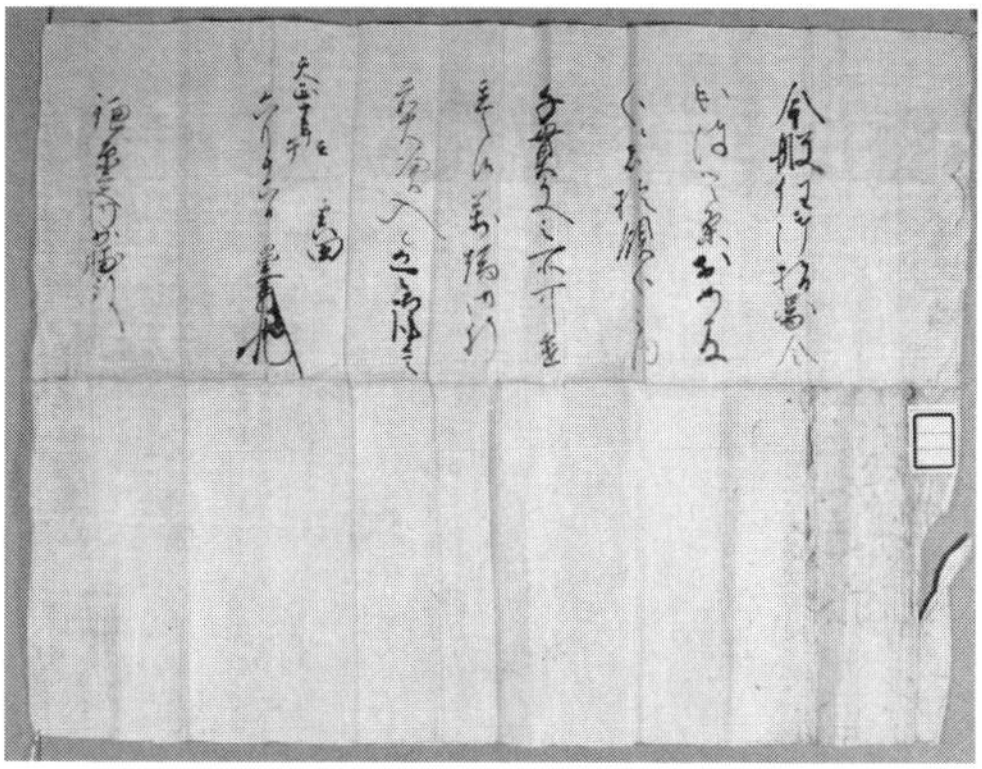

写真２

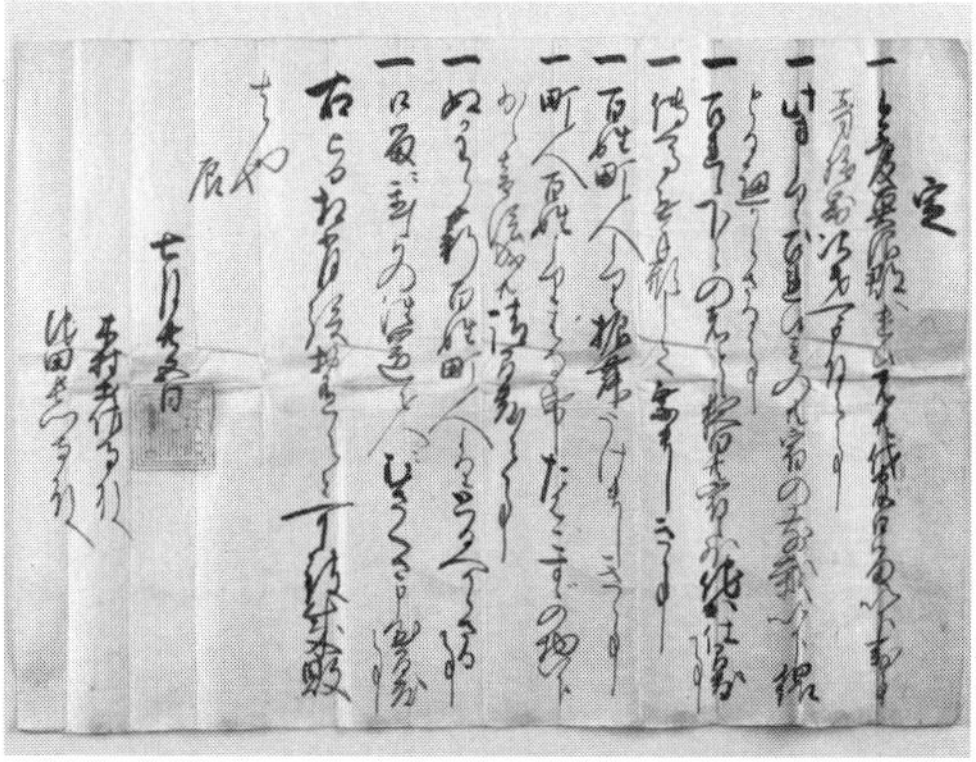

写真３

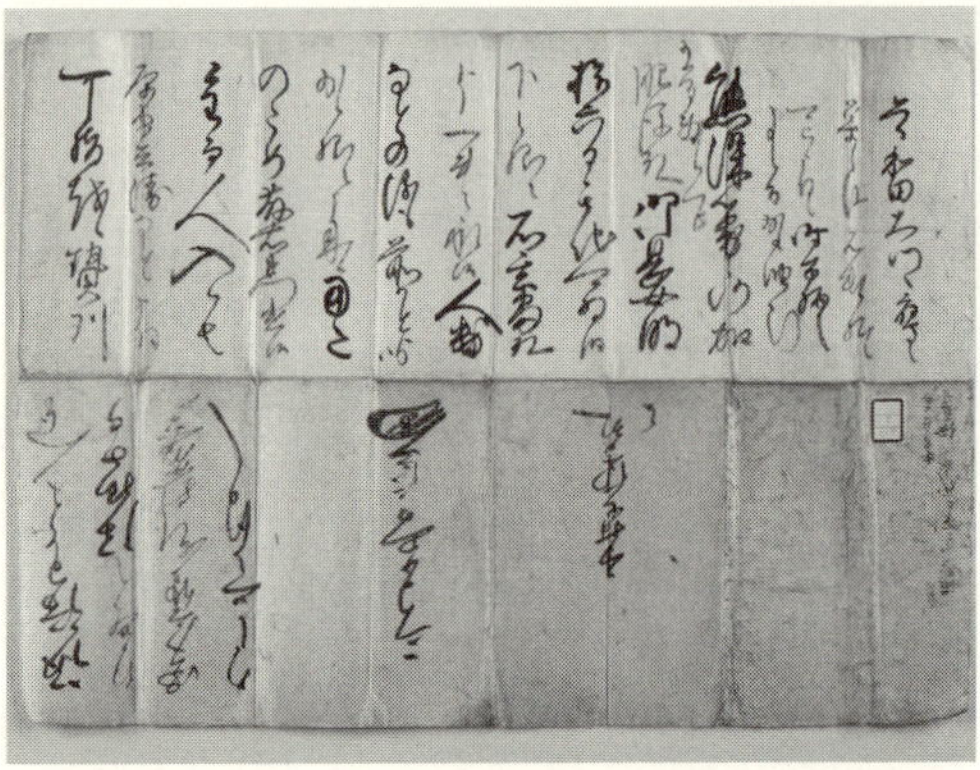

写真4

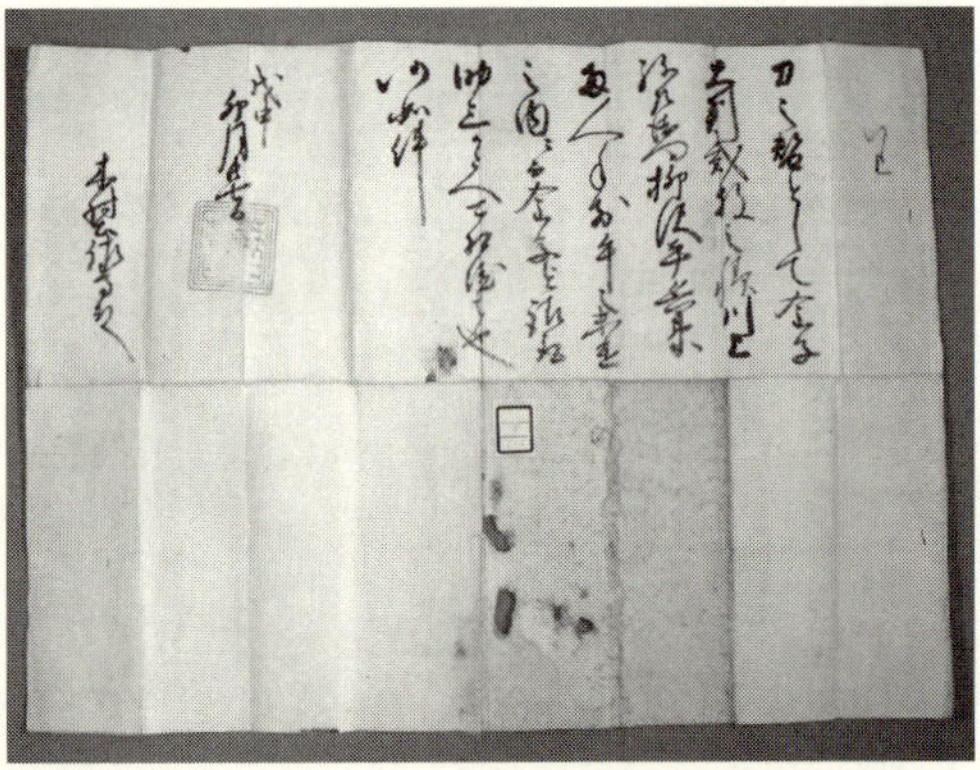

写真5

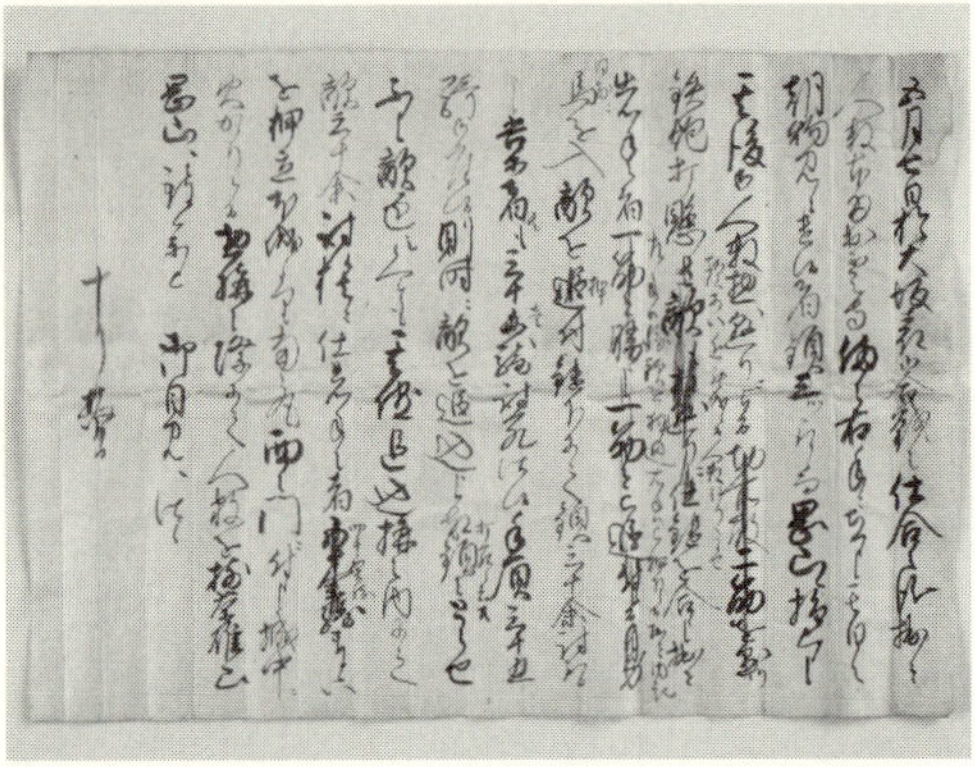

写真6

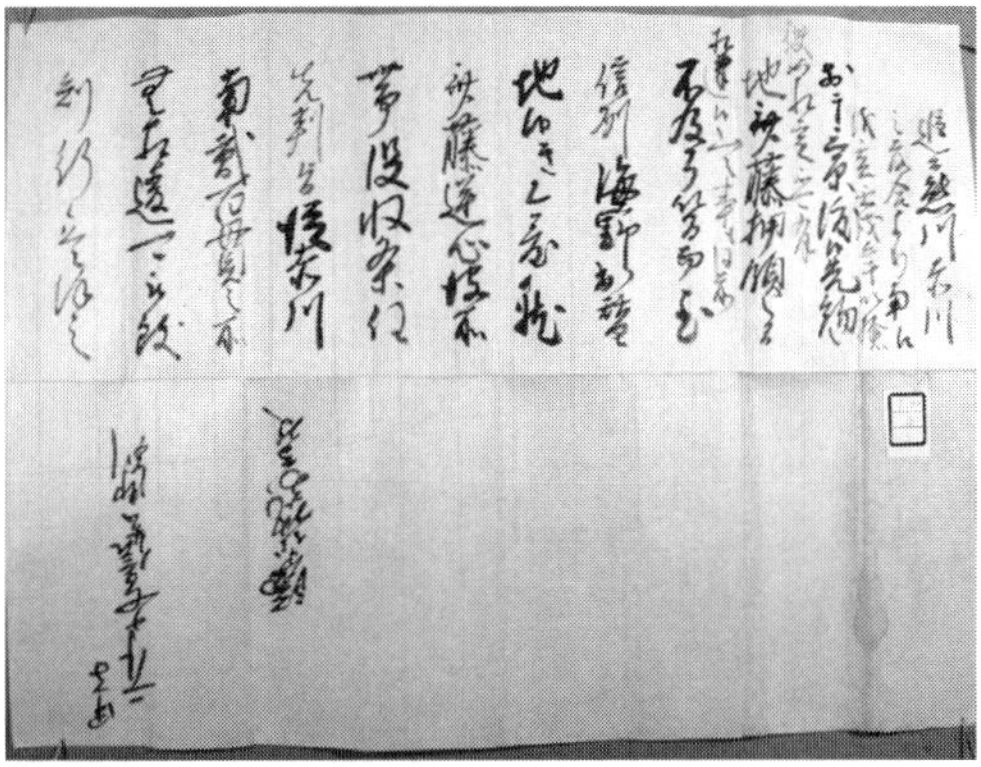

写真７

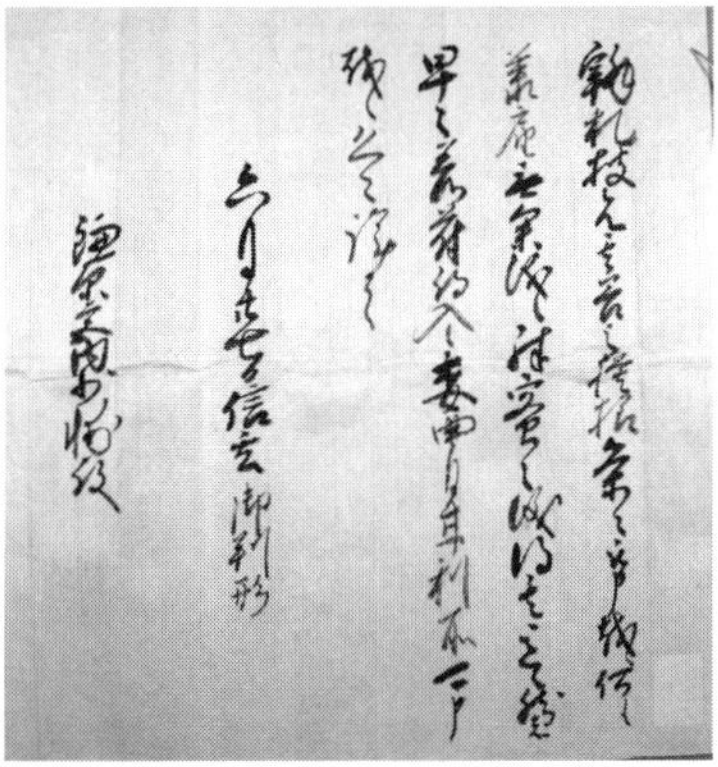

写真８

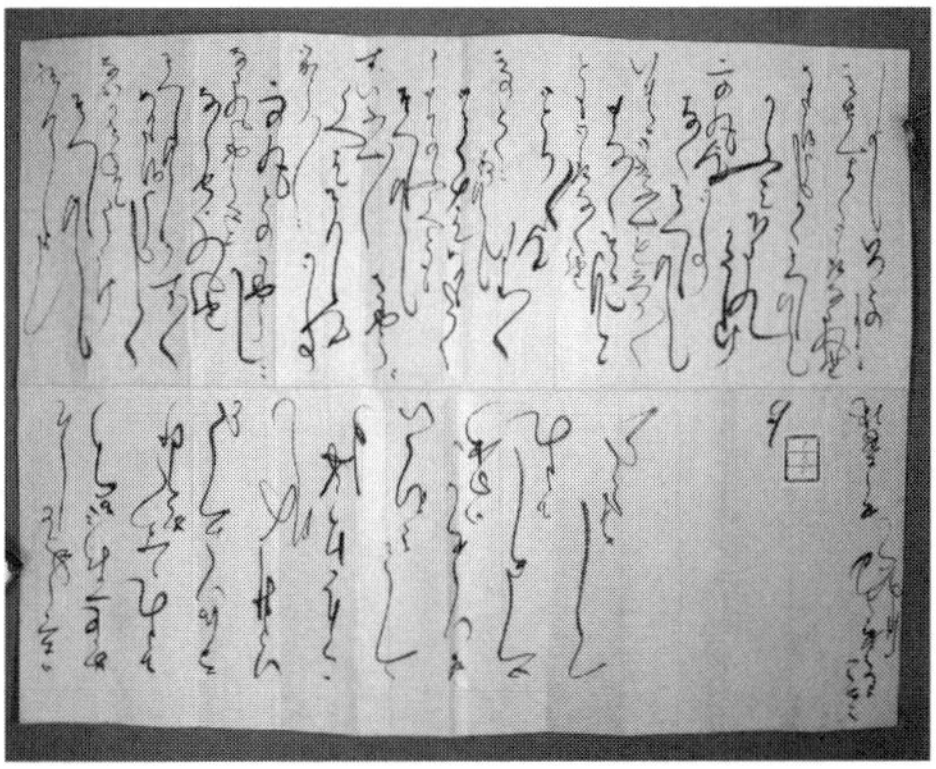

写真９

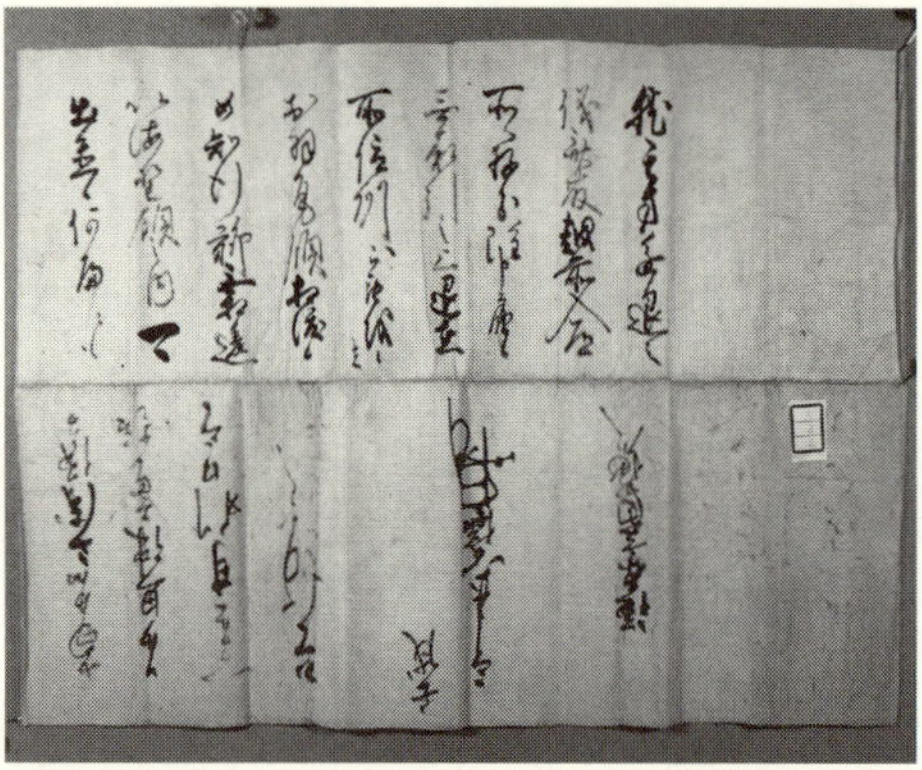

写真 10

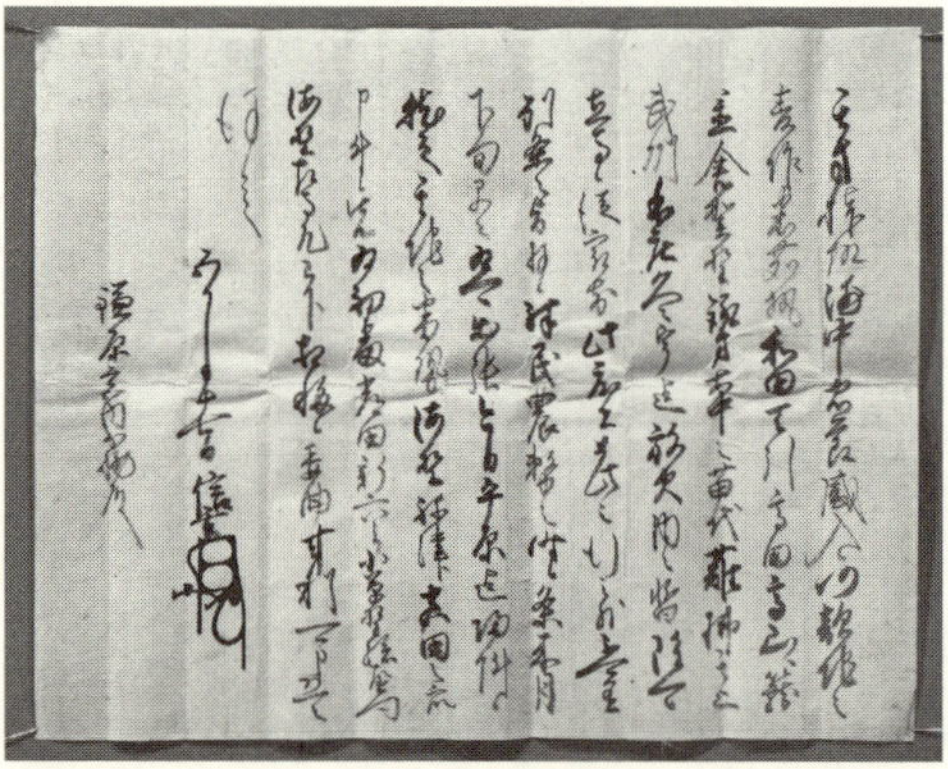

写真 11

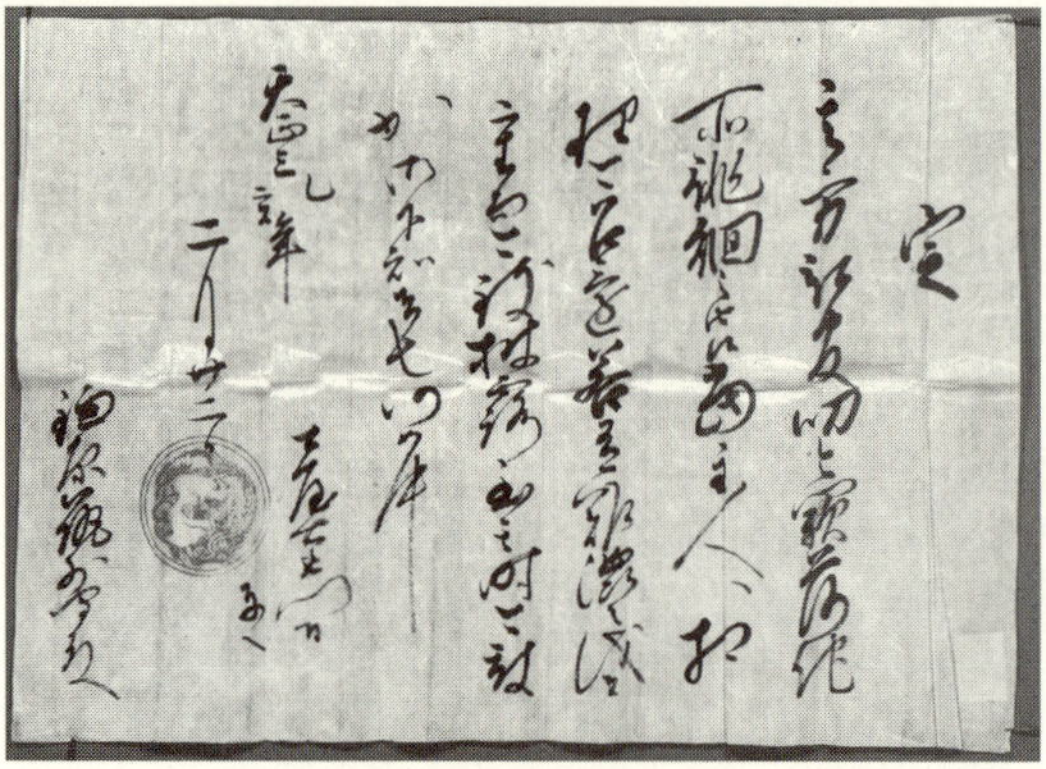

写真 12

Ⅳ

史料紹介　真田信之の隠居・三代藩主の擁立に関わる文書

真田宝物館

いわゆる「吉文書」と呼ばれる文書は、その多くが戦国時代から江戸時代初め頃のものである。このなかには、松代藩三代藩主の擁立に関するものも数点存在する。今回紹介する資料は、「吉文書」には入っておらず今まで全く紹介されたことのない、真田信之の隠居に関わる文書（1）～（3）と、三代藩主の擁立に関わる文書（4）～（17）である。これらの文書の内容は、「吉文書」のなかのものよりも内容としては詳しく、かつ量が多いため、あまり知られていなかったことが初めて明らかとなる。

明暦四年（一六五八）、松代藩二代藩主・信政は他界する。信政は遺言のなかで、幼少の右衛門佐（のちの幸道）へ跡式を継がせることを求める（4）（5）。信政の死後、隠居の身であった信之は、幼少の右衛門佐に後を継がせるため、各所に文書を送った。また、信政の遺品をそうした人々に贈答している。こうしたはたらきかけによって、明暦四年（一六五八）六月には跡式の内諾が得られたようである（11）。信之の最晩年、真田家にとっては幼少の右衛門佐を藩主にしようとすることはかなりの冒険であった。これが成し遂げられた背景には、信之（一当斎）の努力があったと思われる。こうした視点で、この文書群を見ていただきたい。

なお、信之の隠居に関わる老中からの文書など三点（1）～（3）を最初に掲げておいた。

翻刻にあたっては、松代古文書クラブ、および島田和氏に依頼した。

（1）酒井忠清書状

以上

貴札致拝見候、
然者貴様御隠
居之御訴訟
被仰上候ニ付而、御
知行之儀何様
にも　上意次第
と各へ被仰入候事ニ
御座候得共、若御
願之儀も御座候哉ニ
御尋候者、拙者心得
可罷有御書中之
趣承望候、松平
豆州（信綱）、阿部
豊州（忠秋）と可申談候
間御心易可被思
召候、少も御如在ニ
不幸存候、何茂
明晩致参上
可得貴意候、委
細者玉川左門方へ
申達候、恐惶謹言
酒井雅楽頭
忠清（花押）
九月十四日（明暦二年）
真田伊豆守様
参貴報

（2）酒井忠清書状

貴札致拝見候、
公方様弥御機嫌能
被成御座候間可御心易候、
將又貴様御気色御
再発ニ付而五雲子方江
奉書遣忝思召候由
尤候、向寒天候間御気分
如何と無御心元存候、
猶期後音之時候、
恐僅謹言
酒井雅楽頭
忠清（花押）
九月廿二日（明暦二年）
真田一當斎様
貴報

（3）石川貴成書状

尚々御当地そろ〳〵
作事出来、町方も其通（カ）候間
少御なくさみニ今一度
御こし被成候へく候、拝眉
度存候、いつぞやも申上候
酒雅楽頭殿別而御念比之
御事ニ御さ候、偏ニ貴様
御かけと奉存候、御次而ニて
可然様ニいよ〳〵奉頼存候、
以上、
去三日貴札拝見仕候、
殊更塩鮭弐尺被

下置候、当年拂底
御座候処別而忝賞
翫仕候、先以御気色
別条無御座候由、寒
気時分不及申、御
保養専要ニ奉
存候、私儀八月中旬
勢州桑名為
御目付罷越、彼地
首尾能謹明去
十四日下着仕候、此
表弥御静謐儀候間
貴意安可被思召候、
猶春期後慶之
時候、恐惶謹言
石川弥左衛門
貴成（花押）
（明暦二年カ）十二月十七日
伊豆守様
貴報

（4）真田信政遺言状写

今度与風相煩、アイはて候、
御奉公も不申上方々無是非
義ニ候、然ハせかれ壱人御さ
候、不及申上何ノ御用ニもた
ち申さぬせかれノ義ニ候へと
も御情ニミやうしたち申様ニ
被　仰付被下候様ニおの〳〵
様たのミ奉候、
御老中様

（5）真田信政遺言状写

今度不慮之煩差出相果申候、
何之御奉公も不申上無是非儀
ニ奉存候、然者悴壱人御座
候、幼少ニ御座候得共拙者跡
式之儀被仰付候様ニ被仰上可
被下候、各様奉頼存候、
右之通同性伊豆守方ゟ可申上
候、
二月十四日
右者御老中様へ
御書置之写
原主膳手跡

（6）遠山政亮ら書状

去十五日之貴札致
拝見候、然者御同苗内記殿
御跡職之儀、御息右衛門殿へ
被　仰付候様ニと御老中江
被仰置候、貴様ニも其通ニ被
思召候付而内記殿御家来衆
為御使者御老中へ被遣候間
高力左近殿致御相談御老中へ
可申入之由被御下得其意
御尤御座候、即左近殿
申談、右御家来衆召連
今朝御老中へ致随候被
仰下候趣具ニ申達候処
首尾無残所御挨拶ニ而
御座候間御心易可被思召候、
内記殿御書置并貴様ゟ之
御状、阿部豊後守殿御月番ニ而
御座候故、御請取置被成候、
早々御老中へ申達御報可
申上之処、彼是と致延引候、
委細従御使者可被申上候、

恐惶謹言、
遠山主殿
政亮（花押）
二月晦日
内藤帯刀
忠興（花押）
真田伊豆守様
御報

（7）内藤忠興書状

尚々ヶ様ニ申入候
中ニも　仰出
御座候ハヽ、早々御吉左右
可申入候、以上、
一筆致啓上候、先以
公方様益御機嫌能
被成御座恐悦何方も
御同意奉存候、貴様
弥可為御無事と珍重
奉存候、然者御同姓
内記殿御忌も頓而明
申候間、御跡職之儀
最前御老中へ被仰
入之通右衛門殿江近日
無相違可被　仰付と
存候、御老中弥御失念
不被成候様可被仰達之旨
高力左近殿へも内々
可被仰遣候、左候ハヽ、左
近殿と
拙者弥申談御老中へ
可申入候、其中拙者
壱人よりも次手次第
御老中へ可申達候、
少も油断不仕候之間
御心安可被思召候、追付
御吉左右可申入候、恐惶
謹言、
内藤帯刀
忠興（花押）
（明暦四年）三月廿一日
真田伊豆守様
人々御中

（8）高力高長書状

今月廿六日之貴札
到来忝令拝見候、
先以頃御氣分悪
御座候旨無御心許奉
存候、不及申上候へとも
御保養専一ニ存候、
然者御同姓内記殿
跡式之儀、最早忌も
明申候間、近日
仰出も可有之と
内藤帯刀殿より、
被仰遣候付、弥可
申談之旨得其意
存候、猶期後音
之節候間不能具様、
恐惶謹言、
高力左近大夫
高長（花押）
三月廿九日
真田伊豆守様
貴報

（9）　内藤忠興書状

尚々御同姓右衛門殿へ比日も
懸御目候、一段御息災御座
候間
御心易可被思召候、次ニ折節
従在所任到来糟漬うまし（カ）一桶
令進覧之候、聊書印迄御座候、
一筆致啓上候、先以
公方様倍御機嫌能
被成御座恐悦何方も
御同然奉存候、貴様弥
御無為ニ可有御座と
珍重奉存候、此方
別条無御座候、将又
御同姓内記殿御跡
職之儀、疾ニ　仰出シも
可有御座と存候処
延々ニ罷成無御心許
可被思召と存候、就其
頃日於　殿中本多
内記殿へも致相談候処、
兎角御老中へ従
貴様弥被仰達可然由ニ
御座候間、御分別被成
御状被遣御尤候、ヶ様ニ
申進候中ニも　仰出シ
御座候へハ猶以目出度
存候、委細御家来衆
口上ニ可被申上候、何も期
後音之時候、恐惶謹言、
内藤帯刀
忠興（花押）
（明暦四年）五月十日
真田伊豆守様
人々御中

（10）　遠山政亮書状

猶以弥御機嫌能被成
御座候哉、承度奉存候、
以上、
一筆致啓上候、先以
当御地御静謐
公方様倍御機嫌能被
為成御座恐悦御同然
奉存候、貴様弥御達者
可有御座と珍重奉存候、
爰許右衛門殿一段御
無事御座候間、貴意安
可被思召候、将又内記殿
御跡職之儀、疾ニ
仰出も可在御座存候所
延々ニ罷成無御心許
可被思召と存候、就夫
頃帯刀本多内記殿と
於　殿中御相談申候所、
兎角従貴様御老中へ
被仰達可然之由御座候間
御分別被遊被遣御尤
奉存候、委細之儀者
帯刀方ゟ可得御意候、
恐惶謹言、
遠山主殿
政亮（花押）
（明暦四年）五月十日
真田伊豆守様

（11）　遠山政亮書状

去十七日十八日両通之

御飛札、同十九日廿日ニ
相届、同十九日之貴札
御家来玉川織部方
被致持参廿三日拜見仕候、
被仰下之趣被得其意
御尤御座候、一昨廿四日ハ
御精進日ニ御座候付、
昨廿五日御家来織部
帯刀致同道御老中へ
参候て、内記殿御跡職
無相違右衛門殿へ被
仰付難有被思召之段
帯刀具申上候、高左近殿ハ
御子息源三郎殿御礼故
御隙入之由ニ而帯刀計
罷越候、将又内記殿
御遺物、右衛門殿御礼之
節御上物之儀帯刀処ゟ
可申上候、恐惶謹言、
遠山主殿
政亮（花押）
（明暦四年）
六月廿六日
真伊豆守様
参貴報

(12) 神尾元勝書状

尚々御息堅ニ
被成御座候由、目
出度存じ候、我等も
達者ニ罷有候、
久々不懸御目
御ゆかしく
奉存候、以上、
貴札忝令拝見候、
然者御同性（姓）内記殿
御跡式、右衛門殿へ
無相違被　仰付
忝被思召候旨御尤
奉存候、其節於
御城私肝煎申候段
被聞召御満足之
由御礼被仰越
御慇懃之至御座候、
将又右衛門殿御事
御幼少ニ御座候間、
向後御如在申上
間敷由被仰下令
得其意候、相応之
御用等も御座候ハヽ
聊疎意存間敷候、
猶期後喜之時候、
恐惶謹言、
神尾備前守
元勝（花押）
（明暦四年）
六月廿九日
真田伊豆守様
御報

(13) 本多重昭書状

家礼之者方迄
飛札、殊塩鷹（カ）壱
首（カ）被給遠路御心
入之段欣然之至候、
如来意今度
道中無異儀
参勤申候、然者真田
内記殿御跡職
御同性右衛門佐殿へ

無相違被
仰付目出度存
事ニ候、尚期後
音之時候、恐々謹言、
本　飛騨守
重昭（花押）
（明暦四年）七月八日
玉川左門殿

(14)　遠山政亮書状

猶々伊豆守殿右三人之衆被
召出万事御懇ニ被仰聞珍重
御同意奉存候、高力左近殿
ハ御暇出申候故其節御登城
無之候、其段伊豆守殿へも
帯刀具ニ申達候、
一筆致啓上候、先以
公方様益御機嫌能
被成御座恐悦奉存候、
貴様弥御堅固御座
可被成と奉存候、然者
御同苗右衛門殿継目之
御礼御進物、貴様御礼之
御樽肴、内記殿御遺物
昨十六日小山田采女
大熊庄左衛門金井弥平兵衛
御城へ持参首尾能上り
目出度令存候、貴様御
満足之程奉察候、其節
帯刀拙者致登
城、松平伊豆守殿御月番
にて
懸御目御懇ニ被仰首尾
残所も無御座候間貴意
安可被思食候、委細者
右衛門殿御家来衆より
可被申上候条不能詳候、
恐惶謹言、
遠山主殿
政亮（花押）
（明暦四年）七月十七日
真伊豆守様
参人々御中

(15)　小倉正守書状

尚以貴殿様弥御息
災ニ被成御座候由目出
度奉存候、右衛門佐殿一段
御堅固ニ御さ候間可被安
尊慮候、以上、
当月廿日之尊書
拝見仕候御同性右衛門佐殿
首尾能御継目之
御礼被差上候儀
被聞召付御大慶
被思召之段無御余
儀候事ニ御座候、
乍憚於私式（カ）千
秋万歳目出度
奉存候、御慇懃
之尊管被成下
乍忝痛入奉存候、
猶期後喜之時候、
恐惶謹言、
小倉忠右衛門尉
正守（花押）
（明暦四年）七月廿七日
真田一當様

尊報

（16）　内藤忠興書状

当廿日之貴札忝令拝見候、
如仰御同性右衛門殿継目之
御礼被仰上候付而
従貴様之御祝儀、右衛門殿
御進物、内記殿御遺物等
御家来衆首尾能被差上
御満足可成之由御尤御座候、
於拙者も大慶存事候、
此段先書ニも申入候、
其節拙者主殿罷出、御
老中へ申達候御礼被
仰聞御慇懃之至御座候、
此度御老中へ為御礼
可然被進候間、弥参會之節
可然様可申入之由得其意
存候、将又従右衛門殿為御
祝儀銘々へ丁寧成御音信共、
殊為内記殿御遺物御道具被懸
御意忝存候、併御応懃ケ間敷
御事ニ存候、御断申入度候へ
共左様ニ仕候へハ却而隔心之
様ニ可被思召と存申請候、此
方之儀委細小山田采女方大熊
庄左衛門方可被申上候条不能
備候、恐惶謹言、
内藤帯刀
忠興（花押）
（万治元年）七月廿七日
真田一當様
貴報

（17）　遠山政亮書状

当廿日之尊書忝
致拝見候、如仰御同名
右衛門殿継目之御礼
被仰上候付而貴様ゟ之
御祝儀、右衛門殿御進上物
内記殿御遺物等御家来
衆首尾能被差上
御満悦被成候由御尤
奉存候、於拙者式大慶
不過之奉存候、此段
先書ニも申上候へキ、其節
帯刀拙者罷出御老中へ
申達候御礼被仰聞
御慇懃之至御座候、将又
右衛門殿為御祝儀銘々ニ
被懸御意、殊ニ内記殿
御遺物結構成御道具
被下置忝次第奉存候、
委細之儀者小山田采女、
大熊庄左衛門方口上ニ
可被申上候、恐惶謹言、
遠山主殿
政亮（花押）
（万治元年）七月廿八日
真田一當様
貴報

（註）明暦四年と万治元年は七月二十三日の改元により書き分けた。

V　松代藩初代藩主「真田信之画像」

松下　愛

はじめに

松代藩真田家は、元和八年（一六二二）、初代藩主・真田信之が上田から松代に移って以来、廃藩置県に至るまでの約二五〇年の長きにわたり、代々松代藩主であった。その真田家伝来の資料を収蔵しているのが、長野市松代にある真田宝物館である。真田宝物館では、真田家に関する肖像画を何点か収蔵しているが、その中で八代藩主・真田幸貫（一七九一～一八五二）が描いたとされる作品に、真田信之の画像がある。信之の画像と言っても、神格化された武靖大名神としての意味も持った画像とされる。武靖大明神とは信之の神号であり、現在、松代町西条の白鳥神社に真田家の氏神・白鳥大明神とともに合祀されている。

この画像について注目すべき点は、この真田宝物館蔵のものとほぼ同じ構図をした信之画像が、松代に複数伝来しているということである。

そこで本稿では、四幅の真田信之画像を紹介し、それぞれの画像のかかわりや、画像が描かれた目的について若干の考察を行いたいと思う。

一、真田信之の画像　四幅

①大鋒寺蔵「真田信之画像」（以下大鋒寺本とする）一幅
　絹本着色　縦　九七・〇cm　横　四三・〇cm
　箱書　「大鋒院之畫像」
　束帯姿に右手で笏を右膝へ置くように持ち、太刀を佩いて高麗縁の上畳に坐る姿で描かれる。平緒の色は両端が深緑であり、その間の部分は赤と白で分けられ、それぞれ一つずつ真田家の家紋である六連銭が描かれる。冠の纓の部分には花が一つ、刀の柄にも六連銭が一つみられる。表具の特徴として軸先等に六連銭が配されている。これについては後述する。
　大鋒寺は松代柴にある曹洞宗寺院。開基は真田信之、開山は長国寺八世観国僦察和尚である。信之が柴に隠居して後、病床にあったところ、自分の死後はこの地に寺を建立し開山となってほしいと和尚に懇願したのが始まりという。現在も信之の霊屋があり信之の信仰していた阿弥陀如来を本尊とする阿弥陀三尊のほか、信之の木像も安置されている。(1)

②大英寺蔵「真田信之画像」（以下大英寺本とする）一幅
　絹本着色　縦九〇・五cm　横　四二・〇cm

大英寺蔵「真田信之画像」

大鋒寺蔵「真田信之画像」

箱書　「武靖大名神
　　　壹幅」

画像の構図は①とほぼ同じ。束帯姿に右手で笏を右膝へ置くように持ち、太刀を佩いて高麗縁の上畳に坐る姿で描かれる。平緒の色は両端が青であり、その間の部分は銀と白で分けられ、それぞれ一つずつ六連銭が描かれる。冠の纓の部分には花が一つ、刀の柄にも六連銭が一つみられる。

大英寺は松代の表柴町にある浄土宗寺院。信之が正室である小松殿（大蓮院）の菩提を弔うために建てたものである。初め上田にあったものを元和八年（一六二二）信之が上田から松代に移るにあたり、寛永元年（一六二四）に寺や霊屋などを現在の地に移し建てた。現在はもと御霊屋である本堂と山門・鐘楼がある。

③真田宝物館蔵「真田信之画像」（以下宝物館本とする）一幅

絹本着色　縦八八・〇cm　横四二・〇cm

箱書「四宮大明神　滋野幸貫
武靖大明神　御画像　謹写之」

構図は①②の画像とほぼ同じ。束帯姿に右手で笏を右膝へ置くように持ち、太刀を佩いて高麗縁の上畳に坐る姿で描かれる。冠の纓の部分には花が一つ、青色の平緒には六連銭が三つ描かれる。刀の柄には替紋の結雁金が一つ、鞘の部分には六連銭が二つ描かれている。表具の特徴は、画像上部に六連銭が三つ、下部に二つ描かれている。また軸先は金属であり、両端に蓮の花が彫られている。また、この画像は箱書に記されるように真田家の氏神である四宮大明神と同箱で伝来している。四宮大明神の表具の特徴は画像上部に真田家の替紋の州浜紋が三つ、下には二つ描かれている。「真田信之画像」と同様のつくりから両作品が二幅対で制作されたことがうかがえる。作者については箱書から八代藩主・真田幸貫が描いたとされる。

④原昌義氏蔵「真田信之画像」（以下原氏所蔵本とする）一幅

絹本着色　縦　七六・八cm　横　四二・二cm

箱書　「信之公御神像」[2]

構図は①②③の画像とほぼ同じ。束帯姿に右手で笏を右膝へ置くように持ち、太刀を佩いて、こちらは繧繝縁の上畳に坐る姿で描かれる。冠の纓の部分には花が一つ、青色の平緒には六連銭が三つ描かれる。刀の柄には結雁金が一つ、鞘の部分には六連銭が二つ描かれている。

この画像には信之画像の他に、信之の父・昌幸、弟・信繁（幸村）の画像も共に伝来している。[3] また、ご所蔵の原家は武田家の家臣であった原美濃守虎胤の子孫である。その後、原昌貞の頃から真田家の家臣になったとされ、昌貞の子・之昌は真田昌幸・信繁（幸村）の九度山蟄居にあたり送届役となっている。帰国後は信之の家臣となったという。[4]

二、画像の比較

（1）制作年代

まず、各画像が描かれた制作年代について考察したい。

①大鋒寺本

大鋒寺本については、『真田家御事蹟稿』[5]（以下『御事蹟稿』とする）に記述をみることができる。『御事蹟稿』とは八代藩主・幸貫により、始祖以来の事蹟を後世に伝えるため、家老・河原綱徳に編纂を命じたことから始められた。編纂に六年、仕上げに三年、計九年かけて著され、天保一四年（一八四三）に藩主に献上されたもので、真田家の事蹟を知る上で重要な資料となっている。『御事蹟稿』の「大鋒院殿（信之の法名）御事蹟稿　巻之三」に記される「御葬式　荼毘小儀行列」の項には、「一御影　御束帯之御影也、絹地ニ書、極彩色、尤絹表具、わくニ張立、御近習三人持役也」とあり、葬儀に信之の束帯姿の画像が使用されたとある。(6)また、画像に関する記述として以下のように記される。

御画像箱書付
　大鋒院之画像
綱徳謹テ按スルニ、御表具栗皮色金ラン唐草模様、中地白金ラン唐草モヤウ、風袋一文字萌黄金ラン惣金モノ、赤銅表木金モノ、前ノ方六連銭御紋、軸木口ニ同一ツ宛、横前ノ方ニ一ツ宛、後ノ方一文宛、各毛彫掛紐座金モノ、蓮座、画工ノ印(7)
□□
箱ノ書付恐ラクハ、公ノ御自書ナランカ、然ラハ御存生ノ内ニ御法号付サセラレ、御画像モ仰付置レシ事ナルヘシ、

河原綱徳自身の考えも記されていることから実際に作品を見て記したものと思われる。現存する大鋒寺本と比較してみると、『御事蹟稿』の記述と同様、標木（表木）前と軸木（軸先）の前と両端に六連銭があり、軸先左右の後には一紋が確認できた。印についても、『御事蹟稿』に示される印と同じ形をしている。「狩野」印と「藤原」印であるが、人物を特定できない。以上のことから河原綱徳が記した画像と現在の大鋒寺本は一致すると考えられる。「大鋒院之畫像」という箱書は、『御事蹟稿』によると「公ノ御自書ナランカ」と記されるが筆跡だけでは特定できない。

『御事蹟稿』には、信之自筆と考えられる箱書から、大鋒寺本が信之存命中に自身が描くよう命じたものであると記されている。この記述によるならば、大鋒寺本は信之の没年である万治元年（一六五八）頃に制作されたと推測される。(8)

②大英寺本

大英寺本には、画像の裏に大英寺十三主親阿弥陀仏の裏書がある。(9)

この御かたは青雲の上田の城より
深みどりまつしろゐ大城をしろしめし
給ふける
武靖の大神の御かたなり何かし
柴の里の大寺に祠らせ給ふをうつし
奉りし也さきつとし東の大城より
ゐのたくみ何かしなるものこゝにきたり
候わハうつし奉らせ秘め置しをことし表
装のたくみにゆたねよそひ奉らせて
なかくこの山に崇め祀りて金井池のふかく
寺尾峯の高き

御恵みにむくひ奉らんとなりして事成りぬ
よくよく　神意の日にはことさらにそうこん
し敬ひ奉り長く是山のまもりと護りめくみ
幸請ひ給ひと祷り奉る事をこゝに事しるす
になん

嘉永三庚戌年文月
皓月山十三主
観阿弥陀仏謹誌

内容は「この御かたは青雲の上田城から深緑松代に大城を移し、松代を治めた信之（「武靖の大神」）である。何がしが大鋒寺（「柴の里の大寺」）に祠られている信之画像をうつした。そして先年に江戸城ヵ（「東の大城」）から絵師（「ゑのたくみ」）が来たので画像をうつし描かせ寺に秘め置き、それを今年、表具師（「表装のたくみ」）に表装させ長くこの山の守りとして祀り、金井池の深さ・寺尾峰の高さ程の恵に報わんとして行った」と書かれている。大鋒寺本を何がしが摸写し、そしてその後、東の大城から来た絵師に模写し描かせたのが大英寺本と考えられる。「ゑのたくみ」「表装のたくみ」はそれぞれ誰を示しているかはっきりしないものの、信之画像が寺の守りとして秘め置かれていたことが読み取れる。また、制作年代については文中に「さきつとし」と記されることから先年の嘉永二年（一八四九）であると考えられる。また、裏書が記された嘉永三年（一八五〇）には大英寺において什物改が行われていることが知られる。(10)

③宝物館本

はじめに、信之が神格化され武靖大明神となる過程や、同箱で伝来している四宮大明神について述べる。

前述したように武靖大明神は真田信之の神号であり、現在は松代町西条の白鳥神社に合祀されている。白鳥神社はもともと真田家の氏神である白鳥大明神が祀られており、真田家が元和八年（一六二二）に上田から松代に移った際、遷宮された[11]。

文化一〇年（一八一三）、七代藩主・真田幸専が白鳥神社当初の社殿が老朽化したことから、その改築を行っている。そして同年九月には京都吉田家に申請してあった信之の神号が景徳大明神（武靖大明神となる以前の神号）と決定された。この時の文書の写しが真田家文書にあり、神宣の写しや、神格化にあたっての入料に関する文書、そして儀礼に使用する神供器の記録などが残っている[12]。これらのことから信之の神格化を進めたのは幸専の頃からであったと分かる。

その後、信之の神格化を高め、白鳥大明神と景徳大明神の両宮の信仰を深めたのは、八代藩主・真田幸貫であった。幸貫は寛政三年（一七九一）松平定信の次男として生まれ、幸専に嫡子がなかったことから真田家の養子に入り、文政六年（一八二三）に八代藩主となった。天保一二年（一八四一）幕府老中となり海防掛も務める。藩内においては華美・虚飾を戒め倹約令を施し職制改革を行うなど、藩政の刷新に力を注いだ。また文学・文芸の奨励も推し進め、幸貫自身も文芸に秀でており自画像や大黒天画像など、さまざまな絵を描いている[13]。

幸貫は、文政六年（一八二三）、白鳥神社に五〇石、景徳大明神に五〇石の神領を奉納し、その収納を毎年の祭礼費と社殿の御用費にあてさせた。さらに文政七年（一八二四）には信之の木像を白鳥山に遷座させようとする。これは苦しい財政難の中にあって、大礼は難しいと反対され延期されることとなるが、幸貫の両宮に対する思いの深さがうかがえる。また、白鳥宮にて臨時祭礼を行い、その際、舞鶴山に一〇八間の馬場を設けて騎射大会を催している。(14)文政七年（一八二四）には信之の神号を景徳大明神から武靖大明神へと名を変え、(15)文政八年（一八二五）五月には、白鳥大明神の御本号は四宮大明神であるとして四宮大明神と称すること、宮地を舞鶴山と称することを決めた。

一八世紀中期から各藩において先祖顕彰の動きがみられ、それを通じて藩独自の歴史意識が形成されてきたことが指摘されているが、(16)松代藩においては六代藩主・真田幸弘から以降にあたり、真田家の先祖顕彰の動きは信之の神格化として現れる。よって幸貫が描いたとされる宝物館本が、信之神格化と同時に崇拝が進められた四宮大明神画像と共に伝来することとなったのであろう。宝物館本の制作年代は、幸貫筆という箱書の記述や武靖大明神と四宮大明神がペアで制作されたということから考えて、幸貫が藩主となった文政六年（一八二三）以降に制作されたと考えられる。

④原氏所蔵本

この画像には信之画像の他に、父・昌幸、弟・信繁（幸村）の画像も共に伝来している。このうち、昌幸画像の箱の蓋裏面に貼紙があり、「此ノ三幅（幸村公、信之公）は殿町恩田新六（木工の後）ノ家に傳ヘタル原図ニヨリ岩野畫工青木雪卿寫ス所ナリ」と記される。

貼紙にみえる青木雪卿（一八〇四〜一九〇三）は現在の松代町岩野に生まれ、川中島の更級雄斎に絵を学んだとされており、幸貫や藩士・佐久間象山の肖像画や松代城の壁画も描いたとされる。(17)雪卿の名の初見は嘉永元年（一八四八）からとされ、幸貫のもとで絵を描いていた。[18] 雪卿の作品として代表的なものに、幸貫の命による善光寺地震後の藩内の様子を描いた「感応公丁未震災後封内御巡視之図」などが挙げられ、肖像画作品も数点現存している。地方の絵師とはいえ、その描写には優れた観察力と筆致が見てとれ、その力量から真田家のお抱え絵師としてさまざまな御用につとめていたと考えられる。「殿町恩田新六（木工の後）」とは真田家の家臣である恩田家のことである。「新六」の名も「木工」も恩田家が代々用いるもので人物を特定することは難しい。

以上のことなどから原氏所蔵本の制作年代については青木雪卿が描いたということにより、雪卿の画業が確認される嘉永元年（一八四八）頃からと考えられる。

（2）描写表現

次に、描写表現については以下の点を指摘できる。第一に、平緒は①大鋒寺本と②大英寺本にはその上下に六連銭が二つ描かれるのに対し、③宝物館本と④原氏所蔵本では六連銭は均等な間隔で三つ描かれている。第二に、刀の柄は大鋒寺本と大英寺本には六連銭が描かれるのに対して宝物館本と原氏所蔵本では替紋の結雁金になっている。第三に、手貫緒の色は大鋒寺本と大英寺本が赤であるのに対して宝物館本と原氏所蔵本は青である。そして宝物館本と原氏所蔵本だけが刀の鞘の部分に六連銭が二つ描かれている。第四に、原氏所蔵本のみ繧繝縁であるということなど細かい点に違いが見られる。描き方からは大鋒寺本と大英寺本、宝物館本と原氏所蔵本とで類似していると考えられるだろう。しかし、なぜ二幅ずつで画像の描写に違いがみられるのだろうか。

四幅の信之画像は、大鋒寺本をもとに江戸時代末期になってから大英寺本が描かれ、大英寺本と同じ頃に宝物館本・原氏所蔵本が描かれた流れになると思われるが、宝物館本・原氏所蔵本を描く段階で描き方に違いがあらわれたことが分かる。幸貫が宝物館本を制作するにあたり、それ以前に描かれた大鋒寺本を参考としたのであれば、描写の表現を一部変更したことは明らかであり何かしらの意図があったと思われる。

三、画像制作

前述したように、四幅の信之画像の制作年代はそれぞれ異なっており、画像が描かれた背景もそれぞれ異なる。そこでここからは、各画像がどういった目的で制作されたかについて考察していきたいと思う。

大鋒寺本は信之の存命中に信之自身が描かせた画像とされ、万治元年（一六五八）に信之が亡くなり葬儀が行われた際には「御束帯之御影」が使用されたと『御事蹟稿』に記されている。肖像画が描かれ維持・保存されるには像主名を維持する行為（儀礼など）の有無が伝来するかどうかの基準となるという指摘がある(19)が、大鋒寺では今日、信之画像に関する儀礼などは確認できない。しかし、本画像は文化一〇年（一八一三）に信之が神格化され武靖大明神となる以前、既に描かれていたものであり、葬儀が行われた際に使用された可能性から考えると、その後は大鋒寺において奉られた信之画像ではないだろうか。

次に、大英寺本については間接的ではあるものの、大鋒寺本をもとに描かれた画像であり、画像の裏書の記述には像主を武靖大明神としつつ、寺の守りとしていたことが記される。よって大英寺本は武靖大明神＝信之が寺を守る神として認識され、江戸時代末期に制作されたと考えられる。大英寺においても今日、信之画像に関する儀礼は確認できない。

宝物館本については箱書に「武靖大明神　四宮大明神　御画像　滋野幸貫謹写之」とあり、真田家の氏神・四宮大明神と同箱ということ、そして信之の神格化を進めた幸貫筆とされることなどから考えて、宝物館本は「家門武運長久、子孫繁栄、家臣等忠動を尽し、領内静謐にして五穀豊穣し万民快楽[20]」の神、武靖大明神として真田家により制作された信之画像であると考えられる。

最後に、原氏所蔵本について考えるにあたり、青木雪卿が写して描いた画像が信之だけでなく昌幸・信之・信繁（幸村）の三幅であるということに注目したい。原氏所蔵本が三幅の形で伝来しているということは、原図となった恩田新六家にも三幅伝来していたと考えられる。一幅でなく、真田親子の画像を三幅の形で伝来する原氏所蔵本はどういう意味を持つのであろうか。昌幸・信之・信繁（幸村）三幅は青木雪卿筆という貼紙の記述から、幸貫と同時期に描かれた画像であり、信之が武靖大明神としての画像である可能性もある。しかし、武靖大明神としての信之画像であれば一幅で足りるわけで、恩田新六家に三幅の形で伝わった画像を三幅とも写し描くということは、別の意味があると思われる。なぜ恩田家と原家に伝来したのか、そして、なぜ原氏所蔵本のみ繧繝縁なのかは疑問として残るものの、信之だけでなく三幅をそろえて持つということは、真田親子三人が真田家の基礎を築いた家の守りという意識が強いのではないだろうか。

以上、ここまで四幅の真田信之画像について考察してきた。現段階での結論としては、信之の神格化に伴って江戸時代末期に制作された信之画像は、それ以前に制作された信之画像を参考として描かれていたということ。また、従来、信之画像はすべて一般的に「真田信之画像」として伝えられてきたが、実際は四幅の画像はそれぞれ、制作された目的が異なっており、大鋒寺本と大英寺本、宝物館本と原氏所蔵本との大きく二つの系統に分かれ、伝来されてきたものであると考えられる。

課題

今回は肖像を紹介し若干の考察をするにとどまり、四幅の画像が描かれた過程や各画像のかかわりあいなどについて深く追求できなかった。今後の課題としたい。

【附記】本稿をまとめるにあたり、大鋒寺、大英寺、原昌義氏、ご所蔵者の皆様には過分のご高配を賜りました。付して御礼を申し上げます。

註

（1）『松代町史』下巻。
（2）当画像は近年表具を新しくされ、箱も改められている。
（3）昌幸の画像については、原氏所蔵本の他にも複数確認されている。昌幸・信繁（幸村）親子が蟄居を命ぜられた高野山蓮華定院や長野県上田市の願行寺等にも伝来している。また、上田市立博物館「真田家史料集」には小宮山宗助氏蔵のものとして昌幸画像と幸村画像が掲載されている（『真田氏史料集』上田市立博物館、一九九八年）。
画像については、今日、昌幸画像として伝来している画像が信之画像ではないかという寺島隆史氏の説がある。寺島氏はその根拠として、第一に昌幸画像の原本と思われる蓮華定院の画像の箱書に、信之画像と記されている点、第二に描かれた人物が八〇歳以上にもなろうかという老人の姿で描かれており、昌幸の享年が六四歳、信之九三歳である点、そして第三に蓮華定院には信之の五輪塔も現存する点などから画像の再検討の必要性を提言されている（『真田氏史料集』上田市立博物館、一九九八年）。

（4）原家の由緒については「二〇〇四年度　長野県立歴史館開館十周年記念秋季展　中世信濃武士意外伝―義仲から幸村まで―」（長野県立歴史館、二〇〇四年）に拠った。

（5）『新編信濃史料叢書　第十六巻』信濃史料刊行会、一九七七年。

（6）御葬式の衣服に関する「色々覚」には「御影一人」とある。

（7）

（8）大鋒寺本は源俊詮によって明治期に著された『海津旧顕録』にも記述がある（『海津旧顕録』真田宝物館、一九八九年）。「巻ノ四　真田林大鋒寺」には以下のように記される。

「明治四年辛未年六月大鋒寺印、成沢勘左エ門殿・藤井浅右エ門と相認候印書出ス、
一大鋒寺殿御画像一幅　御箱書付大鋒院之画
　像如斯　御自筆なり
（以下略）」

（9）十三主観阿弥陀仏は、大英寺本堂にある歴代住職の位牌に「第十三世法蓮社諦譽上人観阿紹風隆月大和尚」とあり、大英寺過去帳には「第十三世法蓮社諦譽上人観阿紹風隆月大和尚　明治三年八月二日　世壽八十八歳」とある。
大英寺十三世については矢澤誠敏氏に調査の協力をしていただきました。心より御礼申し上げます。

（10）「嘉永三年六月　一同廿五日　大英寺明廿六日什物改之儀申立、御買物役出役申渡」とある（『史料叢所2「松代藩庁と記録」―

松代藩「日記繰出」―』国文学研究資料館史料館編、名著出版、一九九八年、三七〇頁）。

また現在伝来している大英寺の什物には、多くの掛軸の裏面に、ある特定の印がみられる。おそらくは什物を改めた際、おされたものと考えられる。
(11) 前掲（１）参照。
(12) 真田宝物館所蔵文書　吉一九〇―一、二、三。
(13) 真田宝物館には幸貫筆の作品が多く残っている。代表的なものに「寒山拾得之図」「碓氷峠之図」「蓮に蛙之図」などがある。
(14) 前掲（１）参照。
長野市誌　第四巻　歴史編　近世二
「松代藩災害史料一〇、長野市誌編纂室　一九九九」

「松代藩災害史料一一、長野市誌編纂室　二〇〇〇」

「松代藩災害史料一二、長野市誌編纂室　二〇〇一」

「松代藩災害史料一三、長野市誌編纂室　二〇〇二」

「松代藩災害史料一四、長野市誌編纂室　二〇〇二」

前島家文書一〇九―三「武靖大明神元来ヨリ之次第勢州御代参之次第」真田宝物館蔵。
(15) 小県郡の白鳥神社ではなく、同郡姫子沢村（東部町祢津）の四宮神社が本宮との判断による改号だったが、嘉永五年（一八五二）幸貫の死後には白鳥大明神に復している。
(16) 高木文恵「井伊家歴代の肖像画」（『彦根城博物館紀要11号』二〇〇〇年）、羽賀祥二『史蹟論19世紀日本の地域社会と歴史意識』（名古屋大学出版会、一九九八年）など。
(17) 前掲（１）参照。影山純夫「青木雪卿論」（『神戸大学「近代」第八三号』一九九八年）。雪卿の生没年については諸説がある。
(18) 音が同じ「雪渓」という人物が雪卿と同一人物ならば、天保三年（一八三二）が初見。前掲（17）影山論文参照。
(19) 米倉迪夫「源頼朝像―沈黙の肖像画―」（『絵は語る４』平凡社、一九九五年）、田村英恵「織田信長をめぐる儀礼」（『肖像画を読む』所収　角川書店、一九九八年）など。
(20)　真田宝物館収蔵文書　吉一九〇―九、一〇。

【追記】再録にあたり、誤記の訂正や文章の整序を行ったが、論旨に変更はない。

第3部

真田信之発給文書目録

黒田基樹編

宛所	出典	刊本
下豊・恩伊・木甚・恩越・発三	真田文書	群馬三三七九
富沢豊前守・狩野志摩守他二名	田村文書	群馬三五一一
川左	河原文書	群馬三四六〇
折田軍兵衛	折田文書	群馬三五四七
原弥一郎	百合叢志	群馬三五四八
塚本肥前守	長国寺殿御事蹟稿	群馬三五四九
(榛名山寺中)	榛名神社文書	群馬三五九三
(和利宮)	吾妻記	群馬県史料集三・二八八
(鳥頭社)	吾妻記	群馬県史料集三・二八八
矢沢三十郎	矢沢文書	群馬三六五七
藤井甚左衛門	沼田今昔物語	群馬三六五八
折田軍兵衛	折田文書	群馬三六五九
田口主馬助	荘内採集文書	
唐沢玄蕃丞	吾妻記	信補遺上七〇三
高野彦三	高野家譜	信一七・二二〇
大宮之大夫	大宮神社文書	群馬三六六一
天神之別当	近藤文書	群馬三六六二
成沢之別当	長国寺殿御事蹟稿	群馬三六六三
伊与久左京亮	伊能文書	群馬三六六四
田村雅楽尉	田村文書	群馬三六六五
儀見斎	浦野文書	群馬三六六六
湯本三郎右衛門尉	熊谷文書	群馬三六六七
湯本三郎右衛門尉同心三拾壱人	熊谷文書	群馬三六六八
塚本肥前守	高野蕎叟雑記	群馬三六六九
鈴木与八郎	沼田根元記	信補遺上七〇四
正雲斎	増田文書	
大熊靭負	中沢文書	群馬三六七八
田村雅楽助	田村文書	信一七・四五三
増田外記進・同右京亮	増田文書	
	真田文書	信二〇・四一四
田中忠右衛門	宗学寺文書	中之条四九
矢薩	大鋒院殿御事蹟稿	信一八・九一
矢沢忠右衛門尉	矢沢文書	信一八・九二
河左	河原文書	信一八・五五三
矢沢忠右衛門尉	矢沢文書	信一八・九二
大熊五郎左衛門尉	大鋒院殿御事蹟稿	信一八・九三
矢沢忠右衛門尉	矢沢文書	信一八・一〇五
平川戸乙名敷者一場右京進	一場文書	中之条四一
正雲斎	増田文書	群馬古城一〇六八・二
正雲斎	増田文書	群馬古城一〇六八・三
平川戸町中	一場文書	中之条四一
正雲斎	増田文書	「豊臣大名」真田一族一二一頁
吉常寺	吉祥寺文書	
田口久左衛門	荘内採集文書	
正雲斎	増田文書	「豊臣大名」真田一族一二三頁

No.	年月日	文書名	署判
1	（天正 13）閏 8・13	真田信幸書状	信幸（花押 1）
2	天正 16・4・26	真田信幸八幡山番帳写	（朱印 1）奉北能登守
3	（天正 16 カ）12・28	真田信幸書状	信幸（花押 1）
4	天正 17・11・3	真田信幸朱印判物	信幸（朱印 1）
5	天正 17・11・3	真田信幸判物	信幸（花押）
6	天正 17・11・3	真田信幸判物写	信幸
7	（天正 18）3・7	真田信幸判物	信幸（花押 1）
8	天正 18・8・一	真田信幸判物カ写	信幸公判・北能州
9	天正 18・8・一	真田信幸判物カ写	信幸公判・北能州
10	天正 18・12・3	真田信幸判物	信幸（花押 2）奉木村徳右衛門
11	天正 18・12・3	真田信幸朱印判物写	御居判御印判候
12	天正 18・12・3	真田信幸朱印状	（朱印 1）奉大熊靭負・木村戸右衛門尉
13	天正 18・12・3	真田信幸朱印状写	朱印・奉大熊靭負
14	天正 18・12・10	真田信幸朱印状写	信幸朱印・奉大熊靭負・木村渡右衛門
15	天正 18・12・12	真田信幸朱印状写	御朱印・奉大熊靭負
16	天正 18・12・19	真田信幸朱印状	（朱印 1）奉北能登守
17	天正 18・12・19	真田信幸朱印状	（朱印 1）奉北能登守
18	天正 18・12・19	真田信幸朱印状写	武靖公御朱印・奉北能登守
19	天正 18・12・20	真田信幸朱印状	（朱印 1）奉北能登守
20	天正 18・12・20	真田信幸朱印状	（朱印 1）奉北能登守
21	天正 18・12・20	真田信幸朱印状	（朱印 1）奉北能登守
22	天正 18・12・21	真田信幸判物	信幸（花押 2）
23	天正 18・12・21	真田信幸朱印状	（朱印 1）奉北能登守
24	天正 18・12・26	真田信幸朱印状	（朱印 1）奉木村渡右衛門
25	天正 18・12・26	真田信幸朱印状写	御朱印・奉木村渡右衛門
26	（天正 18）12・26	真田信幸朱印状写	（朱印 3）奉木村渡右衛門
27	卯（天正 19）7・10	真田信幸朱印状	（朱印 1）奉出浦上総介
28	辰（文禄元）1・28	真田信幸朱印状	（朱印 1）奉出浦上総介・木村渡右衛門尉
29	辰（文禄元）1・28	真田信幸朱印状写	奉出浦上総介
30	（文禄 2 カ）2・21	真田信幸書状	信幸（花押 3）
31	文禄 2・10・2	真田信幸朱印判物写	信幸御朱印
32	文禄 3・11・21	真田信幸朱印状写	御朱印
33	甲午（文禄 3）12・5	真田信幸判物	信幸（花押 3）
34	（年未詳）12・24	真田信幸書状	信幸（花押 4）
35	甲午（文禄 3）12・5	真田信幸朱印状	（朱印 2）奉木村五兵衛
36	甲午（文禄 3）12・20	真田信幸朱印状写	（朱印 2）
37	未（文禄 4）1・21	真田信幸朱印状	（朱印 2）
38	乙未（文禄 4）2・10	真田信幸朱印状写	丸印
39	未（文禄 4）2・16	真田信幸朱印状	（角朱印）
40	未（文禄 4）2・16	真田信幸朱印状	（朱印 3）奉
41	未（文禄 4）12・16	真田信幸朱印状	（朱印）奉出浦上総守
42	慶長 13（元カ）申 1・6	真田信幸朱印状写	奉出浦上総守
43	文禄 5・3・28	真田信幸朱印状	（朱印 2）
44	酉（慶長 2）12・18	真田信幸カ黒印状写	黒印
45	戌（慶長 3 カ）3・27	真田信幸朱印状写	奉伊藤備中守

宛所	出典	刊本
(大原新町)	大原区有文書	群馬県史資料編 12・五五四頁
正雲斎	増田文書	
白鳥明神祢宜	大鋒院殿御事蹟稿	信一八・五七五
高平村百姓中	高平公益社所蔵文書	真田氏と上州一五〇頁
湯本三郎右衛門尉	熊谷文書	信一九・七九
湯本三郎右衛門尉	熊谷文書	信一九・八〇
湯本三郎右衛門尉	熊谷文書	信一九・八一
真田壱岐守	小山田文書	信一九・八五
原半兵衛	原文書	信一九・八六
飯島市丞	飯島文書	信一九・八六
金井民部	金井文書	信一九・八六
矢島次郎右衛門尉	矢島文書	信一九・八七
保科五郎吉	保科文書	信一九・八七
片岡半七郎	大鋒院殿御事蹟稿	信一九・八七
金井金右衛門	大鋒院殿御事蹟稿	信一九・八八
宮沢七郎兵衛	大鋒院殿御事蹟稿	信一九・八八
前島作左衛門	前島文書	信一九・八九
矢沢忠兵衛	矢沢文書	信一九・八九
大熊五郎左衛門	君山合偏	信一九・九〇
清水弁介	清水一岳氏所蔵文書	群馬古城一〇七九・二
田口勘八	荘内採集文書	
桜井勘左衛門尉	成沢文書	信一九・九〇
関田源丞	思文閣古書資料目録二三〇	信一九・九〇
橋爪弐右衛門尉	小山田文書	
源介	小山田文書	
田中太郎介	小山田文書	
青島源丞	小山田文書	
真田壱岐守	小山田文書	信一九・九一
矢沢忠兵衛	矢沢文書	信一九・九一
原半兵衛	大鋒院殿御事蹟稿	信一九・九二
大熊五郎左衛門	大鋒院殿御事蹟稿	信一九・九三
川原右京助	河原文書	信一九・九三
川原右京助	大鋒院殿御事蹟稿	信一九・九四
飯島市丞	飯島文書	信一九・九五
宮坂八右衛門尉	宮坂文書	上田市誌歴史編史料 (2) 五六頁
祢津甚五郎	祢津文書	信一九・九五
大沢源太兵衛	大鋒院殿御事蹟稿	信一九・九六
広田備後守	長国寺殿御事蹟稿	信一九・九六
下郷六供社人衆	生島足島神社文書	信一九・九七
大法師明神祢宜	小野文書	信一九・九七
蓮花院	山家神社文書	信一九・九八
白山大権現祢宜	白山寺文書	信一九・九八
信綱寺	信綱寺文書	信一九・九八
養泰寺	陽泰寺文書	信一九・九九
実相院	実相院文書	信一九・九九
開善寺	海禅寺文書	信一九・九九

No.	年月日	文書名	署判
46	慶長5・2・12	真田信幸朱印状	(朱印1)
47	子(慶長5カ)4・3	真田信幸朱印状カ写	(朱印)奉
48	庚子(慶長5)12・26	真田信幸朱印状写	御朱印
49	慶長6・7・12	真田信之朱印状写	奉木村五兵衛・友野十郎左衛門
50	丑(慶長6)7・29	真田信之朱印状	(朱印1)奉星野兵太郎
51	丑(慶長6)7・29	真田信之朱印状	(朱印1)奉星野兵太郎
52	丑(慶長6)7・29	真田信之朱印状	(朱印1)奉星野兵太郎
53	辛丑(慶長6)8・5	真田信之判物	信之(花押5)
54	辛丑(慶長6)8・5	真田信之判物	信之(花押5)
55	辛丑(慶長6)8・5	真田信之判物	信之(花押5)
56	辛丑(慶長6)8・5	真田信之判物	信之(花押5)
57	辛丑(慶長6)8・5	真田信之判物	信之(花押)
58	辛丑(慶長6)8・5	真田信之判物	信之(花押)
59	辛丑(慶長6)8・5	真田信之朱印状写	御朱印
60	辛丑(慶長6)8・5	真田信之朱印状写	御朱印
61	辛丑(慶長6)8・5	真田信之朱印判物写	信之御朱印
62	辛丑(慶長6)8・5	真田信之朱印判物	信之(朱印1)
63	辛丑(慶長6)8・5	真田信之判物	信之(花押5)
64	辛丑(慶長6)8・5	真田信之判物写	信之(花押5)
65	辛丑(慶長6)8・5	真田信之判物写	信之
66	辛丑(慶長6)8・5	真田信之判物写	信之(花押5)
67	辛丑(慶長6)8・6	真田信之朱印判物	信之(朱印1)
68	辛丑(慶長6)8・6	真田信之朱印状	(朱印1)
69	辛丑(慶長6)8・6	真田信之朱印状	(朱印1)
70	辛丑(慶長6)8・6	真田信之朱印状	(朱印1)
71	辛丑(慶長6)8・6	真田信之朱印状	(朱印1)
72	辛丑(慶長6)8・6	真田信之朱印状	(朱印1)
73	辛丑(慶長6)8・7	真田信之朱印状	(朱印1)
74	辛丑(慶長6)8・7	真田信之朱印状	(朱印1)
75	辛丑(慶長6)8・7	真田信之朱印状写	御朱印
76	辛丑(慶長6)8・7	真田信之朱印状写	御朱印
77	辛丑(慶長6)8・7	真田信之朱印状	(朱印)
78	辛丑(慶長6)8・7	真田信之朱印状写	御朱印
79	辛丑(慶長6)8・7	真田信之朱印状	(朱印1)
80	慶長6・8・9	真田信之朱印状	(朱印)
81	辛丑(慶長6)8・10	真田信之判物	信之(花押5)
82	辛丑(慶長6)8・10	真田信之判物写	信之御花押
83	辛丑(慶長6)8・10	真田信之判物写	信之(花押)
84	辛丑(慶長6)8・11	真田信之朱印状	(朱印1)
85	辛丑(慶長6)8・12	真田信之朱印状	(朱印)
86	辛丑(慶長6)8・12	真田信之朱印判物	信之(朱印1)
87	辛丑(慶長6)8・12	真田信之朱印判物	信之(朱印1)
88	辛丑(慶長6)8・12	真田信之朱印判物	信之(朱印1)
89	辛丑(慶長6)8・12	真田信之朱印判物	信之(朱印1)
90	辛丑(慶長6)8・12	真田信之朱印判物	信之(朱印1)
91	辛丑(慶長6)8・12	真田信之朱印判物	信之(朱印1)

宛所	出典	刊本
新海明神祢宜	新海神社文書	信一九・九九
小林右近	羽田清人氏所蔵文書	信一九・一〇〇
小林右近	羽田清人氏所蔵文書	信一九・一〇〇
長井権介	長井文書	信一九・一〇一
長井権介	長井文書	信一九・一〇一
竹内常陸守	大鋒院殿御事蹟稿	信一九・一〇一
金沢勘左衛門尉	金沢文書	信一九・一〇二
境沢惣内	常満寺文書	犬山市史史料編三一四七七頁
境沢惣内	常満寺文書	犬山市史史料編三一四七七頁
小県社人衆	大鋒院殿御事蹟稿	信一九・一〇二
常楽院	大鋒院殿御事蹟稿	信一九・一〇八
竜武右衛門	竜野文書	信一九・一五二
矢沢忠兵衛	矢沢文書	信一九・一六二
真田主膳正	小山田文書	信一九・一六七
木村五兵衛・出浦上総守	大鋒院殿御事蹟稿	信二三・五一〇
海野藤八	海野文書	信一九・四五〇
城織部	大鋒院殿御事蹟稿	信二二・三〇九
金井金右衛門	長国寺殿御事蹟稿	信一七・二三五
大熊勘右衛門・同伝兵衛	大熊文書	信補遺下・一三七
大熊頓八	大熊文書	信補遺下・一三七
増田外記・同右京助	増田文書	
増田右京亮	増田文書	
遠藤源助	遠藤文書	信一九・五一二
羽田右近丞	羽田文書	信一九・五一三
境沢惣内	常満寺文書	犬山市史史料編三一四七八頁
湯本三郎右衛門尉	熊谷文書	信一九・五一五
竜野茂右衛門	竜野文書	信一九・五一六
春原六左衛門尉	君山合偏	信一九・五一六
日置五右衛門尉	大鋒院殿御事蹟稿	信一九・五二三
(玉泉寺)	大鋒院殿御事蹟稿	信一九・五三一
	増田文書	群馬古城一〇八八・二
小幡内膳正	小幡文書	信一九・五四二
番匠勘五郎	大鋒院殿御事蹟稿	信一九・五六九
長井権助	長井文書	信二二・二九五
和田口事	長井文書	信二二・二九六
海野町伝馬者共	原文書	信二二・三一五
河原右京	河原文書	信一九・五七八
日置五右衛門	大鋒院殿御事蹟稿	信一九・五七九
出浦対馬守	出浦文書	信二〇・一五
(後閑村)	増田文書	
蜂須賀新六	熊谷文書	信二〇・四二
湯本惣助	熊谷文書	信二〇・四三
市場源七郎	一場文書	信二〇・四三
狩野右衛門助	大鋒院殿御事蹟稿	信二〇・四三

No.	年月日	文書名	署判
92	辛丑（慶長6）8・12	真田信之朱印判物	信之（朱印1）
93	辛丑（慶長6）8・12	真田信之朱印判物	信之（朱印1）
94	辛丑（慶長6）8・12	真田信之朱印状	（朱印1）
95	辛丑（慶長6）8・12	真田信之朱印判物	信之（朱印1）
96	辛丑（慶長6）8・12	真田信之朱印状	（朱印1）
97	辛丑（慶長6）8・12	真田信之朱印判物写	信之御朱印
98	辛丑（慶長6）8・12	真田信之朱印判物	信之（朱印1）
99	辛丑（慶長6）8・12	真田信之朱印状	（朱印1）
100	辛丑（慶長6）8・12	真田信之朱印状	（朱印1）
101	辛丑（慶長6）8・12	真田信之朱印状写	御朱印
102	辛丑（慶長6）9・25	真田信之朱印判物写	信之御朱印
103	辛丑（慶長6）10・24	真田信之朱印状	（朱印1）奉祢津助右衛門尉
104	丑（慶長6）閏11・12	真田信之判物	信之（花押5）
105	壬寅（慶長7）2・18	真田信之一字書出	
106	（慶長7カ）9・14	真田信之朱印書状写	伊豆守信之御朱印
107	寅（慶長7）12・5	真田信之判物	信之（花押5）
108	（慶長7カ）12・8	真田信之書状写	真田伊豆守信之御花押
109	寅（慶長7カ）12・―	真田信之朱印状写	御朱印・奉木村五兵衛
110	（慶長8）2・3	真田信之朱印書状	信之（朱印1）
111	卯（慶長8）2・25	真田信之判物	信之（花押5）
112	卯（慶長8）2・26	真田信之朱印状写	奉出浦上総守・伊藤備中守
113	卯（慶長8）2・27	真田信之朱印状	（朱印3）奉出浦上総守
114	卯（慶長8）3・20	真田信之朱印状	（朱印1）
115	卯（慶長8）3・20	真田信之朱印状	（朱印1）
116	卯（慶長8）3・20	真田信之朱印状	（朱印1）
117	卯（慶長8）3・22	真田信之朱印状	（朱印1）
118	慶長8・3・26	真田信之朱印状	（朱印1）
119	卯（慶長8カ）3・26	真田信之朱印状写	（丸「朱印」）
120	卯（慶長8）5・12	真田信之判物写	信之御花押
121	卯（慶長8ヵ）7・3	真田信之朱印判物写	真田伊豆信之丸御朱印
122	慶長8・9・7	真田信之朱印状写	奉伊藤備中守
123	卯（慶長8）10・22	真田信之判物	信之（花押5）
124	辰（慶長9）2・24	真田信之黒印状写	丸御黒印・奉木村五兵衛
125	辰（慶長9カ）3・1	真田信之朱印状	（朱印1）
126	辰（慶長9カ）3・1	真田信之朱印状	（朱印1）
127	辰（慶長9カ）6・6	真田信之黒印状写	（黒印4）奉伴野十郎左衛門尉・鈴木久次郎
128	辰（慶長9）6・23	真田信之黒印状	（丸黒印）
129	辰（慶長9）6・23	真田信之黒印状写	丸御黒印
130	（慶長9）閏8・22	真田信之書状	伊豆守（花押5）
131	辰（慶長9）11・19	真田信之黒印状	（黒印3）奉祢津志摩守（花押）・伊藤備中守（花押）
132	辰（慶長9）11・25	真田信之朱印状	（朱印1）
133	辰（慶長9）11・25	真田信之朱印状	（朱印1）
134	辰（慶長9）11・25	真田信之朱印状	（朱印1）
135	辰（慶長9）11・25	真田信之朱印状写	御朱印

宛所	出典	刊本
実相院	実相院文書	信二〇・九三
原半兵衛	田中文書	信二〇・一七九
木村土佐守	大鋒院殿御事蹟稿	信二〇・一七九
宮内	真田文書	信二〇・二五二
真田主膳	小山田文書	信二〇・一八一
木村土佐守	伏島文書	信二〇・一八一
木村五兵衛	大熊文書	信補遺下・三七八
小壱岐守	小山田文書	新信叢一七・六九
矢沢但馬守	矢沢文書	信二〇・一八二
関口角左衛門	大鋒院殿御事蹟稿	信二〇・一八五
坂巻主税助	大鋒院殿御事蹟稿	信二〇・一八五
見玉勝九郎	大鋒院殿御事蹟稿	信二〇・一八六
祢津志摩守	岡村博文氏所蔵文書	信補遺下・七五三
(海野町・原町)	上田市立博物館所蔵文書	信二〇・二〇一
高勝寺	竜顔寺文書	信二〇・二五二
与五右衛門	清水文書	信二〇・二六六
正村右衛門佐	正村文書	信二〇・二七五
日置一郎兵衛	君山合偏	信二〇・二七六
矢沢但馬守・石井喜左衛門・川ノ弥左衛門・木村土佐守	矢沢文書	信一二・一七三
夕庵法印	大鋒院殿御事蹟稿	信二三・一七四
金井金右衛門	大鋒院殿御事蹟稿	信二〇・二九〇
河原右京	河原文書	信補遺下・二五七
河原右京	河原文書	新信叢一七・四三
木村土佐守・原半兵衛	原文書	信二一・五〇
休村土佐守・石井喜左衛門・原半兵衛	石井家共有文書	信補遺下・三七七
小幡内膳	小幡文書	信二三・五一三
木村土佐守	伏島文書	信二〇・三〇三
川原右京亮	河原文書	信二〇・三一八
工藤長七	生島足島神社文書	信二〇・三二三
白山寺	白山寺文書	信二〇・三二四
川右京助	河原文書	信二〇・三二〇
川原右京助	河原文書	信二〇・三二〇
河原右京亮	河原文書	信二〇・三二〇
川原右京助	河原文書	信二〇・三二〇
川原右京助	河原文書	信二〇・三二一
藤左衛門・兵庫・半次	森下文書	群馬県史資料編 12・六一一頁
中禅寺	中禅寺文書	信二〇・五〇五
新井弥兵衛・栃原武助	大鋒院殿御事蹟稿	信二〇・五二二
小林九右衛門	小林文書	信二〇・五二七
小林九右衛門	小林文書	信二〇・五二七
六川与三右衛門	丸山史料	信二〇・六〇一
小林九右衛門	小林文書	信二〇・六〇一
小林九右衛門	小林文書	信二〇・六〇一
和田町	長井文書	信二一・一〇一
浦野七左衛門・下村作左衛門	古書店所蔵文書	信二一・一一一

No.	年月日	文書名	署判
136	慶長10・8・14	真田信之朱印判物	信之（朱印1）
137	丙午（慶長11）2・28	真田信之朱印状	（朱印1）奉岩崎主馬正
138	丙午（慶長11）3・2	真田信之朱印状写	御朱印
139	（慶長11カ）3・2	真田信之書状	伊豆
140	慶長11・3・13	真田信之判物	信之（花押5）
141	（慶長11）3・15	真田信之書状	信之（花押5）
142	（年未詳）8・21	真田信之書状	伊豆守信之（花押5）
143	（年未詳）12・13	真田信之書状	真伊豆守信之（花押5）
144	丙午（慶長11）3・25	真田信之朱印状	（朱印1）
145	丙午（慶長11）3・晦	真田信之朱印状写	御朱印
146	丙午（慶長11）4・1	真田信之朱印状写	御朱印
147	丙午（慶長11）4・2	真田信之朱印状写	御朱印
148	（慶長11カ）5・27	真田信之書状	信之（花押6）
149	午（慶長11）10・27	真田信之朱印状	（朱印1）
150	丁未（慶長12）6・26	真田信之朱印状	（朱印1）
151	未（慶長12カ）10・27	真田信之朱印状	（朱印）
152	慶長12・12・5	真田信之朱印状	（朱印1）
153	慶長12・12・10	真田信之判物写	信之（花押7A）
154	（慶長12カ）12・12	真田信之朱印状	（朱印1）
155	未（慶長12）12・19	真田信之判物写	信之御花押
156	申（慶長13）1・20	真田信之朱印状写	御朱印
157	（慶長13カ）3・10	真田信之書状	伊豆守信之（花押7B）
158	（慶長13カ）一・1	真田信之書状	信之（花押7B）
159	（年未詳）4・7	真田信幸書状	信幸（花押7C）
160	（年未詳）4・13	真田信幸書状	信幸（花押7C）
161	（年未詳）12・15	真田信之判物	信之（花押7C）
162	戊申（慶長13）4・27	真田信之朱印状	（朱印1）
163	慶長13・5・29	真田信之朱印請取状	（朱印）
164	慶長13・6・13	真田信幸朱印判物	信幸（朱印1）
165	慶長13・6・13	真田信幸朱印判物	信幸（朱印1）
166	慶長13・6・14	真田信幸朱印請取状	（朱印）
167	慶長13・7・20	真田信幸朱印請取状	（朱印）
168	慶長13・8・9	真田信幸朱印請取状	（朱印）
169	慶長13・11・20	真田信幸朱印請取状	（朱印）
170	慶長13・11・20	真田信幸朱印請取状	（朱印）
171	慶長13・12・1	真田信幸朱印状	（朱印1）
172	戌（慶長15）1・11	真田信幸朱印状	（朱印3）奉木村土佐守
173	戌（慶長15）3・25	真田信幸朱印状写	朱印
174	戌之（慶長15カ）4・4	真田信幸朱印請取状	（朱印4）
175	戌之（慶長15カ）4・9	真田信幸朱印請取状	（朱印4）
176	戌（慶長15カ）11・7	真田信幸朱印請取状写	（朱印）
177	戌（慶長15カ）11・11	真田信幸朱印請取状	（朱印1）
178	戌（慶長15カ）11・11	真田信幸朱印請取状	（朱印1）
179	慶長16・9・7	真田信幸朱印定書	（朱印）
180	亥之（慶長16）10・12	真田信幸朱印覚書	（朱印1）

宛所	出典	刊本
小林九右衛門	小林文書	信二一・一一八
成沢勘左衛門	成沢文書	信二一・一一五
小林九右衛門	小林文書	信二一・一一七
小林九右衛門	小林文書	信二一・一二二
小林九右衛門	小林文書	信二一・一二二
	前田家所蔵文書	改訂徳川家康文書の研究下一・六八三頁
長井九助	大鋒院殿御事蹟稿	信二一・一三三
なら原又兵衛	楢原文書	信二一・一四六
河野清右衛門	大鋒院殿御事蹟稿	信二一・一七〇
窪田角左衛門	御家中系図	信二一・一七一
鈴木久次郎	大鋒院殿御事蹟稿	信二一・一七一
青木半左衛門	大鋒院殿御事蹟稿	信二一・一七〇
白山寺	白山寺文書	信二一・一八一
山越久左衛門尉	大鋒院殿御事蹟稿	信補遺下・二一一
原郷左衛門尉	大鋒院殿御事蹟稿	信補遺下・二一一
矢沢但馬守・石井喜左衛門・宮下藤右衛門	矢沢文書	信二一・二四一
矢野半右衛門	大鋒院殿御事蹟稿	信二四・二五六
春原六左衛門	君山合偏	信二一・二四一
春原六左衛門	君山合偏	信二一・二四二
金井兵左衛門	大鋒院殿御事蹟稿	信二一・二五八
窪田角左衛門	御家中系図	信二一・二五九
海野藤八	海野文書	信二一・二六〇
小幡内膳	小幡文書	信二一・二六〇
矢島弥右衛門	矢島文書	信二一・二六一
原出羽守	原文書	信二一・二六一
金井善兵衛	金井文書	信二一・二六八
梅沢内蔵助	梅沢文書	新治村誌通史編二三八頁
一場太郎左衛門	一場文書	群馬古城一〇八二
	関多助氏所蔵文書	長野県史近世史料編１（1）九頁
長窪町問屋養斎・小林九右衛門	小林文書	信二一・二九六
恩田仁助	大鋒院殿御事蹟稿	信二一・三〇五
市場太郎左衛門	一場文書	
出浦対馬守・大熊勘右衛門	出浦文書	信二一・三〇六
中条	二宮文書	中之条五一
平川戸	一場文書	信二一・三〇九
(大林寺)	大輪寺文書	信二一・三二一
祢津志摩守・大熊勘右衛門・原長左衛門・出浦文書守	出浦文書	信二一・三二四
矢沢但馬守・宮下藤右衛門・海野藤八・石井喜左衛門	海野文書	信二一・三二四
矢沢但馬守・宮下藤右衛門・海野藤八・石井喜左衛門	海野文書	信二一・三二五
祢津志摩守・原長左衛門・大熊勘右衛門・出浦文書守	湯本文書	信二一・三二五
羽田筑後守・桑原市左衛門・原長左衛門	湯本文書	信二一・三二六

No.	年月日	文書名	署判
181	亥（慶長16）10・25	真田信幸朱印請取状	（朱印1）
182	亥之（慶長16）11・7	真田信幸朱印状	（朱印1）
183	亥（慶長16）11・25	真田信幸朱印請取状	（朱印1）
184	亥之（慶長16）12・23	真田信幸朱印請取状	（朱印1）
185	亥（慶長16）12・23	真田信幸朱印請取状	（朱印1）
186	慶長17・1・5	佐久間安正等五〇名連署条書	真田伊豆守信幸（花押8）
187	子之（慶長17）2・26	真田信之朱印状写	御朱印
188	子ノ（慶長17）3・10	真田信之朱印請取状	（朱印）
189	慶長17・8・21	真田信之朱印状写	御朱印
190	慶長17・8・22	真田信之朱印状写	信幸公御朱印
191	子（慶長17）8・27	真田信之朱印状写	御朱印
192	慶長17・8・28	真田信之朱印状写	大鋒公御朱印
193	慶長17・閏10・29	真田信之朱印判物	信之（朱印1）
194	子ノ（慶長17）12・18	真田信之朱印状写	御朱印
195	子ノ（慶長17）12・18	真田信之朱印状写	御朱印
196	（慶長18）3・29	真田信之書状	伊豆守信之（花押8カ）
197	丑之（慶長18カ）4・16	真田信之朱印状写	御朱印
198	（慶長18）5・10	真田信之書状写	信之御判
199	（慶長18）5・28	真田信之黒印書状写	信之（黒印5）
200	慶長18・6・5	真田信之朱印状写	御朱印
201	慶長18・6・20	真田信之朱印状写	（朱印1）信幸公御朱印外三重
202	慶長18・6・21	真田信之朱印状	（朱印1）
203	慶長18・6・22	真田信之朱印状	（朱印1）
204	発丑（慶長18）6・24	真田信之朱印状	（朱印）奉宮下藤右衛門
205	慶長18・6・25	真田信之判物	信之（花押8）
206	慶丑（慶長18）9・4	真田信之朱印状	（朱印）奉矢野半右衛門
207	発丑（慶長18）9・4	真田信之朱印状写	御朱印之写・奉出浦対馬守（黒印）
208	丑之（慶長18）10・12	真田信之朱印状写	（「朱印」）
209	丑ノ（慶長18カ）12・2	真田信之朱印状カ写	
210	丑（慶長18）12・11	真田信之朱印請取状	（朱印1）
211	甲寅（慶長19）1・5	真田信之朱印状写	御朱印・奉出浦対馬守
212	甲寅（慶長19）1・5	真田信之朱印状写	御朱印・奉出浦対馬守
213	甲寅（慶長19）1・6	真田信之朱印状	（朱印1）
214	甲寅（慶長19）1・11	真田信之朱印状	（朱印）奉出浦対馬守・大熊勘右衛門尉
215	甲寅（慶長19）1・11	真田信之朱印状写	（朱印）奉出浦対馬守・大熊勘右衛門尉
216	寅（慶長19カ）2・6	真田信之朱印状	（朱印1）
217	（慶長19）2・12	真田信之書状	信之（花押8）
218	（慶長19）2・15	真田信之書状	信之（花押8）
219	（慶長19）2・15	真田信之書状	信之（花押8）
220	（慶長19）2・19	真田信之書状	信之（花押8）
221	（慶長19）2・25	真田信之朱印書状	（朱印1）

宛所	出典	刊本
鈴木久次郎	浦野房次郎氏所蔵文書	信補遺下・二三二
木土佐下代小林［　］門	小林文書	信二一・三八八
木［　］小林九右衛門	小林文書	信二一・三八八
出浦対馬守	出浦文書	信二一・三〇七
海野内匠	海野文書	信二三・五〇五
木土佐下代小林九右衛門	小林文書	信二一・四一三
出浦対馬守・大熊勘右衛門	岡村博文氏所蔵文書	信補遺下・二三九
小林九右衛門	小林文書	信二一・四四一
出浦対馬守	出浦文書	信二一・三〇七
出浦対馬守	大鋒院殿御事蹟稿	信二一・四四七
出浦対馬守	小林清吾氏所蔵・出浦文書	信二一・三〇八
出浦対馬守	矢野文書	信二一・四五七
渡右馬助	渡文書	信二一・四六九
師岡源兵衛	大鋒院殿御事蹟稿	信二一・四七〇
桑那小兵衛	大鋒院殿御事蹟稿	信二一・四七〇
渡右馬助	渡文書	信補遺下・二四一
出浦対馬守	真田神社文書	信二一・四七二
矢沢但馬守	矢沢文書	信二一・五〇六
成沢勘左衛門	成沢文書	信一九・四三八
木土佐下代小林九右衛門	小林文書	信二一・五五九
祢津伊与守・常田図書・真田主膳	小山田文書	信二一・五八〇
（沼須新町）	大鋒院殿御事蹟稿	信一九・四五〇
狩野右衛門助	大鋒院殿御事蹟稿	信一九・四五〇
（原之新町）	一場文書	信一九・四五一
出浦対馬守	出浦文書	信補遺下・二二九
木土佐下代小林九右衛門	小林文書	信二一・五五九
出浦対馬守	天桂院殿御事蹟稿	信二二・一
出浦対馬守	出浦文書	信二二・二
出浦対馬守	出浦文書	信二二・一二
木村土佐下代長井右京	長井文書	信一九・四九八
（欠）	金剛寺文書	群馬古城一一〇三
長井九助	大鋒院殿御事蹟稿	信二二・六六
師岡源兵衛	大鋒院殿御事蹟稿	信二二・六七
祢津伊与守・常田図書・祢津主水	天桂院殿御事蹟稿	信二二・七一
宮下藤右衛門・勘定奉行	高橋伝造氏所蔵文書	信補遺下・二五〇
上原八左衛門	河原文書	信二二・七三
矢沢但馬守・木村土佐守	矢沢文書	信二二・七四
山田文三兵衛・市場茂右衛門・折田軍兵へ・池田甚左衛門・市場長右衛門	一場文書	
佐藤三九郎・同重郎七衛門	佐藤文書	戦国の真田二〇二頁
海野内匠	海野文書	信二四・四八〇
矢沢但馬守・木村土佐守	矢沢文書	信二二・二一二
出浦対馬守	出浦文書	信二二・二二〇
祢津志摩守・大熊勘右衛門・出浦対馬守	君山合偏	信二一・三〇六
市場太郎左衛門	一場文書	
出浦対馬守・祢津志摩守	出浦文書	信二二・二五五

No.	年月日	文書名	署判
222	寅（慶長19カ）2・27	真田信之判物写	信之（花押）
223	寅（慶長19）4・20	真田信之朱印請取状	（朱印1）
224	寅（慶長19）5・3	真田信之朱印請取状	（朱印1）
225	（慶長19カ）5・13	真田信之朱印書状	信之（朱印1）
226	（慶長19カ）5・19	真田信之書状	信之（花押）
227	寅之（慶長19）6・28	真田信之朱印請取状	（朱印1）
228	寅之（慶長19）7・13	真田信之朱印状	（朱印）
229	寅之（慶長19）8・20	真田信之朱印請取状	（朱印1）
230	（慶長19カ）9・8	真田信之書状	信之（花押8）
231	甲寅（慶長19）9・9	真田信之朱印状写	御朱印
232	（慶長19）10・2	真田信之朱印書状	信之（朱印1）
233	（慶長19）10・9	真田信之書状	伊豆守信之（花押9）
234	寅（慶長19）10・10	真田信之朱印状	（朱印1）奉出浦対馬守
235	慶長19・10・10	真田信之朱印状写	御朱印・奉宮下藤右衛門・桑那小兵衛
236	慶長19・10・10	真田信之朱印状写	御朱印・奉宮下藤右衛門
237	寅ノ（慶長19）10・14	真田信之朱印状写	御朱印写・奉出浦対馬守（黒印）
238	寅（慶長19カ）10・15	真田信之判物	信之（花押）
239	（慶長19）11・4	真田信之書状	信之（花押8）
240	寅ノ（慶長19カ）11・7	真田信之朱印状	（朱印）
241	寅（慶長19）11・19	真田信之朱印請取状	（朱印6）
242	（慶長19）12・6	真田信之書状	信之（花押）
243	寅（慶長19）12・10	真田信之朱印状写	御朱印・奉出浦対馬守
244	寅（慶長19）12・10	真田信之朱印状写	御朱印・奉出浦対馬守
245	寅（慶長19）12・11	真田信之朱印状写	（朱印）奉出浦対馬守
246	（慶長19カ）12・22	真田信之書状	伊豆守信之（花押8）
247	寅（慶長19）12・23	真田信之朱印請取状	（朱印1）
248	（元和元）1・3	真田信之書状写	信之御花押
249	（元和元）1・21	真田信之書状	信之（花押8）
250	乙卯（元和元）2・2	真田信之朱印状	（朱印1）
251	卯ノ（元和元）2・28	真田信之朱印請取状	（朱印）
252	卯（元和元）3・4	真田信之朱印状写	（朱印）奉出浦対馬守
253	慶長20・4・7	真田信之朱印状写	御朱印
254	慶長20・4・7	真出信之朱印状写	御朱印・奉出浦対馬守
255	卯（元和元）4・11	真田信之朱印判物写	信之御朱印
256	卯（元和元）4・12	真田信之朱印状	（朱印）
257	慶長20・4・14	真田信之朱印状	（朱印1）
258	（元和元）4・16	真田信之書状	信之（花押8）
259	（元和元）4・28	真田信之朱印状写	御朱印
260	元和元・5・—	真田信之朱印状	（朱印1）
261	卯（元和元）6・20	真田信之判物	信之（花押8）
262	（元和元）閏6・2	真田信之書状	信之（花押8）
263	（元和元）閏6・11	真田信之書状	信之（花押8）
264	（年未詳）2・22	真田信之書状写	伊豆守信之（花押8）
265	乙卯（元和元）7・13	真田信之朱印請取状写	御朱印
266	（元和元）10・7	真田信之書状	信之（花押9）

宛所	出典	刊本
石井丹後	君山合偏	信二二・二五七
栃原武介	岩上文書	信二四・五五〇
出浦対馬守	出浦文書	信二二・二八九
出浦対馬守	出浦文書	信二二・二九〇
出浦対馬守	出浦文書	信二二・二九〇
出浦対馬守	出浦文書	信二二・三〇五
塩川村中	滝沢文書	信二二・三二八
成沢勘左衛門	成沢文書	信二二・三二九
大沢源太兵衛	大鋒院殿御事蹟稿	信二二・三二九
出浦半平	出浦文書	信二二・三三〇
青木権八	大鋒院殿御事蹟稿	信二二・三三二
原采女	原文書	信一九・五八二
原采女	原文書	信一九・五八二
矢島弥右衛門	矢島文書	信一九・五八三
矢島弥右衛門	矢島文書	信一九・五八三
金井善兵衛	金井文書	信二二・三三三
(原町力)	金井文書	信二二・三三三
海野内匠	海野文書	信二二・三四九
木村土佐守・池田長門守	伏島文書	信二二・三六一
祢津志摩守・奥平将監・海野内匠・出浦対馬寸	岡村博文氏所蔵文書	信補遺下・二六六
奈良原又兵衛	楢原文書	信二二・三七三
松沢五左衛門・桜井市左衛門尉	桜井文書	信二二・三七四
小県諸代官桜井市左衛門	桜井文書	信二二・三七五
海野喜兵衛	海野文書	信二二・三七五
小宮山六郎右衛門・平林理右衛門・金井善兵衛・同名新右衛門尉	金井文書	信二二・三七六
原浄貞斎	大鋒院殿御事蹟稿	信二二・三七七
原新九郎	大鋒院殿御事蹟稿	信二二・三七七
正念寺	正念寺文書	信二二・三七八
桜井市左衛門	桜井文書	信二二・三七九
金井善兵衛	金井文書	信二二・三八〇
正村金右衛門	正村文書	信二二・三八〇
下村作左衛門尉・市場茂右衛門尉・福田久大夫・狩野勘右衛門尉・同新右衛門・伊与久采女・堀田角右衛門	古書店所蔵文書	信二二・三八一
上田一騎合	大鋒院殿御事蹟稿	信二二・三八一
岩崎主馬	大鋒院殿御事蹟稿	信二二・四〇九
出浦対馬守	出浦文書	信二二・四二〇
出浦対馬守・小宮山二郎・清水神右衛門	河原文書	信二二・四三二
飯島正九郎	飯島文書	信二二・四三三
増田外記一同右馬助	増田文書	
市場太郎左衛門	大鋒院殿御事蹟稿	信二五・八一
(欠)	大鋒院殿御事蹟稿	信二二・四五八
出浦対馬守・海野内匠	出浦文書	信二二・四六四
出浦対馬守	出浦文書	信二二・四六五
林三郎左衛門・細田八左衛門	林文書	信二二・四六三

No.	年月日	文書名	署判
267	元和元・10・15	真田信之朱印状写	信之公御朱印
268	卯（元和元カ）11・5	真田信之朱印状	（丸朱印）奉浦野七左衛門
269	（元和2）2・13	真田信之書状	信之（花押9）
270	（元和2）2・13	真田信之書状	信之（花押9）
271	（元和2）2・26	真田信之書状	信之（花押9）
272	（元和2）4・19	真田信之書状	信之（花押9）
273	元和2・6・11	真田信之朱印状	（朱印）
274	元和2・6・11	真田信之朱印状	（朱印1）
275	元和2・6・11	真田信之朱印判物写	信之御朱印
276	丙辰（元和2）6・12	真田信之判物	信之（花押9）
277	元和2・6・16	真田信之朱印状写	御朱印
278	辰之（元和2カ）6・晦	真田信之朱印状	（朱印1）
279	辰之（元和2カ）6・晦	真田信之朱印状	（朱印1）
280	辰之（元和2カ）6・晦	真田信之朱印状	（朱印）
281	辰之（元和2カ）6・晦	真田信之朱印状	（朱印）
282	辰（元和2）7・3	真田信之朱印状	（朱印）
283	丙辰（元和2）7・7	真田信之朱印禁制	（朱印）
284	辰（元和2）7・9	真田信之朱印状	（朱印1）
285	辰（元和2）7・25	真田信之朱印状	（朱印1）
286	辰（元和2）8・1	真田信之朱印状	（朱印）
287	元和2・9・11	真田信之朱印状	（朱印1）奉出浦対馬守
288	辰（元和2）9・12	真田信之朱印状	（朱印1）
289	丙辰（元和2）9・12	真田信之朱印状	（朱印1）奉出浦対馬守
290	辰（元和2）9・12	真田信之朱印状	（朱印1）
291	辰（元和2）9・12	真田信之朱印状	（朱印）
292	丙辰（元和2）9・12	真田信之朱印状写	御朱印
293	元和2・9・12	真田信之朱印状写	御朱印
294	丙辰（元和2）9・12	真田信之朱印状	（朱印）
295	元和2・9・14	真田信之朱印状	（朱印1）
296	元和2・9・14	真田信之朱印状	（朱印）
297	元和2・9・14	真田信之朱印状	（朱印1）
298	丙辰（元和2）9・14	真田信之朱印状	（朱印1）
299	辰（元和2）9・14	真田信之朱印状写	御朱印
300	辰（元和2）11・25	真田信之朱印状写	御朱印
301	丙辰（元和2）12・14	真田信之朱印状	（朱印1）
302	丁巳（元和3）1・9	真田信之朱印状	（朱印1）
303	丁巳（元和3）1・9	真田信之判物	信之（花押9）
304	巳（元和3）3・26	真田信之朱印状	（朱印6）
305	巳（元和3カ）3・28	真田信之朱印判物写	信之御朱印
306	（元和3）5・2	真田信之書状写	信之（花押）
307	（元和3）5・4	真田信之朱印書状	（朱印1）
308	（元和3）5・16	真田信之書状	信之（花押9）
309	巳（元和3）6・7	真田信之朱印状	（朱印1）

宛所	出典	刊本
富沢和泉守・狩野右馬助・関右馬助・河合半次・福田久大夫・一場茂右衛門・一場清左衛門・一場太郎左衛門・伊与久采女・八須賀十兵衛	伊能文書	中之条五三
鈴木采女・桑原一左衛門	熊谷文書	信二二・四六九
金井善兵衛	金井文書	信二二・四六六
出浦対馬守	大鋒院殿御事蹟稿	信二二・四六六
河原右京亮・安中作左衛門	河原文書	信二二・五〇七
出浦対馬守・同半平	大鋒院殿御事蹟稿	信二二・五〇九
林三郎左衛門	林文書	信二二・五二七
師岡源兵衛	大鋒院殿御事蹟稿	信二二・五二九
西光寺	西光寺文書	信二二・五三一
海善寺	中禅寺文書	信二二・五三一
川野清右衛門尉	大鋒院殿御事蹟稿	信二二・五三一
柳沢文右衛門	柳沢文書	信二二・五三二
金井善兵衛	金井文書	信二二・五四三
山田文右衛門・金井善兵衛	金井文書	信二二・五四五
西沢小左衛門尉	西沢文書	西沢左近家古文書集三頁
大沢庄右衛門	大鋒院殿御事蹟稿	信二二・五四九
小幡内膳	小幡文書	信二二・六〇四
日置五右衛門	大鋒院殿御事蹟稿	信二〇・一八九
大熊靭負	大鋒院殿御事蹟稿	信二二・六一一
金井忠兵衛	大鋒院殿御事蹟稿	信補遺下・三七二
保科喜右衛門	保科文書	信二三・一
小林九右衛門	小林文書	信二〇・一九九
矢沢但馬守・日置五右衛門	大鋒院殿御事蹟稿	信二三・一三
菅沼二郎右衛門	大鋒院殿御事蹟稿	信二一・二七八
小林九右衛門	小林文書	信二三・二六
海野喜兵衛	海野文書	信二三・二七
池田長門守	木島文書	上田市誌歴史編史料（2）七七
羽田筑後守・山田市右衛門・安中作左衛門	信州古典研究所所蔵文書	信二三・五〇五
出浦対馬守・海野内匠	出浦文書	信補遺下・二二八
矢沢但馬守・出浦半平・池田長門守・出浦対馬守	出浦文書	信二三・五一二
矢沢但馬守	矢沢文書	信二四・三二〇
夕庵	磯田文書	信二三・一三三
出浦対馬守	出浦文書	新信叢一七・五五
出浦対馬守	出浦文書	信二三・五一四
出浦対馬守	出浦文書	信補遺下・二三〇
(欠)	西沢文書	西沢左近家古文書集三頁
清水甚右門	大鋒院殿御事蹟稿	信二三・四七
金井善兵衛・山田文右衛門	金井文書	信二三・六六
金井善兵衛・山田文右衛門	金井文書	信二三・六六
河野清右衛門	大鋒院殿御事蹟稿	信二〇・二二九
池田長門守・清水甚右衛門・出浦半平	君山合偏	信二三・九一
祢津伊与守・常田図書	樋口文書	信二三・八一
小山久介	小山文書	信二三・九六

No.	年月日	文書名	署判
310	丁巳（元和3）6・12	真田信之朱印状カ写	（欠）
311	巳（元和3）6・12	真田信之朱印状	（朱印1）
312	巳（元和3）6・14	真田信之朱印状	（朱印）
313	（元和3）7・7	真田信之朱印書状写	信之御朱印
314	巳（元和3）8・12	真田信之朱印状写	御朱印
315	巳（元和3）8・25	真田信之朱印状写	御朱印
316	巳（元和3）11・3	真田信之朱印状	（朱印1）
317	丁巳（元和3）11・5	真田信之朱印判物写	信之御朱印
318	丁巳（元和3）11・12	真田信之朱印判物	信之（朱印1）
319	丁巳（元和3）11・13	真田信之朱印判物	信之（朱印1）
320	元和3・11・15	真田信之朱印状写	御朱印
321	元和3・11・15	真田信之朱印状	（朱印）
322	巳（元和3）12・16	真田信之朱印状	（朱印）
323	巳（元和3）12・25	真田信之朱印状	（朱印）
324	巳（元和3）12・20［	真田信之朱印状	（朱印1）
325	午（元和4）1・11	真田信之朱印状写	御朱印・奉出浦対馬守
326	元和4・6・7	真田信之判物	信之（花押9）
327	午（元和4）6・22	真田信之朱印状写	御朱印・奉出浦対馬守
328	戊午（元和4）6・26	真田信之朱印状写	御朱印・奉出浦対馬守
329	（元和4カ）6・26	真田信之朱印状写	御朱印・奉出浦対馬守
330	戊午（元和4）7・1	真田信之朱印状	（朱印）奉出浦対馬守
331	午（元和4カ）8・9	真田信之朱印状	（朱印1）
332	午（元和4）8・28	真田信之朱印状写	御朱印
333	午（元和4カ）9・11	真田信之朱印状写	御朱印
334	午（元和4）9・11	真田信之朱印状	（朱印）
335	元和4・9・14	真田信之判物	信之（花押9）
336	元和4・11・23	真田信之判物	信之（花押9）
337	（年未詳）4・27	真田信之書状	信之（花押9）
338	（年未詳）8・14	真田信之書状	信之（花押9）
339	（年未詳）12・5	真田信之書状	信之（花押9）
340	（年未詳）12・7	真田信之書状	信之（花押9）
341	（年未詳）12・15	真田信之書状	伊豆守信之（花押9）
342	（年未詳）12・21	真田信之書状写	信之（花押9）
343	（年未詳）12・27	真田信之書状	信之（花押9）
344	（年未詳）12・28	真田信之書状	信之（花押9）
345	午（元和4）11・［	真田信之朱印状	（朱印1）
346	午（元和4）12・7	真田信之朱印状写	御朱印
347	午（元和4カ）12・7	真田信之朱印状	（朱印）
348	午（元和4カ）12・7	真田信之朱印状	（朱印）
349	未（元和5カ）1・11	真田信之朱印状写	御朱印
350	（元和5）3・29	真田信之朱印覚書写	御朱印
351	未（元和5）5・3	真田信之朱印状	（朱印1）
352	己未（元和5）5・5	真田信之朱印状	（朱印）

宛所	出典	刊本
なら原又兵衛	楢原文書	信二三・九六
田中忠助	田中文書	信二三・九七
細田掃部丞	大鋒院殿御事蹟稿	信二三・九七
夕庵	坂巻文書	信二三・一三一
長井九助	大鋒院殿御事蹟稿	信二三・一六〇
石合新左衛門	石合文書	信二〇・二七二
小川二郎右衛門	小川文書	信二〇・二七三
(欠)	塩野神社文書	信二〇・二七三
清水平右衛門	依田文書	信二〇・二七四
太田加右衛門・小林九右衛門・石合新左衛門・上原八左衛門	石合文書	信二三・一六六
石合新左衛門尉	石合文書	信二〇・五二八
小林九右衛門	小林文書	信二三・一六六
三左衛門分	石合文書	新信叢一六・二八九
出浦半平・太田加右衛門尉・上原八左衛門	河原文書	信二三・一七五
師岡源兵衛	大鋒院殿御事蹟稿	信二三・一七五
長寿院	正福寺文書	信二三・一七八
安中作左衛門	大鋒院殿御事蹟稿	信二三・一八四
縄島庄五郎・きもいり仁右衛門	綱島文書	信二三・一八九
奈良原又兵衛	楢原文書	信二〇・三一六
小林九右衛門	石合文書	信二〇・三一八
石合新左衛門	石合文書	信二〇・三一九
小林九右衛門・石合新左衛門	石合文書	信二〇・三一九
出浦半平	出浦文書	信二三・二〇二
石合新左衛門	石合文書	信二三・二一一
金井善兵衛・山田文右衛門	金井文書	信二三・二一一
石合新左衛門	石合文書	信二〇・三二一
石合新左衛門	大鋒院殿御事蹟稿	信二三・二一一
有坂新町	石合文書	信二三・三三五
矢沢但馬守・池田長門守・出浦半平	須田文書	
池田長門守・柳惣左衛門・出浦半平	長野市立博物館所蔵文書	信二三・四五四
出浦半平・矢野半左衛門・矢沢但馬守	矢沢文書	信二三・三五九
小沢左助	古文書集	信二三・三九〇
金井弥三	大鋒院殿御事蹟稿	信二三・三九〇
日置豊後	大鋒院殿御事蹟稿	信二三・三九一
山田文右衛門・金井善兵衛	金井文書	信二三・三九一
信綱寺	信綱寺文書	信二三・三九三
日置豊後	大鋒院殿御事蹟稿	信二三・四一二
滝沢八兵衛	続錦雑誌	信二三・四二五
安中作左衛門	鹿野文書	信二〇・五〇〇
祢津田中なら原又兵衛	楢原文書	信二三・四二六
金井兵左衛門	大鋒院殿御事蹟稿	信二三・四二八
出浦対馬守	出浦文書	信二三・五〇三
寺西伊与	早稲田大学図書館所蔵文書	刊本九五四
おつう	箏曲八幡宮所蔵文書	信二三・五六一
むら松	大鋒院殿御事蹟稿	信二三・五〇四

No.	年月日	文書名	署判
353	己未（元和5）5・5	真田信之朱印状	（朱印1）
354	己未（元和5）5・5	真田信之朱印状	（朱印1）
355	未（元和5）5・5	真田信之朱印状写	御朱印
356	（元和5）9・9	真田信之書状	伊豆守信之（花押）
357	元和5・10・25	真田信之朱印状写	御朱印
358	未（元和5）11・27	真田信之朱印状	（朱印1）
359	未（元和5）12・4	真田信之朱印判物	信之（朱印1）
360	未（元和5）12・4	真田信之朱印状	（朱印1）
361	未（元和5）12・4	真田信之朱印状	（朱印1）奉出浦対馬守
362	己未（元和5）12・6	真田信之朱印状	（朱印1）
363	（元和5）12・6	真田信之朱印状	（朱印1）
364	己未（元和5）12・7	真田信之朱印状	（朱印1）
365	未（元和5）12・16	真田信之朱印状	（朱印1）
366	未（元和5）12・20	真田信之朱印状	（朱印1）
367	未（元和5カ）12・20	真田信之朱印判物写	信之御朱印
368	己未（元和5）12・22	真田信之朱印状	（朱印1）奉出浦対馬守
369	申（元和6）1・7	真田信之判物写	信之御花押
370	申（元和6）3・4	出浦昌相奉書手形	奉出浦対馬守（黒印）
371	申（元和6）5・14	出浦昌相等奉書定書	奉出浦対馬守（黒印）・同半平（黒印）
372	申（元和6）6・1	真田信之朱印状	（朱印1）
373	申（元和6）6・1	真田信之朱印状	（朱印1）
374	申（元和6）6・1	真田信之朱印状	（朱印1）
375	庚申（元和6）6・11	真田信之朱印状	（朱印1）
376	申（元和6）8・3	真田信之朱印状	（朱印1）
377	申（元和6）8・3	真田信之朱印状	（朱印）
378	申（元和6カ）10・20	真田信之朱印状	（朱印1）
379	申（元和6）11・1	真田信之朱印状写	御朱印
380	辛酉（元和7）3・7	出浦昌相奉書制札	奉出浦対馬守（黒印）
381	酉（元和7カ）4・2	真田信之朱印状写	（角印）奉師岡源兵衛
382	（元和7カ）6・28	真田信之書状	伊豆守信之（花押10）
383	（元和7カ）7・6	真田信之朱印書状	いつのかみ信之（朱印1）
384	辛酉（元和7）11・13	真田信之朱印状写	角「朱章」
385	辛酉（元和7）11・13	真田信之朱印状写	御朱印
386	辛酉（元和7）11・15	真田信之朱印状写	御朱印
387	酉（元和7）11・15	真田信之朱印状	（朱印）
388	辛酉（元和7）11・21	出浦昌相奉書判物	奉出浦（黒印）
389	辛酉（元和7）11・25	真田信之判物写	信之御花押
390	酉（元和7）12・18	真田信之朱印状写	（朱印1）
391	酉（元和7カ）12・19	真田信之朱印判物	信之（朱印）
392	酉（元和7）12・24	出浦昌相奉書制札	奉出浦対馬守御印
393	酉（元和7）12・一	真田信之朱印状写	御朱印
394	（元和8）10・13	真田信之書状	伊豆守信之（花押10）
395	（元和8）11・1	真田信之書状	真伊豆守信之（花押10）
396	（元和8）11・18	真田信之消息	さな田いつのかみ
397	（元和8）	真田信之消息写	いつのかみ（松城より）

宛所	出典	刊本
矢野半左衛門	大鋒院殿御事蹟稿	信二四・一〇
(更級郡八幡宮)	武水別神社所蔵	信二四・一六
勝仙院	長見寺文書	
平林利右衛門	真田文書	信二四・六七
小暮安右衛門	大鋒院殿御事蹟稿	信二四・六八
金井忠兵衛・中沢次兵衛	大鋒院殿御事蹟稿	信二一・一一九
金井善兵衛	金井文書	信二四・七三
成沢勘左衛門	成沢文書	信二四・一二〇
理右衛門	横田文書	信二四・一六四
海野宮内	海野文書	信二四・一六五
鈴木八兵衛	前島文書	信二四・一六五
出浦半平	出浦文書	信二四・一六六
矢沢但馬守	矢沢文書	信二四・一七九
小山田主膳	小山田文書	信二四・一八〇
大熊靭負	大熊文書	信二四・一八〇
丸子喜兵衛	海野文書	信二四・一八一
小幡内膳	小幡文書	信二四・一八二
岩崎主馬	大鋒院殿御事蹟稿	信二四・一八二
河原右京	河原文書	信二四・一八三
祢津伝八	祢津文書	信二四・一八三
海野宮内	海野文書	信二四・一八四
池田長門守	木島文書	上小郷土研究会報三四号五頁
日置豊後守	大鋒院殿御事蹟稿	信二四・一八五
師岡源兵衛	大鋒院殿御事蹟稿	信二四・一八六
夕庵	坂巻文書	信二四・一八八
春原六左衛門	君山合偏	
大工	大鋒院殿御事蹟稿	信二四・一八六
矢島弥右衛門	矢島文書	信二四・一八七
飯島庄九郎	飯島文書	信二四・一八八
原求女	原文書	信二四・一八九
菅沼九兵衛	大鋒院殿御事蹟稿	信二四・一九〇
成沢勘左衛門	成沢文書	信二四・一九〇
金井善兵衛	金井文書	信二四・一九一
青木権八	大鋒院殿御事蹟稿	信二四・一九二
大沢源太兵衛	大鋒院殿御事蹟稿	信二四・一九四
清水甚右衛門	大鋒院殿御事蹟稿	信二四・一九四
窪田庄助	大鋒院殿御事蹟稿	信二四・一九六
金井忠兵衛	大鋒院殿御事蹟稿	信二四・一九六
菅市兵衛	大鋒院殿御事蹟稿	信二四・一九七
小林孫平	小林文書	信二四・一九七
正村金右衛門	正村文書	信二四・一九八
上原八左衛門	河原文書	信二四・一九八
児玉茂兵衛	大鋒院殿御事蹟稿	信二四・一九九
山越三右衛門	大鋒院殿御事蹟稿	信二四・二〇〇
前島作左衛門	前島文書	信二四・二〇〇
関口太兵衛	大鋒院殿御事蹟稿	信二四・二〇一

No.	年月日	文書名	署判
398	亥（元和9）1・晦	真出信之朱印状写	御朱印
399	元和9・3・—	真田信之禁制	真田伊豆守信之（花押）
400	元和9・7・20	真田信之判物写	真田伊豆守信之
401	亥（元和9）12・1	真田信之朱印状	（朱印1）
402	亥（元和9）12・1	真田信之朱印状写	御朱印
403	亥（元和9ヵ）12・3	真田信之朱印状写	御朱印
404	亥（元和9）12・13	真田信之朱印状	（朱印）
405	子（寛永元）1・2	真田信之朱印判物	信之（朱印1）
406	子（寛永元）9・15	真田信之朱印状	（朱印1）奉出浦半平
407	子（寛永元）9・16	真田信之朱印状	（朱印1）
408	子（寛永元）9・27	真田信之朱印状	（朱印1）
409	（寛永元）9・27	真田信之判物	信之（花押10）
410	子（寛永元）10・3	真田信之判物	信之（花押10）
411	子（寛永元）10・3	真田信之判物	信之（花押10）
412	子（寛永元）10・3	真田信之判物	信之（花押10）
413	子（寛永元）10・3	真田信之判物	信之（花押10）
414	子（寛永元）10・3	真田信之判物	信之（花押10）
415	子（寛永元）10・3	真田信之判物	信之御花押
416	子（寛永元）10・3	真田信之判物	信之（花押10）
417	子（寛永元）10・3	真田信之判物	信之（花押10）
418	子（寛永元）10・3	真田信之判物	信之（花押10）
419	子（寛永元）10・3	真田信之判物	信之（花押10）
420	子（寛永元）10・3	真田信之判物写	信之御花押
421	子（寛永元）10・3	真田信之判物写	信之御花押
422	子（寛永元）10・3	真田信之判物	信之（花押）
423	子（寛永元）10・3	真田信之判物写	信之御判
424	甲子（寛永元）10・3	真田信之朱印状写	御朱印
425	甲子（寛永元）10・3	真田信之朱印状	（朱印）
426	甲子（寛永元）10・3	真田信之朱印状	（朱印1）
427	甲子（寛永元）10・3	真田信之朱印状	（朱印1）
428	甲子（寛永元）10・3	真田信之朱印状写	御朱印
429	甲子（寛永元）10・3	真田信之朱印状	（朱印1）
430	甲子（寛永元）10・3	真田信之朱印状	（朱印）
431	甲子（寛永元）10・3	真田信之朱印状写	御朱印
432	甲子（寛永元）10・3	真田信之朱印状写	御朱印
433	甲子（寛永元）10・3	真田信之朱印状写	御朱印
434	甲子（寛永元）10・3	真田信之朱印状写	御朱印
435	甲子（寛永元）10・3	真田信之朱印状写	御朱印
436	甲子（寛永元）10・3	真田信之朱印状写	御朱印
437	甲子（寛永元）10・3	真田信之朱印状	（朱印1）
438	甲子（寛永元）10・3	真田信之朱印状	（朱印）
439	甲子（寛永元）10・3	真田信之朱印状	（朱印1）
440	甲子（寛永元）10・3	真田信之朱印状写	御朱印
441	甲子（寛永元）10・3	真田信之朱印状写	御朱印
442	甲子（寛永元）10・3	真田信之朱印状	（朱印1）
443	甲子（寛永元）10・3	真田信之朱印状写	御朱印

宛所	出典	刊本
小川二郎右衛門	小川文書	信二四・二〇一
片岡忠右衛門	大鋒院殿御事蹟稿	信二四・二〇二
宮沢与兵衛	大鋒院殿御事蹟稿	信二四・二〇二
石黒善兵衛	大鋒院殿御事蹟稿	信二四・二〇四
大鋸引	大鋒院殿御事蹟稿	信二四・二〇四
恩田戸右衛門	大鋒院殿御事蹟稿	信二四・二〇五
成沢伊折	長野県立歴史館所蔵文書	
小沢左京	古文書集	信二四・一九一
長井四郎右衛門	大鋒院殿御事蹟稿	信二四・一九三
川野兵右衛門	大鋒院殿御事蹟稿	信二四・一九三
竹内権右衛門	大鋒院殿御事蹟稿	信二四・一九五
小松七兵衛	大鋒院殿御事蹟稿	信二四・二〇三
金井右衛門助	大鋒院殿御事蹟稿	信二四・二〇五
横田理右衛門	横田文書	信二四・二二一
西村助右衛門	大鋒院殿御事蹟稿	信二四・二二二
福島理右衛門	横田文書	信二四・二二二
金井忠兵衛	大鋒院殿御事蹟稿	信二六・七四六
本誓寺	本誓寺文書	信二四・二二六
本誓寺	本誓寺所蔵	信二四・二二六
本誓寺	本誓寺文書	
金井渡右衛門	大鋒院殿御事蹟稿	信二四・二二九
出浦半平・矢野半左衛門	大鋒院殿御事蹟稿	信二四・二三九
矢野半左衛門	大鋒院殿御事蹟稿	信二四・二五六
横田理右衛門	横田文書	信二四・二七六
海野宮内	海野文書	信二四・二七八
小幡将監	小幡文書	信二四・二七九
鈴木采女・新井十兵衛	岡村博文氏所蔵文書	信補遺下・六六一
大熊靭負	大熊文書	信補遺下・四一二
横田理右衛門	横田文書	信二四・三一八
坂牧夕庵	大鋒院殿御事蹟稿	信二四・三二四
片岡利兵衛	御家中系図	
御師広田筑後守	長国寺殿御事蹟稿	信二四・三二九
矢沢外記	矢沢文書	信二四・二三五
夕庵・出浦半平・池田長門守	矢沢文書	信二四・二三五
前島作左衛門・小川二郎右衛門・関口大兵衛門・成沢勘兵衛	大鋒院殿御事蹟稿	信二四・三九一
西台殿局	矢沢文書	信二四・四二七
山中村之惣百姓中	大鋒院殿御事蹟稿	信二七・三五四
太田加右衛門・小川二郎右衛門・成沢勘兵衛・上原八左衛門	小川文書	信二四・四二八
菅沼九兵衛	大鋒院殿御事蹟稿	信二四・四三七
高田多兵衛	大鋒院殿御事蹟稿	信二四・四三八
前島作左衛門	前島文書	信二四・四三八
河原久右衛門	河原文書	信二四・四七五
池田藤松	木島文書	上小郷土研究会報三四号五頁
池田長門守	木島文書	上小郷土研究会報三四号五頁

No.	年月日	文書名	署判
444	甲子（寛永元）10・3	真田信之朱印状	（朱印1）
445	甲子（寛永元）10・3	真田信之朱印状写	御朱印
446	甲子（寛永元）10・3	真田信之朱印状写	御朱印
447	甲子（寛永元）10・3	真田信之朱印状写	御朱印
448	甲子（寛永元）10・3	真田信之朱印状写	御朱印
449	甲子（寛永元）10・3	真田信之朱印状写	御朱印
450	子（寛永元）10・3	真田信之朱印状	（朱印1）
451	子（寛永元）10・3	真田信之朱印状写	角「朱章」
452	子（寛永元）10・3	真田信之朱印状写	御朱印
453	子（寛永元）10・3	真田信之朱印状写	御朱印
454	子（寛永元）10・3	真田信之朱印状写	御朱印
455	子（寛永元）10・3	真田信之朱印状写	御朱印
456	子（寛永元）10・23	真田信之朱印状写	御朱印
457	子（寛永元）11・27	真田信之朱印状写	（朱印1）
458	甲子（寛永元）11・29	真田信之朱印状写	御朱印・奉山井大蔵
459	子（寛永元）12・2	真田信之朱印状	（朱印）
460	子（寛永元カ）12・7	真田信之朱印状写	御朱印
461	寛永元・12・9	真田信之判物写	信之（花押10）
462	寛永元・12・9	真田信之禁制	伊豆守（花押）
463	[（寛永元カ）] 12・9	真田信之禁制写	信之（花押10）
464	子（寛永元）12・一	真田信之朱印状写	御朱印
465	丑（寛永2）2・3	真田信之朱印状写	御朱印
466	丑（寛永2）4・16	真田信之朱印状写	御朱印
467	丑（寛永2）7・晦	真田信之朱印状カ写	（欠）
468	丑（寛永2）8・15	真田信之朱印判物	信之（朱印1）
469	丑（寛永2）8・15	真田信之朱印判物	信之（朱印1）
470	丑（寛永2）8・一	真田信之朱印状	（朱印）
471	丑（寛永2）9・15	真田信之朱印状	（朱印1）
472	丑（寛永2）12・3	真田信之朱印状写	（朱印1）
473	丑（寛永2）12・11	真田信之朱印判物写	信之御朱印
474	寛永2・12・15	真田信之朱印状写	信之公御朱印
475	寛永2・一・一	真田信之朱印判物写	真田伊豆守御朱印
476	寅（寛永3）2・19	真田信之書状	伊豆守信之（花押10）
477	（寛永3）2・19	真田信之書状	信之（花押10）
478	寅（寛永3）7・14	真田信之朱印状写	御朱印
479	寅（寛永3）11・5	真田信之判物	伊豆守信之（花押10）
480	寅（寛永3）11・13	真田信之朱印状写	朱印・奉池田長門守・出浦半平
481	寅（寛永3）11・20	真田信之朱印状	（朱印1）
482	寅（寛永3）12・11	真田信之朱印状写	御朱印
483	寅（寛永3）12・13	真田信之朱印状写	御朱印
484	寅（寛永3）12・13	真田信之朱印状	（朱印1）
485	丁卯（寛永4）5・7	真田信之朱印判物	信之（朱印）
486	卯（寛永4）7・15	真田信之朱印判物	信之（朱印1）
487	（寛永4）7・15	真田信之書状	信之（花押10）

宛所	出典	刊本
夕庵	大鋒院殿御事蹟稿	信二四・四八五
大熊靭負	大熊文書	信補遺下・四四四
鈴木八兵衛	大鋒院殿御事蹟稿	信二四・五五一
沢尾小左衛門	大鋒院殿御事蹟稿	信二五・二八
出甫織部	長野県立歴史館所蔵文書	信二五・三二
大和三弥	大鋒院殿御事蹟稿	信二五・四〇
出浦半平・矢野半左衛門	矢野文書	信二五・二六六
矢沢但馬守・出浦対馬守・池田長門守・出浦半平・夕庵	出浦文書	新信叢一七・五四
出浦半平・山室彦兵衛	出浦文書	信二八・九九
安中作左衛門	信州古典研究所所蔵文書	信二三・五一一
(内匠)	長野県立歴史館所蔵文書	
海野宮内	海野文書	信二五・四四三
安中作左衛門	君山合偏	信二三・五一三
	原文書	信二五・二七一
清水甚右衛門	大鋒院殿御事蹟稿	新信叢一七・二六
大瀬上砂	大瀬文書	信二五・四三八
深尾小左衛門	大鋒院殿御事蹟稿	信二五・四三八
出浦市丞	立教大学図書館所蔵文書	信二五・四三八
窪田伝衛門	御家中系図	信二五・四三九
金井正吉	大鋒院殿御事蹟稿	信二五・四四〇
長井四郎右衛門	大鋒院殿御事蹟稿	信二五・四四〇
河野加兵衛	大鋒院殿御事蹟稿	信二五・四四〇
沢尾小左衛門	大鋒院殿御事蹟稿	新信叢一六・三三五
宮下八郎左衛門	宮下文書	信二五・四四一
小日向四郎兵衛	大日方文書	信二五・四四一
柳島六左衛門	柳島文書	信二五・四四一
小日向五郎左衛門	大鋒院殿御事蹟稿	信二五・四四二
小日向五郎兵衛	大鋒院殿御事蹟稿	信二五・四四二
海野宮内・石倉三郎左衛門・関口佐大夫・関口正右衛門	海野文書	信二五・四四三
大日方善大夫	大鋒院殿御事蹟稿	新信叢一六・三七〇
河原角左衛門	河原文書	信二五・五五八
大沢勝右衛門	大鋒院殿御事蹟稿	信二五・五五九
近藤孫左衛門	大鋒院殿御事蹟稿	信二五・五五九
片岡理兵衛	大鋒院殿御事蹟稿	信二五・五六〇
坂巻夕庵	坂巻文書	信二五・五六五
宮下孫兵衛	宮下文書	信二五・五六六
師岡源兵衛	大鋒院殿御事蹟稿	新信叢一六・三三三
大瀬玄為	大瀬文書	信二六・一一
海野宮内	海野文書	信二六・五四
矢野半左衛門	大鋒院殿御事蹟稿	信二六・五四
菅市兵衛	大鋒院殿御事蹟稿	信二六・五五
岩崎舎人	大鋒院殿御事蹟稿	信二六・五五
長井四郎右衛門	大鋒院殿御事蹟稿	信二六・五六
成沢勘左衛門・前島作左衛門	大鋒院殿御事蹟稿	信二六・五八

No.	年月日	文書名	署判
488	卯（寛永4カ）8・5	真田信之黒印状写	丸御黒印
489	卯（寛永4）8・13	真田信之朱印状	（朱印1）
490	卯（寛永4）11・11	真田信之朱印状写	御朱印
491	辰（寛永5）12・8	真田信之朱印状写	御朱印
492	辰（寛永5）12・11	真田信之朱印状	（朱印1）
493	辰（寛永5）12・晦	真田信之朱印状写	御朱印
494	（寛永6）11・19	真田信之書状	信之（花押10）
495	（年未詳）2・4	真田信之書状	伊豆守信之（花押10）
496	（年未詳）5・28	真田信之書状	信之（花押10）
497	（年未詳）11・29	真田信之書状	伊豆守信之（花押10）
498	（年未詳）12・9	真田信之書状	伊豆守信之（花押10）
499	（年未詳）12・23	真田信之書状	信之（花押10）
500	（年未詳）12・23	真田信之書状写	信之（花押10）
501	巳（寛永6）12・1	真田信之朱印状	（朱印1）・原主米・菅沼九兵衛
502	午（寛永7カ）12・7	真田信之朱印状写	御朱印
503	寛永7・12・13	真田信之朱印状	（朱印）
504	寛永7・12・13	真田信之朱印状写	御朱印
505	寛永7・12・13	真田信之朱印状	（朱印1）
506	寛永7・12・13	真田信之朱印状写	（朱印1）信之御朱印
507	寛永7・12・13	真田信之朱印状写	御朱印
508	寛永7・12・13	真田信之朱印状写	御朱印
509	寛永7・12・13	真田信之朱印状写	御朱印
510	寛永7・12・13	真田信之朱印状写	御朱印
511	寛永7・12・14	真田信之朱印状	（朱印1）
512	寛永7・12・14	真田信之朱印状	（朱印1）
513	寛永7・12・14	真田信之朱印状	（朱印1）
514	寛永7・12・14	真田信之朱印状写	御朱印
515	寛永7・12・14	真田信之朱印判物写	信之御朱印
516	午（寛永7）12・14	真田信之朱印状	（朱印1）
517	（寛永7カ）12・15	真田信之朱印判物写	信之御朱印
518	寛永8・12・2	真田信之朱印状	（朱印1）
519	寛永8・12・2	真田信之朱印状写	御朱印
520	寛永8・12・2	真田信之朱印状写	御朱印
521	寛永8・12・2	真田信之朱印状写	御朱印
522	未（寛永8カ）12・13	真田信之朱印判物	伊豆守（朱印）
523	未（寛永8カ）12・25	真田信之朱印判物	信之（朱印1）
524	戊申（寛永9カ）11・1	真田信之朱印状写	御朱印
525	寛永9・12・20	真田信之朱印状	（朱印）
526	酉（寛永10）6・5	真田信之朱印状	（朱印1）
527	酉（寛永10）6・5	真田信之朱印状写	御朱印
528	酉（寛永10）6・5	真田信之朱印状写	御朱印
529	酉（寛永10）6・5	真田信之朱印状写	御朱印
530	酉（寛永10）6・5	真田信之朱印状写	御朱印
531	寛永10・6・9	真田信之朱印状写	御朱印

宛所	出典	刊本
村上庄助	大鋒院殿御事蹟稿	信二六・六八
成沢勘左衛門	成沢文書	信二六・五六
出浦市之丞	大鋒院殿御事蹟稿	信二六・五六
長井四郎右衛門	大鋒院殿御事蹟稿	新信叢一六・三四三
佐藤十郎右衛門	佐藤文書	
原主米	原文書	信二六・五七
菅沼九兵衛	大鋒院殿御事蹟稿	信二六・五七
柘植加兵衛	大鋒院殿御事蹟稿	信二六・一六四
坂巻与兵衛	大鋒院殿御事蹟稿	信二六・一六五
菅沼九兵衛	大鋒院殿御事蹟稿	信二六・一六五
出浦半平	出浦文書	信二六・一六六
長井四郎右衛門	大鋒院殿御事蹟稿	信二六・一七五
安藤喜内	大鋒院殿御事蹟稿	信二六・一七六
池田金左衛門	成沢文書	信二六・一七六
大和五兵衛	大鋒院殿御事蹟稿	信二六・一七六
片岡渡左衛門	大鋒院殿御事蹟稿	信二六・一七七
山中十右衛門	大鋒院殿御事蹟稿	信二六・一七七
片岡九左衛門	大鋒院殿御事蹟稿	信二六・一七八
近藤四郎左衛門	大鋒院殿御事蹟稿	信二六・一七八
小日向四郎兵衛	大日方文書	信二六・二〇八
永井信濃守・内藤伊賀守・安藤右京進	中田氏所蔵文書	信二六・二七五
矢野半左衛門・菅沼九兵衛	大鋒院殿御事蹟稿	信二六・三五三
菅沼二郎右衛門・岩本清左衛門	大鋒院殿御事蹟稿	信二六・三七四
上原権左衛門	河原文書	信二六・三七六
白川太郎兵衛	大鋒院殿御事蹟稿	信二六・三七六
高田半之丞	大鋒院殿御事蹟稿	信二六・三七六
河野加兵衛	大鋒院殿御事蹟稿	信二六・三七七
川浦彦作	河浦文書	信補遺下・六三九
菅沼二郎右衛門	大鋒院殿御事蹟稿	信二六・三八四
菅沼二郎右衛門	大鋒院殿御事蹟稿	信二六・三八五
菅沼二郎右衛門	大鋒院殿御事蹟稿	信二六・四九一
出浦半平・矢野半左衛門	出浦文書	信二六・四九三
出浦半平・矢野半左衛門	君山合偏	新信叢一六・一九〇
長井四郎右衛門	大鋒院殿御事蹟稿	信二六・四九四
出浦半平	大鋒院殿御事蹟稿	信二六・五〇九
菅沼九兵衛	大鋒院殿御事蹟稿	信二六・四九四
片岡理兵衛	大鋒院殿御事蹟稿	信二六・四九五
片岡渡左衛門	大鋒院殿御事蹟稿	信二六・四九五
大瀬又右衛門	大瀬文書	信二六・四九六
出浦半平	大鋒院殿御事蹟稿	信二六・五〇九
	大鋒院殿御事蹟稿	新信叢一六・三一四
大熊靭負・出浦織部	大鋒院殿御事蹟稿	新信叢一六・一九二
坂巻虎松	坂巻文書	信二六・五五七
夕庵	大鋒院殿御事蹟稿	信二六・五五九

No.	年月日	文書名	署判
532	寛永10・7・21	真田信之朱印状写	御朱印
533	酉（寛永10）10・1	真田信之朱印状	（朱印1）
534	（寛永10）10・5	真田信之朱印判物写	信之御朱印
535	寛永10・10・10	真田信之朱印状写	御朱印
536	酉（寛永10）10・18	真田信之朱印判物	信之（朱印1）
537	酉（寛永10）10・19	真田信之朱印状	（朱印1）
538	寛永10・11・3	真田信之朱印状写	御朱印
539	寛永10・11・3	真田信之朱印状写	御朱印
540	寛永10・11・3	真田信之朱印状写	御朱印
541	寛永10・11・3	真田信之朱印状写	御朱印
542	寛永10・11・15	真田信之朱印状	（朱印1）
543	寛永10・12・10	真田信之朱印状写	御朱印
544	寛永10・12・12	真田信之朱印状写	御朱印
545	寛永10・12・13	真田信之朱印状	（朱印1）
546	寛永10・12・13	真田信之朱印状写	御朱印
547	寛永10・12・13	真田信之朱印状写	御朱印
548	寛永10・12・18	真田信之朱印状写	御朱印
549	酉（寛永10）12・19	真田信之朱印状写	御朱印
550	寛永10・12・19	真田信之朱印状写	御朱印
551	戌（寛永11）1・26	真田信之朱印状	（朱印1）
552	（寛永11）閏7・11	真田信之書状写	真田伊豆守信之（花押11）
553	（寛永11）11・22	真田信之朱印状写	御朱印
554	戌（寛永11）12・12	真田信之朱印状写	御朱印
555	戌（寛永11）12・21	真田信之朱印状	（朱印1）
556	戌（寛永11）12・21	真田信之朱印状写	御朱印
557	戌（寛永11）12・21	真田信之朱印状写	御朱印
558	戌（寛永11）12・21	真田信之朱印状写	御朱印
559	（寛永11カ）12・晦	真田信之朱印状	（朱印）
560	亥（寛永12）1・10	真田信之朱印状写	御朱印
561	亥（寛永12）1・14	真田信之朱印状写	（朱印）
562	寛永12・10・26	真田信之朱印状写	御朱印
563	（寛永12）11・1	真田信之朱印状	（朱印1）
564	（寛永12）11・1	真田信之朱印状写	（朱印1）
565	寛永12・11・15	真田信之朱印状写	御朱印
566	（寛永12）12・10	真田信之書状写	信之御花押
567	亥（寛永12）12・11	真田信之朱印状写	御朱印
568	寛永12・12・15	真田信之朱印状写	御朱印
569	寛永12・12・15	真田信之朱印状写	御朱印
570	亥（寛永12）12・23	真田信之朱印状	（朱印）
571	（寛永12）12・25	真田信之書状写	信之御花押
572	亥（寛永12カ）12・晦	真田信之朱印状写	御朱印・上原権左衛門尉・正村金右衛門尉・中山兵左衛門尉・落合瀬左衛門尉・東条勘右衛門尉
573	（寛永13）3・14	真田信之朱印状写	御朱印
574	（寛永13）4・1	真田信之朱印判物	信之（朱印）
575	（寛永13）4・2	真田信之書状写	信之御花押

宛所	出典	刊本
坂巻夕庵	大鋒院殿御事蹟稿	信二六・五五九
小野主膳	小山田文書	信二六・六八六
川浦彦作	河浦文書	信補遺下・六四〇
岩崎正蔵	大鋒院殿御事蹟稿	信二六・七三三
常田金平	大鋒院殿御事蹟稿	信二六・七三三
片岡利兵衛	大鋒院殿御事蹟稿	新信叢一六・三三〇
片岡渡左衛門	大鋒院殿御事蹟稿	信二七・一二
安中作左衛門	大鋒院殿御事蹟稿	信二七・五六
小川源介	小川文書	信二四・二七一
前島金三郎	前島文書	信二四・二七二
渡辺清右衛門	君山合偏	信補遺下・六六〇
長井四郎右衛門	君山合偏	信補遺下・六六〇
大沢牛之介	大鋒院殿御事蹟稿	信二四・二七二
坂巻与兵衛・山崎長左衛門・山岸仁兵衛	大鋒院殿御事蹟稿	信二七・七一
祢津甚九郎	祢津文書	信二七・一三五
矢野半左衛門	大鋒院殿御事蹟稿	信二七・一三五
出浦織部	大鋒院殿御事蹟稿	信二七・一三六
小幡内膳	小幡文書	信二七・一三六
竹内権右衛門	大鋒院殿御事蹟稿	信二七・一三七
菅沼九兵衛	大鋒院殿御事蹟稿	信二七・一三七
大瀬又右衛門	大瀬文書	信二七・一三七
片岡理兵衛	大鋒院殿御事蹟稿	信二七・一三八
師岡源兵衛・太田加右衛門・山寺正左衛門	大鋒院殿御事蹟稿	信二七・一五二
沢小左衛門	大鋒院殿御事蹟稿	信二七・一六二
菅沼九兵衛	大鋒院殿御事蹟稿	信二七・一六二
綿内彦五郎	堀内文書	信二七・一六九
白川又左衛門	大鋒院殿御事蹟稿	信二七・一六九
小幡七右衛門	大鋒院殿御事蹟稿	信二七・一七〇
成沢勘左衛門	大鋒院殿御事蹟稿	信二七・一七四
菅沼次郎右衛門尉	大鋒院殿御事蹟稿	信二七・一七四
金井善兵衛	金井文書	信二七・一七五
春原吉十郎	大鋒院殿御事蹟稿	信二七・一七五
小野采女・祢津甚九郎・玉川伊与・矢野半左衛門	国文研寄託真田文書	信二七・二二四
大熊靭負・出浦半平・小幡将監・海野宮内	大鋒院殿御事蹟稿	信二七・二二五
大熊靭負・出浦半平・小幡将監・海野宮内	海野文書	信二七・二二五
(欠)	君山合偏	信二七・二五三
出浦半平・大熊靭負	出浦文書	信二七・二五四
出浦半平・大熊靭負	君山合偏	信二七・二五四
児玉二郎太	大鋒院殿御事蹟稿	新信叢一六・三五九
成沢助右衛門	成沢文書	信二四・三九三
(欠)	君山合偏	信二七・三〇八
年徳	岡本文書	信二七・三九九
岩崎勝蔵	大鋒院殿御事蹟稿	信二七・四〇〇
(玉泉寺)	玉泉寺文書	
出浦半平	矢野文書	信二八・一〇〇
片岡理兵衛	大鋒院殿御事蹟稿	信二七・四七〇

No.	年月日	文書名	署判
576	(寛永 13) 5・21	真田信之書状写	伊豆守信之御花押
577	(寛永 13) 9・5	真田信之書状	伊豆守信之(花押 11)
578	子(寛永 13) 11・27	真田信之朱印状	(朱印)
579	子(寛永 13) 11・29	真田信之朱印状写	御朱印
580	子(寛永 13) 12・8	真田信之朱印状写	御朱印
581	子(寛永 13) 12・16	真田信之朱印状写	御朱印
582	丑(寛永 14) 2・14	真田信之朱印状写	御朱印
583	寛永 14・7・9	真田信之朱印判物写	信之御朱印
584	丑(寛永 14) 7・14	真田信之朱印状	(朱印 1)
585	丑(寛永 14) 7・14	真田信之朱印状	(朱印 1)
586	丑(寛永 14) 7・14	真田信之朱印状写	御朱印
587	丑(寛永 14) 7・14	真田信之朱印状写	御朱印
588	丑(寛永 14) 7・15	真田信之朱印状写	御朱印
589	丑(寛永 14) 8・14	真田信之朱印状写	御朱印
590	丑(寛永 14) 10・11	真田信之朱印状	(朱印 1)
591	丑(寛永 14) 10・11	真田信之朱印状写	御朱印
592	丑(寛永 14) 10・11	真田信之朱印状写	御朱印
593	丑(寛永 14) 10・11	真田信之朱印状	(朱印 1)
594	丑(寛永 14) 10・11	真田信之朱印状写	御朱印
595	丑(寛永 14) 10・11	真田信之朱印状写	御朱印
596	丑(寛永 14) 10・20	真田信之朱印状	(朱印)
597	丑(寛永 14) 10・20	真田信之朱印状写	御朱印
598	寛永 14・10・21	真田信之朱印状写	御朱印
599	寛永 14・11・16	真田信之朱印状写	御朱印
600	寛永 14・11・23	真田信之朱印状写	御朱印
601	寛永 14・12・3	真田信之朱印状写	御朱印
602	寛永 14・12・3	真田信之朱印状写	御朱印
603	寛永 14・12・10	真田信之朱印状写	御朱印
604	寛永 14・12・15	真田信之朱印状写	御朱印
605	寛永 14・12・17	真田信之朱印状写	御朱印
606	寛永 14・12・18	真田信之朱印状	(朱印)
607	寛永 14・12・20	真田信之朱印状写	御朱印
608	(寛永 15) 2・5	真田信之書状	伊豆信之(花押 11)
609	(寛永 15) 2・5	真田信之書状写	伊豆信之御花押
610	(寛永 15) 2・17	真田信之書状	伊豆信之(花押 11)
611	(寛永 15) 5・21	真田信之書状写	伊豆守信之(花押 11)
612	(寛永 15) 5・24	真田信之書状	信之(花押 11)
613	(寛永 15) 6・3	真田信之書状写	伊豆守信之(花押 11)
614	寅(寛永 15) 6・16	真田信之朱印状写	御朱印
615	寅(寛永 15) 7・15	真田信之朱印状	(朱印 1)
616	(寛永 15) 9・20	真田信之書状写	伊豆信之(花押 11)
617	卯(寛永 16 カ) 1・2	真田信之奉献和歌	信之(花押)・真田伊豆守信之
618	寛永 16・1・3	真田信之朱印判物写	信之御朱印
619	寛永 16・7・3	真田信之朱印判物写	真田伊豆信之(角印)
620	(寛永 16) 7・12	真田信之書状	伊豆守信之(花押 11)
621	寛永 16・7・25	真田信之朱印状写	御朱印

宛所	出典	刊本
成沢勘左衛門尉	大鋒院殿御事蹟稿	信二七・四七六
小幡将監	小幡文書	信二七・四七七
小幡将監	小幡文書	信二七・四七八
前島金三郎	前島文書	信二七・四七八
小幡掃部	御家中系図	
蓮花定院	蓮華定院文書	信二七・四七九
出浦半平	円陽院殿御事蹟稿	新信叢一七・三一一
河原八十郎	河原文書	信二七・五五八
大日向四郎兵衛	大日方文書	信二七・五八七
河野加兵衛	大鋒院殿御事蹟稿	信補遺下・六九九
小幡将監	大鋒院殿御事蹟稿	信二七・六七七
小幡将監	大鋒院殿御事蹟稿	信二七・六七八
小川七郎兵衛	小川文書	信二七・六六二
小幡将監・同内膳	大鋒院殿御事蹟稿	信二七・六七八
小幡長右衛門	小幡文書	信二七・六七七
	大鋒院殿御事蹟稿	新信叢一六・三〇二
出浦半平	君山合偏	信補遺下・七〇六
岩崎主馬	大鋒院殿御事蹟稿	信二八・二四
白井重左衛門	白井文書	信二八・三九
前島七郎左衛門	大鋒院殿御事蹟稿	信二八・三九
関口伝兵衛	大鋒院殿御事蹟稿	信二八・四〇
成沢新七	成沢文書	信二八・四七
出浦半平	出浦文書	信二八・九三
出浦半平	出浦文書	信二八・九三
出浦半平	大鋒院殿御事蹟稿	新信叢一七・六三
出浦半平	大鋒院殿御事蹟稿	信二八・九四
出浦半平	出浦文書	信二八・九五
出浦半平	出浦文書	信二八・九四
大熊靭負・矢野半左衛門	出浦文書	信二八・九五
与良六兵衛	大鋒院殿御事蹟稿	信二八・一一一
八田平三郎	八田文書	信二八・一二九
沢小左衛門	大鋒院殿御事蹟稿	新信叢一六・三三六
出浦市丞	大鋒院殿御事蹟稿	信二八・一三一
片岡兵八	大鋒院殿御事蹟稿	信二八・一五三
渡辺清右衛門	大鋒院殿御事蹟稿	信二八・一六三
岩崎正蔵	大鋒院殿御事蹟稿	信二八・二二八
前島金三郎	前島文書	信二八・二二九
竹内権右衛門	大鋒院殿御事蹟稿	信二八・二二九
師岡次助	大鋒院殿御事蹟稿	信二八・二七六
小川弥三	小川文書	信二八・二七六
篠崎七郎左衛門	大鋒院殿御事蹟稿	信二八・二七七
東条勘右衛門	大鋒院殿御事蹟稿	信二八・二七七
海野源左衛門	海野文書	信二八・三一五
海野源左衛門	海野文書	信二八・三一五
柳島六左衛門	柳島文書	信二八・三三四
村田角兵衛	村田文書	信二八・三三四

No.	年月日	文書名	署判
622	寛永16・8・3	真田信之朱印状写	御朱印
623	寛永16・8・15	真田信之判物	信之（花押11）
624	寛永16・8・15	真田信之朱印判物	信之（朱印1）
625	寛永16・8・15	真田信之朱印判物	信之（朱印1）
626	丑（寛永16）8・15	真田信之朱印状写	信之御朱印
627	寛永16・9・5	真田信之判物	真田伊豆守信之（花押）
628	（寛永16）11・24	真田信之書状写	伊豆信之御花押
629	寛永16・12・13	真田信之判物	信之（花押11）
630	寛永17・2・26	真田信之朱印判物	信之（朱印1）
631	辰（寛永17）4・11	真田信之朱印判物写	信之御朱印
632	（寛永17）6・25	真田信之書状写	伊豆守信之御花押
633	（寛永17）7・6	真田信之書状写	伊豆守信之御花押
634	寛永17・8・24	真田信之朱印判物	信之（朱印1）
635	（寛永17）9・21	真田信之書状写	信之（花押12）
636	寛永17・9・23	真田信之朱印判物	信之（朱印1）
637	辰（寛永17カ）11・15	真田信之朱印状写	御朱印・成沢助右衛門
638	（寛永17）11・24	真田信之書状写	伊豆信之（花押11）
639	辰（寛永17カ）11・25	真田信之朱印状写	御朱印
640	寛永17・12・12	真田信之朱印判物	信之（朱印1）
641	寛永17・12・13	真田信之朱印判物写	信之御朱印
642	寛永17・12・18	真田信之朱印判物写	信之御朱印
643	寛永17・12・25	真田信之朱印判物	信之（朱印1）
644	（寛永18）2・2	真田信之書状	伊豆守信之（花押11）
645	（寛永18）2・9	真田信之書状	伊豆守信之（花押11）
646	（寛永18）2・11	真田信之書状写	伊豆守御花押
647	（寛永18）2・21	真田信之書状写	伊豆守御花押
648	寛永18・2・25	真田信之書状	信之（花押11）
649	（寛永18）2・25	真田信之書状	伊豆守信之（花押11）
650	（寛永18）2・25	真田信之書状	伊豆守信之（花押11）
651	寛永18・3・15	真田信之朱印判物写	信之御朱印
652	寛永18・4・22	真田信之朱印請取状	（朱印7）
653	寛永18・4・22	真田信之朱印判物写	信之御朱印
654	寛永18・4・25	真田信之判物写	信之御花押
655	寛永18・8・3	真田信之朱印状写	御朱印
656	寛永18・8・17	真田信之朱印判物写	信之御朱印
657	寛永18・11・26	真田信之朱印判物写	信之御朱印
658	寛永18・11・26	真田信之朱印判物	信之（朱印1）
659	寛永18・11・26	真田信之朱印判物写	信之御朱印
660	寛永18・12・19	真田信之朱印状写	御朱印
661	寛永18・12・27	真田信之朱印判物	信之（朱印1）
662	寛永18・12・27	真田信之朱印判物写	信之御朱印
663	寛永18・12・27	真田信之朱印判物写	信之御朱印
664	寛永19・3・3	真田信之判物	信之（花押11）
665	寛永19・3・3	真田信之朱印判物	信之（朱印1）
666	寛永19・4・14	真田信之朱印状	（朱印1）
667	寛永19・4・14	真田信之朱印状	（朱印）

宛所	出典	刊本
	窪田文書	信二八・三三五
小山半四郎	君山合偏	信二八・三三六
片岡理兵衛	大鋒院殿御事蹟稿	信二八・四四七
	大鋒院殿御事蹟稿	信二五・四二三
	大鋒院殿御事蹟稿	信二八・四九七
金井善兵衛	金井文書	信二八・六七二
矢野半左衛門	大鋒院殿御事蹟稿	信二八・六七二
岩崎正蔵	大鋒院殿御事蹟稿	新信叢一七・一七
前島作左衛門・成沢助右衛門	大鋒院殿御事蹟稿	新信叢一六・二九九
片岡利兵衛	大鋒院殿御事蹟稿	新信叢一六・三〇四
	大鋒院殿御事蹟稿	新信叢一六・三〇四
	大鋒院殿御事蹟稿	新信叢一六・三〇四
村田角兵衛	大鋒院殿御事蹟稿	新信叢一六・三三六
森山与五兵衛	大鋒院殿御事蹟稿	新信叢一六・三三七
菅沼九兵衛	大鋒院殿御事蹟稿	新信叢一六・三五六
菅沼九兵衛	大鋒院殿御事蹟稿	新信叢一六・三三七
成沢助右衛門尉	大鋒院殿御事蹟稿	信補遺下・六〇八
富永主膳	大鋒院殿御事蹟稿	新信叢一六・一四八
師岡源兵衛・太田加右衛門	大鋒院殿御事蹟続編稿	新信叢一八・二一八
鈴木右近	鈴木文書	新信叢一六・三二二
白川太郎兵衛	大鋒院殿御事蹟稿	新信叢一六・三三六
成沢助右衛門	成沢文書	新信叢一七・二四
師岡十郎右衛門	大鋒院殿御事蹟稿	新信叢一六・三三三
神宮寺・松田大膳	八幡神社文書	新信叢一七・三九
太田猪之助	長野県立歴史館所蔵文書	
落合瀬左衛門	大鋒院殿御事蹟稿	新信叢一六・三三八
成沢助右衛門尉	大鋒院殿御事蹟稿	新信叢一六・三〇〇
矢野又四郎	大鋒院殿御事蹟稿	新信叢一六・三二九
矢野六蔵	大鋒院殿御事蹟稿	新信叢一六・三二九
金井右馬助	大鋒院殿御事蹟稿	新信叢一六・三四七
金井久右衛門	大鋒院殿御事蹟稿	新信叢一七・六
片岡利兵衛	大鋒院殿御事蹟稿	新信叢一六・三三〇
	大鋒院殿御事蹟続編稿	新信叢一八・二一五
柘植加兵衛	大鋒院殿御事蹟稿	新信叢一六・三六五
大日方半之丞	大鋒院殿御事蹟稿	新信叢一六・三七〇
	大鋒院殿御事蹟稿	新信叢一六・三〇〇
片岡利兵衛	大鋒院殿御事蹟稿	新信叢一六・三〇四
片岡利兵衛	君山合偏	新信叢一六・三一三
鈴木三左衛門	鈴木文書	新信叢一六・三二二
菅沼九兵衛	大鋒院殿御事蹟稿	新信叢一六・三五六
前島治兵衛	前島文書	新信叢一七・八
前島伝十郎	前島文書	新信叢一七・九
（菅沼左兵衛）	御家中系図	
	大鋒院殿御事蹟稿	新信叢一六・三〇五
	大鋒院殿御事蹟稿	新信叢一六・三〇五
厚新之丞	原文書	新信叢一六・三一九

No.	年月日	文書名	署判
668	寛永19・4・16	真田信之朱印状写	御朱印写
669	寛永19・閏9・14	真田信之朱印状写	信之公御朱印
670	寛永19・10・21	真田信之朱印状写	御朱印
671	午（寛永19）11・15	真田信之朱印状写	御朱印・成沢助右衛門印・沢小左衛門印
672	寛永19・12・20	真田信之朱印状写	御朱印・原主米印・菅沼九兵衛印
673	寛永20・12・28	真田信之判物	信之（花押11）
674	寛永20・12・28	真田信之判物写	信之御花押
675	寛永21・2・22	真田信之朱印判物写	信之御朱印
676	寛永21・6・7	真田信之朱印状写	御朱印
677	申（正保元）11・23	真田信之朱印状写	御朱印・成沢助右衛門実名判
678	申（正保元）12・13	真田信之朱印裏書写	御朱印
679	申（正保元）12・13	真田信之朱印裏書写	御朱印
680	正保2・1・13	真田信之朱印判物写	信之御朱印
681	正保2・1・13	真田信之朱印状写	御朱印
682	正保2・1・18	真田信之朱印判物写	信之御朱印
683	酉（正保2カ）2・5	真田信之朱印状写	御朱印
684	酉（正保2）3・23	真田信之朱印状写	御朱印
685	（正保2カ）閏5・19	真田信之書状写	信之（花押12）（真伊豆）
686	正保2・12・15	真田信之朱印状写	御朱印
687	正保3・5・3	真田信之判物	信之（花押11）
688	正保3・5・3	真田信之朱印判物写	信之御朱印
689	正保3・5・3	真田信之朱印判物	信之（朱印1）
690	正保3・5・28	真田信之朱印状写	御朱印
691	正保3・6・7	真田信之禁制	真田伊豆守信之（花押11）
692	正保3・6・7	真田信之朱印判物	信之（朱印1）
693	正保3・6・7	真田信之朱印判物写	信之御朱印
694	正保3・12・12	真田信之朱印状写	御朱印
695	正保4・8・15	真田信之朱印判物写	信之御朱印
696	正保4・8・15	真田信之朱印判物写	信之御朱印
697	正保4・8・15	真田信之朱印判物写	信之御朱印
698	正保4・8・15	真田信之朱印判物写	信之御朱印
699	正保4・8・29	真田信之朱印状写	御朱印
700	正保4・12・12	真田信之朱印状写	御朱印・師岡十郎右衛門・太田加右衛門
701	正保4・12・15	真田信之朱印判物写	信之御朱印
702	正保4・12・15	真田信之朱印判物写	信之御朱印
703	亥（正保4）12・23	真田信之朱印状写	御朱印・成沢助右衛門印
704	亥（正保4）12・28	真田信之朱印状写	御朱印・成沢助右衛門印
705	亥（正保4）12・28	真田信之朱印状写	御朱印・篠崎七郎右衛門・大池市左衛門
706	正保5・2・13	真田信之朱印判物	信之（朱印1）
707	慶安元・5・15	真田信之朱印判物写	信之御朱印
708	慶安元・5・15	真田信之朱印判物	信之（朱印1）
709	慶安元・5・15	真田信之朱印判物	信之（朱印1）
710	（慶安元・5・15）	真田信之朱印状写	（御朱印）
711	慶安元・12・12	真田信之朱印状写	御朱印・成沢助右衛門
712	慶安元・12・12	真田信之朱印状写	御朱印・成沢助右衛門
713	慶安2・3・18	真田信之朱印判物	信之（朱印1）

宛所	出典	刊本
柘植彦四郎	大鋒院殿御事蹟稿	新信叢一六・三六六
志村平四郎	大鋒院殿御事蹟稿	新信叢一六・三六八
鹿野五右衛門	大鋒院殿御事蹟稿	新信叢一七・三三
(大安寺)	大安寺文書	市誌研究ながの一八号三四頁
小野采女	小山田文書	
小野采女	小山田文書	
鈴木右近	鈴木文書	新信叢一六・三二二
堀田又兵衛	大鋒院殿御事蹟稿	新信叢一六・三三六
長井四郎右衛門	大鋒院殿御事蹟稿	新信叢一六・三四四
小幡内膳	小幡文書	新信叢一六・三五〇
樋口四郎右衛門	真田文書	真田家文書上・一九〇
大熊右衛門	大熊文書	新信叢一六・三二八
伊木彦二郎	大鋒院殿御事蹟稿	新信叢一六・三四六
岡島勘右衛門	大鋒院殿御事蹟稿	新信叢一六・三五八
上原権左衛門	河原文書	新信叢一六・三六〇
宮下平右衛門	大鋒院殿御事蹟稿	新信叢一六・三六〇
桑野新右衛門	大鋒院殿御事蹟稿	新信叢一六・三六六
石黒彦右衛門	大鋒院殿御事蹟稿	新信叢一六・三六六
前島治兵衛	前島文書	新信叢一七・八
蟻川庄左衛門	大鋒院殿御事蹟稿	新信叢一七・一二
加茂十左衛門	君山合偏	新信叢一七・三二
小川庄蔵	大鋒院殿御事蹟稿	新信叢一六・三三五
村田茂左衛門	大鋒院殿御事蹟稿	新信叢一六・三三七
近藤七左衛門	大鋒院殿御事蹟稿	新信叢一七・一三
祢津八郎右衛門	祢津文書	松代二八号三八頁
前島治兵衛	前島文書	新信叢一七・二五
片岡理兵衛	大鋒院殿御事蹟稿	新信叢一六・三三〇
原新之丞	原文書	新信叢一七・一八
沢小左衛門	大鋒院殿御事蹟稿	新信叢一七・二五
上原権左衛門	河原文書	新信叢一七・二五
	大熊文書	新信叢一六・三一三
金井忠兵衛	大鋒院殿御事蹟稿	新信叢一六・三五二
依田又兵衛	大鋒院殿御事蹟稿	新信叢一七・一三
出浦新四郎	出浦文書	真田家文書上・一九四
出浦織部	出浦文書	真田家文書上・一九二
出浦織部	出浦文書	真田家文書上・一九三
菅沼左兵衛	大鋒院殿御事蹟稿	新信叢一七・二〇
岩崎主米・片岡渡左衛門	大鋒院殿御事蹟続編稿	新信叢一八・二二〇
岩崎主米・片岡戸左衛門	大鋒院殿御事蹟続編稿	新信叢一八・二一三
大日方伝左衛門	大鋒院殿御事蹟稿	新信叢一六・三七〇
鹿野五右衛門	大鋒院殿御事蹟稿	新信叢一七・三四
森山与五兵衛	大鋒院殿御事蹟稿	新信叢一六・三三七
片岡九助	大鋒院殿御事蹟稿	新信叢一六・三三二
坂巻勘太郎	大鋒院殿御事蹟稿	新信叢一六・三二〇
太日方三郎右衛門	大鋒院殿御事蹟稿	新信叢一六・三六九

No.	年月日	文書名	署判
714	慶安2・7・6	真田信之朱印判物写	信之御朱印
715	慶安2・7・6	真田信之朱印判物写	信之御朱印
716	慶安2・7・6	真田信之朱印状写	御朱印
717	慶安2・8・24	真田信之朱印状写	御朱印
718	慶安2・11・1	真田信之判物	信之（花押11）
719	慶安2・11・1	真田信之判物	信之（花押11）
720	慶安2・11・1	真田信之判物	信之（花押11）
721	慶安2・11・1	真田信之判物写	信之御花押
722	慶安2・11・1	真田信之判物写	信之御花押
723	慶安2・11・1	真田信之判物	信之（花押11）
724	慶安2・11・1	真田信之朱印判物	信之（朱印1）
725	慶安2・11・1	真田信之判物	信之（花押11）
726	慶安2・11・1	真田信之朱印判物写	信之御朱印
727	慶安2・11・1	真田信之朱印判物写	信之御朱印
728	慶安2・11・1	真田信之朱印判物	信之（朱印1）
729	慶安2・11・1	真田信之朱印判物写	信之御朱印
730	慶安2・11・1	真田信之朱印判物写	信之御朱印
731	慶安2・11・1	真田信之朱印判物写	信之御朱印
732	慶安2・11・1	真田信之朱印判物	信之（朱印1）
733	慶安2・11・1	真田信之朱印判物写	信之御朱印
734	慶安2・11・1	真田信之朱印判物写	信之（朱印1）
735	慶安2・11・1	真田信之朱印状写	御朱印
736	慶安2・11・9	真田信之朱印判物写	信之御朱印
737	慶安2・11・9	真田信之朱印判物写	信之御朱印
738	慶安2・12・8	真田信之判物	信之（花押11）
739	慶安2・12・8	真田信之朱印判物	信之（朱印1）
740	慶安2・12・8	真田信之朱印状写	御朱印
741	慶安2・12・15	真田信之朱印判物	信之（朱印1）
742	慶安2・12・15	真田信之朱印判物写	信之御朱印
743	慶安3・3・28	真田信之朱印判物	信之（朱印1）
744	慶安3・6・9	真田信之朱印状	（朱印1）・出浦織部・大熊靭負
745	慶安3・7・3	真田信之朱印状写	御朱印
746	慶安3・8・15	真田信之朱印判物写	信之御朱印
747	慶安3・9・23	真田信之判物	信之（花押11）
748	（慶安3）9・23	真田信之書状	伊豆守信之（花押）
749	（慶安3）9・23	真田信之書状	伊豆守信之（花押）
750	慶安3・9・27	真田信之朱印判物写	信之御朱印
751	慶安3・11・23	真田信之朱印状写	御朱印・師岡十郎右衛門・太田加右衛門
752	慶安4・12・13	真田信之朱印状写	御朱印・師岡十郎右衛門・太田加右衛門
753	慶安4・12・15	真田信之朱印判物写	信之御朱印
754	慶安4・12・15	真田信之朱印状写	御朱印
755	慶安4・12・17	真田信之朱印判物写	信之御朱印
756	慶安5・2・10	真田信之朱印状写	御朱印
757	慶安5・5・7	真田信之朱印判物写	信之御朱印
758	慶安5・5・13	真田信之朱印判物写	信之御朱印

宛所	出典	刊本
金井忠兵衛	大鋒院殿御事蹟稿	新信叢一六・三一二
金井忠兵衛	大鋒院殿御事蹟稿	新信叢一七・二五
湯本新左衛門	大鋒院殿御事蹟稿	新信叢一六・三三八
金井木工之丞	大鋒院殿御事蹟稿	新信叢一六・三五三
志村平四郎	大鋒院殿御事蹟稿	新信叢一六・三六八
岩崎主米・矢野又四郎	大鋒院殿御事蹟稿	新信叢一六・三〇一
前島七郎左衛門	大鋒院殿御事蹟稿	新信叢一七・三
安藤瀬兵衛	大鋒院殿御事蹟稿	新信叢一六・三五八
上原権左衛門	河原文書	新信叢一六・三六〇
出浦市之丞	大鋒院殿御事蹟稿	新信叢一六・三六三
横田九郎左衛門	大鋒院殿御事蹟稿	新信叢一六・三四五
小幡七右衛門	大鋒院殿御事蹟稿	新信叢一七・一一
竹村七左衛門	大鋒院殿御事蹟稿	新信叢一六・三四二
柘植彦四郎	大鋒院殿御事蹟稿	新信叢一六・三六六
志村平四郎	大鋒院殿御事蹟稿	新信叢一六・三六八
祢津甚五兵衛	祢津文書	松代二八号三九頁
祢津八郎右衛門	祢津文書	松代二八号三九頁
小林彦十郎	大鋒院殿御事蹟稿	新信叢一七・一一
菅沼留之助	大鋒院殿御事蹟稿	新信叢一六・三五六
典厩寺	大鋒院殿御事蹟稿	新信叢一七・三九
南保八左衛門	南部文書	新信叢一六・三三八
小松甚右衛門	大鋒院殿御事蹟稿	新信叢一六・三四六
樋口与兵衛	大鋒院殿御事蹟稿	新信叢一六・三四六
榎田則庵	大鋒院殿御事蹟稿	新信叢一六・三六八
河原惣兵衛	大鋒院殿御事蹟稿	新信叢一七・一八
河野加兵衛	大鋒院殿御事蹟続編稿	新信叢一八・一五三
片岡五郎八	大鋒院殿御事蹟稿	新信叢一六・三三〇
片岡十郎兵衛	大鋒院殿御事蹟稿	新信叢一六・三三一
柳島七之丞	柳島文書	新信叢一七・三三
関口忠右衛門	大鋒院殿御事蹟稿	新信叢一六・三六七
岩崎主米	大鋒院殿御事蹟稿	新信叢一六・三六四
長井四郎右衛門	大鋒院殿御事蹟稿	新信叢一六・三四四
矢沢虎之助	矢沢文書	新信叢一六・三一六
矢沢虎之助	矢沢文書	新信叢一七・一六
森宇右衛門	森文書	新信叢一六・三六五
和田治左衛門	御家中系図	新信叢一六・三四一
両角小右衛門	大鋒院殿御事蹟稿	新信叢一六・三七一
志村清兵衛	大鋒院殿御事蹟稿	新信叢一六・三六九
金井忠兵衛	大鋒院殿御事蹟稿	新信叢一六・三五二
矢島源右衛門	大鋒院殿御事蹟稿	新信叢一六・三五七
河野兵右衛門	大鋒院殿御事蹟稿	新信叢一七・七
河野金弥	大鋒院殿御事蹟稿	新信叢一七・七
河野与左衛門	大鋒院殿御事蹟稿	新信叢一七・二六
小幡七右衛門	大鋒院殿御事蹟稿	新信叢一七・二六
白川太郎兵衛	大鋒院殿御事蹟稿	新信叢一七・二六
横田作右衛門	大鋒院殿御事蹟稿	新信叢一六・三四五

No.	年月日	文書名	署判
759	慶安5・5・13	真田信之朱印状写	御朱印
760	慶安5・5・13	真田信之朱印状写	御朱印
761	慶安5・5・18	真田信之朱印判物写	信之御朱印
762	慶安5・5・18	真田信之朱印判物写	信之御朱印
763	慶安5・5・22	真田信之朱印判物写	信之御朱印
764	慶安5・11・25	真田信之朱印状写	御朱印・成沢助右衛門
765	承応2・3・2	真田信之朱印状写	御朱印
766	承応2・3・15	真田信之朱印判物写	信之御朱印
767	承応2・閏6・17	真田信之朱印判物	信之（朱印1）
768	承応2・10・5	真田信之判物写	信之
769	承応3・1・5	真田信之判物写	信之御花押
770	承応3・1・5	真田信之朱印判物写	信之御朱印
771	承応3・1・10	真田信之朱印判物写	信之御朱印
772	承応3・2・26	真田信之朱印判物写	信之御朱印
773	承応3・3・22	真田信之朱印判物写	信之御朱印
774	承応3・4・1	真田信之判物	信之（花押11）
775	承応3・4・1	真田信之朱印判物	信之（朱印1）
776	承応3・4・19	真田信之朱印判物写	信之御朱印
777	承応3・6・1	真田信之朱印判物写	信之御朱印
778	承応3・7・1	真田信之判物写	信之御花押
779	承応3・8・1	真田信之朱印判物	信之（朱印1）
780	承応3・8・1	真田信之朱印判物写	信之御朱印
781	承応3・8・1	真田信之朱印判物写	信之御朱印
782	承応3・8・1	真田信之朱印判物写	信之御朱印
783	承応3・8・1	真田信之朱印判物写	信之御朱印
784	承応3・8・6	真田信之朱印状写	御朱印
785	承応3・9・10	真田信之朱印状写	御朱印
786	承応3・9・10	真田信之朱印状写	御朱印
787	承応3・12・1	真田信之朱印判物	信之（朱印1）
788	承応3・12・3	真田信之朱印判物写	信之御朱印
789	承応4・1・15	真田信之朱印判物写	信之御朱印
790	承応4・3・5	真田信之判物写	信之御花押
791	明暦元・11・5	真田信之朱印判物	信之（朱印1）
792	明暦元・11・5	真田信之朱印判物	信之（朱印1）
793	明暦元・11・17	真田信之朱印判物	信之（朱印1）
794	明暦元・11・17	真田信之朱印判物写	信之公御朱印
795	明暦元・11・21	真田信之朱印判物写	信之御朱印
796	明暦2・1・15	真田信之朱印判物写	信之御朱印
797	明暦2・4・15	真田信之朱印状写	御朱印
798	明暦2・閏4・28	真田信之朱印判物写	信之御朱印
799	明暦2・7・25	真田信之朱印判物写	信之御朱印
800	明暦2・7・25	真田信之朱印判物写	信之御朱印
801	明暦2・8・11	真田信之朱印状写	御朱印
802	明暦2・8・18	真田信之朱印判物写	信之御朱印
803	明暦2・8・18	真田信之朱印判物写	信之御朱印
804	明暦2・8・21	真田信之朱印判物写	信之御朱印

宛所	出典	刊本
近藤平丞	大鋒院殿御事蹟稿	新信叢一七・一三
	大鋒院殿御事蹟続編稿	新信叢一八・一五三
小幡内膳	小幡文書	新信叢一六・三五〇
小幡長右衛門	小幡文書	新信叢一六・三五一
小幡長右衛門	小幡文書	新信叢一七・二三
落合理左衛門	戸沢文書	新信叢一六・三三八
関山治兵衛	大鋒院殿御事蹟稿	新信叢一六・三七〇
酒井雅楽頭・松平伊豆守・阿部豊後守・稲葉美濃守	宮下文書	新信叢一七・三一七
酒井雅楽頭	円陽院殿御事蹟稿	新信叢一七・三三六
境野外記	八田文書	戦国の真田二〇六頁
和田門之丞	大鋒院殿御事蹟稿	新信叢一六・三四二
窪田三郎左衛門	大鋒院殿御事蹟稿	新信叢一七・一〇
柳島甚五郎	柳島文書	新信叢一七・三三
長主・加筑・師豊	君山合偏	信補遺下・七五一
	君山合偏	
柳太郎兵衛	大鋒院殿御事蹟稿	新信叢一六・三四六
年徳	真田文書	新信叢一六・二六一
矢沢但馬守・海野内匠	海野文書	信二四・三三八
安藤右京進・松平出雲守	寒松院殿御事蹟稿	新信叢一六・五〇
小野主膳・出浦半平・大熊靭負	君山合偏	信二八・一〇三
池田長門守・出浦半平	大鋒院殿御事蹟稿	信二八・九六
(河内)	大瀬文書	信二六・三五九
原右近	君山合偏	信二一・三二七
河原右京	河原文書	信二〇・五九五
宮内	真田文書	信二八・三一六
小兵部大輔	大鋒院殿御事蹟稿	信二〇・五一一
出浦対馬守	出浦文書	信二三・五〇四
大熊靭負・矢野半左衛門・出浦半平	出浦文書	信二八・九六
小野采女・玉川伊与	国文研寄託真田文書	新信叢一七・七〇
(隼人正)	真田文書	新信叢一七・一〇三
大熊靭負・出浦織部	長野市立博物館所蔵文書	
夕庵	坂巻文書	信二六・五六〇
(本多内記)	宮下文書	信補遺下・七五二
出浦半平	出浦文書	信二八・九七
安藤右京進・松平出雲守	大安寺文書	市誌研究ながの一八号三四頁
河野加兵衛	大鋒院殿御事蹟稿	信二六・三七七
小山田主膳・常田図書・坂巻夕庵・矢野半左衛門・玉川伊与・大熊靭負・出浦半平・矢沢但馬	出浦文書	信二四・二五四
小山田主膳・常田図書・坂巻夕庵・矢野半左衛門・玉川伊与・大熊靭負・出浦半平・矢沢但馬	君山合偏	信二四・二五五
(欠)	大鋒院殿御事蹟稿	信二二・二五五
矢沢監物	矢沢文書	信補遺下・七五二

No.	年月日	文書名	署判
805	明暦2・8・21	真田信之朱印判物写	信之御朱印
806	申（明暦2）11・15	真田信之朱印状写	御朱印・岡川佐大夫印・宮沢彦右衛門印・坂西庄右衛門印・入弥左衛門印・小幡四郎兵衛印・河野与左衛門印
807	明暦3・4・19	真田信之判物	信之（花押11）
808	明暦3・4・19	真田信之判物	信之（花押11）
809	明暦3・4・19	真田信之朱印判物	信之（朱印1）
810	明暦3・4・19	真田信之朱印判物	信之（朱印1）
811	明暦3・4・19	真田信之朱印判物写	信之御朱印
812	（万治元）2・15	真田信之書状案	真田伊豆守
813	（万治元）3・11	真田信之書状写	真田伊豆守
814	（万治元）6・19	真田信之黒印書状	真田伊豆守信之（黒印8）
815	万治元・10・3	真田信之朱印判物写	信之御朱印
816	万治元・10・3	真田信之朱印判物写	信之御朱印
817	万治元・10・3	真田信之朱印判物	信之（朱印1）
818	丑（年未詳）2・21	真田信之黒印状写	口（丸黒印）
819	丑（年未詳）6・1	真田信之朱印裏書写	（朱印1）
820	戌（年未詳）［　］	真田信之朱印判物写	信之御朱印
821	（年未詳）1・2	真田信之試筆	信之（花押11）
822	（年未詳）1・11	真田信之朱印書状	（朱印1）
823	（年未詳）1・14	真田信之書状写	真田伊豆守信之御花押
824	（年未詳）1・28	真田信之書状写	伊豆守信之（花押11）
825	（年未詳）2・7	真田信之書状写	信之御花押
826	（年未詳）2・16	真田信之書状	信之（花押）（伊豆守）
827	（年未詳）2・17	真田信之書状写	伊豆信之（花押12）
828	（年未詳）2・23	真田信之書状写	信之（花押11）
829	（年未詳）3・2	真田信之書状	伊豆
830	（年未詳）3・6	真田信之書状写	真田伊豆守信之御花押
831	（年未詳）3・7	真田信之朱印状	（朱印1）
832	（年未詳）3・9	真田信之書状	信之（花押11・黒印9）
833	（年未詳）3・10	真田信之書状	伊豆守信之（花押11）
834	（年未詳）3・23	真田信之書状	信之（花押11）（伊豆守）
835	（年未詳）3・24	真田信之書状写	伊豆守信之（花押12）
836	（年未詳）3・27	真田信之書状	伊豆守信之（花押）
837	（年未詳）4・2	真田信之書状	信之（花押12）（真田伊豆守信之）
838	（年未詳）4・4	真田信之書状	伊豆守信之（花押11）
839	（年未詳）4・7	真田信之書状	信之（花押）
840	（年未詳）4・11	真田信之朱印判物写	信之御朱印
841	（年未詳）4・12	真田信之書状	信之（花押11）
842	（年未詳）4・12	真田信之書状写	信之（花押11）
843	（年未詳）4・12	真田信之書状写	（欠）
844	（年未詳）4・12	真田信之黒印書状	伊豆信之（黒印）

宛所	出典	刊本
木村土佐守・原半兵衛	大鋒院殿御事蹟稿	信二一・五一
坂牧夕庵・増尾半弥・河野加兵衛	大鋒院殿御事蹟稿	信二六・五六一
出浦半平・中沢次兵衛・矢野半左衛門	大鋒院殿御事蹟稿	信二八・九七
大熊靭負・矢野半左衛門・出浦半平	大熊文書	信二八・九八
(欠)	大鋒院殿御事蹟稿	新信叢一七・一〇三
城泉州	早稲田大学図書館所蔵文書	信補遺下・四二五
安藤右京進・松平出雲守	須田文書	
夕庵	坂巻文書	信二六・五六二
たい	大鋒院殿御事蹟稿	新信叢一七・一四七
大熊靭負	君山合偏	信二二・四六五
祢津式部・片山主膳・清水与左衛門	大鋒院殿御事蹟稿	信二三・五〇六
(隼人)	大鋒院殿御事蹟稿	新信叢一七・四八
出浦半平	大鋒院殿御事蹟稿	信二三・五〇七
長[	大鋒院殿御事蹟稿	新信叢一七・四六
(欠)	矢沢文書	信補遺下・七五四
(夕庵)	坂巻文書	信二六・五六二
たい	大鋒院殿御事蹟稿	新信叢一七・一四七
小幡内膳	御家中系図	
木村民部・出浦半平	宮沢文書	信二八・九九
大熊靭負・矢野半左衛門	矢野文書	信二六・五三〇
矢沢監物・小野采女・出浦織部・祢津三十郎・海野源左衛門・岩崎主馬・岩崎正蔵	大鋒院殿御事蹟稿	新信叢一六・三一〇
(欠)	大鋒院殿御事蹟稿	新信叢一七・四六
土[	真田文書	真田家文書上・二五六
出浦対馬守	大鋒院殿御事蹟稿	信二三・五〇八
小日向四郎兵衛	大日方文書	信二七・一三八
河原右京助	河原文書	信二三・五〇八
西山左京	蓮華定院文書	真田幸村と大坂の陣一二七頁
出浦半平	大鋒院殿御事蹟稿	信二六・五六三
河内	天桂院殿御事蹟稿	信二六・三六〇
宮下藤右衛門・桑那少兵衛	高橋伝造氏所蔵文書	信補遺下・二五二
(欠)	大鋒院殿御事蹟稿	新信叢一七・七二
夕庵	坂巻文書	信二六・五六三
河内守	君山合偏	信二二・五〇八
矢沢監物	矢沢文書	信補遺下・七五四
(欠)	飯島家古文書	新信叢一七・四四
たい	矢沢文書	信補遺下・七一一
出浦対馬守・同半平	大鋒院殿御事蹟稿	信二一・三〇八
木村土佐守・石井喜左衛門・出浦半平・池田長門守	出浦文書	信二三・五〇九
成沢勘兵衛・小川二郎右衛門	小川文書	信二八・一〇四
出浦織部	出浦文書	真田家文書上・一九二
出浦半平・矢野半左衛門・中沢次兵衛	出浦文書	信二八・一〇一
矢沢但馬守・池田長門守・出浦半平	大鋒院殿御事蹟稿	新信叢一六・二二〇
出浦市之丞	大鋒院殿御事蹟稿	新信叢一七・六五
出浦市之丞	大鋒院殿御事蹟稿	信二八・一三一

№.	年月日	文書名	署判
845	（年未詳）4・17	真田信之朱印書状写	御朱印
846	（年未詳）4・21	真田信之書状写	信之御花押
847	（年未詳）4・23	真田信之朱印書状写	御朱印
848	（年未詳）4・26	真田信之書状	信之（花押11）
849	（年未詳）如・晦	真田信之書状写	信之（花押12）
850	（年未詳）5・7	真田信之書状	真伊豆守信之（花押12）
851	（年未詳）5・14	真田信之書状写	真田伊豆守信之（花押11）
852	（年未詳）5・27	真田信之書状	伊豆守信之（花押）
853	（年未詳）5・27	真田信之消息写	いつのかみ
854	（年未詳）6・16	真田信之書状写	伊豆守信之（花押11）
855	（年未詳）6・7	真田信之書状写	伊豆守信之（花押11）
856	（年未詳）6・21	真田信之書状写	信之（花押11）（伊豆守信之）
857	（年未詳）6・22	真田信之書状写	伊豆信之御花押
858	（年未詳）6・23	真田信之黒印書状写	真伊豆守信之（黒印8）
859	（年未詳）6・26	真田信之書状	伊豆守信之（花押11）
860	（年未詳）7・5	真田信之書状	口（花押）
861	（年未詳）7・8	真田信之消息写	いつのかみ
862	（年未詳）7・6	真田信之書状写	伊豆守信之御花押
863	（年未詳）7・9	真田信之書状	伊豆信之（花押11）
864	（年未詳）7・10	真田信之朱印状	（朱印）
865	（年未詳）7・10	真田信之朱印判物写	信之御朱印
866	（年未詳）7・12	真田信之書状写	信之（花押12）（真田伊豆守）
867	（年未詳）7・15	真田信之書状	信之（花押12）（真伊豆守）
868	（年未詳）7・25	真田信之朱印書状写	信之御朱印
869	（年未詳）7・26	真田信之朱印状	（朱印1）
870	（年未詳）7・27	真田信之黒印書状写	信之御黒印
871	（年未詳）7・28	真田信之書状	真田伊豆守信之（花押11）
872	（年未詳）8・6	真田信之書状写	信之御花押
873	（年未詳）8・11	真田信之書状写	信之（花押12）（伊豆守）
874	（年未詳）8・15	真田信之書状	伊豆守信之（花押）
875	（年未詳）8・19	真田信之書状写	信之
876	（年未詳）8・21	真田信之書状	信之（花押）
877	（年未詳）8・22	真田信之書状写	伊豆守信之（花押11）
878	（年未詳）8・27	真田信之書状	伊豆信之（花押11）
879	（年未詳）9・7	真田信之書状写	信之（花押12）
880	（年未詳）9・9	真田信之消息	伊豆守
881	（年未詳）9・10	真田信之朱印書状写	御朱印
882	（年未詳）9・10	真田信之書状写	信之御花押
883	（年未詳）9・11	真田信之朱印状	（朱印1）・奉出浦半平
884	（年未詳）9・23	真田信之書状	伊豆守信之（花押11）
885	（年未詳）9・25	真田信之書状	伊豆守信之（花押11）
886	（年未詳）9・29	真田信之書状写	信之御花押
887	（年未詳）10・4	真田信之書状写	伊豆信之御花押
888	（年未詳）10・5	真田信之朱印判物写	信之御朱印

宛所	出典	刊本
上田町中	西沢文書	上田市誌歴史編史料（2）七〇
春原六左衛門	大鋒院殿御事蹟稿	信二一・一一六
安中作左衛門	信州古典研究所所蔵文書	信二三・五一一
小野采女	小山田文書	信補遺下・七五四
加道旬	君山合偏	信補遺下・三〇七
大熊靭負・出浦半平	大鋒院殿御事蹟稿	信二八・一〇二
大熊靭負・出浦半平	出浦文書	信二八・一〇二
袮津八郎右衛門	大鋒院殿御事蹟稿	信補遺下・七五五
（欠）	大熊文書	信二八・一〇三
（欠）	大鋒院殿御事蹟稿	信補遺下・七五五
成沢助右衛門	大鋒院殿御事蹟稿	新信叢一六・三〇五
真田孫七郎	戸沢文書	
出浦半平・矢野半左衛門	矢野文書	信二八・一〇四
	滝沢文書	信補遺下・二六三
成沢勘左衛門・前島作左衛門・森口助右衛門	成沢文書	新信叢一六・三〇三
菅沼二郎右衛門・平林理右衛門・窪田茂左衛門	大鋒院殿御事蹟稿	新信叢一六・三〇三
山越三右衛門・清水二郎兵衛・矢部七兵衛・村田角兵衛	君山合偏	新信叢一六・三〇三
児玉茂兵衛・長岡次大夫・坂井庄右衛門・中島五郎右衛門	大鋒院殿御事蹟稿	新信叢一六・三〇三
（欠）	大鋒院殿御事蹟稿	信二三・五一二
石合新左衛門尉	石合文書	信二三・五一三
木村土佐守・石井喜左衛門	大鋒院殿御事蹟稿	信二三・一七六
出浦半平	笠原文書	真田家文書上・一六〇
（欠）	出浦文書	信補遺下・二三〇
（隼人）	真田文書	新信叢一七・一〇二
（隼人）	真田文書	信二七・四五五
（隼人）	大鋒院殿御事蹟稿	新信叢一七・一〇三
大炊・雅楽頭	真田文書	真田家文書上・二五八
門入	大鋒院殿御事蹟稿	信補遺下・七五六
たい	大鋒院殿御事蹟稿	新信叢一七・一四八
袮津伊与	大鋒院殿御事蹟稿	新信叢一七・四五
右馬	大鋒院殿御事蹟稿	信二〇・四四四
内記	円陽院殿御事蹟稿	新信叢一八・八
（欠）	大鋒院殿御事蹟稿	信補遺下・七五七
（欠）	真田文書	真田家文書上・二五七
（小幡孫一）	大鋒院殿御事蹟稿	新信叢一七・七七
師田茂兵衛	御家中系図	
（隼人）	真田文書	新信叢一七・一〇二
（欠）	藤本洋子氏所蔵文書	
右京	大鋒院殿御事蹟稿	新信叢一七・四五
長せゐん	大鋒院殿御事蹟稿	新信叢一七・一四八
口口	大鋒院殿御事蹟稿	信補遺下・七五七
	大鋒院殿御事蹟稿	新信叢一七・一四七
（欠）	御家中系図	

塁址の研究補遺編上巻文書番号、中之条一中之条町誌資料編頁数。

No.	年月日	文書名	署判
889	（年未詳）10・10	真田信之朱印状	（朱印1）
890	（年未詳）10・13	真田信之朱印状写	御朱印
891	（年未詳）11・1	真田信之書状	信之（花押11）
892	（年未詳）11・4	真田信之書状	伊豆守信之（花押11）
893	（年未詳）11・7	真田信之書状写	信之（花押12）（さ伊つ）
894	（年未詳）11・8	真田信之書状写	伊豆信之御花押
895	（年未詳）11・15	真田信之書状	伊豆信之（花押）
896	（年未詳）11・16	真田信之書状写	伊豆信之御花押
897	（年未詳）11・19	真田信之朱印書状	信之（朱印1）
898	（年未詳）11・27	真田信之書状写	信之（花押12）
899	（年未詳）11・28	真田信之朱印状写	御朱印
900	（年未詳）12・4	真田信之書状	伊豆守信之（花押11）
901	（年未詳）12・6	真田信之朱印書状	（朱印1）
902	（年未詳）12・9	真田信之黒印伝馬手形	（角黒印）
903	（年未詳）12・9	真田信之朱印状	（朱印1）
904	（年未詳）12・9	真田信之朱印状写	御朱印
905	（年未詳）12・9	真田信之朱印状写	御朱印
906	（年未詳・12・9）	真田信之朱印状写	御朱印
907	（年未詳）12・10	真田信之朱印書状写	御朱印
908	（年未詳）12・18	真田信之朱印状	（朱印1）
909	（年未詳）12・20	真田信之朱印書状写	信之御朱印
910	（年未詳）12・25	真田信之書状	信之（花押12）
911	（年未詳）12・26	真田信之書状	伊豆守（花押）
912	（年未詳）12・26	真田信之書状	信之（花押12）（伊豆守信之）
913	（年未詳）12・27	真田信之書状写	信之（花押12）（伊豆守）
914	（年月未詳）10	真田信之書状写	信之（花押12）（伊豆守信之）
915	（年月未詳）12	真田信之書状案	（欠）
916	（年月未詳）21	真田信之書状写	真伊豆
917	（年月未詳）21	真田信之消息写	いつのかみ
918	（年月未詳）26	真田信之書状写	（欠）
919	（年月日未詳）	真田信之書状写	信之（花押12）（真伊豆守より）
920	（年月日未詳）	真田信之書状写	信之（花押）（伊豆守）
921	（年月日未詳）	真田信之書状写	信之（花押12）
922	（年月日未詳）	真田信之書状	信之（花押12）
923	（年月日未詳）	真田信之書状写	信之御花押
924	（年月日未詳）	真田信之朱印状写	御朱印
925	（年月日未詳）	真田信之書状	（伊豆守）
926	（年月日未詳）	真田信之書状	伊豆守
927	（年月日未詳）	真田信之書状写	伊豆
928	（年月日未詳）	真田信之消息写	さな田いつのかみ
929	（年月日未詳）	真田信之消息写	のふゆ［
930	（年月日未詳）	真田信之消息写	いつのかみ
931	（年月日未詳）	真田信之書状写	（欠）

（注）署判欄・宛所欄における（　）は、上書記載を示す。刊本欄における略号は以下を示す。信―信濃史料巻・頁数、新信叢―新編信濃史料叢書巻・頁数、群馬―群馬県史資料編7文書番号、群馬古城―群馬県古城

【初出一覧】

総　論

黒田基樹「真田信之発給文書の概要」（新稿）

第1部　真田信之の生涯

Ⅰ　原田和彦「真田信之文書の基礎的考察」（『市誌研究ながの』一八号、二〇一一年）

Ⅱ　渋谷浩「真田氏の沼田領支配」（『沼田市史　通史編2近世』第一章、沼田市、二〇〇一年）

Ⅲ　黒坂周平「真田氏時代」（『上田小県誌　第二巻歴史篇下』第一章第二節、小県上田教育会、一九五八年）

Ⅳ　大平喜間多「真田信之時代」（『松城町史　上巻』第二編第六章第六節、松代町役場、一九二九年）

Ⅴ　大平喜間多「真田信政時代」（『松城町史　上巻』第二編第六章第七節、松代町役場、一九二九年）

第2部　真田信之の諸問題

Ⅰ　倉澤正幸「真田氏時代における織豊系城郭上田城の再検討」（『信濃』七八八号、二〇一五年）

Ⅱ　寺島隆史「古文書講座（第27回）」（『上小郷土研究会報』三四号、一九九五年）

Ⅲ　利根川淳子「伏島家文書について」（『松代』一四号、二〇〇〇年）

Ⅳ　真田宝物館「史料紹介　真田信之の隠居・三代藩主の擁立に関わる文書」（『松代』一二号、一九九九年）

Ⅴ　松下愛「松代藩初代藩主『真田信之画像』」（『松代』一八号、二〇〇五年）

第3部

黒田基樹編「真田信之発給文書目録」（新稿）

【執筆者一覧】

総　論

黒田基樹　　別掲

第1部

原田和彦　一九六三年生。現在、長野市立博物館学芸員。

渋谷　浩　一九二九年生。現在、みなかみ町文化財調査委員長。

黒坂周平　一九一三年生。二〇〇三年逝去。元塩田平文化財研究所所長。

大平喜間多　一八八九年生。一九五九年逝去。

第2部

倉澤正幸　一九五五年生。現在、上田市立博物館館長。

寺島隆史　一九五一年生。現在、上田女子短期大学非常勤講師。

降矢（利根川）淳子　一九七七年生。現在、京都造形芸術大学非常勤講師。

米澤（松下）愛　一九八一年生。現在、真田宝物館学芸員。

【編著者紹介】

黒田基樹（くろだ・もとき）

1965年生まれ。早稲田大学教育学部卒。
駒沢大学大学院博士後期課程満期退学。
博士（日本史学、駒沢大学）。
現在、駿河台大学教授。
著書に、『図説　太田道灌』（戎光祥出版）
『戦国大名北条氏の領国支配』（岩田書院）
『戦国大名と外様国衆』（文献出版）
『中近世移行期の大名権力と村落』（校倉書房）
『戦国北条氏五代』（戎光祥出版）
『小田原合戦と北条氏』（吉川弘文館）
『長尾景仲』（戎光祥出版）
『長尾景春』（編著、戎光祥出版）
『扇谷上杉氏』（編著、戎光祥出版）
『伊勢宗瑞』（編著、戎光祥出版）
『関東管領上杉氏』（編著、戎光祥出版）
『山内上杉氏』（編著、戎光祥出版）
『上野岩松氏』（編著、戎光祥出版）
『北条氏綱』（編著、戎光祥出版）
ほか、多数。

シリーズ装丁：辻　聡

シリーズ・織豊大名の研究　第五巻

真田《さなだ》信之《のぶゆき》

二〇一七年四月一〇日　初版初刷発行

編著者　黒田基樹
発行者　伊藤光祥
発行所　戎光祥出版株式会社
東京都千代田区麹町一―七
相互半蔵門ビル八階
電話　〇三―五二七五―三三六一(代)
FAX　〇三―五二七五―三三六五
制作　株式会社イズシエ・コーポレーション
印刷・製本　モリモト印刷株式会社

ISBN978-4-86403-237-7